北京大學《儒藏》編纂與研究中心　編

《儒藏》精華編選刊

儀禮章句

〔清〕吴廷華　撰
徐到穩　校點

北京大學出版社
PEKING UNIVERSITY PRESS

圖書在版編目(CIP)數據

儀禮章句 / （清）吴廷華撰；北京大學《儒藏》編纂與研究中心編. —北京：北京大學出版社，2023.8
（《儒藏》精華編選刊）
ISBN 978-7-301-33859-9

Ⅰ.①儀… Ⅱ.①吴… ②北… Ⅲ.①《儀禮》－研究 Ⅳ.①B222.25

中國國家版本館CIP數據核字（2023）第051495號

書　　名　儀禮章句
　　　　　YILI ZHANGJU
著作責任者　〔清〕吴廷華 撰
　　　　　徐到穩 校點
　　　　　北京大學《儒藏》編纂與研究中心 編
策劃統籌　馬辛民
責任編輯　吴遠琴
標準書號　ISBN 978-7-301-33859-9
出版發行　北京大學出版社
地　　址　北京市海淀區成府路205號 100871
網　　址　http://www.pup.cn　新浪微博：@北京大學出版社
電子郵箱　編輯部 dj@pup.cn　總編室 zpup@pup.cn
電　　話　郵購部 010-62752015　發行部 010-62750672
　　　　　編輯部 010-62756449
印 刷 者　三河市北燕印裝有限公司
經 銷 者　新華書店
　　　　　650毫米×980毫米　16開本　24.25印張　254千字
　　　　　2023年8月第1版　2023年8月第1次印刷
定　　價　98.00元

目録

校點説明

吴廷華（一六八二—一七五五），初名蘭芳，字中林，號東壁，浙江仁和人。康熙甲午（一七一四）舉人。雍正初，以乙科官内閣中書舍人。居二年，出爲福州府海防同知。以經術緣飾吏治，侃侃不阿。嘗以薦預纂修《三禮義疏》，在館凡十年，用力最深。書成，得晉一級。尋歸，教授於崇文書院，以經學課士。乾隆二十年（一七五五）卒，年七十有四。著有《三禮疑義》、《儀禮章句》、《曲臺小録》、《東壁書莊集》等。

《儀禮》一書，韓愈已嘆難讀，習者殊少。從目録著録情況來看，宋元明爲之作注解者頗爲寥寥。張爾岐著《儀禮鄭注句讀》，開啟了清代整理《儀禮》的風氣。其後，卷帙浩繁的學術著作與删減編排的入門讀物爲數都不少，而將學術性與可讀性完美結合的著作似不多見。吴廷華早年著《三禮疑義》時，對《儀禮》本文「字字探索」。他後來參與纂修《三禮義疏》，有機會遍閲秘省先儒之書。十年書成，而他的《三禮疑義》也數易其稿。他認爲《三禮義疏》與《三禮疑義》都卷帙浩繁，並不利於初學。尤其是《儀禮》，幾乎成了絶學，這既與經文本身難懂有關，更與學者整理不力密切相關。張爾岐的《儀禮鄭注句讀》與王文清（吴廷華在館時的同事)的《儀禮分節句讀》，雖方便初學，可在吴廷華眼中並不理想。於是他在二書的基礎上花費十餘年心血，著作此書，欲爲初學者提供一個階梯。

《儀禮章句》「章分句釋，箋疏明簡，於經學固不爲無補」(《四庫全書總目》卷二十)，於初學實爲有益，故受到學者青睞。清人梁章鉅、黎庶昌等談到《儀禮》讀本時，都將《儀禮章句》與《儀禮鄭注句讀》並提，認爲是比較理想的讀本。今天看來，依然如此。

《儀禮章句》的問世，是繼張爾岐《鄭注句讀》後的又一重要著作，雖爲初學而作，但其學術價值不容低估。校勘方面，吴廷華意識到監本與石本各有脱誤，故十分重視經文的校勘。章節方面，張爾岐《儀禮鄭注句讀》、王文清《儀禮分節句讀》二書俱分節而不分章。吴廷華據賈疏及朱熹《儀禮經傳通解》分節後，又按節次分章，這樣綱舉目張，令讀者對「十七篇節目瞭如指掌」。句讀方面，吸收了王文清「專以句讀爲主」的特點，使文句上下貫串，儀節井然有序。注釋方面，張爾岐雖詳，過於墨守鄭注；王文清專以句讀爲主，箋處或失其則略。吴氏訓釋多本鄭、賈箋疏，間亦采他説，附案以發明之。於《喪禮》尤爲詳審，一方面吸收了徐乾學《讀禮通考》的成果，添入歷代制度，增加了初學者的歷史感；一方面獨抒己見，多有辨正。

正因如此，《儀禮章句》自問世後，受到人們的重視，刊刻不斷，版本衆多。早期版本主要有：乾隆二十二年（一七五七）東壁書莊初刻本（簡稱初刻本），四庫全書本（簡稱四庫本），道光九年（一八二九）廣東學海堂皇清經解本（簡稱經解本）。其他各本基本上是以上版本的翻刻。本次整理以中國科學院國家科學圖書館所藏初刻本爲底本，以影印文淵閣四庫本、經解本爲參校本。校語中提到的除本書之外的著作，多據影印文淵閣四庫全書本。本次標點一依《儒藏》體例，另有兩點需要説明：一，初刻本上原有圈點（四庫本、經解本删去），是本次標點的重要參考，但圈點失當處常有，故謹慎采用。二，原書表現句讀主要有三種：一是句後作小字注，一是句後空一格，一是句子中間圈點。本次整理儘量順從原有句讀，原句讀不合現代標點處，則改從現代標點。

校點者　徐到穩

儀禮章句序

《儀禮》之制度文爲出於聖人，文王、周公之法度粗具，與《周禮》一原。《周禮》爲末，《儀禮》則其本也。朱子謂《儀禮》是經，《禮記》是解，如《士冠禮》之有《冠義》，諸篇皆是。則此經實禮之會歸矣。按《漢書》，河間獻王得古文《儀禮》五十六篇，有諸侯、天子之禮。今僅存高堂生所傳十七篇，餘皆散佚。噫！古書之存者既希，而學人每患其難通，讀之者寡。顧其中雖重複鉤棘，苟晰其倫類，其先後彼此可以互相發明，惟潛玩而自得之耳。漢注稱服、鄭二家，厥後黄慶、李孟悊各詁其義，唐賈公彦復引黄、李而爲之疏。今國學中所頒，即鄭、賈本也。乾隆改元，天子詔諸儒輯《三禮義疏》。吾友吴中林先生實與是選，在館十年，編校弗怠，闡發居多，元哲咸相推服。先生自少篤志經術，嘗讀注疏而疑之，批駁詮釋，爲《三禮疑義》百餘卷，恒發古人之覆，暇復閲《儀禮》本文，默爲紬繹，于一事一物之間、空曲交會之際，莫不字字探索。余贈以張稷若《儀禮鄭注句讀》。其時，禮館西寧王九溪所著《儀禮分節句讀》亦成。先生讀二書而未慊也，乃章分而句釋，務體其義理之確當，儀節之詳備，而以簡明之筆解之，視二書尤核。蓋二書俱分節而不分章，張氏雖詳，過于墨守鄭注；王氏專以句讀爲主，箋處或失則略。先生既得秘省先儒之書而折衷之，更于二書補苴其不及，洵乎其全備矣。方先生著此書，頻至余邸舍。遇轇轕處，每屬訂正。余向同問禮于子方子之門，時校勘三《禮》于朵殿。間爲參酌，自慚弇陋，無能爲役。書成，曾手録之。先生南歸持去，殁後，遺書具存。其仲子壽祺，余館甥也。夙秉庭訓，善讀父書。頃從余遊嶺表，篋携此本，昕夕玩味。適先生從子淞巖出守肇慶，與諸君共襄讎刻。壽祺索余爲序。嗚呼！昌黎尚苦此經之難讀，而悵不及其時，進退揖讓于其間。今乃獲此，如睹三代儀度，抉昔聖制禮之原，于以羽翼《義疏》，用贊崇經之聖治，則昔賢之所論列而致慨者，胥可以涣然解，不誠爲後學之津逮乎哉？雖然，此其一種耳。讀《疑義》之書，更當嘆其閎深精博，與古儒林相抗衡也。

乾隆丁丑仲冬望日，隱拙齋學人沈廷芳謹序

參訂姓氏

方　苞靈皋桐城
鄭　江璣尺錢塘
沈德潛確士長洲
陳兆崙星齋錢塘
彭端淑儀一丹稜
厲　鶚太鴻錢塘
叔隆元易齋歸安

李　紱巨來臨川
任啓運翼聖宜興
金志章繪卣錢塘
齊召南次風天台
官獻瑤瑜卿侯官
沈　彤冠雲吴江
兄　紱方來宜興

趙國麟仁圃泰安
李清植立侯安溪
徐以升階五德清
陸嘉穎大田仁和
鍾　畹勵暇宛平
沈廷芳椒園仁和

楊　椿農先武進
雷　鋐貫一惠安
杭世駿大宗仁和
王延年介眉錢塘
王文清九溪西寧
胡天游稚威山陰

校刊姓氏

張嗣衍愚山浮山
趙廷賓明圖長洲
張慶長敬亭南皮
張學舉乾夫如皋

高　坤起蛟臨安
江　璣平園陸川
彭　科登及鎮遠
顧　芝　長洲

劉　繼介榮樂平
受業李昌祺郊百仁和
何陳調守之錢塘
汪　沆師李仁和

萬光泰循初秀水
陳　皐江皐錢塘
成　城衛宗錢塘
丁　燦韞輝大興

任　枚甌卜通州
徐　元沛蒼仁和
沈世燾函九仁和
沈世煒南雷仁和

查善長樹初天津
查善和用咸天津
周元鼎定三錢塘
周元謙冠五錢塘

沈世炳蔚堂仁和
壻陳啓珠受明海寧
弟東杼正文仁和
姪繩年虎拜仁和

城敦復仁和
道泰南阿仁和
從孫禾書同頴仁和
蓉鏡川錢塘

儀禮目録

先大夫於六經箋疏，無所不窺。少讀《周禮》九賦「口率出泉」注，疑而質之師。師曰：「此鄭氏以漢法注《周禮》之誤。」於是知註、疏未盡合經，益肆力披研，疑則簽之，不下百千條，然未及成書也。年及艾，去官歸里，乃著《三禮疑義》若干卷。會天子命儒臣纂修《三禮義疏》，先大夫以總裁薦奉詔入館，益得徧搜秘府諸籍，及四方遺老禮説。總裁俱爲推服，而桐城方公、臨川李公尤相契重，悉以考訂屬焉。繼復委以三《禮》禮節四圖，因檢諸儒《禮》圖七十餘種，增删補輯，多正敖氏之訛。凡十年書成，而所著《三禮疑義》由是數易其稿。又念《儀禮》一經幾成絶學，當崇經右文之世，纂輯三《禮》以教天下。十七篇與《周官》、《戴記》並顯，彬彬盛矣。顧《禮記》本漢人傳疏，文義明晰；《周禮》以事繫官，條列亦井井易按。唯《儀禮》一書敘次質直，無脉絡起止可尋；又自一字至十數字，句多奇零不整，語語澁口；且監本與石經各有脱誤，鄭註與賈疏不免轇轕。昌黎謂《儀禮》難讀，不信然耶？　問嘗語人曰：「讀《儀禮》之失有二：句讀不明，則句可移綴上下，往往賓主易位，東西乖方，其失者一；章次不分，則禮之始終度數與賓尸介紹，冠服、玉帛、牲牢、尊俎之陳，如滿屋散錢，毫無條貫，其失者二。章句之不知，又何論義疏也？」用是刪繁取約，補脱勘訛，作爲《章句》。一篇之中，畫其節目；一節之内，析其句讀。如《士冠禮》筮日、戒賓，雖仍賈疏及《儀禮經傳通解》所分之次，而更按其節次分爲六章：筮日、戒賓四節爲第一章；冠前之禮，初加、三加四節爲二章；正冠之禮，禮子、命字、醴賓諸節爲三章；四章冠畢、餘禮。令展帙者，知某事在某禮之前，某事在某禮之後，十七篇節目瞭如指掌。其訓釋多本鄭、賈箋疏，間亦採他説附案以發明之。至《喪服》一篇，尤爲教孝要道，故更加詳審，列朝服制亦兼附焉。二公俱稱之。蓋先大夫《三禮疑義》而外殫十餘年心力，章分句斷，輯成此書。爲學禮者階梯，非偶然也。乾隆丙子秋，外舅沈椒園先生借抄此本。明年夏，爲粤秀山長，携之以行。壽祺從先生至粤，以謀于從兄淞巖太守。兄欣然任剞劂，復邀同好，共襄厥成。壽祺少未學禮，甲戌自京歸子舍，冀得時聞禮訓，而先大夫目眚加劇，踰年即見背。今距屬纊之辰二十六月矣。每檢遺著，流涕泣然。《疑義》書帙浩繁，未克即刊，乃先梓是本行世。旅邸無善本可讎，而又刻期校勘，不免挂漏。惟有道者正而教之，則羽翼此經匪淺。既編次目録，因憶先大夫著禮顛末，與所以作此書之意，而謹述之如此。

乾隆丁丑冬十月己卯男壽祺謹識

男　壽祺　可馴　壽平恭校

孫　崇典　嘉惠　嘉穀覆校

崇儀　嘉言　嘉師

儀禮卷第一

仁和吴廷華章句

士冠禮第一

冠，古亂反，加冠之稱。○士，三等之士。男子二十而冠，四十始仕。而冠以士稱者，父兄之爲士者主之，且其子亦學士也。如下記「元子猶士」，則自元子以下，凡學士皆同此禮。其異者，特如襄九年《左氏傳》「祼享」、「金石」之説而已。疏云：《大戴禮·公冠》篇「公冠四加」，天子亦四加。又云：「天子諸侯十二而冠。」其皆禮之變與？又《内則》：「女子十五而笄。」注謂未許嫁，二十而笄。其禮當同于冠也。冠于五禮屬嘉禮。○案：十七篇次第，始于大、小戴及劉向三家。賈疏謂其尊卑吉凶雜亂，故鄭氏不從。今第一至第十七，則鄭所定也。又據賈云《冠》、《昏》、《士相見》爲先後者，以二十而冠、三十而娶、四十强而仕，即摯見鄉大夫，又爲鄉大夫、州長行鄉飲酒、鄉射之事。已下先吉後凶，凶盡則行祭祀吉禮。其説無義可尋。竊謂此經爲《周官·大宗伯》五禮節目，則當以《大宗伯》五禮之次爲準。據《大宗伯職》首曰「以吉禮事邦國之鬼神示」，此祭禮也。祭有尊卑，則《少牢饋食禮》上篇當第一，下篇第二，《特牲饋食禮》第三。其次曰「以凶禮哀邦國之憂」，凶禮之首曰喪，則《喪服》當第四，《士喪禮》上篇第五，下篇第六，《士虞禮》第七。又其次曰「以賓禮親邦國」，則《覲禮》當第八，《聘禮》第九，《士相見禮》第十。又其次曰「以嘉禮親萬民」，嘉禮以昏、冠、賓、射、饗、燕爲目，則《昏禮》當第十一，《士冠禮》第十二；據大射先行燕禮，鄉射先行鄉飲酒禮，則《燕禮》第十三，《大射》第十四，《鄉飲酒禮》第十五，《鄉射禮》第十六。食禮無文，然與饗、燕並行，則《公食大夫禮》當第十七。今次第姑仍其舊，而附是説以明之。○案：注謂「童子居士位，二十而冠」，于禮未合。又以此士爲諸侯之士，其實王朝、侯國通用之禮也。

士冠禮：筮于庿庿，古廟字，後同。門。筴爲筮。蓋問日之吉凶于蓍也。廟，禰廟。凡行事受諸禰也。于門不于廟者，廟，禰所獨；門，神所共也。主人玄冠，冠，如字。○主人，冠者之父、兄也。冠，以二尺二寸布上爲襞積而横縫之，似弁而頂平。玄則淺緇色也。朝服，示敬也。十五升布，制同玄端。據《特牲·記》及此經，則惟素韠與爵韠爲異爾。緇帶，黑繒帶也。《玉藻》：「士練帶。」此蓋練之黑者。素韠，韠，蔽膝也，以白韋爲之。不言裳者，與下玄端之裳同也。註云「素裳」，不見所據。不言「屨」，下「黑屨」是也。《儀禮》言服不言佩，文省。即位于門東，西面。即，就。門，廟門。東，門外之東，主人位也。曰門東，則近門矣。西面者，鬼神位在西，鄉之。有司如主人服，有司，謂公有司，若私臣。士受地則有臣，無則隸子弟攝之。如主人服，敬同也。即位于西方，門外之西，去門少南。東面北上。東面，鄉主人也。北上，尊者在北也。筮與席、所卦者具饌于西塾。此蓍也。曰「筮」者，以所用名之。席，筮席。所卦者，記卦爻之版也。筮不言韇，可知。西塾，門外西堂也。此不言面位，以《士喪禮》卜日奠龜準之，筮當在塾東西之中，所卦者在其東，藉以席。○注云「所卦者，所以畫地識爻」，未然。布席于門中，席，即上所撰以藉筮者。士喪有執席者，蓋筮人取櫝，卦者取版，然後執而布之，此文省耳。門中，謂棖、闑之間。闑西閾外西面。❶闑，門橜。閾，門限，即閫也。西面，鄉所尊。筮人執筴，筮人，中士，公有司也。筴，策，即蓍也。抽上韇，音獨。○韇，藏蓍器，以韋爲之，一上承，一下冒，抽上韇見蓍，示有事也。兼執之，兩韇。進，取筮在西，以主人在東，故由西而進。受命于主人。東面請所筮。宰自右少退贊命。宰，邑長家臣之通稱，私臣也。位在西方，至是乃東進。主人西面，右則其北也。《少儀》曰：「詔辭自右。」少退，後于主人。贊，助也。筮人許諾，許，聽也。諾，應也。右還，音旋。○還，轉也。東面，南在右，時卦者位在西，故由南而西，與卦者同北行即席也。即席坐，西面；席，門中所布者。曰坐，則與少牢立筮者異。疏所謂蓍長三尺，可坐筮也。西面，鄉神。卦者在左。卦者，筮人之貳，主記卦爻，故以事名其官。西面，南在左，蓋與筮人同席及面也。卒筮，卒，已也。四營、十有八變而卦成也。書卦，卦者書于版。言卦，則爻可知。○注以卦者記爻，筮人書卦，則與饋食禮異，未然。執以示主人。筮人執之，東面授而示之。○案：經不言進，似即席上轉身示之，但有授受之節，則亦進而近主人也。主人受眂，○反之。反，還

❶「面」，原作「西」，據四庫本、經解本改。

也，還之使占。筮人還，轉而西面。東面。又轉而東面，鄉主人也。旅占，旅，衆也。旅占者，《洪範》所謂「三人占」也。不言坐，則離席立占也。卒進告吉。東進。若不吉，則筮遠日，凡筮，吉事，先旬内近日；不吉，則筮旬外遠日。○疏以《曲禮》旬内外爲士與大夫之分，未的。如初儀。初，「筮人執筴」以下。徹筮席。斂筴及席，去之。宗人告事畢。宗人，私臣主禮事者。位在西方，進東北面告也。○以上筮日。案《曲禮》命辭云爲日，「假爾泰筮有常」，蓋命筮之辭也。此文省爾。要知十七篇，凡彼此詳略，省互居多，不能逐條分贅舉，類此者參看可也。

主人戒賓。戒，告也，告之使預致其敬。賓，戚友僚友之屬。將冠子，故合衆賓來觀禮者廣告之。注所謂「有吉事則樂與賢者歡成之」也。此與宿時，詳略蓋互見也。○注止言僚友，此特廣之。賓禮辭，許。禮辭，一辭即許也。戒宿于門外，皆朝服，辭並見下。主人再拜，拜其許；再拜，重敬也。賓答拜。凡拜皆答，如其數。主人退，去也。賓拜送。去則不顧，故拜送皆不答。前期三日，期，冠期。前三日，容筮、宿、爲期各一日也。筮賓，加冠之賓既戒，又獨筮之，凡以重其事。如求日之儀。求日，筮日也。如者，「筮于廟門」以下。乃宿賓，宿，讀如肅。戒輕而宿重也。賓，所筮者。賓如主人服，賓亦重其事，故其服如之。出門左，西面再拜。門左，門東。拜，拜辱。拜于門左，則不當門也。主人東面答拜，乃宿賓，上宿賓是擯、介傳辭，此則親致其辭也。賓許。已筮得吉，故不辭。主人再拜，賓答拜。主人退，賓拜送。宿贊冠者一人亦如之。贊，佐賓冠禮者，蓋僚友、戚友之卑者，亦有擯。如者，「賓如主人服」以下。〇以上戒宿。

厥明夕，宿賓明日之夕，冠前一日也。爲期于廟門之外。爲期，定冠時也。于廟門外者，在寢則褻，入廟則瀆也。主人立于門東，筮日位也。兄弟在其南，兄弟，兼宗族親戚言。少退，西面北上。有司皆如宿服，宿服，朝服。言有司，則主人及兄弟可知。立于西方，東面北上。亦筮日位。擯者請期，擯，有司相禮者。自西來，東面請之。宰告曰「質明行事」。宰亦自西來，主人之右告之。質，正也。謂旦日正明。事，冠事。告兄弟及有司。擯者告也。告兄弟東面，有司西面。告事畢。宗人告也。擯者告期于賓之家。爲期無他事，賓尊，不與，故就告之。言賓，則贊可知。〇以上爲期。

夙興，夙，早。興，起也。此在冠日質明之前。設洗，洗，承沃盥者棄水器，疑即槃也。注曰：「士用鐵。」先設之者，禮先致潔也。直于東榮，朱子云：士大夫屋，南北兩下；東西則于棟下爲腰簷，是謂之榮。榮，翼也，言與屋爲榮翼也。直，遥相當也。疏云：「榮，屋梠之兩頭起者。」案《説文》棟在中，前爲梠，即楣也。則棟與梠兩頭腰簷，俱謂之榮。其起者，腰簷也。此東西之節。南北以堂深。此南北之節也。朱子云「庭蓋三堂之深」，則以堂深者，謂洗在南，北去堂如一堂之深。蓋與碑相當，所謂「三分庭，一在北」也。或云：庭得二堂之深，謂洗之南北，皆如堂深也。並存之。水在洗東。貯水以罍。注云：「尊卑皆用金，大小異。」沃盥則以匜，若枓也。陳服于房中西墉下，服，三加服。房，東房。堂北，中爲室，室左右爲房。墉，牆也。西墉，房中之西壁也。東領，户在東，便于取。北上。尊服在北。爵弁服：此陳服，而言弁及冠，以冠表服也。弁，象合手。爵弁，用三十升布爲之，形如爵，又黑多赤少，如爵頭色也。注以弁冕而無旒，非。纁裳，纁，淺絳色。禮服，帷裳十二幅，腰有襞積而旁無殺縫。注則以爲前三幅、後四幅也。純衣，衣，緇色。純，絲也。言衣，則裳可知。禮服用玄端，正幅爲身，旁屬兩袂，長皆二尺二寸。方領，制與深衣略同，惟衣裳殊爲異。緇帶，韎韐。韎，絳色。韐，合韋爲之。即韠也。爵弁，祭服；尊，故在北。皮弁服：以白鹿皮爲冠，象上古也。注謂「視朔之服」，其實他禮亦用之。素服，亦十五升布。素積，辟也。素裳辟蹙其腰中也。緇帶，素韠。此次于爵弁。玄端：端，正也。《玉藻》爲大夫私朝之服。注謂「入廟服」。此本玄冠服，不言玄冠者，明爲緇布冠陳之。○注謂與朝服異其裳。存參。玄裳、黄裳、雜裳可也，雜，色未詳。注云：「前玄後黄。」可者，三裳可隨用也。○注謂上士玄裳，中士黄裳，下士雜裳，與「可」字義未協。緇帶，爵韠。亦爵頭色。屨皆詳下經。緇布冠缺項，此即緇撮也。蓋上古冠，始加用之，尊古也。缺，注讀如「有頍者弁」之「頍」，或當時有此音也。○案：缺項未詳。注、疏則以冠下有武，武下有缺項，缺圍髮際，結項中。蓋項中有繩，穿緪結之，以固缺，又四隅爲綴，上綴于武以固冠也。又或疑缺即項中之緪，《弁師》注所謂「項上小鼻紐，以貫笄」者。據下賓右執項，左執前，則項本在冠武後，以其近項名之。又項中有緪，故謂之「缺項」，非別有一缺項在武下也。然則項本在冠，此特因組纓而類及之。曰「屬于缺」，亦冠後事，此蓋預明其用爾。此較勝于注，並存參。青組纓屬于缺；組，冠系。屬，連也，綴也。謂以二條組兩相屬于缺，重條于頤下而結之。緇纚，音縰。○纚，鐵絲爲之，以韜髮。廣終幅，幅廣二尺二寸。

長六尺；髮長不過六尺。纚如之。皮弁笄、爵弁笄，固冠笄也。緇布冠無笄者，以其僅可撮髮，故即用安髮之笄也。緇組紘纁邊：紘，纓兩端。蓋以一條組，繫笄之左，繞頤右，相仰屬于笄，屈繫，垂其餘以爲飾。邊，組之側。蓋中緇而纁其邊也。同篋。篋，狹而長，所謂隋方也。組纓、緇纚、兩笄、組紘並貯一器，以待事也。據或説則缺在冠，應入下文匴中。注則以爲同一篋也。櫛實于簞。櫛，理髮器。簞，竹笥。安髮之笄亦在焉。蒲筵二，筵，席也。二者，冠及禮各一。在南。卷之，置服南。在南，兼篋簞席言。房中所陳，以所用先後爲次，先南而後北也。側尊一甒醴，爲禮子設也。側，特。一醴，無玄酒也。設尊曰尊。尊受五斗。甒，瓦甒。醴，一宿而成，具酒味而已。此尊東鄉，西面酌之，篚又在其東。在服北；用最後也。有篚，竹器，如笭。實勺、觶、角柶；勺尊升，所以斞酒。受一升，爵；三升，曰觶。柶狀如匕，以角爲之，取其滑。周制蒲勺也。○斞，音拘。脯醢，乾肉薄析曰脯，酒漬乾肉加粱麴及鹽曰醢。南上。籩豆次尊，籩在南。爵弁，皮弁，緇布冠，各一匴，音算。○匴，竹器，後世冠箱也。執以待于西坫南，有司三人分執之。坫在堂角，其南，堂下階西也。南面東上。賓南來，故南面鄉之。東上，上爵弁也。賓升則東面。北上。○以上陳設。右第一章，冠前之禮，凡四節：一，筮日；二，戒宿；三，爲期；四，陳設。

朱子《儀禮經傳通解》移下經「屨夏用葛」至末五十字于此。

主人玄端爵韠，亦玄冠。立于阼階下，阼階，東階，主人酬酢賓客之地，故名。直東序西面。堂上東西牆曰序。兄弟畢袗玄，畢，盡也。袗，如袗絺綌之袗。玄，玄冠、玄端也。○注：「袗，同也。」恐悞。

立于洗東，退于主人。西面北上。擯者玄端，私臣。負東塾。東塾，門内東堂。負之，北面相主人，故在東。將冠者采衣紒，古文作「結」。○采衣，未冠者所服。《玉藻》云：「童子之飾也，緇布衣，錦緣，錦紳，并紐，錦束髮，皆朱錦也。」紒，結也。以錦束髮，與韜髮之纚不同，童子結無笄也。在房中南面。服東，東西之中，當户而立。賓如主人服，贊者玄端從之，凡言贊，皆賓贊冠者。以上服文錯出，其實皆如主人服。立于外門之外。外門，大門也。擯者告。擯者在内塾，介告之，擯因東面告主人也。主人迎出門左，西面再拜。賓答拜。主人揖贊者，贊者卑，揖之而已。與賓揖先入。道之，待于門内霤。賓入，贊者隨之，下同。每曲揖。廟在大門内之東，賓入，將同折而東，揖；直廟將北曲，又揖。至于廟門揖入。待于内霤。三揖，入廟門，主人折而東，賓折而西，揖；直階並折而北，又揖；碑在庭，當碑，又揖。至于階，三讓。主人升，立于序端，西面；先升自阼階，立于東序南端，北當序。賓西序，東面。亦序端也。升自西階，賓主相鄉。贊者盥于洗西，先有事也。升，由西階升。立于房中，將冠者之東。西面南上。主人之贊者亦盥而升，先立于房中，西面鄉所饌。南上者，贊冠者尊也。主人之贊者筵于東序少北西面。主人之贊，亦以私臣爲之。筵，布冠席也。此在堂上之東，以其近序，故即謂之東序。適子冠于阼，少北者，辟主人。將冠者出房南面。立于房外之西，以待賓命。○以上賓入面位。

贊者奠纚、笄、櫛于筵南端。奠，置也。第言三物，則篋簞在房矣。笄，兼安髮、固冠者。在篋之物俱應置此，經文省耳。賓揖將冠者，將冠者即筵坐；賓在序端，東北面，鄉將冠者揖。將冠者即筵，西面。贊者坐櫛，設纚。賓坐筵前，則此在冠者後，西面坐也。言纚，則安髮之笄在焉。賓降，將冠，降，盥以致潔也。主人降；賓以己事降，故不敢安其位也。賓辭，主人對。其辭未聞。賓盥卒，盥，當于洗南北面。壹古文「壹」皆作「一」。揖壹讓升。揖、讓皆一，殺于初升也。賓先升。主人升，復初位。初位，謂東序端。主人言復，見賓之不然。賓筵前坐，東面。正纚，贊設之，此又二之，示親其事也。興，降西階一等。執冠者升一等，冠，緇布冠。士堂高三尺，階亦三等，每等一尺。降一等則去地二尺，升一等則去地一尺。其授受蓋在兩階相接之間。東面授賓。賓西面受之。授既則以匱退矣。賓右手執項，左手執前。此言項，則項本在冠。進容，《玉藻》云「行容愓愓」，❶其常也。此特言容，則又加詳整矣。注云：「行翔而前鶬。」乃祝；辭並見下經。坐如初，筵前。乃冠；興，復位。西序端，東面。贊者卒。結纓也。○注云：「設缺項。」冠者興，已冠，故曰「冠者」而不言「將」。賓揖之。序端東，北鄉揖之。適房服玄端爵韠，亦易屨，下並同。出房南面。一加禮成，出房，以待再加也。不言容者，下弁服尊，故威儀有加，此特觀衆以服備而已。○以上始加。

賓揖之，即筵坐。冠者與贊俱坐。櫛，去緇布冠，重櫛之。設笄。櫛則去纚矣。不言設纚，可知。又始冠當加安髮之笄，至此始言笄者，因弁笄并及之。賓盥，正纚如初；「賓降」以下。降二等，受皮

---

❶「容」，原作「客」，據四庫本、經解本改。「愓愓」，原作「愓愓」，據經解本改。

弁；授者不升。右執項，左執前，進、祝、加之如初，「進容」以下。復位。贊者卒紘。加笄繫組。興，冠者興也。賓揖之。適房服素積素韠，容，此言容，所謂服備而容體正也。出房南面。觀衆，且待三加。○以上再加。

賓降三等，至地矣。冠彌尊，禮彌下也。受爵弁加之。服纁裳韎韐。其他如加皮弁之儀。他，謂卒紘、容出，及如始加諸儀。三加之服，陳時已詳，故略之也。徹皮弁、冠、櫛、筵，冠，緇布冠也。爵弁在冠者之首，故不徹；皮弁有笄，徹則俱徹矣。弁、冠、櫛，贊冠者徹之。筵，主人之贊者徹之。入于房。置原設處。○以上三加。右第二章，正冠之禮，凡四節：一，賓入面位；二，初加；三，再加；四，三加。

筵于户西南面。醴子之席也。户，室户，位在户牖之間、堂之中，所謂「醮于客位」也。贊者洗于房中，盥而洗觶也。據此，則房中又有洗也。洗在北、堂西北隅，洗者北面。側酌醴；側，義見上。酌，以勺酌醴于觶也。加柶，加于觶。覆之，未用。面葉。柶大端也。面葉，則柄鄉賓。賓揖冠者就筵，父子不可行揖拜之禮，故以賓主之。筵西南面。不言坐，待事也。賓受醴于户東，醴出于房，故受于室户東近房之地。賓尊，不入房也。加柶，再言加柶，爲下面柄申之。面枋，今文「枋」爲「柄」。○面枋，則南北訝受矣。筵前北面。將親授之。冠者筵西拜受觶，《燕禮》疏云：筵西拜皆南面。賓東面答拜。賓既送觶，還西序端，東面答之。不言拜送，辟正主也。薦脯醢。薦，進也。贊冠者進之筵前，脯在西。冠者即筵坐，左執觶，右祭脯醢，右手祭，故左手執觶。祭，祭先代始爲飲食者。祭脯醢者，以脯擩醢而置之豆間。以柶祭醴三，案注云「始扱一祭，又扱再祭」，此本《聘禮・記》言之。但經言三祭與此同，記乃言再者，據《廣韻》「再，仍也」，則再扱者，不過仍前扱之，以至于三也。興，筵末坐，啐醴，席南鄉東上，則末在西也。啐，嘗也。昏禮，賓西階上啐酒，不敢以賓禮自居也。此在席末者，蓋示人以成人之禮。捷初洽反。陸作「鍤」，又作「扱」。柶，祭畢，不用，故捷之。興，降筵，坐奠觶拜，降由下。將拜，暫奠于薦西。此不卒爵，既啐而拜，與拜既爵同。席上不拜，故降也。執觶興。將奠。賓答拜。冠者奠觶于薦東，奠觶亦坐。凡言薦，謂脯醢。薦東者，奠不舉者于左也。降筵；升席奠觶，復降。北面坐取脯，榮尊者之賜，故取以見母。降自西階，父在，不由阼階。適東壁，廟四周有牆，此東牆也。母入廟宜在東房，辟贊者及陳設，故在此，近于房。◯註云「母時在闈門外」，恐未合。北面見于母。母南面可知。母拜受，重其物自廟中來，此肅拜也。朱子以肅拜爲低手衹揖而已。子拜送，《儀禮》之例，皆先拜受，後拜送，以送者手有所執，既授乃得拜送，受必先拜者，既受則不能拜也。母又拜。婦人皆俠拜，是所謂成人而與爲有禮也。◯右第三章，醴子。

賓降，將字子，故降。直西序，東面。西階下之西。主人降，復初位。前阼階下直東序西面之位。冠者立于西階東，南面。自東壁來。賓字之，賓少進，字之，辭見下。冠者對。對，應也。辭未詳。◯以上命字。

賓出，主人送于廟門外。禮畢而退，不出外門，又不拜送者，以將醴之也。此當有見父及賓、宗人告事畢諸儀，蓋闕文也。請醴鄭作「禮」。賓。謝其勞也，擯者請之。賓禮辭，許。賓就次。次，廟門外更衣處，以帷幕簟席爲之。○以上賓出就次。

冠者見于兄弟，在洗東者。兄弟再拜，冠者答拜。見兄，則冠者先拜。如見贊、見弟，則弟先拜，乃答之。經特據弟言，以見其尊也。見贊者，西面拜，亦如之。贊者後賓出也。贊者位在西，故冠者西面拜之，則拜兄弟當東面也。如之者，亦再拜而答之。入入寢門也。廟在寢門外。見姑姊，不言妹，可知。如見母。冠者北面拜，姑姊亦俠拜，但無拜受儀。乃易服，去爵弁服，服玄端。服玄冠、玄端、爵韠，更言玄冠者，以別于冠時之緇布冠。不朝服，未仕也。奠摯見于君。士摯用雉。禮，于尊者奠摯而不授，《士相見禮》詳之。遂以摯見于鄉大夫、鄉先生。遂，繼事之辭。大夫，州長以上。先生，注謂致事之卿大夫，其實凡德望可師者皆是。○以上見兄弟諸人。

乃醴賓以壹獻之禮。一獻，主人獻而賓不酢也，與上醴子同。○注云：主人獻賓，即燕無亞獻。案：燕爲飲酒禮，醴則無燕也。主人酬賓，答厚意也。束帛，十端曰束。帛，繒也。儷皮。兩鹿皮也。贊者皆與。音預。○主人之贊者也。與，與獻也。贊冠者爲介。皆無酬幣。賓出，贊從。主人送于外門外，始迎賓處。再拜；歸賓俎。俎，盛牲器，制如几。其實殺則用腥，否則用乾肉折俎。歸，歸賓家也。○以上禮賓。右第四章，冠畢餘禮，凡四節：一，命字；二，賓出就次；三，冠者見兄弟諸人；四，禮賓。此一時並行之事，而錯舉之如此。

若不醴，則醮，用酒。醴近質，故後世易爲醮。此合下若殺，皆以禮之變者言之。注所謂國有舊俗，先王因之而不改也。凡陳設儀，與醴小異。○疏謂此夏、殷禮，非也。尊于房户之間，房西，室户東。醴在房，酒在堂，古今之判也。兩甒有禁，兩者，酒及玄酒各一也。禁，承尊之器，因以爲酒戒。《禮器》：「天子諸侯之尊廢禁，大夫、士棜禁。」《玉藻》：大夫用棜，士用禁。棜無足，禁有足，所謂「以下爲貴」也。大夫亦曰「斯禁」，見下《鄉飲酒禮》。玄酒在西，玄酒，新水。不用猶設之，不忘古也。在西，西上也。加勺南枋。酌者在南也。玄酒亦有禁及勺，不以無用待之。洗有篚，在西，南順。洗，亦如醴時之設。南順，北上也。據此，則篚有首尾矣，或上下以刻飾記之。始加，醮，用脯醢；以下舉異于醴者言之。始加醮，則三加皆醮矣。上每加有易服之節，此亦當然，蓋易服乃醮也。賓降，取爵于篚，辭降，如初；異之中，獨辭降如初者，醴時不降洗，借賓盥辭降之節爲準，故特言如。卒洗升酌。醴在房，賓尊不入房，故贊者洗酌。酒在堂，故賓自洗酌。凡洗皆降，洗在下也。冠者拜受，賓答拜如初。冠者升筵坐，左執爵，右祭脯醢，祭酒，興，筵末坐，啐酒，降筵拜。賓答拜。冠者奠爵于薦東，此舉異于醴者言之，但文有詳略爾。不言如初，可知。立于筵西。待再加，此及下皆其異者。徹薦爵，辟後加也。薦入房，爵入篚。筵尊不徹。可相因者，則不徹。上祇一醴，故醴畢見母而盡徹。此三醮，故其節不同。加皮弁，如初儀；再醮攝酒，攝，猶整也，謂撓之以示新。其他皆如初。言者異，如者同。如初者，不但如醴，且如始醮也。下三醮同。加爵弁，如初儀；三醮有乾肉折俎，乾肉，大物豚解而乾之。將升于俎，又節折之，故曰「折俎」，此就不殺者言也。嚌之，嚌，至齒嘗之。脯而可嘗，則亦火上爲之，如《内則》之熬矣。其他如初。脯醢洗酌，如始醮。攝酒如再醮，餘則如醴。北面取脯，見于母。曰取脯，則三醮皆用脯醢也。○以上用酒。

若殺則特豚，豬子曰豚。特，一也。載敖氏云：「載」字衍。存參。合升，煮于鑊曰亨，在鼎曰升，在俎曰載。合，謂載與升，皆合左右胖也。禮，吉事牲用右，凶事用左。豚小，故合用之。離肺，割而未絶，使可祭、可嚌也。實于鼎，設扃今文作「鉉」。鼏。鼎有扃，有鉉，有鼏。扃，閉鼎木。注云：「扃以杠鼎。」蓋杠亦用之也。鉉，貫耳以舉鼎，用金玉爲之。鼏，鼎覆，用茅，長則束其本，短則編其中。○案：此言設，則當從古文作「扃」。鉉本在鼎，不待設也。下並同。始醮如初。如初，兼醴及醮言。再醮：兩豆，豆，以木爲之，盛濡物，有蓋。葵菹、葵，菜名。菹，醬屬，醋漬而成。蠃今文作「蝸」。醢；蠃，蚌屬，同螺。兩籩，竹豆也，盛乾物。栗、脯。四豆籩，盛饌也。三醮攝酒如再醮，再醮攝酒可知。加俎，牲俎。嚌注作「祭」。存參。之，皆如初。嚌肺。朱子云：「嚌肺，釋上嚌之爲肺也。」卒醮，取籩脯以降，如初。

以上用牲。

若孤子，無父。則父兄戒宿。諸父、諸兄，主此而已。冠之日，主人紒古文作「結」。而迎賓，適子孤，故身自爲主也。不言采者，《深衣》曰：「孤子純以素。」○疏云：「即上采衣紒。」蓋悞。拜，揖讓，立于序端，此正冠迎賓至升階之節。皆如冠主；如父兄主冠之儀。禮于阼。身自主冠，故不在客位，此別言其異者，其他皆如正冠。凡拜，北面于阼階上，賓亦北面于西階上答拜。與正冠別。若殺，則舉鼎，陳于門外，直東塾北面。凡殺皆然，于此發之者，嫌與正冠異，且明陳鼎之所也。○案：注謂孤子得申禮盛之，父在，有鼎，不陳于門外。疏云：鄭以上若殺不言内外，故知不陳于外。竊謂鼎必先陳于外，而後入設。上經文略，似不應遽以門内斷之，且據《昏禮》，壻有父而陳鼎于門外，則又何也？若庶子，則冠于房外南面，註云「尊東」，則鄉飲酒遵者之位，辟正冠也。遂醮焉。略之。孤子言禮，此言醮，互文也。冠者母不在，或歸寧，或疾病。則使人受脯于西階下。就取脯降處授之，不至東壁也。○以上孤子冠等諸雜儀。右第五章，冠禮之變，凡三節：一，用酒；二，用牲；三，孤子冠等諸雜儀。

戒賓曰：「某有子某。上某，主人名；下某，將冠者名。○朱子《儀禮經傳通解》移此下諸辭，按經分附其後。將加布于其首，冠、爵弁皆布，皮弁用皮。曰布者，舉多者言之也。願吾子之教之也。」子，男子之美稱。吾子，親之。下「棄爾幼志」諸辭，皆所謂教也。賓對曰：「某不敏，某，賓名。恐不能共事，共冠事。以病吾子，病，辱也，蓋謙辭。敢辭。」此謂禮辭。主人曰：「某猶願吾子之終教之也。」賓對曰：「吾子重有命，某敢不從？」許之。宿曰：「某將加布于某之首，吾子將莅之，莅，臨也。戒時許之，則將臨之矣。敢宿。」賓對今文無「對」。曰：「某敢不夙興！」以上擯辭。始加，祝曰：「令月吉日，令、吉，皆善也。始加元服。叶蒲北反，下同。杭世駿云：《釋文》無叶音，此《經傳通解》例也。○元，首也。首服，謂冠。棄爾幼志，童心。順爾成德。順成之也。冠則有成人之德也。

壽考維祺，祥也。介爾景福。」叶筆勒反。下同。○介、景皆大也，成德則大其福。言爾者，所謂「自求多福」也。再加曰：「吉月令辰，以十二支言。乃申爾服。申，重也，謂再加。敬爾威儀，德所發也。淑慎爾德。眉壽萬年，老人有豪眉，壽徵也。永受胡福。」胡，遐也。三加曰：「以歲之正，猶善也。以月之令，咸加爾服。咸加也，謂三冠畢加。兄弟具在，欲觀成人之德。以成厥德。人成則德成也。黄耇無疆，黄，黄髮。耇，垢面，如凍梨。皆壽徵也。疆，界限也。受天之慶。」叶音羌。○再加、三加不言祝，省文。醴辭曰：「甘醴惟厚，言厚，見未泲也。嘉薦令芳。嘉，善。薦，脯醢。芳，香也。拜受祭之，以定爾祥。承天之休，美也。壽考不忘。」醮辭曰：「旨酒既清，嘉薦亶時。一作「旹」。○亶，誠也。時，成熟之時。始加元服，兄弟具來。叶力之反。○孝友之德，有以感之也。孝友時格，善父母爲孝，善兄弟爲友。格，感而至也。永乃保之。」保，安也。孝友則安。再醮曰：「旨酒既湑，音諝，清也。嘉薦伊脯。乃申爾服，禮儀有序。祭此嘉爵，承天之祜。」福也。三醮曰：「旨酒令芳，籩豆有楚。籩豆，脯醢。楚，陳列貌。咸加爾服，肴升折俎。乾肉若豚。承天之慶，叶羌。受福無疆。」字辭曰：「禮儀既備，叶筆力反。令月吉日，昭告爾字。叶滋。○昭，明也。爰字孔嘉，叶居之反。○爰，於。孔，甚也。髦士攸宜。髦，俊。攸，所也。宜之于假，叶古。○大也，宜之故大。永受保之。曰伯某甫。」伯，其次。某，所命字。甫，丈夫美稱，如嘉甫、孔甫之類，或作「父」。仲叔季惟其所當。伯、仲、叔、季，長幼之稱。辭惟稱伯，此又申之。○以上祝辭。

屨，複上曰舄，襌下曰屨。夏用葛。玄端黑屨，冠屨色近。青絇音劬。繶音億。純，音準。○絇之爲言拘也，狀如刀衣，鼻在屨頭，以爲行戒。繶，謂牙底相接縫中有絛紃也。純，緣也，謂緣邊也。三者皆用青，屨系有綦，《士喪禮》詳之。○紃，音旬，圓絛。純博寸。博，廣也。此緇布冠玄端服之屨。素積白屨，以魁柎之；魁，魁陸，狀如海蛤。柎，注也，謂以蛤灰塗屨使白。緇絇繶純，凡染七入爲緇，緇亦黑也。純博寸。此皮弁服之屨。爵弁纁屨，黑絇繶純，純博寸。此爵弁服之屨。冬皮屨可也。寒許用皮，故曰可。不屨繐屨。不屨，不著也。繐，布細而疏者，繐衰所用，此非喪。不屨者，豈嫌其類于小功布與？或云：此春秋所著，冬著皮屨，故置此不著也。○以上屨制。右第六章，補上經所不及，凡三節：一，儐辭；二，祝辭；三，屨制。

【記】冠義：後世所作，以補經所不及。始冠，緇布之冠也。太古冠布，太古，唐虞以前。用白布冠，質也。齊音齋。則緇之。無飾，後世以白布冠爲喪冠，重古，故服其齊冠。其緌也，在纓兩端，垂以爲飾。孔子曰：「吾未之聞也，上經緇布冠言纓不言緌，則士大夫無緌也。春秋有用緌者，故孔子謂于古未聞。冠而敝之可也。」敝，壞也。禮不應有緌，而後世用之，故曰可敝。○按：敝以緌言。注云：此冠非時王制，不恒著，故冠畢敝之。其説與「其緌也」三字義不合，且都人士固有著緇撮者，何必敝？適子冠于阼，東序少北西面之位，近阼階上也。以著代也。著父子傳代之義。醮于客位，户西南面。加有成也。加，尚也，尊也，尊其有成人之德也。三加彌尊，緇布至爵弁，彌尊也。諭其志也。服必稱德。示之，使知自勵其志。冠而字之，敬其名也。子生三日，父名之，既冠，賓字之，是字以敬名。委貌，注云：玄冠也；委，安也，所以安正容貌也。周道也；道，猶制也。章甫，《禮書》曰：章甫，枝木爲邸，與弁之邸同。殷道也；毋追，同牟堆。○《禮書》曰：「狀如覆桮。」夏后氏之道也。案：三代冠制未詳，姑依諸家説解之。又《三禮舊圖》云：三冠制相似，皆漆布殼，以緇縫其上，前廣四寸、高五寸，後廣四寸、高三寸；殷冠委大臨前，夏、周冠委前小損。説似有據，但漆布恐後世之制。並存參。周弁，爵弁。殷冔，覆飾。夏收。斂髮。○三者制未詳，姑依注疏解之。又《王制》疏云：三者制相似而微異。並存參。三王共皮弁素積。質不變也。以上明經文緇布冠、玄冠、爵弁、皮弁古今異同之制。

無大夫冠禮而有其昏禮。或改娶。古者五十而后爵，何大夫冠禮之有？據後世有未冠爲大夫者而明其制之非古也。公侯之有冠禮也，夏之末造也。造，作也。承上言諸侯亦無冠禮，曰「夏之末造」，則不足法明矣。天子之元子猶士也，天下無生而貴者也。元子雖至貴，其爲學士則同，蓋以明《士冠》一篇爲上下通行之禮也。據此可以知《大戴記·公冠》篇及篇首注疏之非。繼世以立諸侯，象賢也。象，法也，法祖宗之賢也。此言諸侯雖繼世，亦非生而貴者也，而況大夫？以官爵人，德之殺去聲。也。案注云：大德爵大官，小德爵小官。則殺者，等殺也。死而謚，將葬易名，以表其德。今也。注云：「今謂周衰。」古者生無爵，死無謚。注云：「古，謂殷。殷士生不爲爵，死不爲諡。周衰，士死則諡之。」○案：此記與經義無涉，似承上文而推廣之，但其義未詳，據注疏解之如此。又敖氏云：古，上古也。以官爵人，已遜于古；死而諡，去古愈遠矣。蓋爲死諡周道言也。其説視注疏爲勝。

儀禮卷第二

仁和吴廷華章句

士昏禮第二

日入曰昏。取妻之禮，以昏爲期，故曰昏。昏爲嘉禮。經本無「士」字，據《曲禮》「三十而娶」，則猶未仕爾；其曰士者，鄭《目録》所增也。此當第十三，第二説非，詳《士冠禮》。

昏禮：下達，疏云：「男父先遣媒氏通辭，言下達者，女爲下，取陽唱陰和義。」敖氏云：「此謂自天子下達于庶人。」○案：此當有闕錯，姑存二説備參。納采，用鴈。納，入也。采，擇也。女氏既許，乃使人用鴈，納采擇之禮。昏禮有六：首納采，次問名，次納吉，次納徵，次請期，次親迎。六摯，大夫執鴈，昏則無問貴賤皆用之，取其順陰陽往來之義也。主人筵于户西，西上，主人，女父也。筵，布神席也。户，禰廟之户。户西，尊之，將以先祖之遺體許人，故受之于廟也。席有首尾，上，其首也。西上，神道也。右几。几，神所馮也。人道東上而左几，此神道，故取地道尊右之義。西，右也。使者玄端至。使，所吏反。○玄端，禮服，使者以鴈來也。○案：使當是《周禮》媒氏，男父使來納采，故曰使。注以爲夫家之屬，恐非。擯者出，請事，擯，佐禮者，女氏之私臣也。請，猶問也。入告。告主人。主人如賓服，迎于門外再拜，門，外門，此亦西面拜辱。賓不答拜，揖入。賓即使者，禮不在己，故不答，亦每曲揖。至于廟門揖入，三揖至于階，三讓。主人以賓升，西面。以，與也。升自阼階。賓升西階當阿，俱不在序端。阿，棟也。士大夫五架屋，中脊曰棟，棟前一架曰楣，楣前一架曰庪。入堂深，示親親也。東面致命。納采之命也，辭見記。主人阼階上北面再拜，拜其納采之命，許之也。授于楹間南面。授，授鴈也。楹，柱也。堂上近階，東西各一，其間則堂上東西之節也。南面並授，示合好也。不言受，以授概之也。賓降出。出廟。主人降授老鴈。老，私臣之長。○以上納采。

擯者出請。賓出未去，有事可知，故出請也。賓執鴈，又一鴈也。請問名，不言納，文省。女不以名行，問名者，如伯姬、叔姬之類，故下記易名爲氏。將歸卜，故使擯者傳辭請之，辭見下。主人許。請必待許，此特明之。賓入。入行問名之禮，亦如上主人迎賓以下。授如初禮。授于楹間，如納采。擯者出請，賓告事畢。入告。以上問名。

出請醴賓。入告，即出請也。此及下賓辭，並見下記，納吉以下亦然。賓禮辭，許。不言擯入告，可知。賓亦就次。主人徹几，易他几授賓。改筵，東上。易他席布之，亦南面。側尊甒醴于房中。東房也，亦有篚及籩豆，如冠禮。主人迎賓于廟門外，揖讓如初，納采。升。立于序端。主人北面再拜，不言阼階上，可知。賓西階上北面答拜。主人拂几授校，拜送。校，几足也。賓既即席乃授。拂，拭，尊賓，新之，左執校，以右袂外拂之。既授，乃拜送。賓以几辟，逡巡辟拜也。以几者，授而未設，尚執之也。北面設于坐左，人道左几。之西階上答拜。之，往也，自席前至階。贊者酌醴，加角柶，面葉，亦覆之，如冠禮。出于房。主人受醴，亦于户東東面。面枋，筵前西北面。自東來席南，故西北面。賓拜受醴，西階上拜，至筵前受之。復位。序端。主人阼階上拜送。贊者薦脯醢。賓即筵坐，左執觶，祭脯醢，亦右手祭。以柶祭醴三；西階上北面坐，啐醴；卒于階上，不敢以賓禮自居也。建柶，興，坐奠觶，遂拜。坐同跽。主人答拜。賓即筵，奠于薦左，降筵，北面坐，取脯。尊主人之賜，將執以反命也。主人辭。辭其親徹。賓降，授人脯，出。人，從者。授于階下。主人送于門外，再拜。門，外門。○以上醴賓。右第一章，凡三節：一，納采；二，問名；三，醴賓。皆一時行之。

納吉，歸卜于廟，得吉，使使來告，昏于是定。用鴈，如納采禮。主人筵于户西及請醴賓以下。○右第二章，納吉。

納徵，徵，聘也。玄纁束帛、儷皮，凡束帛多用玄纁，《禹貢》方貢亦用之，則重禮也。十端曰束，五兩也。皮，鹿皮。兩皮曰儷。如納吉禮。亦用鴈。○右第三章，納徵。案：經不言鴈，故疏謂納徵有幣帛可執，故不用鴈。愚謂鴈，摯也；帛則所以納徵，不得混而爲摯。

請期，合昏之期也。男氏既卜吉，又請者，謙不敢自定也。〇注以玄纁爲陰陽備，竊謂玄，天之色，固爲陽；纁之爲陰，其理未確。用鴈。主人辭。陽倡陰和，期宜由夫家來，故辭之。下記兩辭，則固辭也。賓許告期，如納徵禮。惟鴈與皮帛爲異。〇右第四章，請期。

期，初昏，娶妻之日。陳三鼎于寢門外，東方，北面北上。寢，壻之室也。注云：「命士以上，年十五，父子異宫。」此同牢之饌也。上者，豚鼎在北。其實特豚，合升，合左右胖升于鼎，取其偶也。下婦饋言合升側載，此不言者，此令載一鼎，下亦合載一俎也。去蹄。踐地穢惡，不用。舉肺脊二，舉，食時所先舉者。周尚肺，脊在中央，有正脡横三，此取正脊也。凡俎用骨，二者，夫婦各一也，下並同。祭肺二，特豚止一肺，此有四者，析之。祭肺，未食時祭之，下皆坐皆祭是也。舉肺，食時亦舉而祭之，下皆祭舉是也。魚十有四，《饋食禮》魚以十五爲正，此十四者，亦取其偶。腊一肫。兔腊也。肫，全也。凡腊用全。〇註：肫，或作「純」。敖氏曰：當作「純」。髀音俾。不升。髀，股也。近竅賤，故不升。皆飪。熟也。設扃鼏。設洗于阼階東南。饌于房中：醯醬二豆，下只言醬，此云醯醬者，謂以醯釀醬。菹醢四豆，菹以麋鹿等肉，牒而切之，或牒而不切，實之以葱若薤，柔之以醯，醢蒸乾肉，雜以粱麴及鹽，漬以美酒，百日而成。兼巾之；兼巾，以禦塵也。六豆共一巾。黍稷四敦皆蓋。敦，簠簋之屬。簠，内圓外方；簋，内方外圓；敦，内外皆圓。皆受斗二升。有蓋，飯宜温也。大如字，又音泰。羹湆去急反，今文作「汁」。在爨。大羹湆，煮肉汁也。太古之羹，無鹽菜。爨，竈也。尊于室中北墉下，有禁。玄酒在西，據此則兩甒也。綌冪，綌，麤葛。加勺，皆南枋。皆，皆兩尊。此夫婦之尊，内尊也。不言篚者，爵在外，篚不重設也。尊于房户之東，無玄酒，非夫婦尊，略之。篚在南，實四爵合巹。巹，半匏，蓋分一匏爲二，不用則仍合爲一也。一、再酳用爵，夫婦各二爵，故四。三酳用巹，不設篚于室者，室隘不能容也。此有醮子禮。〇以上男氏陳設之節。

主人爵弁、纁裳、緇袘。以豉反，又音移。〇主人，謂壻。曰主者，壻爲婦主。袘，裳緣。不言衣與帶者，見與袘同緇也。未仕用爵弁，從冠時所加也。從去聲。者畢玄端。乘墨車，墨車有革，或取其膠固，亦用鴈之義與？註云「攝盛」，存參。從車二乘，從、乘，並去聲。〇從者乘貳車。執燭前馬。從者持以照道。婦車亦如之，男氏迎婦之車，故曰婦車。婦人乘安車。有裧。昌占反。〇裧，車裳帷也。《周禮·巾車》謂之容，女以自蔽也，有蓋。至于門外。女氏大門。〇以上往迎之節。

主人筵于户西，西上，右几。嫁女必告廟，故設神席。下不言告廟，蓋示義于此也。女次、純衣、纁袡，如占反。〇女，謂將嫁者。次，首飾，次第髮爲之，所謂髲髢。純衣，絲衣，色玄。袡，緣也。以纁緣衣，盛服也，惟昏服之。不言裳者，婦人德尚專一，故不殊裳，謂之袘。〇敖氏曰：袡，裳也。存參。立于房中，南面。房，東房。立，待事也。亦當户南面，尊之，此有醴及戒，具詳下記。姆纚笄宵同綃。衣在其右。婦人年五十無子，出不復嫁，能以婦道教人者，謂之姆，古傅母也。綃，綺屬，亦玄衣以綃爲領。右，女右也。以當詔禮。女從者畢袗玄，纚笄，被顈若迴反。黼在其後。從，媵姪娣之屬。顈，襌也。白與黑謂之黼，謂施黼于禪衣之領也。〇以上女氏陳設面位。

主人玄端，女父也。迎于門外，外門。西面再拜，主人不正與賓行禮，惟迎拜而已，以賓爲女來也。賓東面答拜。賓，壻也。主人揖入，先入。賓執鴈從。至于廟門，揖入。三揖，至于階，三讓。主人升，西面。賓升，北面；異于常賓。奠鴈，再拜稽首，降出。凡摯皆奠。稽首，重其事也。主人不答拜者，明主爲授女也。女不答，亦有別之義。婦從，此言從，則奠鴈時已出堂矣。變女言婦，已受贄而從之也。降自西階。主人不降送。送當少違其位，但不降，以禮不可參也。母亦不降，惟庶母降。壻御婦車，爲御者，親而下之，出乃御車，則車亦在大門外矣。授綏，綏，所以引而升車者。僕人之禮必授綏，優之。姆辭不受。壻非降等，故不受。女自取之辭見下記。婦乘以几，履以登。姆加景，景，明也。制如明衣，加于女衣之上，以禦塵也。注云：以禪縠爲之。乃驅御者代。壻御輪三周，乃代之，馬前亦有燭。壻乘其車先，上所乘墨車也。俟于門外。門内及室皆有燭。〇以上奠鴈御輪。右第五章，親迎之禮，凡四節：一，男氏陳設；二，壻往迎在途；三，女氏陳設面位；四，奠鴈御輪。

婦至，主人揖婦以入。壻先入大門道之，由闑西。及寢門，揖入，升自西階。壻亦先升。下饗婦後，婦由阼階，此始至尚西階也。壻亦西階者，父在不由阼階，此同階升，與賓主常禮别。媵布席于奥。媵，女從者，娣姪之屬。席，同牢之席。奥，室西南隅。兩席相對：此先布壻席也；下婦席，御布之。夫入于室即席，帥婦入，先即席，唱隨之義也。婦尊西，南面，席在尊西南，尊西則席北也。南面向席，俟下布席，乃即席西面。媵御音迓。沃盥交。御，迎也。壻從者，故以迎爲義，亦婦女也。交，謂媵沃御盥，御沃媵盥，皆于北洗。下布席及衽皆然，蓋陰陽交錯之義。○注謂「媵沃壻盥，御沃女盥，以道之」，非也。贊者徹尊冪。事至也。贊亦婦女爲之。舉者盥出，舉，舉鼎者。出，鼎在門外也。除鼏；舉鼎入，陳于阼階南，凡饌皆出于東，故陳于阼。西面北上。匕俎從設，匕，舉牲體出鼎之器。吉禮用棘匕，《禮圖》：匕通柄長一尺七寸七分，黑漆柄，末及葉，以朱。從者，各隨其鼎入而設之。北面載，北面則在鼎南載之。執而俟。載者執俎。俟者，豆先設也。匕者逆退，匕者執匕以載牲體，故即以匕名之。三鼎，亦三缶三匕也。逆退者，鼎東西面匕畢，無事，後者先退也。復位于門東，北面西上。前不見諸執事位，此特明之。贊者設醬于席前，壻席也。近席少南，東面南爲右，便于取也。菹醢在其北。菹在醬北，醢在菹北。俎入，設于豆東，豚在菹豆東。魚次。在豚東。腊特于俎北。兩俎之北醢之東。贊設黍于醬東，豚南。稷在其東。魚南。設湆于醬南。此壻饌也。設對醬于東，以下婦饌，凡言對者，對壻也。東，特俎之東。特俎，腊也。對席不言俎，與壻共之也。菹醢在其南，北上。上菹。設黍于腊北，壻席黍在醬東豚南，此黍在腊北者，蓋即壻席之腊、上特于俎北者也。蓋夫婦共三俎，而陳設則以壻席爲正，故婦曰對席也。對席，故黍不得在豚北而在腊北。其西稷。設湆于醬北。御布對席，婦席。贊啓會郤于敦南，會，蓋也。此壻敦。對敦于北。婦敦之會也。贊告具。具，饌具也。西面告壻。揖婦即對筵，壻揖婦即筵也。至是始即筵者，婦人有中饋之義，故饌具乃即席也。皆坐，此云皆，則壻即席時未坐也。○以上室中陳設面位。

皆祭，祭薦黍稷肺。皆，皆壻及婦也，下並同。肺，祭肺，祭亦贊相之。贊爾黍，授肺脊；爾，移之使近也。肺脊則授者，俎不能移也。皆食以湆醬，食黍。以，用也。用口啜湆，用指咂醬。皆祭舉，舉，肺脊也。將嚌，先絶末以祭。食舉也。祭乃食之。三飯卒食。同牢示親，不主爲食，故三飯而禮成。○以上同牢。

贊洗爵酌，取爵于堂，洗于房，酌于室。酳主人。酳，漱也，演也，安也。漱以潔口，且演安其所食，頤養之義然也。主人拜受，亦東面。贊户内北面答拜。酳婦亦如之。如壻拜受以下，惟夾拜及南面爲異。皆祭。贊以肝從，肝，炙肴也。酒宜肴安之，從者，謂從爵而進之。肝，當用豆。皆振祭，以肝擩鹽，振之以祭也。必振者，擩鹽過多，振而去之。嚌肝，皆實于菹豆。實，猶加也。卒爵皆拜，授贊虚爵。贊答拜受爵。再酳如初，贊洗以下。無從。肝也，此言其異。三酳用巹亦如之。禮成乃用巹，重之不輕用也。如，謂再酳。贊洗爵，自酢，卑也。三酳乃酢，與常禮異，亦洗于房。酌于户外尊，房户外尊。入户西北面奠爵拜。皆答拜。坐祭卒爵拜，皆答拜。以上合巹。

興，主人出，將説服于東房。婦復位。尊西南面。乃徹于房中，贊徹之，爲媵御餕也。如設于室尊否。徹尊不設，有外尊也。不言席，可知。主人説吐活反，下並同。服于房，説于隱處，當在奥。媵受；婦説服于室，亦在奥。御受。姆授巾。婦巾。御衽于奥，卧席曰衽，因以爲布席之名。此婦席也。媵衽良席在東，婦人稱夫曰良。此亦交也。皆有枕，北止。足趾也。主人入，入室。親説婦之纓。纓，佩屬，以五采爲之，其制未聞。據禮圖，形如小囊。蓋女子十五許嫁時所佩，既嫁説之。親説，示纓爲己而繫也。燭出。禮畢將寢，故徹之。媵餕主人之餘，食餘曰餕。御餕婦餘，亦交也。位如主人及婦。贊酌外尊酳之。優之。媵侍于户外，呼則聞。恐有所徵求。御亦侍，言媵者，以女爲主也。

○以上禮成諸雜儀。右第六章，昏禮成，凡四節：一，陳設面位；二，同牢；三，合巹；四，禮成諸雜儀。

夙興，昏之明日，質明之前。婦沐浴，纚笄宵衣以俟見。既昏，不復用純衣纁袡。俟見者，待見于舅姑寢門之外也。質明，贊見婦于舅姑。見者，通言于舅姑，以卑不敢徑達也。贊佐行禮以爲擯。席于阼，阼階上，主位也。從者布席，西面。舅即席；即席，待事也。席于房外，南面，母位在房外之西。姑即席。婦執笲音煩。棗栗自門入，用笲，以有飾爲敬也。笲，竹器，盛棗及栗，蓋受于從者而執以入也。見舅以棗栗贄者，棗取其赤心，栗取其戰慄。門，寢門，入由西。升自西階；進拜，進席前東面拜也。肅拜，低手祇揖，故可執笲而拜也。奠于席。不敢授也。不奠于地，重敬也。舅坐撫之，示受也，在席，故坐撫之。此云坐，則即席時未坐也。興答拜。古人謹禮，雖于子婦亦答之。不言降，則席上拜也。宰于是徹笲矣。婦還，又拜。還者，進近席，奠之乃還至先拜處，以辟拜，且便于俠拜也。降階，受笲腶脩，不言出門，則從者隨至階下。腶脩者，以薄析之脯，捶之，而施以薑桂也。升進，北面拜奠于席。姑坐，舉以興拜，姑在中饋，故異于舅。授人。從者也。婦亦還俠拜。○以上見舅姑。

贊醴婦。厚之也。曰贊者，如《燕禮》以宰夫爲主人，且首示以尊卑之禮也。席于户牖間，賓之也。升南面。側尊甒醴于房中。婦疑魚乙反，後並同。立于席西。疑，屹然自定貌。立，待事也。贊者酌醴，加柶，面枋，出房席前北面。婦東面拜受。東面者，贊在東。贊西階上北面拜送。燕禮宰夫之位。婦又拜。執觶拜也。薦脯醢。婦升席，亦坐。左執觶，右祭脯醢，以柶祭醴三；降席東面坐，啐醴，建柶，興拜。贊答拜。婦又拜，奠于薦東；北面坐，取脯；榮得醴也。降，出，授人于門外。人，謂婦氏人。門，寢門也。授婦氏人，則歸示其父母矣。舅姑入于室。禮畢。○以上禮婦。

婦盥饋。以食食人謂之饋，孝養之道也。既授脯，即返行是禮，所謂「禮成而加之以敏」也。盥，致潔。特豚合升，鼎兼左右胖。側載，合升而云側載者，周人尚右，右胖載之舅俎，左胖載之姑俎，亦交也。無魚腊，無稷。禮殺。並南上。陳于室中，曰上，則合俎籩言也。其他如取女禮。謂同牢饌。此云如取女，則在室凡儀節皆如之矣。其異者，經特明之。婦贊成今文無「成」。祭，不言舅姑即席于奥，文略也。無贊，故婦贊之。祭，祭薦及黍也。成者，謂既授之，又處置之，使知當在豆間。贊祭，則其餘皆贊矣。卒食，亦三飯。一酳無從。從肝也。席于北墉本作「牖」。下。婦餕席也，亦尊西。婦徹設席前如初，西上。初，謂饋時所陳，惟面位異。婦餕，即席將餕。舅辭易醬。婦餕姑之饌，《内則》「子婦佐餕，既食恒餕」，則舅食婦餕，其常也。此辭者，未受室使代，尚行賓禮故也，然婦則自率其常禮而已。醬爲饌本，既經指嚌，不易則于尊者爲褻，故易之，猶《燕禮》不敢褻君爵之義也。舅尊而姑親，則不易矣，故特言餕姑之饌以明之。下祭及食，則又合兩饌而言也。○疏謂不餕舅餘，先儒又以易醬爲易姑之醬而餕其饌，並與《内則》之義不符。御贊祭豆、黍、肺，舉肺、脊，脯、醢皆祭，言豆以概籩也，贊亦授之。乃食。黍也。卒，姑酳之。一酳。婦拜受，姑拜送。坐祭，卒爵，姑受，奠之。奠于篚。婦徹于房中。此當媵御徹之，曰婦者，蓋姑親酳，婦亦親徹也。媵御餕；姑酳之，雖無娣，媵先。古諸侯夫人自有娣姪，同姓二國媵之，又各有娣姪，共九女。大夫士無二國之媵，故娣姪亦謂之媵。娣，女弟；姪，女之兄弟子。此媵對娣即姪也。姪卑于娣，先，謂先御。蓋御，主也；娣姪，客也。有娣則娣先，次及姪，復及御。今雖無娣，而姪亦先于御也。于是與始飯之錯。與，猶預也。始飯，舅姑之飯也。錯，媵餕舅餘，御餕姑餘也。言與此錯者，爲舅姑前飯之餘爾。○以上婦饋。

舅姑共饗婦以一獻之禮。饗，以酒食禮之也。《昏義》「厥明舅姑共饗婦」，則醴婦之明日也。○疏云：大夫異日，士同日。舅洗于南洗，洗爵獻也。姑洗于北洗，酬也。南洗北洗，男女之别也。此饗禮之始。奠酬。凡酬爵皆奠于薦東，示不復舉，禮成也。饗有獻酬酢三節，此但舉一酬以見端，文略也。舅姑先降自西階，婦降自阼階。授之室，使爲主，明代己也。歸婦俎于婦氏人。牲及乾肉皆用俎，使反命于女之父母，與歸脯之義同。又歸俎，客禮也。舅饗送者以一獻之禮，送者，女氏私臣，若奴僕也。酬以束錦。酬有幣，厚之。註：古文「錦」作「帛」。敖氏曰：當作「帛」。始饗婦人送者，女從者，妾婢之屬。酬以束錦。若異邦則贈丈夫送者以束錦。贈送者，酬外之禮也。不言婦人，可知。大夫無境外交，士亦宜然，此疑記載末季事，錯簡于此耳。○以上饗婦及送者。右第七章，昏後諸儀，凡四節：一，見舅姑；二，醴婦；三，婦饋；四，饗婦及送者。

若舅姑既没，終也。則婦入三月乃奠菜。奠菜，祭菜，殺于正祭，此所謂廟見也。婦人必舅姑受之室，使代己，而後主祭祀。舅姑在，則降阼階時已受之舅姑，與祭可矣。若舅姑没，則無所受矣。故于時祭之先，行廟見之禮，以明其職之有所自受，然後可以助祭也。必三月者，時祭無過三月，故以久者言之。若昏期近于時祭，則不必三月矣。下記言三月祭行，亦以廟見之後，乃可主祭也。席于廟奥，東面，廟，禰廟。東面，神之常位也。右几。此考位。席于北方，南面。此妣位。不言几，可知。別席異面者，象上見舅姑之位。祝盥婦盥于門外。婦執笲菜，❶祝帥婦以入。祝告，稱婦之姓曰：「某氏來婦，某氏，如齊曰姜氏、魯曰姬氏之類。來婦，言來爲婦，此廟見之由也。敢奠嘉菜于皇舅某子。」敢，冒昧之辭。皇，大也。某，考字，如伯子、仲子也。婦拜扱地，扱地，手至地也。肅拜，跽俯手而已；此俯手至地，蓋肅拜中之加禮也。坐跽也。奠菜于几東席上；還又拜如初。言還，則坐奠時進而近席矣。初，謂扱地。婦降堂，無贊，異于祭。取笲菜入。執之。祝曰：「某氏來婦，敢告于皇姑某氏。」舅曰

❶「笲」，原作「笄」，據四庫本改。

奠，姑曰告，互文。奠采于席如初禮。「拜扱地」以下。婦出，祝闔牖户。廟無事則閉，神尚幽也。先牖後户，闔之次第也。啓則先户後牖矣。老醴婦于房中，南面，舅姑殁，故老因廟見而醴之。房，廟之東房。如舅姑醴婦之禮。以上廟見。

壻饗婦送者丈夫婦人，舅姑殁，故壻兼饗之。如舅姑饗禮。亦贈幣，惟兼饗爲異。○以上壻饗送者。右第八章，言禮之變，凡二節：一，廟見；二，壻饗送者。

【記】士昏禮：凡行事必用昏昕，壻用昏，使用昕。受諸禰廟。辭無不腆，腆，善也。賓不虚謙，《郊特牲》所謂「告之以直信」也。無辱。女父不言來辱。摯不用死，死，雉也；生，鴈也。皮帛必可制。可制衣服。腊必用鮮，取其新。魚用鮒，鮒，鯽也。魚有鮮有薧，薧不必辨其名。此云鮒，以上用鮮例之，則亦取其新也。必殽全。殽，俎實體全，不餒敗，不剥傷也。女子許嫁，笄而醴之稱字。猶男子之冠也。祖廟未毁，女子祖廟未遷，則公在五世之内矣。教于公宫三月。將嫁，教以四德也。若祖廟已毁則教于宗室。大宗之室。問名，主人受鴈，還，受于楹間時。西面對。當阿對賓以女名。賓受命，乃降。祭醴，醴賓時。始扱一祭，又扱再祭。賓右取脯，左奉之，乃歸執以反命。納徵，執皮，有司執之。攝之，内文；攝，斂之，使文在内也。皮之文在毛。兼執足，左首；左手執前兩足，右手執後兩足，首在左，皆以象生。隨入，横執二皮，恐中門阸狹，故相隨先後入。西上；入以西爲左，上者，首在左也。參分庭，一在南。非中庭也。賓致命，釋外足，見文。《聘禮》所謂「張」也。初執外足攝文在内，此釋外足不執，從上轉外足于内足之内，則全文見矣。主人受幣，束帛也。賓執之以將命者，故親受之。士受皮者自東出于後，此私臣也。曰士者，以尊者言之。出，謂自東方出于執皮者之後。自左受，自後出自執皮者之左，而並立受之。左者，首在左也。遂坐，攝皮。逆退，士二人，先進者後退，故曰逆。適東壁。藏在東。父醴女而俟迎者，女既次純衣，父醴之于房中，南面，母薦焉，其節如醴子。母南面于房外。出者，示親授壻且當戒女也。女出于母左，將聽戒，當北面。父西面戒之，阼階上主位也。下命辭即所以戒之。必有正焉，若衣若笄，正謂托戒之，蓋托之衣笄，以恒在身而不忘也。母戒諸西階上，不降。初立房西，女出，乃至西階上戒之，辭見後。婦乘以几。復言之者，爲從者記也。從者二人坐持几相對。乘時持之，備傾躓也。婦入寢門，贊者徹尊冪，酌玄酒，三屬于尊，從外器中酌涚水三度，注于玄酒尊，貴新也。三者，禮成于三。棄餘水于堂下階間，加勺。此溯升尊時加勺之地也。笄緇被纁裏，被，表也。此笄之飾。加于橋。庪笄之器，制未聞。或謂器之有横梁者。舅答拜，婦奠笄時。宰徹笄。舅答拜時。婦席薦饌于房。謂醴婦饗婦未陳設時也。不言俎者，俎自階升。饗婦姑薦焉。婦洗在北堂，此北洗也。北堂，房中半以北，無北壁，故曰堂。直室東隅；室東北隅也。南北之節如此，則北，堂之西北也。篚在東，北面盥。婦酢舅，更爵自薦；更爵，男女不相因。舅獻婦則姑薦，此婦自薦者，嫌人薦之。不敢辭洗，不敢與尊者爲禮也。下並同。舅降則辟同「避」。于房；不敢拜洗。凡婦人相饗，無降。謂姑饗婦人送者，不降者，婦人不下堂。婦入三月，然後祭行。謂主祭，餘詳上經。○以上八字，朱子《儀禮經傳通解》移入經文「若舅姑既没」之前。庶婦則使人醮之，庶婦，庶子之婦。禮殺也。婦不饋。養統于適。昏辭曰：「吾子有惠，昏辭者，擯者傳命，及使者致命，皆用之。其異者，如下易「請」爲「敢」爾。吾子，女父也。惠，貺室之惠。貺室某也。貺，賜也。室，妻也，謂以女許之。某，壻名，此云貺室，則納采之前已通辭，女父許之矣。昏辭統六禮之辭言，以下問名、納吉之例準之。「曰」字上，當有「納采」二字。某有先人之禮，某，壻父名。曰先人，明納采之爲古法。使某也請納采。」某，使者名。對曰：「某之子惷愚，某，女父名，下同。某之子，女也。惷愚，謙辭。又弗能教。吾子命之，某不敢辭。許之之辭。致命曰敢納采。」當阿致命也。致命，亦用前辭，第易請爲敢耳。無主人對辭者，用前辭與？問名曰：「某既受命，某，使者名，命不敢辭之命。將加諸卜，敢請女爲誰氏？」氏，如摯仲氏任之氏，猶名也。對曰：「吾子有命，且以備數而擇之，某不敢辭。」不辭，則以氏告也。不言者，省文。醴曰：「子爲事故，至於某之室。某有先人之禮，請醴從者。」謙不敢斥言使，❶故以從者爲辭。對曰：「某既得將事矣，敢辭。」禮辭也。「先人之禮，此及下主人又請之之辭，言先人，見不可辭。敢固以請。」固，請之堅。「某辭不得命，此及下，使者又答也。不得

❶「斥」，原作「斤」，據四庫本、經解本改。

者，不得許辭之命。敢不從也。」禮辭許之。納吉曰：「吾子有貺命，謂示以女名。某加諸卜，某，壻父，卜以女名卜也。占曰吉。使某也敢告。」對曰：「某之子不教，唯恐弗堪。子有吉，我與同預。在，言我亦在吉占中也。❶蓋夫婦一體，夫得吉則婦可知。某不敢辭。」納徵曰：「吾子有嘉命，貺室某也。某有先人之禮，儷皮束帛，使某也請納徵。致命曰某敢納徵。」對曰：「吾子順先典，順，循也。典，常也。先人典常之禮也。貺某重禮，某不敢辭，敢不承命？」請期曰：「吾子有賜命，某既申受命矣。申，重也。謂納采以後，受不一命。惟是三族之不虞，三族，謂父昆弟、己昆弟、子昆弟，皆己齊衰期服之親也。虞，度也。言生死不可料，恐卒有死亡，將不得取，故及今吉時行之。使某也請吉日。」對曰：「某既前受命矣，此命，壻家上四禮之辭也。唯命是聽。」此命，請期之命也。聽，從也。經言主人辭，此即辭之之辭。曰：「某命某聽命于吾子。」上某，壻父；下某，使者。對曰：「某固唯命是聽。」再辭。使者曰：「某使某受命，吾子不許，某敢不告？期曰某日。」經所謂「賓許告期」也。對曰：「某敢不敬須？」須，待也。凡使者歸反命曰：「某既得將事矣，敢以禮告。」告禮，謂所執脯。主人曰：「聞命矣。」父醮子，男言醮，女言醴，互文也。取婦以承祭，故重其禮，亦應在廟，與醴女同。命之辭石經無「辭」字。曰：「往迎爾相，相，助

❶「吉」，原作「古」，據四庫本、經解本改。

也。承我宗事。承，奉也。宗事，宗廟之事。勖帥以敬先妣之嗣。先妣，以歿者言或父之母，及壻母也。婦入代姑承祭，故曰先妣之嗣。勖帥者，戒其子自勉勵，帥婦敬嗣也。若則有常。」若，女也。常，言勖帥有常也。此又申戒之。子曰：「諾，唯恐弗堪，不敢忘命。」賓至，壻也。擯者請。對曰：「吾子命某，吾子，謂女父。某，壻父也。命，上敢不敬須之命也。以茲初昏，使某將請承命。」某，壻名，言其父使之來迎也。將，行也。親迎而曰承命，立言之法也。對曰：「某固敬具以須。」承上請期答辭，故曰固。父送女，命之曰：「戒之敬之，命，即經所謂戒之也。夙夜毋古文作「無」。違命！」毋，禁辭。命，舅姑之命。母施衿結帨，衿，帶也，蓋繫鞶之帶。帨，佩巾也。鞶，盛帨囊，女用絲。庶母施鞶，此先施帨，以未施鞶，無盛帨具，結之而已。施而結之，亦上必有正焉之意。曰：「勉之敬之，夙夜無違宮事！」室内之事，亦舅姑所命也。父曰宗，母曰宫，大小之分，如其分也。庶母及門内，庶母，父妾之有子者。父母不送，此送至廟門而已。施鞶，以母所施之衿繫之，而盛以所結之帨。申之以父母之命，申，重也。命之曰：「敬恭聽宗爾父母之言。宗，尊也，言敬恭而尊聽之。夙夜無愆，愆，過也。蓋期之。視今文作「示」。諸衿鞶！」使職之也。所謂「必有正」也。壻授綏，姆辭，曰：「未教，不足與爲禮也。」以上十四字，石經有之，監本脱落，今補入。宗子無父，大宗之適長子謂之宗子，若小宗宗子則有大宗宗子命之。宗子有有父者，「七十老而傳」者也。不言無兄者，宗子兄爲庶長子，不得命。母命之。婦人無外事，此命之者，蓋其母命，而諸父兄轉命之也。

使者亦稱諸父兄之命以行。親皆没，己躬命之。支子則稱其宗，支子，宗子之庶昆弟也。稱其宗子命使者，大小宗皆然。弟則稱其兄。凡有適兄者，皆稱兄以命之。若不親迎，此禮之變，如《詩》俟堂、俟宁是也。以下至末，朱子《儀禮經傳通解》移入經文「舅姑饗禮」之後。則婦入三月，三月以至久言，蓋天道一變爲久也。然後壻見，往見婦父母。曰：「某以得爲外昏姻，《爾雅》女氏稱昏，壻氏稱姻。此言昏姻者，散文昏姻通。外，别族也。請覿。」見也，此皆擯辭。主人對曰：「某以得爲外昏姻之數，某之子未得濯溉于祭祀，謙辭，據此，則壻見或在三月祭行之前，故以未得濯溉爲辭與？是以未敢見。往見。今吾子辱，請吾子之就宫，還家。某將走見。」禮辭，言往見，蓋不敢當其來見也。對曰：「某以非他故，言爲壻而來見，親也。不足以辱命，不足辱禮辭之命。請終賜見。」對曰：「某以得爲昏姻之故，不言外，親之。○註：古文曰「外昏姻」。敖氏曰：當有「外」字。不敢固辭，敢不從？」主人出門左西面。門，大門。迎于大門，見于寢。西面，主位也。壻入門，東面，賓位。奠摯再拜，出。摯，未詳。奠于寢之中庭，卑者不敢授也，賓主則授。擯者以摯出，請受。請以賓禮受之，辭其奠也。壻禮辭許，受摯入。受摯入者，受于擯者而奉之以入，將授于主人也。主人再拜，受，賓禮，受摯于堂，《聘禮》詳之。壻再拜送，出。見主婦，見女父既出，擯者請事，乃請覿于主婦。主婦闔扉，扉，門扇，此室户扉也。婦人無外事，扉常闔。註云闔左扉，則室户亦兩扉也。○舊作寢門之扉。案：婦人不下堂，故以室户言之。立于其内。西面。壻立于門外東面。賓位。主婦一拜，先拜。壻答再拜，主婦又拜，壻出。就次。主人請醴，不言壻辭，省文。及揖讓入，註：及，與也。敖氏曰：「及」當作「乃」。醴以一獻之禮。主婦薦，奠酬無幣。殺于賓。壻出，主人送，再拜。

儀禮卷第三

仁和吴廷華章句

士相見禮第三

古者，以摯相見。凡公、卿、大夫、士、庶人于本國、異國之君若友，初見時摯雖不同，其禮則一。曰「士相見」者，以經首摯用雉爲士，故以「士」冠之。五禮屬賓禮，此當第十，第三説非，詳《士冠禮》。

士相見之禮：贄，贄、質通，又作摯，執也，所執以自致。蓋君子見所尊敬，以此將其厚意也。《曲禮》：「凡贄，天子鬯，諸侯圭，卿羔，大夫鴈，士雉，庶人之贄匹。」冬用雉，用雉者，取其文明耿介，交有時，別有倫也。雉用死，以其不可生服也。《虞書》：「二生一死贄。」夏用腒。腒，乾雉。暵熟而乾之，取不腐臭也。疏云：冬時雖死，形體不變，故存雉名；夏乾腊，則形體變矣，故變本名謂之腒。左頭《曲禮》：「凡執禽者左首。」陽之類也。奉之，執而進之。曰：此擯辭，下並同。「某也願見，某，見者自謂。無由達。某子以命命某見。」某子，所因緣之姓名也。以命者，某子達之，因以主人之命命見也。主人對曰：「某子命某見，言命某走見，蓋謙辭也。某子介紹其間，故賓、主並稱之。吾子有辱。有，又也。對某子之命爲又也。請吾子之就家也，某將走見。」走，往也，此一辭也。賓對曰：「某不足以辱命，就家之命。請終賜見。」主人對曰：「某不今文作「非」。敢爲儀，言誠心欲往，非徒外貌也。固請吾子之就家也，古文云「固以請」。某將走見。」再辭，固辭也。賓對曰：「某不今文作「非」。敢爲儀，固以請。」主人對曰：「某也固辭不得命，不得見許之命。將走見。古文云「某將走見」。聞吾子稱贄，言將走見時聞之。稱，舉也。敢辭贄。」執贄禮崇，故辭之。此又一辭也。第辭贄，則已許其見矣。賓對曰：「某不以贄不敢見。」嫌其太簡。主人對曰：「某不足以習禮，言不足以習盛禮，亦不敢當之義。敢固辭。」又固辭。賓對曰：「某也不依于贄言依，亦謙辭。不敢見，固以請。」主人對曰：「某也今文無「也」。固辭不得命，敢不敬從？」許其稱贄。出迎于門外，再拜。賓答再拜。主人揖，入門右。賓奉贄，入門左。主人再拜受。受于庭中。賓再拜送贄，出。主人請見，賓以崇禮來，誠欵未申，故請見也。賓反見，退。主人送于門外，再拜。右第一章，賓主相見。

主人復見之以其贄，復，往復。復見者，「禮尚往來」也。贄，賓贄。曰：「曏許亮反。者吾子辱使某見。請還贄于將命者。」臣贄不還，餘皆還也。不敢斥言賓，故以擯爲辭。主人對曰：「某也既得見矣，此主人，上之賓也。敢辭。」辭其答己。賓對曰：「某也非敢求見，此賓，上主人也。不敢求見者，嫌褻也。請還贄于將命者。」主人對曰：「某也既得見矣，敢固辭。」賓對曰：「某不敢以聞，不敢聞之主人，則謙之至。此言之法也。固以請于將命者。」謙不敢聞之主人，特請之擯而已。主人對曰：「某也固辭不得命，敢不從？」賓奉贄入，迎賓以入。主人再拜受。賓再拜送贄，出。主人送于門外，再拜。右第二章，復見。○案：禮尚往來，復見宜别有贄，不應第還其贄而已。此疑有闕文。

士見于大夫，此言大夫，則上爲平等相見之節也。終辭其贄。註云辭贄以將不親答，亦似非往來之義。于其入也，亦迎。一拜其辱也。賓退，送，再拜。右第三章，士見大夫。

若常石經作「嘗」。爲臣者則禮辭其贄，此當有主人禮辭、賓再請之文及辭，蓋闕爾。曰：「某也辭不得命，不敢固辭。」此賓再請而許之之辭。賓入，奠贄再拜。主人答壹拜。殺禮。賓出。使擯者還其贄于門外，辟君。曰：「某也使某還贄。」上某，主人，下則擯也。賓對曰：「某也今文無「也」。既得見矣，敢辭。」擯者對曰：「某也命某：『某非敢爲儀也，此及下俱述主人命之之辭。某，主人，下同。敢以請。』」請受之。賓對曰：「某也，夫子之賤私，夫子，謂主人。家臣曰私，以嘗爲臣也。曰賤，謙辭。不足以踐禮，踐，行也。謂不足行賓禮，蓋賓客不受贄也。敢固辭！」擯者對曰：「某也使某不敢爲儀也，固以請。」賓對曰：「某固辭不得命，敢不從？」再拜，受。右第三章，嘗爲臣者相見之儀。

下大夫相見，言下則中可知。曰相見，則平等往來之辭也。以鴈，取其知時、飛翔有行列也。飾之以布，此以布裹之，故須索。注云「裁縫衣其身」，則近于淫巧矣。又《曲禮》「飾羔鴈者以繢」，此言飾，則繢布也。疏謂諸侯之卿大夫布不繢，似强爲分别也。維之以索，以上大夫例之，則亦并布繫之，未必四維耳。○註云：「聯繫其足。」存參。如執雉。亦左首，蓋因鴈以明執雉之儀。上大夫相見，卿也。以羔，取其群相引帥也。飾之以布，四維之結于面，繫聯四足，交出背上，胸前結之。面，前也。左頭如麛執之。麛，鹿子。宗伯六禽無之。或謂《聘禮》執鹿皮左首，此云麛，一也。又注：「或云：麛，孤之摯。」並存參。如士相見之禮。執異而儀同。○右第四章，言大夫相見。

始見于君，執贄至下，《曲禮》所謂「下如提」，蓋當帶也。容彌蹙。蹙，促也，恭慤貌。庶人見于君，庶人，民也。古者民得見于君，其贄鶩。疏云：「此庶人在官者。」不爲容，容，謂趨翔。進退走。不爲容也。士大夫則奠贄，再拜稽首，君答壹拜。此言答拜，庶人其不答與？若他邦之人，過客也。或本國之臣，見來聘之君。知非聘使者，聘使贄用君瑞，請覿，又不用贄也。則使擯者還其摯，禮不當受。曰：「寡君使某還摯。」賓對曰：「君不有其外臣，措辭然也。臣不敢辭。」禮無受他臣贄法，故不敢辭。再拜稽首，受。凡燕見于君，燕間非時之見，蓋有事而見也。必辯君之南面。辯，視也。辯者，君南面，臣北面，其位有定。君或有時不然，不可不辨也。若不得則正方，正方，正鄉北。不疑君。「疑」當作「擬」，言不得擬君所處邪鄉之。君在堂，路寢之堂。升見無方階，君在東則升東階，在西則升西階，無一定之方。燕見禮殺也。辯君所在。在堂則有正鄉，可辯也。○右第五章，凡見君之禮。

凡言，爲君言事也。非對也，自有所言，非答君之問也。妥而後傳言。妥，安坐。《詩》：「以妥以侑。」傳，猶出也。言必君安坐而後聽之審也。若君有問則對，不待安。與君言，言使臣；此皆恒言也。使，命之職事也。君事雖多，以知人善任爲主。與大人言，言事君；大人，公卿、大夫也。臣道在事君，諸侯亦然。與老者言，言使弟子；老者，疏云：致仕爲父師者，教鄉閭子弟，故稱弟子。其實凡老皆有弟若子，不必學者也。老者，弟子之典型，其美惡皆由于所使，其事重也。與幼者言，言孝弟于父兄；敦行之本，成于幼也。與衆言，言忠信慈祥；忠信，誠也。慈祥，仁也。蓋居心之本，無人不當然也。與居官者言，言忠信。任職以誠爲主，此當合公卿、大夫、士言，與上事君，二義兼舉也。凡與大人言，大人，兼君長言。始視面，觀其顏色可言否也。《論語》：「未見顏色而言謂之瞽。」《曲禮》：「天子視不上于袷。」袷，交領也。此視面者，與大人言事，異于常禮也。中視抱，抱，懷抱之所。言畢，垂目當抱，若容其思之。卒視面，察其納己言否也。毋改。改，改變也。如疾言遽色之類。衆今文作「終」。皆若是。注謂衆卿大夫在此者，皆如其視之容也。〇案：今文「衆」作「終」，蓋言自始至終無改也。亦一說也。若父，今文作「甫」。則遊目，遊目，謂目可旁視，以察其安否也。父子主恩，與尊卑禮別。毋上于面，近于敖。毋下于帶。等于憂。若不言，立則視足，坐則視膝。不言，則伺其行起而已。足、膝，皆極下也。此兼君、父、長上言。凡侍坐于君子，君子，謂三達尊。君子欠伸、伸，古文作「信」。〇志倦則欠，體倦則伸。問日之早古文作「蚤」。晏、問早晏，則坐久矣。本問晏，先曰早者，早特未晏，非日出之早也。以食具告、以晚食已具告之，則晏可知。敖氏謂以所食之具告從者，以君子倦而欲食也。改居，謂自變動，如撰杖屨、視日早莫之類。則請退可也。倦甚思息，故不敢重勞君子也。夜侍坐，問夜、膳葷，夜，刻漏之數。膳葷，所食之葷辛物，蓋葱、薤之屬，食之可止卧。請退可也。問夜及膳葷，倦將息也。若君賜之食，侍食。則君祭先飯，示嘗食，蓋以無膳宰進食者言也。徧嘗膳，合俎及羞皆嘗之。飲而俟。飲在食後，亦嘗之。俟，俟君食也。君命之食然後食。若有將食者，猶進食也。膳宰主進食。則俟君之食然後食。此承上言。有膳宰進食，則不先飯徧嘗也。若君賜之爵，以下並與《燕禮》無算爵受賜之節同，則以無算爵言也。則下席，再拜稽首，受爵。《曲禮》：「酒進則起，拜受于尊所。」升席祭，卒爵而俟，君卒爵，此與《燕禮》「君卒爵，然後飲」微異。然後受虚爵。退坐取屨，初脱屨升堂，此取屨，則將出也。隱辟同僻。而后屨。隱辟者，辟之隱處。《曲禮》所謂「就屨，跪而舉之，屏于側」也。君爲之興，則曰：「君無爲興，臣不敢辭。」以不敢辭辭之。君若降送之，曰若者，君本無送法，明此爲非常禮也。則不敢顧辭，不敢當非常之禮，故不辭，亦不顧也。下言大夫，則此士也。遂出。遂者，繼事之辭。此承不顧辭，以明其出之速。大夫則辭，大夫，少尊。退下，降也。比及門，三辭。若先生、異爵者，先生，達尊。異爵，則卿大夫也。請見之，士請。則辭。辭不得命，則曰：「某無以見，某，主人名。無以，言不足當其見。辭不得命，將走見。」先見之。言走見，又言先見者，謂本將走見，因不得命，故先見之。對走見爲後也。非以君命使，謂私事。則不稱寡。不稱寡君及寡大夫之等。大夫士則曰「寡君之老」。此以公命使，故稱寡。曰寡君之老，則不名矣。○注云：「言姓名。」凡執幣者不趨，執幣，享禮也。張足曰趨。不趨者，如執玉，懼顛躓也。容今文無。彌蹙以爲儀。進而益恭，無少舒遲，以爲威儀。執玉者則唯舒武，舒，安步。武，足迹也。言不敢疾趨，但舒步徐行而已，視執幣尤慎也。○案：「武」當屬上句，注斷「惟舒」爲句，易之。舉前曳踵。趨者先舉後，此舉前而仍曳其踵，蓋舉而不敢縱，所謂「舒」也。凡自稱于君，士大夫則曰「下臣」。宅者在邦，宅，居也。則曰「市井之臣」；在野，則曰「草茅之臣」。據《孟子》，則二者皆庶人自稱之辭。但此經明分士大夫、庶人，故注以致仕言之。庶人則曰「刺草之臣」，刺，猶剗除也。蓋農民之類。他國之人則曰「外臣」。右第六章，雜記尊卑交際言語容貌之節。

儀禮卷第四

仁和吴廷華章句

鄉飲酒禮第四

鄉在王城外，近郊遠郊，百里之内。天子六鄉，諸侯三。其地有州、黨、族、閭、比，其官有鄉老、鄉大夫、州長、黨正、族師、閭胥、比長。鄉大夫三年賓賢能，行此禮。凡養老諸飲酒禮皆用之。于五禮屬嘉禮，當第十五，第四説非，詳《士冠禮》。○此經與《鄉射》異同之處，相參乃備。

鄉飲酒之禮：主人就先生而謀賓介。主人，鄉大夫。先生，鄉先生。詳《士冠禮》。就者，尊之。賓、介，處士賢者。賢者爲賓，其次爲介，又其次爲衆賓。賓、介皆賢，其判甚微，故須謀，鄉先生則知之有素也。不言衆賓者，以考于平日，不待謀也。此見古人取士之慎。○以上謀賓、介。

主人戒賓，賓拜辱，謂屈辱至己門也。《鄉射》：「賓出迎再拜。」主人答拜，乃請賓。請，請命也。告以賓賢之意，請其許。賓禮辭許。主人再拜，賓答拜。主人退，賓拜辱。《鄉射》：「賓送再拜。」

此亦送也。曰拜辱者，拜其辱賓己，故異其文也。介亦如之。如戒賓，則亦親戒也。疏云：衆賓，使人戒之。○以上戒賓。

乃席賓、主人、介、衆賓之席，席，敷席也。賓，户牖之間南面。主人，阼階上西面。介，西階上東面。衆賓，賓西南面，或東面。○案：此明言衆賓，注云「衆賓之長三人」，未然。皆不屬焉。皆獨坐不相屬，尊之。○此與戒當異日。注云「夙興往戒，歸而敷席」，則以同日言之。尊兩壺于房户間，壺，尊屬。《鄉射》：「尊于賓席之東。」斯禁；大夫斯禁，詳《士冠禮》。有玄酒，在西。設篚于禁南，東肆。肆，陳也。謂由西而東。楊氏《圖》：篚爵三，觶一。加二勺于兩壺。設洗于阼階東南，南北以堂深，東西當東榮，水在洗東，篚在洗西，南肆。楊氏《圖》：篚觶四。○以上陳設。不言縣，文不具。

羹定，肉曰羹。定，猶孰也。主人速賓，賓拜辱；主人答拜，還；賓拜辱。羹定乃宿，異于《冠》、《鄉射》。主賓朝服。此亦兩拜辱者，初拜與戒賓時同，後又拜其親速也。介亦如之。賓及衆賓皆從之。言衆賓從，則介可知。○以上速賓。右第一章，飲前之儀，凡四節：一，謀；二，戒；三，陳設；四，速賓。

主人一相，相，主人之擯，傳命者。迎于門外，《鄉飲酒義》：「主人拜迎賓于庠門之外。」再拜賓，西面拜迎。賓答拜；拜介，不言再，則一拜。介答拜；揖衆賓。差卑，禮宜異也。拜介、揖衆賓，當西南面，以介在賓南，衆賓在介南也。主人揖先入。與賓揖。賓厭一涉反，今文作「揖」。介入門左，推手曰揖；引手曰厭，謂以手向身引之。入者以西爲左。介厭衆賓入，衆賓皆入門左，北上。《鄉射》：東面北上。主人與賓三揖至于階。三讓，主人升，三讓而後，主人先升，是先讓于賓，乃道之也。《鄉射》：「主人升一等，賓升。」賓升。第言賓升者，介及衆賓在門左，俟獻賓後乃升也。主人阼階上當楣，北面再拜。拜至。賓西階上當楣，北面答拜。東西相鄉也。《鄉射》：「北面答，再拜。」〇以上迎賓。

主人坐，取爵于篚，降洗。將獻賓也。《鄉射》：「取爵于上篚。」賓降。從主人也。立西階西，當西序東面。主人坐奠爵于階前辭，重以己事煩賓也。《鄉射》：主人西面坐，奠爵，興，辭降。賓對。少進，東面。主人坐取爵，興，適洗，南面坐，奠爵于篚下，篚下，謂篚南。蓋篚南肆，則北上南下也。主人在篚北，乃于篚南奠之，威儀多也。盥洗。有沃盥者，盥手乃洗爵，致潔也。此已盥而將洗。賓進，東北面辭洗。進，南行，直洗西南，東北面邪鄉之。必辭者，致潔禮重也。或曰：直洗西南，又東進，直洗南乃北面鄉之。亦一説也。主人坐奠爵于篚，興對。前既奠爵矣，此復奠者，盥後，已取爵將洗也。南面對。賓復位，初降位。當西序，東面。初降無文，此特明之。主人坐，取爵，沃洗者西北面。沃洗，以枓斞水而沃手。《特牲》註云：「沃，注也。」此主人之群吏也。不言沃盥，上已沃盥，此特洗也。西北面，邪向主人。卒洗，主人壹揖壹讓，升。與賓俱升也。賓拜洗。主人坐奠爵，遂拜，奠阼階上。降盥。復盥者，拜者手至地，爲坋污。《鄉射》：「賓西階上北面拜洗。主人阼階上北面奠爵，遂答拜。」〇坋，音憤，塵也。賓降，主人辭；賓對，復位，當西序。辭乃復位，則此賓降，已越初降之位，因主人辭，乃復初位也。卒盥，揖讓升。《鄉射》：一揖一讓，升。賓西階上疑立。待主人實爵。主人坐，取爵，奠阼階上之爵。實之，以勺挹于尊，而注之爵也。賓之席前西北面，自房户間實爵，轉南，西折，北鄉席。曰西北面，則亦邪鄉也。獻賓。獻，進也。賓立西階上，而獻于席前者，席以尊賓。賓西階上拜，《鄉射》：賓西階上北面拜。主人少退。少退，逡巡辟之。賓進，由階上進也。主人亦進。受爵以復位。東南面受之。《鄉射》受爵于席前。位，西階上位。主人阼階上，拜送爵，賓少退。薦脯醢。薦，進，相進之。賓升席，自西方。升必中席。人道尚東，升當由東。今由西者，東有尊。○《儀禮》之席，皆與《曲禮》西上、南上之例異。乃設折俎。下記：賓俎，脊、脅、肩、肺。主人阼階東，疑立。東，階上之東。賓坐，左執爵，祭脯醢；《鄉射》：「右祭脯醢。」奠爵于薦西，奠將舉者于右也。興，右手取肺，脯醢在席前，近；俎在脯醢之南，遠，故興取之。卻左手，卻，縮也。右手取肺則伸，左手則縮而執本也。執本；本，肺大端。坐，弗繚，音了。○繚祭，以手縮肺本，至末絶之，大夫禮也。賓以士禮自居，故弗繚。右絶末以祭；直絶之，士禮絶祭也。尚左手，尚，上也。左手在上，明肺之末垂。嚌之，右手在下，絶末，以授口嘗之。興，加于俎。坐，挩手，挩，拭也。事佩有挩巾。遂祭酒；《鄉射》：挩手，執爵，遂祭酒。興，席末坐，啐酒；筵東上，末在西，亦南面坐。降席，席西。坐，奠爵，拜，告旨，旨，美也。執爵興。適西階上。主人阼階上答拜。凡答拜，必少辟。賓西階上北面，坐，卒爵，卒，盡也。於此盡酒者，與筵末啐酒之意同。蓋不敢居賓禮，謙也。興，坐奠爵，遂拜，卒爵不即奠，必興而後坐奠者，更端以示敬也。古人坐、跪，皆兩膝着地。反其蹠而坐于其上，曰坐；反其蹠伸腰及股而不坐，曰跪。故古坐、跪通也。拜必先跪，此坐而曰遂拜，則坐者跪也。餘倣此。執爵興。將降洗。主人阼階上答拜。以上主人獻賓。

賓降，洗，將酢主人，此不易爵。《鄉射》：「賓以虛爵降。」主人降。從賓降也。立阼階東，西面，當東序。賓坐奠爵，興，辭，《鄉射》：「賓西階前東面，坐，奠爵。」主人對。賓坐，取爵，適洗南，北面。此北面者，由碑南東適洗，在洗南也。不南面者，恐背主人。《鄉射》：「北面坐，奠爵于篚下，興，盥，洗。」主人阼階東，南面辭洗。主人阼階少東，洗在阼階東南。南面，鄉賓也。賓坐，奠爵于篚，興，對。北面少西。主人復阼階東，西面。言復，則辭時由阼階東少進也。賓東，句。○洗在篚東，賓初在篚南對訖，乃少東就洗南也。北面盥，坐，取爵，卒洗，不言沃，可知。揖讓如初。初，謂獻賓。升，主人拜洗。賓答拜，興，降，盥，如主人禮。上「主人降盥」以下。賓實爵，《鄉射》：「賓升實爵。」主人之席前東南面酢主人。主人席阼階上，賓自房户間來，故東南面鄉之。酢，報其獻也。主人阼階上拜，賓少退。主人進，受爵，復位，賓西階上拜，送爵。薦脯醢。主人升席自北方。升當由上，此升自北方，則與介席俱北上也。設折俎。下不言賓立，可知。祭如賓禮，祭，兼薦及酒言。言祭，則其餘亦如之矣。不告旨。己物，亦不啐。自席前適阼階上，北面坐，主人降當由席南，曰席前者，謂由北方降席，從席前至階上，威儀多也。卒爵興；坐奠爵遂拜，執爵興。賓西階上答拜。《鄉射》：「賓西階上北面答拜。」主人坐奠爵于序端，東序端。不于篚者，將獻介，不易爵。阼階上北面再拜，崇酒，又言阼階上，以別于序端也。崇，敬也。主人之酒，實之者賓。敬賓，故拜也。賓西階上答拜。《鄉射》：「賓西階上答再拜。」○以上阼主人。

主人坐，取觶于篚，將酬賓。受三升曰觶。此用觶者，惟獻用爵。篚，上篚也。降洗。賓降，主人辭降。《鄉射》：「主人奠觶辭降，賓對。」賓不辭洗，以其將自飲也。立當西序，東面。卒洗，揖讓升。賓西階上疑立。待主人自飲。主人實觶酬賓，酬，道飲也。阼階上北面坐奠觶，遂拜，執觶興。將坐祭矣，又興者，賓將拜，必少退。賓西階上答拜。《鄉射》：「西階上北面答拜。」坐祭，遂飲，卒觶，興；坐奠觶，遂拜，執觶興。賓西階上答拜。主人降洗，賓降，辭，如獻禮。獻禮，主人辭降、賓辭洗也。升不拜洗。禮殺于獻。賓西階上立。亦疑立，下並同。主人實觶，賓之席前，北面。賓西階上拜，主人少退，卒拜，進，坐奠觶于薦西。賓已拜，主人奠觶，不親授，禮殺也。賓辭，已拜復辭，辭其親奠也。奠殺于授。辭者，重更端。坐，取觶，復位。辭于席前，復于階上。主人將拜，辟之。主人阼階上拜送。賓北面坐，又進坐于席前。奠觶于薦東，酬爵不舉，不盡人之歡也。復位。階上。主人揖降。將獻介。賓降，謙不敢獨居堂，故從降。立于階西，階下之西。當序東面。以上主人酬賓。

主人以介揖讓升，以，與也。介及衆賓，並在門内之西，至是乃揖介升。蓋自阼階東，南行近門，西面與介相當，乃揖也。拜如賓禮。主人坐取爵于東序端，上酢畢所奠爵。降，洗。介降，主人辭降。介辭洗，如賓禮，升，不拜洗。介禮殺也。介西階上立。主人實爵，介之席前西南面獻介。介席西階上東面，主人自東北來，故西南面。介西階上北面拜，主人少退。介進，北面受爵，復位。主人介右北面今文無「北面」。拜送爵，介少退。北面以東爲右。主人拜于介右，降尊就卑，亦禮之殺。主人立于西階東。薦脯醢。介升席自北方，升、降與主人同。設折俎。祭如賓禮，不嚌肺，不啐酒，不告旨；凡不者，下于賓。自南方降席，適西階上。北面坐，卒爵，興；坐奠爵，遂拜，執爵興。主人介右答拜。以上獻介。

介降洗，將酢主人。主人復阼階，降辭如初。辭洗也。如初，謂賓酢。卒洗，主人盥。賓親酌以酢。介卑下賓，不敢酌酢，而主人爲之酌，故盥。盥者，尊介也。介揖讓升，授主人爵于兩楹之間。迓受。介西階上立。主人實爵，酢于西階上，介右坐奠爵，遂拜，執爵興。介答拜。主人坐，祭，遂飲，卒爵，興，凡言遂者，其禮略。坐奠爵，遂拜，執爵興。介答拜。主人坐，奠爵于西楹南，猶序端也。奠此，將獻衆賓。介右再拜崇酒。介答拜。介、主人拜皆北面。主人復阼階，揖，降，主人先降。介降，立于賓南。以上介酢主人。

主人西南面，三拜衆賓，曰西南面，則即在阼階東，遥鄉拜之。三拜，示徧也。衆賓皆答壹拜。一拜不備禮，大夫尊故也。《特牲禮》：答士再拜，以下凡與上異者，皆禮之殺。主人揖升，坐取爵于西楹下；下，南也。即介酢畢所奠爵。降，洗，記云：衆賓之長一人辭洗。升，實爵，于西階上獻衆賓。不獻于其位。衆賓之長升，年長者升。拜受者三人，衆賓多矣，三人見拜之節也。主人拜送。拜送當在右，如介。坐祭立飲，即席坐祭，乃飲于西階上。不拜既爵；既，卒也。下記：「立卒爵者，不拜既爵。」授主人爵，一爵將以次獻也，亦立授。降復位。復門西之位，待賓、介同升。衆賓獻則不拜受爵，衆賓，三人以下。升受而不拜，主人亦不拜送，禮又殺于介。坐祭立飲。立飲受爵，如三人，以次降復位。每一人獻，則薦諸其席。謂三人。衆賓辯今文「辯」皆作「徧」。有脯醢。亦獻于其席上。衆賓席在堂上賓西。○注云位在堂下，未然。主人以爵降，奠于篚。下篚，奠下復用。《鄉射》：「主人以虛爵降。」衆賓不酢，禮略也。揖讓升。主人先升。賓厭介，升，介厭衆賓，升，衆賓序升，即席。賓、介以次相厭，衆賓又自相序，將旅酬也。○以上獻衆賓及就席。

一人洗，一人，主人贊者。主人使之，取觶于下篚，洗。升，舉觶于賓；發酒端也。實觶西階上坐，奠觶，遂拜，執觶興。賓席末答拜。坐祭，遂飲，卒觶，興；坐奠觶，遂拜，執觶興。賓答拜。降，洗，升，實觶，立于西階上。賓拜。進，坐，進席前坐。奠觶于薦西。奠觶不授，卑也，與上主人殺禮不同。賓辭，辭親奠。坐受以興。曰受者，若親授也；興者，爲舉觶者拜，將少退也。舉觶者西階上拜送，賓坐，奠觶于其所。其所，上舉觶者奠觶之所也。後立司正，乃取以酬主人。舉觶者降。事已。案：《鄉射》大夫入在舉觶者降後，此經附篇末。○以上舉觶爲旅酬之始。右第二章，正獻之禮，凡七節：一，迎賓；二，獻賓；三，賓酢主人；四，獻介；五，介酢；六，獻衆賓及就席；七，舉觶。蓋正獻禮之餘節也。

設席于堂廉，邊隅曰廉，堂四面皆有之，此在西階東。東上。北面以西爲上，此賓在堂中，故東上近賓，與凡席異也。《鄉射》：席于西階上少東。工四人，大夫制。二瑟，二瑟則歌者二人也。瑟先。樂貴人聲。瑟先者，尊歌者，爲之先道也。坐則歌先。相者二人，凡工，瞽、矇也。故有相，以弟子爲之。每工一人，曰二人者，據何瑟者言也。皆左何音賀。瑟，擔于肩。後首，後，肩後。首，瑟首。挎音枯。越，越，瑟孔。挎，持也。謂以左巨擘承下廉，三指入孔持之。深入曰挎，淺曰執。内弦，弦在内，則側擔也。右手相。左何瑟故也。歌者則徒相。樂正先升，疑即大司樂。主樂事，故先升。立于西階東。工西。工入，入門。升自西階，北面坐。相者東面坐，授坐不立也。遂授瑟，乃降。降在西，近其事。工歌《鹿鳴》、《四牡》、《皇皇者華》。《鹿鳴》燕嘉賓，《四牡》勞使臣，《皇華》遣使臣，皆《小雅》篇，所謂「宵雅肄三」，《小雅》燕饗之樂也。疏云：「皆歌其類。」敖氏云：「皆取其得用者歌之。不言瑟，瑟依歌。」〇以上工歌。

卒歌，主人獻工。《鄉射》：「主人取爵于上篚，獻工。」《燕禮》：主人洗升，獻工于西階之上。工左瑟，置瑟于西，北面以西爲左也。空其右，便于事。坐者先歌後瑟，獻亦如之。此先言瑟者，以歌者無事，此則有左瑟之事也。一人拜，四人中之年長者，先獻之。不興，受爵。凡言不，殺禮也。主人阼階上拜送爵。薦脯醢。使人相祭。人，即相者也。祭，謂酒及薦。工飲，不拜既爵，禮殺。授主人爵。衆工則不拜受爵，禮又殺。祭，飲，辯有脯醢，不祭。輕于酒也。大音太。師則爲之洗。大師，工之長，四人中或有之。爲之洗，明其餘不洗也。不洗亦祭者，或使人洗，不親洗也。賓介降，洗必降，故從降。言賓介降，則工不降也。主人辭降。工不辭洗。工，太師。《鄉射·記》：既獻，奠爵于下篚。○以上獻工。

笙入，笙，吹笙者也。《周禮·春官》有笙師。笙先設于堂下，此吹者入也。堂下磬南，北面立，磬亦先設于階間，笙在其南。笙磬同音，從其類也。磬不言工，可知。樂《南陔》、《白華》、《華黍》。樂，以笙吹詩爲樂也。三詩皆《小雅》篇。《詩序》：「《南陔》，孝子相戒以養。《白華》，孝子之潔白。《華黍》，時和年豐。」注云：皆有其義而亡其辭。朱子曰：六笙詩，有聲無辭。主人獻之于西階上。一人拜，年長者。盡階不升堂，受爵。盡階，升二等也；三等，則升堂矣。不升堂，則在階上也。主人拜送爵。亦盡堂不降階。階前坐祭，立飲，不拜既爵，升，授主人爵。衆笙則不拜受爵，三笙一和，則四人也。坐祭，立飲，辯有脯醢，不祭。亦授爵。《鄉射》：「主人以虛爵降，奠于篚。」○以上獻笙。

乃間，去聲。○間，更疊也。歌《魚麗》笙《由庚》，歌《南有嘉魚》笙《崇丘》，歌《南山有臺》笙《由儀》。六詩，皆《小雅》篇。《詩序》：《魚麗》，美萬物盛多也；《由庚》，萬物得由其道也；《南有嘉魚》，太平之君子，至誠樂與賢者共之也；《崇丘》，萬物得極其高大也；《南山有臺》，樂得賢也；《由儀》，萬物之生各得其宜也。朱子《集傳》：三歌，燕饗通用之樂歌。三笙詩見上。○以上間。

乃合樂：歌樂八音並作。《周南·關雎》、《葛覃》、《卷耳》，《召南·鵲巢》、《采蘩》、《采蘋》。《周南》、《召南》，《國風》篇。周初，分岐周地爲旦、奭采邑。旦曰周，奭曰召。南，南方諸侯之國也。周公采文王之世，風化所及民俗之詩，爲房中樂。其得之國中者，雜以南國之詩。曰周南，得之南國者；曰召南，以周公爲政于王國，召公巡行于南國也。《詩序》：《關雎》，言后妃之德；《葛覃》，言后妃之職；《卷耳》，言后妃之志；《鵲巢》，言國君夫人之德；《采蘩》，言國君夫人不失職；《采蘋》，言卿大夫妻能循法度。朱子《集傳》：《關雎》，言文王得聖女；《葛覃》，成絺綌而賦其事；《卷耳》，后妃思君子。餘與《詩序》略同。蓋樂之卒章也。工告于樂正曰正歌備。工，其長也。所奏皆風雅，故曰正歌。笙間合皆三終，故曰備。第曰歌者，重人聲也。樂正告于賓，乃降。事畢也，降立西階下。○以上合樂。右第三章，樂賓，凡六節：一，歌；二，獻工；三，笙；四，獻笙；五，間；六，合而樂備。

主人降席自南方，爲立司正降也。必降命之者，重其事。南方降，由上也。側降；側，獨也。主人獨降，賓不降。作相爲司正。作，使也。正禮既成，將留賓，恐有懈惰，故立司正爲之監相，即下記主人贊者之類。其位當近主人，則阼階東也。主人就其位作之。司正禮辭，許諾。主人拜，《鄉射》：「主人再拜。」司正答拜。主人升，復席。司正洗觶，安賓先洗，示所有事也。升自西階，阼階上，北面受命于主人。《鄉射》：司正升自西階，由楹内適阼階。主人曰：「請安于賓。」安，安燕。行正禮勞，至是請安留之也。不言介衆賓，可知。司正告于賓，賓禮辭，許。主人優賓，故辭。司正告于主人。主人阼階上再拜，賓西階上答拜。《鄉射》：賓西階上答再拜，並北面。司正立于楹間以相拜，相拜，當于楹間少南。禮，凡拜皆有相。此其例也。皆揖，復席。賓、主拜時皆離席也。司正實觶，降自西階，階間北面坐奠觶；兩階之間，東西之節。言階，則碑北也。退，共少立；共手而立，帥以正也。立于觶南，所以表其位。坐，取觶，不祭，遂飲，禮殺。卒觶，興，坐奠觶，遂拜；初奠觶不拜，無所受也。卒觶乃拜，成禮也。《鄉射》：「進，坐，取觶，興，反坐。不祭，遂卒觶。」此階間之位有二：一奠觶位，一立位。觶位少北，立位少南，故有進退諸節。執觶興，俗本有「盥」字。洗，北面坐，便于監也。奠觶于其所，前奠觶位也。既飲，又洗而奠之者，杜舉爲罰觶，先自飲以率之，乃奠以待行罰也。退立于觶南。以上立司正。《鄉射》此下入射節。

賓北面坐，取俎西之觶，一人舉觶所奠，易薦西。曰俎西者，俎在薦南，俎西，猶薦西也。阼階上北面酬主人。主人降席，立于賓東。旅酬同階，又卒觶不拜，禮殺也。賓坐奠觶，遂拜，執觶興。主人答拜。不祭，立飲，不拜，卒觶，不洗，實觶，東南面授主人。主人阼階上拜，賓少退。主人受觶，賓拜送于主人之西。《鄉射》：「賓主人之西北面拜送。」賓揖，復席。初起旅酬。○以上賓酬主人。

主人西階上酬介。以所受酬觶酬之，西南面。介降席自南方，立于主人之西，如賓酬主人之禮。賓坐取觶以下。主人揖，復席。以上主人酬介。

司正升相旅，曰：「某子受酬。」衆賓之長。某，其姓也。姓同以伯仲，又同以字。凡受酬皆告，此舉其例爾。受酬者降席。司正退立于序端東面。西序端也，辟酬者。東面，便于相。受酬者自介右，上主人酬介，介在西，北面以西爲左也。此介酬衆賓，衆賓乃自介右者，衆賓尊介，故異于介之受酬。○以上介酬衆賓。

衆受酬者受自左，此衆賓相酬尊卑等，故亦受之自左。拜、興、飲皆如賓酬主人之禮。辯，卒受者以觶降，坐奠于篚。衆賓之末。《鄉射》：徧遂酬在下者，贊者不與。又敖氏云：卒受者無所酬，乃自飲于上，以觶奠于篚。司正降，復位。觶南位。○以上衆相酬。右第四章，旅酬之禮，先一人舉觶一節別入正獻條下，此凡五節：一，立司正；二，賓酬主人；三，主人酬介；四，介酬衆賓；五，衆賓相酬而酬禮畢。

使二人舉觶于賓介，此猶燕禮之媵爵也。二人亦主人贊者，主人使之，將燕賓爲無筭爵也。飲賓及介，故使二人。洗，升，實觶，于兩階上皆坐奠觶，遂拜，執觶興，賓介席末荅拜。皆坐祭，遂飲，亦自飲如一人。卒觶，興，坐奠觶，遂拜，執觶興。賓介席末答拜。逆降，後升者先降。洗，升，實觶，皆立于西階上。北面。賓介皆拜。皆進，薦西奠之。二人並進，一奠于賓之薦西，一奠于介之薦南。賓辭，坐，取觶以興。介則薦南奠之，介坐受以興。薦南者，介東面以南爲右，猶賓之薦西也。賓言取，介言受，互文也。介亦辭，與賓同。退，西階上。皆拜送，降。賓介奠于其所。其所，賓薦西，介薦南也。奠未舉，無筭爵乃舉。○以上二人舉觶。

司正升自西階，受命于主人。主人曰：「請坐于賓。」盛禮俱成，賓主倦矣。請坐，將以賓燕也。賓辭以俎。司正述命而賓辭，蓋燕則禮殺，不敢當盛饌也。主人請徹俎，《鄉射》：「賓辭以俎，反命于主人。主人曰：『請徹俎。』」賓許。司正述命，賓許之。司正降，階前命弟子俟徹俎。階，西階。弟子，學中少者。司正升，立于席石經作「序」。端。賓降席北面。將徹故降。主人降席，阼階上北面。介降席，西階上北面。遵者降，席東南面。遵，謂孤、卿、大夫居此鄉；或別鄉來觀禮者，下所云是也。謂之遵者，謂可遵法也。南面異于賓。賓取俎，還授司正。北面向席取俎，轉南面授之。司正以降，賓從之。主人取俎，還授弟子。弟子以降自西階，主人降自阼階。介取俎，還授弟子。弟子以降，介從之。若有諸公大夫，王朝則三公，侯國則公置孤一人。曰公者，孤貳公，在國亦稱公也。曰諸，容有致仕居鄉者。則使人受石經作「授」。俎如賓禮。《鄉射》：弟子以大夫俎出授從者。則此使人亦弟子也。衆賓皆降。衆賓無俎亦降者，將説屨也。《鄉射》：賓降，立于階西東面；主人降，阼階東西面立；大夫降，立于賓南；介衆賓降，立于大夫之南。○以上徹俎。

説音脱。屨，爲安燕也。必脱于下者，屨賤，不空居堂。揖讓如初，升，坐乃羞。羞，豆，謂内羞、庶羞。蓋胾、醢之屬，燕設啗具，所以案酒。無算爵。筭，數也。爵行無數，醉而止。其儀，《鄉射》詳之。

無算樂。或間或合，盡歡而止。賓出，介及衆賓從出。奏《陔》。陔，《陔夏》，九夏之一也。陔之爲言戒也。以《陔》爲節，明無失禮。《鐘師》疏云：奏九夏，皆歌于堂上，堂下鐘鼓應之。主人送于門外，再拜。以上坐燕而終于無算爵。右第五章：燕賓之禮，凡三節：一，二人舉觶；二，徹俎；三，坐燕而終于無算爵。

賓若有遵者諸公大夫，雖來觀禮，亦賓之類，故謂之賓。若有，有無不定之辭。大夫，中、下大夫。則既一人舉觶乃入。不敢干正禮也。席于賓東，尊東也。尊之不與鄉人齒。公三重，席一領爲一重。大夫再重。公如讀若。大夫入，如，及也。主人降，賓介降，衆賓皆降，復初位。階下位。主人迎，迎不言門外，蓋既入，主人乃降迎于門内，異于賓。揖讓升。公升，如賓禮，辭一席，謙自同于大夫。使一人去之。大夫則如介禮，有諸公則辭加席，委于席端，主人不徹；無諸公則大夫辭加席，主人對，不去加席。公辭則去之，大夫則不去者，再重去一，與凡席等，無以表尊也。遵者獻酬之儀，《鄉射》詳之。○以上補遵者入之禮。

明日，賓服今文有「服」。鄉服以拜賜，鄉服，疑即《儒行》所謂「其服也鄉」，蓋章甫逢掖之類，註則以爲即朝服也。主人如賓服，以拜辱。拜賜拜辱，賓、主俱未見也。主人釋古文作「舍」。服，更玄端，將息司正也。○以上賓主相拜。

乃息司正。息，勞也。禮事既成，勞諸贊者。獨言司正，長也，爲賓。無介，禮略也。無介，則諸贊者爲衆賓。不殺，用宿儲者，不殺，則無俎也。或用乾肉折之。薦脯醢，羞唯所有。凡宿儲可爲羞者。

徹唯所欲，徹，召也。所欲，凡知交可隨意召之。以告于先生君子可也。告，請也。可者，召否唯所欲也。敖氏云：不言請，告之而已。賓介不與。禮不可瀆。鄉樂唯欲。《燕禮》：遂歌鄉樂，蓋《周南》、《召南》六篇也。曰鄉樂者，其以二《南》及《風》爲民間之詩與？注則曰：此鄉大夫之樂也；唯欲者，不從其次也。○以上息司正。右第六章，補遵者入，及飲酒之餘禮，凡三節：一，遵者入；二，賓主相拜；三，息司正。

【記】鄉朝服而謀賓介，鄉，鄉人，謂鄉大夫也。經不言服，故特明之。皆使能，使，令也。能，諳于禮者。不宿戒。宿戒，再戒，先戒而又宿戒也。經賓介皆戒而又宿，此曰使，又曰不宿戒，則擯及主人贊者之屬，使能，故可以不宿戒也。蒲筵緇布純。之閏反。○純，緣也。尊綌冪，綌，葛之粗者。冪，覆尊巾。賓至，徹之。示有事。其牲，狗也，用狗，義未詳。注云「取擇人」，存參。亨同烹。于堂東北。堂下東壁之北，祖陽氣所自始也。獻用爵，爵尊，不褻用之。其他用觶。薦脯五挺，本亦作「脡」，猶膱也。《鄉射·記》：祭半膱，膱長尺二寸。半則六寸也。橫祭于其上，祭，所祭脯也。橫者，殊之，于人則爲縮也。祭橫，則五挺皆縮可知。出自左房。東房也。凡饌皆在焉。俎由東壁，亨處載之。不言鼎，則無鼎也。自西階升。賓俎：脊、脅、肩、肺。脊在背，脊旁爲脅。主人俎：脊、脅、臂、肺。臂爲肩脚，亦曰臑。○臑，乃到反。介俎：脊、脅、胳、音格，今文作「骼」。石經曰「肫胳」，朱子删「肫」。肺。胳後脛骨。凡牲前脛骨三：肩、臂、臑也。後脛骨二：膞、胳也。尊者用貴骨，賤者用賤骨，前貴于後也。大夫當用臑肫。○肫，同膊，音純，股骨也。肺皆離。皆右體，進腠。腠理，皮膚之間。進腠，則前其本也。以爵拜者不徒作。謂拜既爵。徒，空也。作，起也。不徒作，謂必酢。坐卒爵者拜既爵，立卒爵者不拜既爵。如衆賓之長是也。惟工不從此禮。凡奠者于左，謂不飲者于左，不欲其相妨也。將舉于右。便也。衆賓之長一人辭洗，一人，三人中之長者，餘則雖爲之洗，亦不辭。如賓禮。主人坐取爵於篚以下。立者東面北上，謂降立時。若有北面者，則東上。立賢者衆寡無常。少則北上統于堂，多則北上之外，又有東上者，統于門。樂正與立者皆薦以齒。立者，謂贊者之屬。言薦，以明飲也。樂正位西階東，蓋薦于其位也。凡舉爵，三作而不徒爵。三作，謂獻賓、獻大夫、獻工。不徒爵，謂皆有薦。樂作大夫不入。後樂賓也。獻工與笙，取爵于上篚，既獻奠于下篚。獻工異器敬也，獻大夫亦然。《鄉射》主人以爵降洗獻大夫是也。上篚三爵，獻賓及大夫與工。其笙則獻諸西階上。古文無「上」。○經已詳之，此疑衍。注云：此爲主人拜送爵記也。然拜送亦見于經。磬階間縮霤，霤，承霤。縮，直也。謂直前霤東西之中也。北面鼓之。鼓，擊也。北面則在磬南矣。主人介，凡升席自北方，降自南方。司正既舉觶而薦諸其位。無獻，因其舉觶而薦于階間之位也。凡旅不洗。經舉觶爲旅酬之始，則一人洗後，俱不洗，禮殺也。不洗者不祭。不潔。既旅，士不入。亦謂觀禮者既旅，則將燕矣。不入，後正禮也。徹俎：賓介遵者之俎，受者以降，遂出授從才用反。者；主人之俎以東。經于徹俎直言降，無出文，故記之。以東，藏于東方。

樂正命奏《陔》，賓出，至于階，《陔》作。此明命工之人，及奏《陔》之節也。若有諸公，則大夫於主人之北，西面。諸公尊，莫與並也。北上，統于公。主人之贊者西面北上，北上，統于堂。不與；謂不獻。賓興禮重，酬及衆賓而止，故在下者不與。無算爵，然後與。

儀禮卷第五

仁和吴廷華章句

鄉射禮第五

《周禮》：鄉大夫既賓賢能，退而以鄉射之禮五物詢衆庶；又州長春秋以禮會民而射于州序，皆用此禮。五禮屬嘉禮，當第十六，第五説非，詳《士冠禮》。○案：此前後同《鄉飲酒禮》，而文有詳略，相兼乃備也。注已見《鄉飲酒禮》者，此不更贅。

鄉射之禮：主人戒賓。主人，鄉大夫及州長。不謀賓，又無介，不賓，略之。凡以平日所考德行之優者，及鄉飲酒之介爲賓可也。其服未聞，注云：「玄端。」賓出迎，再拜。主人答再拜，乃請。告而戒之。賓禮辭，許。主人再拜，賓答再拜。主人退，賓送再拜。無介。以上戒賓。

乃席賓，牖户間。凡射必先行鄉飲酒禮，故先布席。南面，東上。衆賓之席，繼而西。亦不屬。席主人于阼階上，西面。尊于賓席之東，《鄉飲酒禮》所謂「房户間」也。兩壺斯禁，左玄酒，據設尊者。北面以西爲左，上也。皆加勺。篚在其南，東肆。設洗于阼階東南，南北以堂深，東西當東榮。水在洗東，篚在洗西，南肆。縣音玄。于洗東北，西面。洗東北，辟射位也。下奏《陔》須用鐘鼓，則縣者鐘磬鼓。乃張侯，侯，所射布也。中爲侯中，兩旁木爲植。下綱不及地武。以侯繫繩于植曰綱。武，足也。中人足尺二寸，故取數焉。侯中高一丈，上下躬、舌各二尺，去地尺二寸，則侯高丈九尺二寸。不繫左下綱，侯北面，左則西也。不繫者，事未至。中掩束之。中掩，左相鄉右而束之。乏，如小屏，唱獲者居之，以蔽體。亦曰容，又曰防。參侯道，鄉侯道五十弓，弓與步並六尺，蓋三十丈。居侯黨之一，黨，旁也。參，三之一，十丈也。西五步。乏去侯十丈，西旁三丈，則邪鄉也。○以上陳設。

羹定。主人朝服，乃速賓。賓朝服出迎，再拜，主人答再拜，退，賓送再拜。以上速賓。

右第一章，飲酒前之禮，凡三節：一，戒賓；二，陳設；三，速賓。

賓及衆賓遂從之。因事曰遂。及門，主人一相出迎于門外，再拜，賓答再拜。揖衆賓，主人以賓揖，先入。以，與也。賓厭衆賓，衆賓皆入門左，東面北上。賓少進。主人以賓三揖，皆行。皆揖而行。三揖，同鄉飲，時衆賓未行。及階，三讓，主人升一等，賓升。衆賓未升。主人阼階上當楣，北面，再拜；賓西階上，當楣北面，答再拜。以上迎賓。

主人坐，取爵于上篚，堂上尊南之篚。以降。賓降。主人阼階前今文無「阼階」。西面坐，奠爵，興，辭降。賓對。主人坐取爵，興，適洗，南面坐，奠爵于篚下，盥，洗。賓進，東北面辭洗。主人坐，奠爵于篚，興，對。賓反位。亦當西序東面。主人卒洗，壹揖壹讓以賓升。賓西階上，北面，拜洗，主人阼階上，北面奠爵，遂答拜，乃降。將更盥。賓降，主人辭降，亦坐奠爵于階前辭。賓對。主人卒盥，壹揖壹讓升。賓升，西階上疑立。主人坐，取爵，實之，賓席之前，西北面獻賓。賓西階上，北面拜，主人少退。賓進，受爵于席前，復位。主人阼階上拜送爵，賓少退。薦脯醢。賓升席自西方。乃設折俎。主人阼階東疑立。賓坐，左執爵，右祭脯醢；奠爵于薦西，興，取肺，坐，絶祭，《鄉飲酒禮》右手取肺，卻左手，執本，坐弗繚，右絶末以祭。尚左手，嚌之，興加于俎；坐挩手，執爵，遂祭酒，興，席末坐，啐酒；降席，坐奠爵，拜；告旨，執爵興。主人阼階上答拜。賓西階上北面坐，卒爵，興，坐奠爵，遂拜，執爵興。主人阼階上答拜。以上主人獻賓。

賓以虚爵降。主人降。賓西階前東面坐，奠爵，興，辭降。主人對。賓坐取爵，適洗，北面坐，奠爵于篚下，興盥，洗。主人阼階之東，南面辭洗。賓坐，奠爵于篚，興，對。主人反位。亦復阼階東西面。賓卒洗，揖讓如初，升。主人拜洗，賓答拜，興，降盥，亦北面。如主人之禮。賓升，實爵，主人之席前，東南面酢主人。❶主人阼階上拜，賓少退。主人進，受爵，復位。賓西階上，拜送爵。薦脯醢。主人升席自北方。乃設折俎。祭如賓禮，不告旨。自席前適阼階上，北面坐，卒爵，興；坐，奠爵，遂拜，執爵興。賓西階上北面答拜。主人坐，奠爵于序端，阼階上再拜崇酒。賓西階上答再拜。以上賓酢主人。

主人坐，取觶于篚，以降。賓降，主人奠觶，辭降。賓對，東面立。主人坐，取觶，洗，賓不辭洗。《鄉飲酒禮》：「賓不辭洗，立當西序東面。」卒洗，揖讓升。賓西階上疑立。主人實觶，酬之阼階上，北面坐，奠觶，遂拜，執觶興。賓西階上北面答拜。主人坐祭，遂飲，卒觶，興；坐，奠觶，遂拜，執觶興。賓西階上北面答拜。主人降，洗。賓降，辭如獻禮。升，不拜洗。賓西階上立。主人實觶，賓之席前北面。賓西階上拜。主人坐，奠觶于薦西。賓辭，坐取觶以興，反位。主人阼階上拜送。賓北面坐，奠觶于薦東，反位。主人揖降。賓降，東面立于西階西當西序。以上主人酬賓。

主人西南面，三拜衆賓，衆賓皆答一拜。主人揖，升，坐，取爵于序端，降，洗；升，實爵，西階上獻衆賓。衆賓之長升，拜受者三人，主人拜送。坐祭，立飲；不拜既爵，授主人爵；

❶「酢」，原作「阼」，據四庫本、經解本改。

降，復位。衆賓皆不拜受爵，坐祭，立飲。每一人獻，則薦諸其席。衆賓辯有脯醢。主人以虚爵降，奠于篚。揖讓升。賓厭衆賓升，衆賓皆升，亦序升。就席。以上獻衆賓及就席。

一人洗，舉觶于賓，升，實觶，西階上坐，奠觶，拜，執觶興。賓席末答拜。舉觶者坐祭，遂飲，卒觶，興；坐奠觶，拜，執觶興。賓答拜。降洗，升，實之，西階上北面。賓拜。舉觶者進，坐奠觶于薦西。賓辭，坐取以興。舉觶者西階上拜送。賓反奠于其所。舉觶者降。以上一人舉觶。

大夫若有遵者，《鄉飲酒禮》：賓若有遵者，則既一人舉觶，乃入。彼文在經末，故特明之；此在舉觶後，其次自明也。則入門左。主人降。賓及衆賓皆降，復初位。主人揖讓以大夫升，拜至；大夫答拜。主人以爵降，大夫降。主人辭降。大夫辭洗，如賓禮，席于尊東。與賓夾尊。升，不拜洗。主人實爵，席前獻于大夫。大夫西階上拜，進受爵，反位。主人大夫之右拜送。大夫辭加席。主人對，不去加席。乃薦脯醢。以下皆如介禮。大夫升席。席統于尊，西上，升當自西。註云升自東者，以尊在西也。設折俎。祭如賓禮；不嚌肺，不啐酒，不告旨，西階上卒爵拜。主人答拜。以上主人獻遵。

大夫降洗，酢主人。大夫若衆，則辯獻，長乃酢。主人復阼階，降辭如初。卒洗，主人盥，自飲亦盥者，尊大夫，與介同。揖讓升。大夫授主人爵于兩楹間，復位。主人實爵，以酢于西階上，坐奠爵，拜；大夫答拜。坐祭，卒爵，拜；大夫答拜。主人坐，奠爵于西楹南，大夫若衆，畢乃奠爵。再拜崇酒；在大夫右。大夫答拜。主人復阼階，揖，降。將升賓。大夫降立于賓南。不敢獨居堂，故從降也。賓南者，雖尊不奪人之正禮也。經不言諸公，據大夫如介禮，則有諸公可知。〇以上遵酬主人。

主人揖讓以賓升，大夫及衆賓皆升，就席。以上就席。右第二章，正飲酒之儀，凡八節：一，主人獻賓；二，賓酢主人；三，主人酬賓；四，主人獻衆賓；五，一人舉觶；六，主人獻遵；七，遵酢主人；八，就席。

席工于西階上少東。亦設于堂廉，東上。樂正先升，北面立于其西。亦于西階東。工四人，二瑟，瑟先；相者皆左何瑟，面鼓，面，前也。謂可鼓者在前也。執越，内弦，《鄉飲酒禮》：「左何瑟，後首，挎越，内弦。」右手相；入升自西階，北面東上。工坐，相者坐，授瑟乃降。笙入，立于縣中，西面。曰縣中，則縣有鐘鼓，不止一磬也。《鄉飲酒禮》：笙入磬南，北面立。乃合樂《周南·關雎》、《葛覃》、《卷耳》，《召南·鵲巢》、《采蘩》、《采蘋》。工不興，告于樂正，曰：「正歌備。」樂正告于賓，乃降。不歌，不笙，不間，以射時又有樂也。注謂射禮略于樂。〇以上合樂。

主人取爵于上篚，獻工，大師則爲之洗。賓降。降不言大夫，可知。主人辭降。工不辭洗。卒洗，升，與賓揖讓升。實爵。工不興，左瑟一人拜受爵。主人阼階上拜送爵。薦脯醢。

使人相祭。工飲，不拜既爵，授主人爵。衆工不拜受爵，祭，飲；辯有脯醢，不祭；不洗。大師之外，皆不親洗，特于此見之。遂獻笙于西階上。笙一人拜于下，盡階不升堂受爵。主人拜送爵。階前坐祭，立飲，不拜既爵，升授主人爵。衆笙不拜受爵，坐祭，立飲，辯有脯醢，不祭。主人以爵降奠于篚，反升，就席。主人降席自南方，側降；作相爲司正。司正禮辭，許諾。主人再拜，司正答拜。主人升就席。司正洗觶，升自西階；由楹内適阼階上，北面受命于主人；西階上北面請安于賓。《鄉飲酒禮》：「主人曰請安于賓。」賓禮辭，許。司正告于主人，《鄉飲酒禮》：「司正告于賓，賓禮辭，許。司正告于主人。」遂立于楹間以相拜。主人阼階上再拜，賓西階上答再拜，皆揖，就席。司正實觶，❶降自西階，中庭北面坐，《鄉飲酒禮》：「階間北面坐。」奠觶，興，退少立；《鄉飲酒禮》：「退共少立。」進，坐取觶，興；反坐，不祭，遂卒觶，興；坐奠觶，拜，執觶興；洗，北面坐奠于其所，興，少退，北面立于觶南。以上立司正。右第三章，樂賓，凡三節：一，合樂；二，獻工；三，立司正附。

未旅。旅，衆也，序也，謂衆序酬也。旅終賓醉，恐不得射，故未旅而射也。三耦俟于堂西，南面，東上。三耦，學士習射者，耦二人，司射前戒之，至是乃俟事于此。三耦尚未比，此特言其人數爾。堂西，

---

❶「正」，原作「止」，據四庫本、經解本改。

西堂下也。司射適堂西，司射，射人也。袒，左臂免上衣也。決，象骨爲之，著右大擘指，以鉤弦開體也。遂，射韝也。以朱韋爲之，著左臂以遂弦，又謂之拾。取弓于階西，西階西。兼挾乘矢，乘矢，四矢也。側持弓矢曰執，方持弓矢曰挾。下記凡挾矢，于二指之間，横之。大射，挾二矢于弓外，見鏃于弣，右巨指鉤弦。袒、決以下，示射所有事，始終皆然。惟誘射僅挾一个，及獻釋獲釋之，以下文有詳略，其實無不同也。升自西階。階上北面告于賓，曰：「弓矢既具，有司請射。」有司，司射自謂也。或曰：兼司馬諸執事言。賓對曰：「某不能。」謙也。爲二三子許諾。」二三子，衆賓也。詢衆及會民，不特爲賓，故曰「爲二三子」。司射適阼階上，東北面，告于主人，曰：「請射于賓，賓許。」以上請射。

司射降自西階，階前西面，命弟子納射器。弟子，學士之少者。西面命之，則執事皆待于西階西也。射器，弓矢之屬。曰納，則俟于門外也。乃納射器，皆在堂西。曰皆，有不皆者，下主人弓矢則在東也。賓與大夫之弓倚于西序，既納乃陳之西堂上也。東序亦如之。矢在弓下北括。括，矢接弦處。北括，則矢横設也。衆弓倚于堂西，矢在其上。在廉上，亦北括。主人之弓矢在東序東。以上納器。

司射不釋弓矢，遂以比三耦于堂西。比，比次其才相近者。三耦，習射者，故先比之。堂西，其位也。三耦之南北面，三耦南面也。命上射曰：「某御于子。」上下當以齒。某，下射也。御，侍也。命下射曰：「子與某子射。」古文曰：「某從于子。」〇以上比三耦。

司正爲司馬。司馬本有專官，此則以相禮者攝之。司馬命張侯，事至也。上未盡張，故復言之。就解南位，西面命之也。弟子説同脱。束，前中掩束之者，此乃解之。遂繫左下綱。前不繫，此乃繫于植。司馬又命獲者倚旌于侯中。獲者，有司，服不氏之屬，以其每中必報獲，故曰獲者，亦謂之唱獲。必司馬命之者，其屬也。旌，旗屬，析羽爲旌。中則舉之以唱獲。倚侯，去侯，射之節也。侯中，命中處也。獲者由西方坐取旌，納器在堂西，故由西取之。倚于侯中乃退。以上張侯。

樂正適西方，命弟子贊工遷樂于下。弟子，工之弟子。遷樂階下，以辟射也。縣在洗東北不必遷，則遷者瑟也。不言笙，則獻畢即出矣。弟子相工，即上相者。如初入；瑟先降。降自西階，阼階下之東南，堂前三笴，笴，箭幹，長三尺。西面北上坐。射者升降由西，故遷于東。樂正北面，立于其南。以上遷樂。右第四章，射前之儀，凡五節：一，請射；二，納器；三，比耦；四，張侯；五，遷樂。

司射猶挾乘矢，猶者，見誘射前恒執之，未改也。以命三耦：三耦尚在堂西，亦北面命之。「各與其耦讓取弓矢拾。」拾，更也。謂三耦更代取也。三耦皆袒，決，遂。決、遂亦取自堂西。有司左執弣右執弦而授弓，有司，司弓矢之屬。註云：亦弟子爲之。弣，弓把。遂授矢。遂，因也。三耦皆執弓，搢三而挾一个。搢，插也。右插于大帶外、革帶內。司射先立于所設中之西南，東面。中以盛算，爲獸形。下經設中，南當楅，西當西序，楅南當洗，則在中庭西序之南。中本未設，特豫言其地爾。三耦皆進，由堂西進而南，亦並行，如升射。由司射之西，立于其西南，東面北上而俟。俟射也。○

以上三耦就射位。

司射東面，立于三耦之北，司射位在三耦之東北。曰三耦之北者，蓋將誘射，故與三耦並立于射位也。搢三而挾一个，揖進；東進誘射。當階，北面，揖；西階也。當，遥相直。既揖轉而北。及階揖；升堂揖。轉而東。豫今文作「序」，注作「榭」。則鉤楹内，鉤，繞楹之北而東，以所畫物當棟也。○案：「豫」當依今文作「序」，謂州序也。蓋庠序之庭有深淺，堂上之物深淺亦如之。當棟、當楣，總以去侯五十弓爲限也。註因《爾雅》「無室曰榭」説，謂序無室，故可入堂深。愚謂棟後室前，尚餘一架，容執事往來，不必無室始可當棟也。序無室，亦以意言之。堂則由楹外。以物當楣也。當左物，物在楹間射者所立之處也，其制《大射》詳之。東爲左，左物，下物也。履下物，非正射也。言物，則畫可知矣。北面揖；及物揖。左足履物，此下物也。謂北面及物，右足趾西鄉，履物之横畫也。不方足，方，猶併，併足則方也。還視侯中，還，轉身西鄉而南視也。履物，必併足西鄉，左足在南，右足在北，併足而立，然後以左臂引弓，掉首審固，乃射。今履物時，左足將隨右足併立矣。乃不待方足而即視侯中者，蓋以驗物之正當侯中否也。此命中之要，故先之。俯正足。視畢，乃俯而正足，使之方。不去旌。誘射不主中，不唱獲，故不去旌。誘射，誘，教也。射必誘，謹于禮也。將乘矢。將，行也。發矢則矢行。執弓不挾，矢盡，故不挾。右執弦。南面揖，揖如升射；揖畢南行，將西揖，及階揖，乃降。與升射揖同，惟異面爾。降，出于其位南；中西南東面之位。適堂西，不由階下徑至堂西，乃由南而北者，尚威儀也。改取一个挾之。改，更乘爲一也。乘矢已發，故更挾之。一个，一矢。司射主射禮，故不射猶挾之。言挾，則執弓可知。遂適階西，取扑搢之，扑以撻有過。搢之，待用也。以反位。以上誘射。

司馬命獲者執旌以負侯。記云：命負侯者由其位，司馬位在司射之南。蓋命張侯後，已自觶南改立于此，故記特明之。此亦當升堂，與下命去侯同，文不具。獲者適侯執旌，負侯而俟。今文作「立」。○旌在侯中，故適侯乃執旌。執旌負侯，勵其命中也。○以上負侯。

司射還，同旋。○注：左旋也。謂轉身時左手向外。當上耦西面，三耦在司射西南。司射將反位，欲作三耦射，故又南行，及當上耦，乃左轉而西面，與之相鄉。作上耦射。作者，告之使作。司射反位。上耦揖進，東行。上射在左，東行以北爲左，便其就右物也。上射本在北爲左，又言之者，嫌如大射之易位也。並行；當階北面揖；及階揖。上射先升三等，大夫階五等，升三等，則中等也。下射從之，上射至三等，下射乃升。中等。上射升堂，下射至中等，上射已先升堂也。少左；北面以西爲左。少西讓下射升也。下射升，上射揖，並行。皆當其物，二人俱升，並東行。上物在西，下物在東，上射先當物，俟下射少東，乃各當其物也。北面揖；當物並轉而北。及物揖。皆左足履物，還視侯中，合足而俟。合，猶併也。俟者，司馬、司射方有事也。○以上三耦升射。

司馬適堂西，不決、遂，袒，司馬不射，直袒而已。執弓，用以指揮。出于司射之南，堂西不徑至階，亦尚威儀。升自西階；鉤楹，以當由上射後。由上射之後，上射在西，司馬自西來，故由其後。

西南面立于物間；侯在南，乏在西南，故鄉之。兩物之間，堂之中也。右執簫，弓末曰簫，或作弰。南揚弓，西南面，右手在北，執簫；左手鄉南，揚弓也。揚，舉也。南揚者，獲者在南。命去侯。命獲者去侯至乏，辟射也。獲者執旌，本執旌，重言之者，嫌不執也。許諾聲不絶，《大射》許諾以宫、商。注云：此威儀省，不以宫、商，聲不絶而已。以至于乏；坐，東面偃旌，偃，仆也。待獲乃舉。興而俟。司馬出于下射之南，還其後，降自西階；反由司射之南，適堂西，釋弓，襲，反位，立于司射之南。以上命去侯。

司射進，與司馬交于階前相左；交相左者，司馬南面，降在西；司射北面，升在東，彼此各在其左也。由堂下西階之東，北面視上射，不命下射，並聞也。命曰：「無射獲，射獲者，矢少西，則獲者傷也。無獵獲！」獵謂矢出乏旁，雖不中獲，亦駭人也。上射揖。司射退，反位。以上命上射。

乃射，上射既發，挾弓矢而后下射射，《大射》無「弓」。拾發，二人更迭發也。以將乘矢。獲者坐而獲，中則唱獲也。舉旌以宫，偃旌以商；唱獲則舉，唱畢則偃。宫聲高，商聲卑；宫爲君，商爲臣。以者，唱聲與之相應也。一唱而始高終卑，君唱臣和，且由大而小，見其作止之有漸，非偶合也。獲而未釋獲。釋，釋籌于手而分計之，以算之多寡爲勝負也。上獲，謂唱獲；下獲，謂釋算。未釋獲者，以三耦習射故也；第一番射則釋獲矣。○以上正射唱獲。

卒射，皆執弓，不挾，南面揖，揖如升射。南行將西揖，及階揖，乃降。上射降三等，下射少右，從之中等，並行，至中等乃並行。上射于左。上射升降皆在左，無取于便，與下拾取矢別。與升射者相左，升射者，謂次耦。交于階前相揖。由司馬之南適堂西，釋弓，說決、拾，襲而俟于堂西，南面東上。三耦卒射亦如之。「三」當作「二」。司射去扑，去扑乃升，不敢佩刑器即尊者之前也。倚于西階之西，便于取。升堂，北面告于賓，曰：「三耦卒射。」賓揖。然之。司射降，搢扑反位。以上卒射。

司馬適堂西，袒，執弓，由其位南進，與司射交于階前相左，升自西階，鉤楹，自右物之後，右物，上射所履。立于物間西南面，揖弓，此節與上命去侯等，惟易「揚」爲「揖」異。揖，推之也。上在兩射者間，隱，故須揚；此物間，顯，揖之而已。命取矢。取矢，爲再射。獲者執旌，許諾聲不絕，以旌負侯而俟。命弟子取矢，而特言獲者，以其近侯，審知矢之所在。取矢時，以旌指教之。俟，俟弟子。司馬出于左物之南，還其後，降自西階，遂適堂前北面，立于所設楅之南，楅，幅也，兩端皆龍首，中以布爲韋當，以承笴齊矢，故取邊幅整齊之意。其制下記詳之。先立于其南，便于指示也。《大射》：「小臣師設楅，司馬正東面，以弓爲畢。」命弟子設楅。西面命之。乃設楅于中庭，東西之節。南當洗，南北之節。東肆。曰東肆，似有首尾矣。蓋弟子奉楅自堂西來，橫設之，從西而東，故曰東肆，實無首尾也。疏云：有刻飾記之。司馬由司射之南退，釋弓于堂西，襲，反命。弟子取矢，取于侯及地。北面，坐委于楅；北括，括在北，則鏃南鄉侯，象射也。乃退。司馬襲，司馬已襲矣，此復言者，嫌有事則袒也。敖氏曰：此衍。進當楅南，北面坐，左右撫矢而乘之。撫，拊也。就委矢，左右手四四分數之，人行乘矢，故以四計也。矢當七乘。若矢不備，則司馬又袒，執弓如初，升，命曰：「取矢不索！」索，求也，盡也。不索，言求之未盡。弟子自西方應曰：「諾！」時獲者猶負侯，而弟子已在西方，故獨應之。乃復求矢，不索之矢，必在隱處，故曰求。加于楅。司馬仍撫之。○以上取矢。右第五章，第一番三耦射之儀，凡九節：一，比耦；二，誘射；三，負侯；四，升射；五，去侯；六，命上射；七，正射唱獲；八，卒射；九，取矢。外拾取矢節，別寄第二番射前。

司射倚扑于階西，升，請射于賓如初。事至又請，猶戒而又速。賓許諾。賓、主人、大夫若皆與射則遂告于賓，若者，未定之辭。賓主無不與，大夫則未定也。告，以與射告也。蓋射否已定于納射器時，故此得據以告賓。適阼階上告于主人，以上請射。

主人與賓爲耦。主人爲下射。遂告于大夫，曰遂，則亦階上告也。大夫雖衆，皆與士爲耦。士，謂衆賓大夫而與士耦，且爲下射者，蓋助主人禮賓，不敢以自尊異也。以耦二字，監本無，今依石經補入。告于大夫，曰「某御于子」。某，士名。子，大夫。某御于子，告上射之辭。大夫爲下射，而以上射爲辭者，尊之。《大射》：「命大夫之耦曰：『子與某子射。』」西階上北面，作衆賓射。司射降，搢扑，取上倚于西階者搢之也。由司馬之南適堂西，立比衆耦。將比未比也。下衆賓皆降，乃比之。衆賓將與音預。射者皆降，將與，則有不與者矣。由司馬之南適堂西，繼三耦而立，東上。三耦之西，南面東上。大夫之耦爲上，大夫不先降，故其耦爲上。若有東面者則北上。衆賓或多，南面不能容，則折而東面北上，統于三耦也。賓、主人與大夫皆未降，事至始降。司射乃比衆耦，辯。上將比，至此乃比也。亦北面，有東面者則西面比之。獨言衆耦者，大夫之耦已定于告時。○以上比耦。

遂命三耦拾取矢，遂者，方比耦于三耦之西，因告之也。拾，更也。矢在楅者，《大射》：「命三耦各與其耦拾取矢。」司射反位。三耦拾取矢，皆袒，決，遂，執弓，進南進。立于司馬之西南。司射作上耦取矢，南進西面。司射反位。上耦揖進；發步東面進。當楅北面揖，北折乃揖。及楅揖。北及楅。上射東面，位西鄉東。下射西面。位東鄉西。並及楅，乃東西分行，立楅兩旁，東西鄉楅。上射揖進，東行至楅。坐，楅卑，故坐取之。横弓；東面以南北爲横，蓋西鄉踣弓，而横于南北也。郤手，郤，仰也。左手執弓横矢上，乃仰右手取矢也。自弓下取一个，楅横矢直，北括而南鏃。括有羽，末鄉括。取矢者執鏃則羽順出于楅，而無損；執括則逆矣。東面者，右手當鏃，便于弓下取之。仰手者，以手在矢下也。不覆手者，弓下矢上，無餘地也。兼諸弣，兼鏃于弣也。順羽且興；恐委時或逆，又以手順之。且興者，隨順隨興也。執弦而左還，同旋。○右手執之，便于挾也。左旋者，上射在西方東面，以左手向外，由東面而北面而西面，遂西面行，及西方位，又由西面而南面，以復于東面，四方一匝，是謂之周。《大射》言毋周，此不言，則始終左旋周也。退反位，東面揖。揖下射，俟其取一个，乃更取也。下射進，亦揖而西進。坐，横弓；東踣。覆手，自弓上取一个，西面者，右手當括不可取，故必從弓上向左執鏃，順羽而出之。矢在下，故手覆也。興；其他如上射。惟自西面而南面而東面，行至東方位，乃由東面而北面，以復于西面爲異爾。既拾取乘矢，揖，取乘矢畢也。《大射》既拾取乘矢捆之，謂合而齊等之也。皆左還；反位。南面揖，皆少進；當楅南，上射進東南行，下射進西南行，並至楅南，鄉及楅揖處也。皆左還，皆由南面而東面而北面。北面，將搢且挾。搢三挾一个，揖，皆左還，由北面而西面而南面。上射于右；南行以西爲右，上射本在右。言之者，嫌降或在左如射也。與進者相左，南行則在進者之西，西行則在進者之北。相揖；退，監本無「退」，今依石經補入。反位。三《大射》作「二」。耦拾取矢亦如之。後者，下耦之下。遂取誘射之矢，楅矢七乘，三耦各取二乘；其一乘，則誘射之矢也。兼乘矢而取之，取矢者，挾一个，兼乘矢，則又并挾五个，略也。以授有司于西方，而後反位。以上拾取矢。

衆賓未拾取矢，未，不也。不拾者，無楅上矢也。言此者，嫌衆與三耦同。皆袒，決，遂，執弓，搢三挾一个；由堂西進，繼三耦之南而立，東面北上。大夫之耦爲上。前堂西之位已詳，此復言之者，嫌射位或别也。司射作射如初。謂第一番射。一耦揖升如初。以上將射就位。

司馬命去侯，升堂揚弓如初。獲者許諾。司馬降，釋弓亦襲。反位。以上去侯。

司射猶挾一个，去扑，與司馬交于階前，亦相左。升，請釋獲于賓；上未釋獲，賢否未分，至是乃請之。賓許。降搢扑，西面立于所設中之東，北面；西面又北面者，自階下來，當所設中之東，遂轉而西面，以定中當楅之位。時釋獲者在堂西，故又北面命之。及視，則又西面矣。命釋獲者設中，

《大射》：「太史釋獲。」遂視之。《大射》：「以弓爲畢，北面。」釋獲者執鹿中，制如鹿，下記詳之。大夫兕中，士鹿中。此言鹿中，爲賓言之，其實皆有也。曰中者，期其勝負等。一人執算以從之。算，籌也，以記獲之多寡，制詳下記。釋獲者坐設中，坐設中，中卑也，東面設之。南當楅，南北之節。西當西序，東西之節。東面；爲鹿形，故曰面。在西，故向東。興，受算，執算者授而退。坐，據下東面于中西，則此亦東面可知。實八算于中，八算者，一耦矢數也。横委其餘于中西，八算之外皆委之，待再實也。南末；下記：素握，其本也。興，共而俟。拱立待事，當東南面鄉俟。○以上請釋獲。

司射遂進，由堂下北面，一耦已升，故北面鄉之。命曰：「不貫不釋！」亦命上射也。貫，貫革，中也。釋，釋獲。上射揖。司射退，反位。以上命上射。

釋獲者坐，取中之八算，執之以待釋。改實八算于中，爲後射者將釋。興，執而俟。乃射。若中則釋獲者坐而釋獲，坐中西東面。每一个中者。釋一算。獲者唱，乃釋于手而委之地。上射于右，下射于左，如射位。若有餘算，未釋者，射不盡中也。則反委之。還委之中西，恐其混也。又取中之八算，上執者已釋也。改實八算于中，興，執而俟。取後言興，則坐取也。三耦卒射。每一耦卒射，皆釋弓于堂西，止焉。○以上三耦射。

賓、主人、大夫揖，皆由其階降，揖。主人堂東，袒，決，遂，主人，大夫也。不言纁襦，不敢殊于賓。執弓，搢三挾一个。賓于堂西，或言序，或言堂，互文也。亦如之。皆由其階，階下揖，升堂揖。不言出司射之西，則自堂東西，徑至階下，優尊者也。主人爲下射，皆當其物，北面揖，及物揖，乃射；卒，南面揖，皆由其階，階上揖，降階揖。賓序西，西序之西。主人序東，東序之東。皆釋弓，説決、拾，襲，反位；堂上位也。反，謂將反也。升，升在及階之前，亦謂將升也。及階揖，升堂揖，皆就席。○以上賓主射。大夫袒，決，遂，執弓，搢三挾一个，由堂西出于司射之西，就其耦。賓主射時，大夫止于堂西，至是始就其耦，尊也。大夫爲下射，揖進；耦少退。揖如三耦。及階，耦先升。升堂，得申上射之儀。卒射，揖如升射，耦先降。降階耦少退。皆釋弓于堂西，襲。耦遂止于堂西，大夫升，上與耦皆行，故升如衆賓。此獨反席，其尊得伸，故徑就階下升堂，與賓主人等也。就席。以上大夫射。

衆賓繼射，釋獲皆如初。合賓、主人、大夫。司射所作唯上耦。此衆賓射，于是言惟上耦者，嫌賓主人射亦作之。○以上衆賓射。

卒射，釋獲者遂以所執餘獲，所釋末耦之餘也。執者，有告必有執也。若末耦八算盡釋，則執前所委矣。升自西階，盡階不升堂。異于司射。告于賓曰：「左右卒射。」釋獲告者，以其將有事也。左右，上下射，此謂衆上下射也。降，反位，坐，委餘獲于中西；興，共而俟。俟第三番射。○以上衆賓射。右第六章，第二番射，凡十一節：一，請射；二，比耦；三，拾取矢；四，就射位；五，去俟；六，請釋獲；七，命上射；八，三耦射；九，賓主射；十，大夫射；十一，衆賓卒射。餘入第七章。

司馬袒，決，疑衍。執弓，升，命取矢如初。謂第一番射，下並同。獲者許諾，以旌負侯如初。司馬降，釋弓，反位。弟子委矢如初。大夫之矢，知大夫矢，則矢有題識也。肅慎氏貢楛矢，銘其括。則兼束之以茅，上握焉。上握者，手所握處在中央，于中央之下束之，使握者在上。近鏃而去羽遠，則羽在下而順，便于取也。束大夫矢，優之。主人亦大夫，不束者，亦不敢殊于賓。司馬乘矢如初。不備，亦使弟子求之。○以上取矢。

司射遂適西階西，釋弓，下記云：釋弓矢。此文省。案：司射惟此視算及獻釋獲者，兩釋弓矢。去扑，襲；進，由中東立于中南，北面視算。釋獲者東面于中西坐，坐近右算。先數右獲。上射所釋，少南，就而數之。二算爲純，純，全也。一偶則陰陽全也。一純以取實于左手；右手取以實之。十純則縮而委之，縮，縱也。數者東面，則東西爲從也。每委異之；每委十純，異之，便于校數。有餘純則横于下；不及十者，又異之。近身爲上，則下者，十純之外也。○注云：自近爲下。一算爲奇，奇則又縮諸純下。奇又從于餘純之下，亦異之也。興，自前適左，前，所坐之前。左，左獲。左獲在北，東面者，以北爲左也。東面坐，又言東面，嫌改坐，或異面也。兼斂算實于左手；右手斂而實之。一純以委，每一純，實之左手，委于地，變于右也。十則異之，其餘如右獲。横縮上下。司射復位。釋獲者遂進取賢獲，賢，猶勝也。賢獲，勝黨之獲。取，取一算以告也。執以升自西階，盡階不升堂。告于賓。《大射》：「北面告于公。」若右勝則曰：「右賢於左。」若左勝則曰：「左賢於右。」以純數告，若有奇者亦曰奇。兼純奇之數以告也。純，若干；奇，一而已。若左右鈞，則左右皆執一算以告，曰：「左右鈞。」案：以上總衆耦之左右，以計勝負也。下飲者，又以每耦之左右勝負計，則總計衆耦之外，又當每耦計之。降復位，坐兼斂算，合八十算並斂之。實八算于中，爲第三番射也。委其餘于中西；興，共而俟。不執，事未至。○以上校算。

司射適堂西，命弟子設豐。將飲不勝者，以豐奠觶也，其制似豆而卑。弟子奉豐，重其事，故不曰執，而曰奉。升，設于西楹之西，在西者，射爵、罰爵也。乃降。勝者之弟子洗觶、升、酌，卒洗乃升，則取觶于下篚也。酌者，東酌于尊，反于西。南面，坐奠于豐上；降，降立堂西。袒，執弓，弓，張弓。不言決、遂，可知。此當在下經司射命後、三耦衆賓立射位節，于此言之者，明弟子亦與射，在勝者中，蓋衆耦之少者。反位。位，司射西南之位，即下所謂射位也。○以上設豐。

司射遂袒，執弓，挾一个，搢扑，北面于三耦之南，命三耦及衆賓：「勝者皆袒，以下皆命辭。決，遂，執張弓。示能用弓也。左執弣，右執弦，如卒射。不勝者皆襲，説決、拾，卻左手，右加弛弓于其上，遂以執弣。」不執弦也。皆以示不能用弓。司射先反位。當弟子降時，合勝者及不勝者並命之。不言賓、主人、大夫，以授之席前也。三耦及衆射者皆與其耦進，立于射位，北上。司射作升飲者，如作射。以上作飲。

一耦進，揖，如升射，當階揖以下也，此仍分上下射。及階，勝者先升堂少右。尊賢，北面以東爲右，飲者在西，辟之也。不勝者進北面，坐取豐上之觶；坐取者，豐卑。興，少退，立卒觶；立卒觶，不祭不拜，受罰爵，不備禮也。飲者左執弣，右執觶。進，坐奠于豐下；興，揖。不勝者先降，後升先降，略之，不由次也。降而少右，復並行。與升飲者相左交于階前，相揖；出于司馬之南，遂適堂西；釋弓，襲而俟。襲，謂勝者。俟，俟復射。有執爵者。使贊者代弟子酌也。執爵者坐取觶，實之，豐下奠者，不洗，略之。反，奠于豐上。反，自尊所還也。升飲者如初。三耦卒飲。賓、主人、大夫不勝，則不執弓。不降。執爵者取觶，降洗，升，實之，以授于席前。優尊者。受觶以適西階上，北面立飲；飲罰爵，不宜自尊别，主人亦飲于西階，與常禮異也。卒觶，授執爵者，反，就席。大夫飲，則耦不升。賓、主人爲耦，飲時俱在堂，嫌大夫之耦亦升也，故特言之，見優大夫也。若大夫之耦不勝，則亦執弛弓，特升，飲。特升者，大夫在堂。衆賓繼飲射爵者辯，《大射》：衆繼飲，如三耦。乃徹豐與觶。徹者，設豐者反豐于堂西，執爵者反觶于篚。〇以上飲射爵。

司馬洗爵，升，實之以降，獻獲者于侯。不于乏者，明其以侯爲功。薦脯醢，設折俎，設之于位，此將設未設也。俎與薦皆三祭。籩有祭脯，俎有祭肺，醢則無别也。三者，祭于侯三處也。獲者負侯，負侯之中。北面拜受爵，司馬西面拜送爵。拜送爵不同面者，辟正主也。獲者執爵，使人執其薦與俎從之；人，有司。適右个，舌謂之个。左右个，左右舌之出侯中者。設薦俎。獲者南面坐，鄉侯。左執爵，祭脯醢，執爵興，取肺，坐祭，遂祭酒；《大射》：「二手祭酒。」興，適左个，中亦如之。先左右後中者，尊者在後也。侯北面，東爲右，西爲左。○案：獻必有祭，祭爲飲食之神。他處一祭而已，此獨三祭者，獲者本不與正獻，特射主于獲，故獻之。而唱獲之功又繫于侯，左、右、中皆其處也，故徧就之。與他處祭食之禮不同，故注悞以祭爲祭侯。據《夏官・射人》，祭侯則爲位，此不言位；又經明言獻獲者；又祭脯醢諸節俱獻禮，非祭禮也。左个之西北三步東面，不就侯之左右中者，凡卒爵皆不于其位也。左个近乏，故卒爵于此。設薦俎。獲者薦右東面，薦西。立飲，不拜既爵。與獻工同。司馬受爵，奠于篚，復位。獲者執其薦，使人執俎從之，辟不使當位，妨往來也。設于乏南。右之。獲者負侯而俟。俟，俟第三番射。○以上獻獲者。

司射適階西，釋弓矢，去扑，説決、拾，襲；將獻釋獲，故去射服也。適洗，洗爵；爵在洗西。升，實之，以降，獻釋獲者于其位少南。位在中西，少南，辟中也。薦脯醢折俎，有祭。釋獲者薦右東面拜，受爵，司射北面拜送爵。釋獲者就其薦坐，亦東面。左執爵，祭脯醢；興，取肺，坐祭，遂祭酒；興，司射之西北面立飲，不拜既爵。司射受爵，奠于篚。釋獲者少西辟薦，反位。薦，謂薦及俎。辟之少西，爲復射妨司射視算也。司射適堂西，袒，決，遂，上「脱決遂于階西」，此因袒于堂西而連及之，其實與下取弓同節也。取弓于階西，挾一个，搢扑，以反位。爲將復射。○以上獻釋獲。右第七章，第二番射畢諸雜儀，蓋六章之分也。凡六節：一，取矢；二，校算；三，設豐；四，飲射爵；五，獻獲者；六，獻釋獲。

司射去扑，倚于階西，升，請射于賓如初。賓許。司射降，搢扑，由司馬之南適堂西，命三耦及衆賓「皆袒，決，遂，執弓，就位」。射位。司射先反位。三耦及衆賓皆袒，決，遂，執弓，各以其耦進，以，與也。反于射位。前射時所立，故曰反。〇以上請射、就位。

司射作拾取矢。三耦拾取矢如初，反位。賓、主人、大夫降，揖如初。主人堂東，賓堂西，皆袒，決，遂，執弓；皆進，階前揖，及楅揖；三耦拾取矢，東進當楅南，乃轉北，及楅南，然後至楅旁；此自階前及楅，則階前南行東西當楅之地，賓轉而東面，主人轉而西面，恰在楅旁，不由楅南也。拾取矢如三耦卒，北面搢三挾一个，揖退。賓堂西，主人堂東，皆釋弓矢，襲；不言脱決、遂，可知。及階揖，升堂揖，就席。大夫袒，決，遂，執弓，就其耦；揖，皆進，如三耦。耦東面，大夫西面。下射也。大夫進，坐説矢束，束矢，尊之也。不敢自異，故説之。興，反位。而后耦揖進，坐兼取乘矢，尊大夫，不敢與之拾也。順羽而興，反位，揖。大夫進，坐亦兼取乘矢，如其耦，北面搢三挾一个，揖退。耦反位。大夫遂適序西，釋弓矢，襲；升，即席。衆賓繼拾取矢，皆如三耦以反位。以上拾取矢。

司射猶挾一个以進，作上敖氏云：衍文。射如初。一耦揖升如初。司馬升，命去侯。獲者許諾。司馬降，釋弓，反位。司射與司馬交于階前，去扑，襲；升，請以樂樂音洛。于賓。以，用也。請用樂以樂于賓也。此比樂以觀德，與上歌笙間合止以樂賓者不同。賓許諾。司射降，搢扑，東面命樂正，不就樂正命之者，傳尊者之命，遥令之可也。曰：「請以樂樂于賓，賓許。」司射遂適階間堂下北面命曰：「不鼓不釋！」不與鼓相應不釋算者，比于禮，又當比于樂也。上射揖。司射退，反位。樂正東面命大師，西面受命，乃轉而東。曰：「奏《騶虞》此據有大師者言，無則命其長。天子《騶虞》九節，卿、大夫則用《采蘋》五節。此言《騶虞》者，下記云《騶虞》五節，則猶是卿、大夫之節，與天子不同。間若一。」若一者，注云：「重節。」疏云：其間五節，長短希數如一，是重樂節也。蓋五節歌五終，按節而發。乘矢用四節，其一節在未發時使聽之知其長短始終，因見五節如一節也。大師不興，許諾。樂正退，命時未進而言退者，自階下退而反位也。反位。乃奏《騶虞》以射。三耦卒射，賓、主人、大夫、衆賓繼射，釋獲如初。卒射降。釋獲者執餘獲升，告左右卒射如初。以上正射用樂。

司馬升，命取矢，獲者許諾。司馬降，釋弓，反位。弟子委矢，司馬乘之，皆如初。司射釋弓，視算如初。釋獲者以賢獲與鈞告如初，降，復位。司射命設豐，設豐實觶如初；遂命勝者執張弓，不勝者執弛弓，升飲如初。此與第二番射同，但增以樂樂賓。司射猶袒，決，遂，左執弓，右執一个兼諸弦，兼矢于弦。面鏃；面，鄉也。二者皆變于射，射畢也。適堂西以命拾取矢如初。司射反位。❶三耦及賓、主人、大夫、衆賓皆袒，決，遂，拾取矢如初；矢不挾兼諸弦

---

❶「司」，原作「同」，據四庫本改。

弣，不挾，亦執之也。蓋左執弣，右執弦，一矢兼諸弣，三矢兼諸弦，亦搢三挾一之義也。以退，不反位，射畢，不反于射位也。遂授有司于堂西。徧拾取矢，揖皆升，就席。司射乃適堂西，釋弓，去扑，説決、拾，襲，反位。司馬命弟子説侯之左下綱而釋之。説，説射時所繫者。釋則盡解而説之也。命獲者以旌退，命弟子退楅。司射命釋獲者退中與算而俟。以旅酬後或復射也。此合諸射器言，言俟，見凡退者同也。○以上卒射諸雜儀。右第八章，第三番射，凡四節：一，請射；二，拾取矢；三，正射用樂；四，卒射諸雜儀。下仍入飲節。

司馬反爲司正，退，復觶南而立。將旅，當相禮也。樂正命弟子贊工即位。弟子相工，如其降也，升自西階，反坐。工反坐，爲無算樂也。○以上諸執事反位。

賓北面坐取俎西之觶，興，阼階上北面酬主人。主人降席，立于賓東。賓坐奠觶，拜，執觶興。主人答拜。賓不祭，卒觶不拜，不洗；實之，進東南面。主人阼階上北面拜，賓少退。主人進，受觶，賓主人之西北面拜送。賓揖，就席。以上賓酬主人，爲旅酬始。

主人以觶適西階上酬大夫。大夫降席，立于主人之西，如賓酬主人之禮。主人揖就席。大夫于是獻長賓。若無大夫則長受酬亦如之。長，衆賓之長。○以上主人酬大夫或長賓。

司正升自西階相旅，作受酬者，曰「某酬某子」。某，酬者字也。某子，受酬者氏也。此以酬者爲主，尊受酬者，故稱酬者字，以别于所尊也。受酬者降席。司正退，立于西序端，東面。衆受酬者拜，興，飲，皆如賓酬主人之禮。辯，遂酬在下者；謂衆有司，即主人之贊者、無堂上位者。酬之者，衆賓之少者也。《鄉飲酒禮》旅酬不與。此與酬者，射禮輕于賓興也。皆升，受酬于西階上。卒受者以觶降，奠于篚。司正降，復位。以上賓衆相酬。右第九章，旅酬之禮，凡四節：一，諸執事反位；二，賓酬主人；三，主人酬大夫或賓長；四，賓衆相酬。其「立司正」一節先附第三章末旅之前，至是乃旅也。

使二人舉觶于賓與大夫。舉觶者皆洗觶升，實之；西階上北面，皆坐奠觶，拜，執觶興。賓與大夫皆席末答拜。舉觶者皆坐祭，遂飲，卒觶，興；坐奠觶，拜，執觶興。賓與大夫皆答拜。舉觶者逆降，洗，升，實觶，皆立于西階上，北面東上。賓與大夫拜。舉觶者皆進，坐奠于薦右。賓與大夫辭，坐受觶以興。舉觶者退，反位，二人無堂上位，蓋反于西階上立位也。皆拜送，乃降。賓與大夫反坐，各本無「坐」，今依石經補入。奠于其所，興。若無大夫則唯賓。以上二人舉觶，爲無算爵之始。

司正升自西階，阼階上受命于主人，適西階上北面請坐于賓，賓辭以俎。反命于主人，主人曰：「請徹俎。」賓許。司正降自西階，階前命弟子俟徹俎。司正升，立于序端。賓降席，北面。主人降席自南方，阼階上北面。大夫降席，席東南面。賓取俎，還授司正。司正以降自西階，賓從之降，遂立于階西，東面。司正以俎出，授從者。主人取俎，還授弟子。弟子受俎，降自西階以東。主人降自阼階，西面立。大夫取俎，還授弟子。弟子以降自西階，遂出授從者。大夫從之降，立于賓南。衆賓皆降，立于大夫之南，少退北上。主人以賓揖讓，説屨乃升。大夫及衆賓皆説屨升坐。乃羞。以上徹俎坐燕。

無算爵。使二人舉觶。二人已奠觶，復言舉者，請賓與大夫飲，因舉以徧也。賓與大夫不興，禮略。取奠觶，飲，卒觶不拜。執觶者受觶，遂實之。賓觶以之主人，大夫之觶長受而錯，長，即衆賓之長也。舉大夫觶以之長，即所謂錯也。以下相錯皆如之，無大夫，則一觶由賓至衆賓以徧也。皆不拜。辯，卒受者興，以旅在下者于西階上。主人贊者。長受酬，酬者不拜，乃飲，卒觶，以實之。執觶者受而酌之也。受酬者不拜受。辯旅，皆不拜。執觶者皆與旅。執觶者，即上舉觶者也。徧矣，復言之者，嫌已飲，不復飲也。其飲亦以齒。卒受者以虛觶降，奠于篚；執觶者洗，升，實觶，反奠於賓與大夫。復奠之，見主人之意無盡也。以上無算爵。

無算樂。賓興，樂正命奏《陔》。賓降，及階《陔》作。賓出，衆賓皆出，主人送於門外再拜。以上無算樂，禮終。

明日，賓朝服以拜賜于門外，朝服，疑爲公士言之。主人不見。不褻禮也。如賓服，遂從之，拜辱于門外。乃退。以上賓主相拜。

主人釋服，乃息司正。無介，不殺。凡言不，見其簡。使人速。迎于門外，不拜；入，升不拜至，不拜洗。薦脯醢，無俎。賓酢主人，主人不崇酒，不拜。崇酒則拜，否則不拜。衆賓既獻，衆賓一人舉觶，不別使人。遂無算爵。曰遂亦見其簡。無司正。使擯者而已，不立司正也。賓不與。徹唯所欲，以告於鄉先生、君子可也。羞唯所有。鄉樂唯欲。凡禮皆略也。○以上息司正。右第十章，飲之終節，凡六節：一，二人舉觶；二，徹俎坐燕；三，無算爵；四，無算樂而禮終；五，賓主相拜；六，息司正。

【記】大夫與，音預。○與飲也。則公士爲賓。案：《喪服》公士爲公卿，此則注以爲在官之士也。但飲射皆處士爲賓，大夫未嘗不與，不聞舍處士而別以公士爲賓者，此與經文不符。注爲之解曰：不敢使鄉人加尊於大夫。據經，大夫如介禮，則鄉人何嘗不加尊於大夫？且即云鄉人不可加尊於大夫，公士獨可加尊於大夫乎？此當別爲一禮，非鄉飲酒及鄉射正禮也。使能不宿戒。其牲狗也。亨于堂東北。尊綌冪，賓至徹之。蒲筵緇布純。西序之席北上。衆賓席于賓西，南面東上。若衆，則有東面者，在西序北上，統于賓。獻用爵，其他用觶。以爵拜者不徒作。薦脯用籩，五膱，音職。祭半膱横于上。醢以豆，出自東房。膱長尺二寸。俎由東壁，自西階升。賓俎脊、脇、肩、肺。主人俎脊、脅、臂、肺。肺皆離。皆右體也。進腠。凡舉爵，三作而不徒爵。凡奠者於左，將舉者於右。衆賓之長一人辭洗如賓禮。若有諸公，則如賓禮，大夫如介禮。無諸公，則大夫如賓禮。有諸公，則壓于諸公；無諸公，然後其尊得伸也。○案：此及《鄉飲酒》大夫皆用介禮，此經則不言諸公，文不具爾。樂作，大夫不入。樂正與立者齒。三笙一和而成聲。

三人吹笙，一人吹和。和，小笙也。獻工與笙取爵于上篚，既獻奠于下篚。其笙則獻諸西階上。立者東面北上。司正既舉觶而薦諸其位。三耦者使弟子，學士。司射前戒之。主人不親戒也。司射之弓矢與扑倚于西階之西。在納射器前。司射既袒決遂而升，司馬階前命張侯，遂命古文此有「獲者」字。倚旌。凡侯：凡，大概之辭。天子熊侯，白質；諸侯麋侯，赤質；大夫布侯，畫以虎豹；士布侯，畫以鹿豕。凡畫者丹質。凡，凡天子以下。侯制文有詳略，皆用布爲之。六獸畫首于正鵠，正鵠居侯中三之一。白質、赤質、丹質，采其地也。侯中無兩的，虎、豹、鹿、豕，畫其一而已。丹淺于赤。○案：此與《司裘》《射人》之制不符，惟《考工記・梓人》云「張獸侯」「以息燕」，注以爲畫獸之侯，則此爲獸侯，息燕用之。在此者，以類及也。射自楹間，物長如笴。此從畫也。笴，矢幹，長三尺。其間容弓，上下射相去之數也。弓長六尺。距隨長武。左足履物爲距，右足來合爲隨。謂横畫也，横尺二寸。序則物當棟，堂則物當楣。五架之屋，中爲棟，棟前爲楣，又前爲庋。物以侯道爲準，當棟、當楣者，堂及序前之地有廣隘，侯道有遠近，故畫物入堂有淺深也。命負侯者由其位。經司馬命負侯不言位，命去侯乃言「反位，立于司射之南」。記特明之，見命負侯時，由司射之南升，其始尚在觶南也。凡適堂西皆出入于司馬之南。威儀多。唯賓與大夫降階遂西取弓矢。優尊者也。言賓，則主人亦如之；言取弓矢，則射畢降亦如之。旌各以其物。旌，旗也。旗必有旌，故名旗曰旌。物，所謂九旗之物，如孤、卿建旜，大夫、士建物之屬。各以其物者，謂主人及遵。無物，賓及衆賓未仕，則無物也。○注云：士不命者無物。則以白羽與朱羽糅，女又反。○糅，雜也。此與君之翿旌同。杠長三仞，以鴻脰音豆。韜上二尋。此與君之翿旌别。鴻，鳥之長項者。脰，項也。八尺曰尋。韜上二尋者，非所當用，故以鴻脰斂之，如結旌制與？凡挾矢，於二指之間横之。二指，謂食指、將指也。司射在司馬之北。司馬無事不執弓。以不爲射主故也。始射獲而未釋獲，復釋獲復用樂行之。觀德有漸也。復者，第二番釋後，第三番又釋也。上射於右。右物。楅長如笴，博三寸，博，廣也。厚寸有半，龍首，兩頭爲龍首。其中蛇交，中央爲蛇身相交。龍、蛇，君子之象。交，象其交錯拾矢。韋當。直心背之衣曰當，以丹韋爲之，置楅之背，當中心以籍矢，乘矢則分委之。楅髤，音休。○復言楅者，爲髤言之。髤，漆也，赤多黑少。横而奉石經作「拳」。之南面，奉者南面。坐而奠之，南北當洗。南北之節。○案：舊圖云：楅有足。《禮書》云：委矢、取矢皆言坐，則卑而無足也。射者有過則撻之。射者，謂三耦。過，謂射獲獵獲及失儀者。《虞書》：「扑作教刑。」衆賓不與射者不降。不以無事亂有事。取誘射之矢者既拾取矢而后兼誘射之乘矢而取之。曰既、曰后，明取之之序也。賓、主人射則司射擯，升降卒射即席而反位卒事。擯，相也。相賓主人者，尊之也。司射爲之主射也。鹿中髤前足跪，前足跪，象教擾之獸受負也。鑿背容八算。釋獲者奉之，先首。大夫降，立于堂西以俟射。臨射始降，尊之不使久俟于下也。大夫與士射袒纁襦。襦，短衣。袒裼，加襦，然後著拾，尊也。耦少退于物。退而少北，蓋既發時也。司射釋弓矢視算與獻釋獲者釋弓矢。惟此二者釋，則擯升降皆不釋也。禮射不主皮。大射、賓射、燕射皆以禮樂，所謂禮射也。不主皮者，主中而不主貫革，尚德不尚力也。主皮之射者，凡田取三十，餘陳于澤宮，卿、大夫以主皮之射取之。無侯，張獸皮而已。又將射于射宮，先于澤宮爲試弓習武之禮，亦無侯，直射甲革、椹質，皆主皮之射也。勝者又射，不勝者降。不復升射。主人亦飲于西階上。亦，亦禮射。獲者之俎折脊、脅、肺、臑。折不用全，與大夫同。用臑，則獲者分大夫之餘也。敖氏云：臑在肺下，非次。按《大射》注引此無「臑」字，俗本悮入爾。○疏云：臑在肺下者，若大夫多，無餘臑，則獲者用膊也。存參。東方謂之右个。侯北面鄉堂，則以東爲右也。釋獲者之俎折脊、脅、肺。骨少，禮略也。皆有祭。皆，皆獲者。祭，祭肺也。言肺又言祭者，肺，舉肺，非祭肺也。嫌無祭肺，故明之。大夫說矢束，坐說之。復言之義未詳。歌《騶虞》若《采蘋》皆五終。射無算。賓、主射有定數，大夫、衆賓無數。古者於旅也語。禮成樂備，賓主歡洽，乃可以語先王之道也。凡旅不洗。不洗者不祭。既旅士不入。大夫後出。不干賓主之禮也。主人送于門外再拜。與賓禮等。鄉侯上个五尋，侯之正中爲侯中，中上下有躬，上躬之上、下躬之下有舌，舌亦謂之个。曰上个，對下个言也，五尋，四丈也。獨言上个者，與下个異也。中十尺。侯中。侯道五十弓，弓二寸，以爲侯中。中視侯道，每弓得二寸，五十弓則侯中方一丈，布廣二尺，用丈布五幅，共五丈。倍中以爲躬，躬倍中，上下用布各一幅，當侯中一丈，左右各出中五尺，合二丈。倍躬以爲左右舌。凡倍皆以橫言。下舌半上舌。上舌倍躬，用布一幅，長四丈，當躬二丈左右，各出躬一丈。下舌半之，左右出躬各五尺，合當躬處，共用布一幅長三丈，則鄉侯總用布十六丈。上廣下隘者，象人張臂寬、張足狹也。箭籌八十，長尺，箭，篠。籌，算。以篠爲算也。八十，十耦之算。射者無數，以全數爲率，多則益之。有握，握，手所持處。經言末，此則其本也。握素。握言素，則采其末矣。疏云：一握四指，指寸則尺又四寸矣。或云：握在一尺内也。楚扑長如笴。楚，荆屬；以爲扑，所謂「夏楚以威之」也，長三尺。刊本尺。刊其所持處。君射則爲下射，今文無「射」字。上射退于物一笴，君與賓射，則賓爲上射。退一笴，臣禮然也。既發則答君而俟。答，對也。西面射，東面對君。君樂作而后就物。樂作，謂三射，上射先就物而俟，重勞尊者也。君袒朱襦以射。先著短衣于表衣内，袒左臂表衣，則見襦也。此言其異，故不及其他。小臣以巾執矢以授。以巾致潔也，授則不搢不挾矣。若飲君如燕則夾爵。《大射》：君飲射爵，賓先飲，乃飲公，又自飲，所謂夾爵也。或云：大射先行燕禮，故以大射爲燕，謂如大射君飲射爵之禮也。君國中射，注云：「城中也。」此燕射。則皮樹今文作「繁笠」。中，張鎰《圖》：皮樹，人面獸形。以古文無。翿旌獲，白羽與朱羽糅；今文作「縚」。〇用羽，尚文德也。于郊，注：大射于大學。《王制》：「大學在郊。」則閭中，閭，獸名，如驢，一角。或云：如驢，岐蹄。以旌獲；析羽爲旌，與上各以其物之旌爲旗者別。于竟，境同。〇注：「與隣國君射。」則虎中龍旜。通帛爲旜。聶氏云：繫斾于末，若燕尾，畫龍，尚文也。〇案：三者之射未詳，姑存注説以備參。大夫兕中，兕，似牛而青角。各以其物獲。大夫有孤、卿，故曰各。士鹿中，翿旌以獲。古文無「以獲」。○士卑不嫌與君同，其無物者亦鹿中。○注以士爲小國州長，用翿爲無物之故，未確。唯君有射于國中，其餘否。臣不習武事于君側。君在大夫射今文無「射」。則肉袒。不袒纁襦，嫌于君也。「肉」疑衍。

儀禮卷第六

仁和吴廷華章句

燕禮第六

燕，安也，飲酒以安之也。人君逮下之禮有三：曰饗，尚儀節，不飲不食；曰食，主食；曰燕，主飲。燕有四等：卿大夫有王事之勞，一；飲四方聘使，二；聘使還國，三；君無事而飲，四。皆用此禮。至大射先行燕禮，彼經自詳之。又飲酒有坐燕之禮，但一節而已。惟此獨得燕名。于五禮屬嘉禮，當第十三，第六説非，詳《士冠禮》。○案：經言公，是鄭所謂諸侯之禮也，然天子燕禮亦未嘗不以此準之。又此與《鄉飲酒》及《大射》獻酬諸節略同，彼此詳略參看可也。

燕禮：小臣戒與音預。者。與，與飲者。《周禮》小臣，上士、太僕之屬。王燕飲，太僕相，小臣掌小賓客；饗食大事，相太僕。此小臣戒，亦相太僕之事也。○以上戒。

膳宰具官饌于寢東。膳宰，即膳夫。或以太宰之屬，故謂之宰與？其職掌膳羞、所饌牲與脯醢之屬。具，備也。官饌，各官所饌。寢東，寢堂之東。具之以待設也。樂人縣。同懸。○樂人者，《周禮》「視瞭掌太師之縣」，其人也。天子宫縣，諸侯軒縣，《大射》詳之。「國君無故不徹縣」，言縣者，爲燕新之。設洗篚于阼階東南當東霤。諸經第言設洗，此兼言篚者，爲下目也。東霤近東榮，亦南北以堂深。罍水在東，篚在洗西，南肆。設膳篚在其北，西面。膳，即膳夫之膳。其篚饌君象觚，尊之，異其文也。篚曰面，其以識記與？《少牢》下篇司宫設洗。司宫尊于東楹之西，《周禮》無司宫，疑司尊彝之屬。東楹之西者，惟君面尊也。兩方壺，方壺，卿大夫士之尊，散尊也。左玄酒，南上；左者，西面南爲左。上，玄酒也。公尊瓦大音泰。兩，有豐，瓦大，即太尊，所謂太古之瓦尊。《明堂位》曰：「有虞氏之尊。」此膳尊也。瓦太有豐，則方壺亦有禁也。尊皆南上，則瓦太亦在方壺之南。《大射》：「膳尊兩甒在南。」不言玄酒，可知。冪用綌若錫，今文作「緆」。○《大射》：「綴諸箭。」十五升布，抽其半，治其布，使滑易曰錫。用綌若錫，冬夏異也。他尊亦有冪，用綌而已。在尊南南上。尊南，瓦大之南。南上，玄酒之冪也，在尊南未用也。尊士旅食于門西，旅，衆也。《周禮》旅下士在三等士中，此言士旅食者，疑宫正所掌之士庶子，無禄，給稍食，故曰食。此經有庶子，或率之來觀禮與？註云：此庶人在官者。兩圜壺。言兩，則皆有玄酒也。尊皆不言勺，可知。司宫筵賓于户西，東上，無加席也。大射爲祭祀，重賓，故有加席；燕則殺矣。射人告具。具，如上所云也。燕不必射而用射人者，以其相卿大夫之儀者也。小臣設公席于阼階上西鄉，設加席。《周禮》諸侯酢席莞筵紛純，加繅席畫純。宰夫爲主人而公位于階者，宰夫主獻而已，仍以公爲主也。○以上陳設。案：此二節，當在告具之上，以其亦在具中也。

公升，本在阼階東。即位于席，西鄉。升席自北方。小臣納卿大夫，納，以公命命之入也，其位朝位也。不言士，文省。卿大夫皆入門右，臣禮。北面東上。士立于西方，東面北上。士入門右，乃西就位也。祝、史立于門東，亦門右。北面東上。在卿大夫西，統于門。祝、史左右王，故特表之。小臣師一人在東堂下南面。小臣師，小臣正之佐，太僕之屬也。司士之位，太僕在路門左，南面，與此東堂下等。士旅食者立于門西東上。門西，則在士南矣。公降，立于阼階之東南，南鄉，爾卿、大夫降也。爾同邇。卿，卿西面北上；爾，近，謂揖之使近也。《大射》言揖，此言爾，相兼乃備也。西面北上，謂由門右少進于北，轉而西面也。爾大夫，大夫皆少進。卿言面，大夫言進，互文也。注云：「大夫猶北面。」○以上面位。

射人請賓。《大射儀》「大射正擯，擯者請賓」，此則射人擯也；《大射》始終稱擯者，此則始終稱射人：文異爾。請者，命由君出也。公曰：「命某爲賓。」聘使則介爲賓，群臣則大夫爲賓。某，其名也。射人命賓。賓少進禮辭。進，進而北面也。反命，又命之。賓再拜稽首許諾。稽，留也。稽首，謂先以兩手拱近地，及頭至手，又引頭至地，稽留久之，拜禮之至重者。射人反命。賓出立于門外東面。出立，待納賓之命也。公揖卿大夫，乃升就席。揖而后升，謙也。案：《燕禮》燕群臣爲多，故此經從其多者言之。若燕聘使，則請賓在戒前，賓至，公迎于大門之外也。餘以類推可知矣。○以上立賓。

小臣自阼階下北面請執冪者與羞膳者。尊皆有冪，賓至徹之，不必執。此執冪者，蓋爲瓦大請之，重之也。羞，進也。膳，即膳篚之膳，謂薦俎及庶羞進于公與賓者。凡請，皆以重其事。○注謂方圓壺無冪，悮。乃命執冪者，以公命命之。執冪者升自西階，立于尊南，北面東上。尊南，瓦太之南。上玄酒冪。東上，統于君也。膳宰請羞于諸公卿者。小臣、膳宰分請之，尊卑之等也。○以上命執事。

右第一章，燕前之禮，凡五節：一，戒；二，陳設；三，面位；四，立賓；五，命執事。

射人納賓。射人爲擯也。立賓矣，用擯納之，異于諸大夫。賓入及庭，不言主人迎，可知。公降一等揖之。賓入門而左，與主人相揖讓。公不爲主，揖之而已。《大射》言賓辟，此略爾。公升就席。以主人將行禮，不參之。賓升自西階。主人亦升自西階，主人，膳夫也。臣不敢與君亢禮，故以之代爲獻主也。賓右北面，至再拜；至再拜，拜至也。升自西階，拜于賓右，辟正主也。後凡與主人禮異者，倣此。賓答再拜。以上賓入。

主人降洗，主人升降皆西階。篚在堂下，不言取爵，文省。○以下《鄉飲酒》已詁者不贅。洗南西北面。洗南，則北面矣。兼言西者，爲賓降也。賓降，階西東面。不東北面，辟正主禮也。主人辭降，賓對。主人北面盥，坐取觚，古文「觚」皆作「觶」。洗。觚，爵屬，受二升。不用爵，與正主異也。賓少進，辭洗。少進，猶東面也。主人坐奠觚于篚，興對。賓反位。位，降位。主人卒洗，賓揖，乃升。主人升。賓拜洗。主人賓右奠觚，答拜，降盥。賓降，主人辭，賓對。卒盥，賓揖，升。

主人升，坐取觚。取，取賓右所奠觚。執冪者舉冪，此言舉冪，則升時已加于尊。主人酌膳，尊西，東面。執冪者反冪。反冪，覆冪也。主人筵前獻賓。西北面。賓西階上拜，筵前受爵，東面受之。觚亦曰爵，散文通也。反位。主人賓右拜送爵。膳宰薦脯醢，此所謂羞膳者也。《大射》：「宰胥薦脯醢。」則此膳宰亦宰胥。下記「薦與羞者，小膳宰」是也，下同。賓升筵。自西升。膳宰設折俎。俎實當與《鄉飲酒》同。賓坐，左執爵，右祭脯醢，奠爵于薦右；興，取肺，坐、絶、祭、嚌之，興，加于俎；坐，捝手，執爵，遂祭酒；興，席末坐，啐酒，降席，坐奠爵，拜，告旨，執爵興。主人答拜。賓西階上北面坐卒爵，興；坐奠爵，遂拜。主人答拜。以上主人獻賓。

賓以虚爵降。降洗不更爵。主人降。賓洗南坐奠觚，奠觚言坐，則立盥也。少進，辭降。西面。主人東面對。賓坐取觚，奠于篚下，盥，洗。主人辭洗。賓坐，奠觚于篚，興對，卒洗；及階揖升。主人升，拜洗如賓禮。賓降盥，主人降。賓辭降，卒盥，揖升；酌膳，執冪如初，以酢主人于西階上。西南面。主人北面拜，受爵，賓主人之左拜送爵。主人之左，亦異于正主。主人坐祭，不言薦，下獻大夫乃薦，異于正主也。坐，西階上坐也。祭，祭酒也。不啐酒，凡不者，皆辟正主。不拜酒，即告旨之拜，分而二者，一拜一告也。《大射》不言告旨。不告旨；遂卒爵，興；坐奠爵，拜，執爵興。賓答拜。主人不崇酒，不崇酒，則亦不拜也。以虚爵降，奠于篚。不奠于序端，下獻公須更爵也。賓降，立于西階西。獻畢即降，君在堂也。射人升賓，升賓，優之。不言命，可知。賓升，立于序内東面。曰序内，則進于序端矣。◯以上賓酢主人。

主人盥，不言降盥，上已降也。洗象觚，象觚，觚以象骨飾也。升，實之，東北面獻于公。西面酌訖，由楹南至公席前，故東北面也。公拜，受爵。主人降自西階，阼階下北面拜送爵。凡拜下，皆臣禮也。士薦脯醢，士即膳宰也。薦不言自左房，文略。凡異者，君尊，變于賓。膳宰設折俎，公俎未聞，當與鄉飲酒主人俎同。升自西階。嫌升阼階。公祭如賓禮，膳宰贊授肺。授祭，尊君也。不拜酒，立卒爵，坐奠爵，拜，執爵興。主人答拜，升受爵以降，言升受，則答拜降也。奠于膳篚。以上主人獻公。

更爵，洗，升，更爵，不敢襲至尊也。自酢，不敢當君酢也。亦洗，爲君酢致潔也。酌膳酒以降；酌膳者，正獻酢皆用膳，成公意也。酢于阼階下，北面坐奠爵，再拜稽首。亦拜者，如公酢也。公答再拜。主人坐祭，遂卒爵，祭遂卒爵，則諸節皆略矣。不言坐奠爵，省文。再拜稽首。公答再拜。主人奠爵于篚。以上主人自酢。

主人盥洗，升，媵今文作「媵」。敖氏云：當作「騰」。觚于賓。註云：「媵，送也。讀或爲揚。揚，舉也。」案：酢後有酬禮，此即酬也。酬不于賓酢之後，又謂之媵者，以非正主，若舉觶者然。不用觶者，示盛也。酌散，膳，正尊，故方壺謂之散。西階上坐奠爵，拜賓。賓降筵，北面答拜。上賓立序内以後無升筵事，此言降筵，疑衍。主人坐祭，遂飲，賓辭。辭，辭其代君行酒也。卒爵拜，賓答拜。主人降洗，賓降，主人辭降，賓辭洗。卒洗揖升。不拜洗。主人酌膳，賓西階上拜，受爵于筵前，反位。主人拜送爵。賓升席坐，祭酒，遂奠于薦東。遂者，因坐而奠，不北面也。薦東者，酬爵不舉也。主人降，復位。位，阼階下西面位。賓降，筵西東南面立。不立于序内，其位彌尊，其禮彌殺，一張一弛，是之類與？○以上主人酬賓。右第二章，正獻禮，凡五節：一，主人獻賓；二，賓酢主人；三，主人獻公；四，主人自酢；五，主人酬賓。

小臣自阼階下請媵爵者，媵，進也。爲旅酬請也。未樂賓先媵爵爲旅酬者，燕主飲也。公命長。長，下大夫之年長者。請不言下大夫，以常職可知也。小臣作下大夫二人媵爵。作，作之于西面北上之位也。媵爵者阼階下皆北面再拜稽首，拜，拜公命也。公答再拜。媵爵者立于洗南，西面北上，序進，盥，洗角觶，角觶，爵屬，制如散，受四升，飾以角故名。升自西階，升不言序，亦序也。序進酌散，交于楹北；楹北，西楹之北。長者先進酌，其次待于階上。先者既酌，後者即進，往來相交，各在其左也。降，西階。阼階下自西階適阼階下也。皆奠觶，再拜稽首，執觶興。公答再拜。媵爵者皆坐祭，遂卒觶，興；坐奠觶，再拜稽首，執觶興。公答再拜。媵爵者執觶待于洗南。待，待致爵之命也。須奠觶，更爵洗，故待于洗南。小臣請致者。致，送詣也。公命長而小臣遂作二大夫，其爲定法可知。致一致二，則惟公意也，故請之。若君命皆致，若者，無定之辭。則序進，奠觶于篚，阼階下皆再拜稽首。皆致，故二人並拜命也。公答再拜。媵爵者洗象觶，象觶，即象觚，君所飲也。升，實之；酌膳。序進，坐奠于薦南，北上；西面南爲左，❶將舉而奠于左者，不敢必君之舉也，實觶前不言序進，後不言交，是接踵至尊先後酌膳，以次進奠，皆右還。北上者，其長所奠也。降，阼階下降自西階適阼階下。皆再拜稽首送觶。舉觶不于賓而于公者，公舉之也。此先拜送。下文凡與常法異者，皆君禮也。公答再拜。以上媵爵于公，爲旅酬之始。

公坐取大夫所媵觶興，以酬賓。此公舉旅于賓。公不爲獻主，而主道不可以不伸，故酬賓于旅，酬之始也。凡酬者，必就其階。此不言階，下言賓進受虛爵，則即于席上酬之。膳夫爲獻主，而公爲舉旅者，正獻則分嚴，酬則情洽也。賓降，西階下再拜稽首。公命小臣辭，賓升成拜。凡下拜，或將拜未拜，或拜而未畢拜，聞命即升，拜禮俱未成也，故升而成拜。其未畢拜者，復再拜稽首，與未拜者同。後兩升拜，亦應言成，文不具耳。受酬先拜，尊君也。公坐奠觶，答再拜，執觶興，立卒觶。賓下拜，小臣辭。賓升，再拜稽首。公坐奠觶，答再拜，執觶興。賓進受虛爵，上公卒爵，主人在階下，故曰升。自西階，此賓在堂，故曰進，蓋由西階上東進也。降奠于篚，膳篚。〇以上公酬賓。

易觶洗。尊爵不襲，故易别篚之觶。易爵，猶更爵也。公有命則不易、有命者，優之。不洗。君尊不洗，嫌若不以爲潔也。反，升，酌膳觶，反者，方適洗易觶，因命乃反也。爲君酌，臣禮也；自飲酌膳，

❶「西」，原作「酉」，據四庫本、經解本改。

公意也。敖氏云：觶，衍文。下拜。小臣辭。賓升，再拜稽首。不言執觶興，文省。公答再拜。賓以旅酬于西階上。以，以君之酬爵也。《大射》：「賓告于擯者，請旅諸臣。擯者告于公，公許。」射人作大夫長升受旅。大夫長，卿也。賓大夫之右坐，此應北面，右則東也。奠觶，拜，執觶興。大夫答拜。賓坐祭，立飲，卒觶，不拜。若膳觶也，則降更觶，洗，膳觶，膳篚之觶。據上不易觶，則大夫之觶即上象觶，蓋膳觶也。曰若，則或有不用象觶者矣。賓有命，故不易；大夫未有命，故易之。○注謂卿尊，故更觶，未然。升，實散。大夫拜，受，賓拜送。于此旅大夫者，大夫猶衆賓也，故因賓及之。不繼賓獻之者，燕不立衆賓，故大夫與公卿序獻也。大夫辯受酬如受賓酬之禮，大夫受酬于大夫，故曰如受賓酬。受賓酬者，其長也。大夫受酬即降，復位。不祭。卒受者以虛觶降，奠于篚。以上賓舉旅以偏。

主人洗，升，實散，獻卿于西階上。《燕義》「君舉旅行酬而後獻卿」是也。❶蓋卿在遵者之席，則猶之遵也，故舉觶後獻之。司宮兼卷重席，重席，即加席。曰兼卷，則諸卿異席也。席本卷，因設以明之。設于賓左，東上。賓左，遵者位也。設則布之矣。卿升拜，受觚，主人拜送觚。卿辭重席，司宮徹之，辟君也。乃薦脯醢。卿大夫無俎，禮殺于大射也。卿升席坐，左執爵，右祭脯醢，遂祭酒，不

❶「君」，原作「賓」，據通行本《禮記注疏》改。

啐酒；降席，西階上北面坐卒爵，興；坐奠爵，拜，執爵興。主人答拜，受爵。卿降，復位。獻畢即降，命升乃升，臣禮然也。不酢者，辟正獻。辯獻卿，主人以虛爵降，奠于篚。今文無此三字。射人乃升卿，卿皆升，就席。若有諸公，則先卿獻之，獻諸公于此，亦遵者之禮也。如獻卿之禮；席于阼階西，北面東上，席于阼階西者，諸公不與卿並，故于近君之地特設席，以表尊也。不于西階上者，不敢干正禮也。無加席。卿設加席而去之，諸公尤尊，疑于君，故并不設也。○以上主人獻卿。

小臣又請媵爵者，公舉媵觶者三：上酬賓，一；下若賓若長，一；筭入之先，公又舉奠觶，一。上媵止二爵，故又請。二大夫媵爵如初。此言如初，則請致以下可知。請致者。若命長致，止用三爵，故不皆致也。則媵爵者奠觶于篚，一人待于洗南。一人，不致者。待者，待致畢皆拜也。長致，致者阼階下再拜稽首，公答再拜。洗象觶，升，實之，坐奠于薦南，論先後之序，則此觶當在南觶之南。今經第曰薦南，則在公所取酬賓北觶之處也。降，與立于洗南者二人，皆再拜稽首送觶。拜于阼階下。不致亦拜者，初並受君命，宜終之。公答再拜。以上再媵爵。

公又行一爵，行，舉奠以行酬也。一爵，所媵南觶也。若賓若長，唯公所酬，此旅在獻大夫之前，則長當以公卿之年長者言；末又言大夫者，卿亦大夫也。或因卿而及大夫與？賓已受酬，此獻長可矣。又兼言賓者，或加禮也。以旅于西階上，如初。酬賓，則賓轉而酬長；酬長，則長轉而酬賓，乃及其次以辯也。初，謂公始酬賓。大夫卒受者以虛觶降，奠于篚。以上公爲卿舉旅以徧。

主人洗，升，獻大夫于西階上。《燕義》「卿舉旅行酬，而後獻大夫」是也。大夫不繼卿獻之者，公方伸主道于卿，故于此獻之。大夫升，拜，受觚。主人拜送觚。大夫坐祭，祭，祭酒也。立卒爵，不拜既爵。主人受爵。大夫降，復位。胥薦主人于洗北西面，此與薦大夫，一時並行之禮也。膳夫，士也，與大夫並薦者，以其爲獻主異之。脯醢無胥。音升。○胥，俎實。無胥，則無俎也。卿、大夫皆無俎，于此言之者，嫌賓主敵，或有俎也。辯獻大夫，遂薦之，羞庶羞，乃祭，下于卿。繼賓以西，東上。大夫席繼賓以西者，大夫猶衆賓也。卒，射人乃升大夫，大夫皆升就席。以上獻大夫。右第三章，旅酬禮，凡七節：一，媵爵；二，公酬賓；三，賓舉旅；四，獻卿；五，再媵爵；六，爲卿舉旅；七，獻大夫。其爲大夫舉旅及獻士二節，一別見于樂賓節中，一別見于徹俎之後，作經者參錯之文也。

席工于西階上少東。樂正先升，北面立于其西。小臣納工，獻畢即納工者，急于樂賓也。工四人，工四人，燕禮，殺于大射也。二瑟。小臣左何瑟，相工用小臣，亦與《周禮》異。或視瞭卑不入君所，故小臣代之相與？面鼓，執越，内弦，右手相，入，升自西階，北面東上坐。小臣坐，授瑟，乃降。以上工入。工歌《鹿鳴》、《四牡》、《皇皇者華》。以上工歌。

卒歌，主人洗，升，洗而獻工者，太師則爲之洗。《大射》有太師，此及笙皆不言太師而言洗，義可知矣。餘則不親洗。○疏謂不辨太師與群工皆洗，《鄉飲酒·記》：「不洗者不祭。」此衆工皆祭，故知皆洗。竊案：洗者親洗；不洗者不親洗，有代之洗者，故皆祭也。疏悮。獻工。工不興，左瑟，一人拜，受爵。主人西階上拜送爵。薦脯醢。使人相祭。卒爵不拜。主人受爵。衆工不拜受爵，坐祭，遂卒爵。古文曰「卒爵不拜」。辯有脯醢，不祭。主人受爵，降奠于篚。以上獻工。

公又舉奠觶。觶，再媵之觶。唯公所賜。賜亦酬也。不言所賜之人，據《燕義》「大夫舉旅行酬而後獻士」，此在獻士之前，則爲大夫舉旅也。《大射》云：「惟公所賜，若賓若長。」以旅于西階上如初。初，謂上兩舉觶也。正歌未備即舉旅者，燕主歡。○以上公三舉觶。此疑在設工席之前，錯簡于此也。

卒，笙入，立于縣中。奏《南陔》、《白華》、《華黍》。以上笙奏。

主人洗，升獻笙于西階上。一人拜，盡階不升堂，受爵降。主人拜送爵。階前坐祭，立卒爵，不拜既爵，升授主人。衆笙不拜受爵，降坐祭，立卒爵。辯有脯醢，不祭。以上獻笙。

乃間，歌《魚麗》，笙《由庚》；歌《南有嘉魚》，笙《崇丘》；歌《南山有臺》，笙《由儀》。遂歌鄉樂：《周南·關雎》、《葛覃》、《卷耳》，《召南·鵲巢》、《采蘩》、《采蘋》。此亦合樂，而謂之歌，明所歌爲鄉樂也。大師告于本無「于」，依石經補入。樂正曰：「正歌備。」太師，上工也。無太師，則工之長告。樂正由楹内，自工西而東，由楹内者，楹南有工也。東楹之東告于公，東楹之東，公席在焉。告亦北面。不告于賓者，公在堂也。乃降，復位。以上間歌而樂備。右第四章，樂賓，凡六節：一，工歌；二，獻工；三，公三舉觶；四，笙奏；五，獻笙；六，間歌而樂備。

射人自阼階下請立司正，公不自作司正者，君禮別于鄉。鄉飲賓、介皆年少學士，飲酒易致愆儀，故立司正于旅始。此卿、大夫、士皆老成，始旅尚可自持，故立司正于後也。公許。射人遂爲司正。《鄉飲酒禮》：「相爲司正。」此射人相禮，故因其請而命之。司正洗角觶，南面坐奠于中庭；《鄉射》：執觶升。此奠乃升者，君在堂，將奉命，不敢以罰爵鄉君也。升東楹之東受命，西階上北面命卿、大夫：「君曰以我安卿、大夫。」「君曰」云云者，舉君命命之也。以我安卿、大夫者，謂以我命安之。不言賓者，賓亦大夫也。皆對曰：「諾，敢不安！」司正降自西階，南面坐取觶，升，酌散；降，南面坐奠觶；右還，北面少立，右，觶西。南面者從觶西，如降西階也。坐取觶，興；坐，不祭，卒觶，奠之，興，再拜稽首；左還，南面坐，左，觶東。北面者由觶東，對君也。○疏云：右還者，右手鄉外而西，則左還者，左手鄉外而西，俱在觶西也。取觶洗，南面反奠于其所。反，復其故所也。○以上立司正。

升自西階，東楹之東請徹俎，降。《鄉射》：「北面告于公。」《鄉飲》：請坐于賓，賓辭以俎，主人請徹俎。《鄉飲》請坐乃徹俎，此不請坐，則安兼坐矣。故安賓即徹，亦因賓辭而請之也。公許，告于賓，公許，乃降告于賓耳。今敘公許于降後，謂以公許告賓也。賓北面取俎以出。膳宰徹公俎，公尊也。降自阼階，以東。降自阼階者，賓以君在，故親徹。此亦若君親徹然。卿大夫皆降，東面北上。卿大夫無俎，降者，從賓也。東面北上，以升降在西階，便其復升也。○以上徹俎。

賓反入，及卿大夫皆説屨，升，就席。公以賓及卿大夫皆坐，乃安。即席未坐，故公以之坐也。安，猶燕也。羞庶羞。大夫祭薦。大夫至是祭薦，不敢同于卿也。司正升受命，皆命「君曰無不醉」。皆命，命賓與卿大夫。賓及卿大夫皆興，對曰：「諾，敢不醉！」皆反，坐。反者，興而對，乃還坐也。○以上坐燕。

主人洗，升，獻士于西階上。士長升，拜，受觶。此所謂「大夫舉旅行酬而後獻士」也。曰士長升，見其他不升。主人拜送觶。士坐祭，立飲，不拜既爵。其他不拜，坐祭，立飲。乃薦司正，言薦，則獻可知。與射人一人、射人爲司正矣，言司正，復言射人，則有兩射人也。不言膳宰，可知。司士一人、《周禮》：司士掌朝儀之位，其位宜在庭。執冪二人位在堂上，近階間，故就此獻之。立于觶南，東上。觶南，因司正以爲位也。東上，由司正而西。《周官》射人、司士皆下大夫，其貳有士。此與士並薦，則皆其貳也。下祝、史亦如之。○註云：天子射人、司士皆下大夫，諸侯則上士。此無攷。辯獻士。士既獻者立于東方，西面北上。士位本在西方，東面北上；既獻易位于東方，西面北上，在卿大夫降位之南，薦亦于其位。司正以下，則仍在觶南也。乃薦士。薦必于其位，故待立于東方之後乃薦之。○「辯獻」至此十八字，疑在「乃薦司正」之上。祝、史、小臣師亦就其位而薦之。祝、史以下，仍在入門時之位。不易者，常執事于寢之位，不可易也。主人就旅食之尊而獻之。就旅食尊，賤也。北面酌，南鄉獻之于尊南，不洗。旅食不拜受爵，坐祭立飲。以上獻士，因及諸執事。右第五章，安賓及終獻，凡四節：一，立司正；二，徹俎；三，坐燕；四，獻士，因及諸執事。

若射，《大射》射在立司正之後。彼先行燕禮，此燕而用鄉射之禮，則非大射之燕矣。則大射正爲司射，《周禮》無大射正，其亦射人之類與？　如鄉射之禮。如者，謂自「有司請射」至「釋獲者退算」，蓋儀節之似射者，其執事則别也。○右第六章，言射爲或然之節，非燕禮之常也，故獨爲一章。

賓降洗，升，媵觶本作「觚」，依註作「觶」。于公，賓主獻酬，不敢與君亢禮，但公既酬賓，不可無以答之；又不敢以大夫媵公之爵酬公，故于旅酬之末媵公，因爲士舉旅也。不曰酬而曰媵，臣禮也。酌散，下拜。公降一等。小臣辭。賓升，再拜稽首。公答再拜。賓坐祭，卒爵，卒爵于上者，將飲亦降，承命乃升，故飲于上也。再拜稽首。公答再拜。賓降，洗象觶，升，酌膳，坐奠于薦南，降拜。小臣辭。公亦降。賓升成拜。公答再拜。賓反位。以上賓媵爵。

公坐，取賓所媵觶興。唯公所賜。賜不言其人，據《燕義》「士舉旅行酬，而後獻庶子」，此在獻庶子上，則爲士舉旅也。但卒受者爲大夫，則仍自賓、卿、大夫以及士也。受者如初受酬之禮，降，更爵，洗，升，酌膳，下拜。小臣辭。升成拜。公答拜。乃就席坐行之，坐而行酒，安也。執爵者行之。有執爵者。唯受于公者拜。受于公者固拜矣，復言者，明此外皆不拜也。公不拜，略也。司正命執爵者：此命執爵轉命大夫卒受者。爵辯，卒受者興以酬士。此即命辭。大夫卒受者以爵興，西階上酬士。士升，大夫奠爵，拜。士答拜。大夫立卒爵，不拜，實之。士拜，受。大夫拜送。士旅于西階上，辯。旅食皆及。士旅酌。士西階上無席，則不坐行也。旅酌者，以次自酌相酬，無執爵者，所謂徧也。○以上酬士。

卒，主人洗，升自西階，獻庶子于阼階上，庶子，即《周禮》諸子也。庶子亦在阼者，以教公族，與宮正聯事也。如獻士之禮。辯，降洗，遂獻左右正與內小臣，皆于阼階上，內小臣，《周禮》以奄士爲之，掌宮中之使令者。左右正，未詳，以內小臣準之，則亦內官，故從君在阼，至是乃獻也。○註以左右正爲樂正、僕人正，存疑。如獻庶子之禮。以上獻庶子諸人。右第七章，旅酬之終，凡三節：一，賓媵觶；二，爲士舉旅；三，獻庶子諸人。

無算爵。士也有執膳爵者，有執散爵者。兩爵並行，公飲膳，餘飲散。執膳爵者酌以進公，公不拜受。執散爵者酌以之公命所賜。之，往也。之公命所賜，就所賜者之席也，謂賓及卿、大夫。所賜者興受爵，降席下，奠爵，再拜稽首。不降拜，禮殺。公答拜。受賜爵者以爵就席坐，公卒爵，然後飲。不敢先公飲，臣禮也。執膳爵者受公爵，酌，反奠之。公既卒爵矣，又奠之，備公飲。受賜爵者興，授執散爵，執散爵者乃酌，行之。唯受爵于公者拜。以上公舉旅于卿、大夫。

卒受爵者興，卒受爵者，謂卿、大夫之末。以酬士于西階上。士升，大夫不拜，乃飲，實爵。士不拜受爵。大夫就席。士旅酌亦如之。如之，如旅酬也。○以上大夫舉旅于士。

公有命徹冪，徹冪者，期盡酒也。則卿大夫皆降，士亦降。西階下北面東上，再拜稽首。拜，拜公之命也。上兩命不拜，此獨拜者，恩益渥也。不言賓，與請坐同。公命小臣辭。辭不升拜者，醉尤謹于禮也。公答再拜，大夫皆辟。此言辟，則凡君拜皆辟也。遂升反坐。士終旅于上如初。大夫反席，士自卒之也。○以上徹冪終旅。

無算樂。以上無算樂。

宵則庶子執燭于阼階上，燕至于宵，則恩情洽矣。未爇曰燋，已爇曰燭，以荆爲之。蓋古無麻燭，以火炬照夜，所謂荆燋也。燭有在地者，有手執之者。執燭，天子、諸侯禮也。大燭在地，又曰燎。庶子亦執燭，與宫正聯事也。司宫執燭于西階上，甸人執大燭于庭，庭中宜在地，亦曰執者，持之，防在地者之傾也，與執燭少異。閽人爲大燭于門外。門外地廣，不必持，爲之而已。司宫掌宫，甸人共薪蒸，閽人司門，故因其職用之。○以上設燭。

賓醉，北面坐，取其薦脯以降。凡飲食之禮，薦爲重。取之，榮君賜也。奏《陔》。賓所執脯以賜鐘人於門内霤，奏《九夏》、用鐘鼓、以脯賜鐘人者，以其爲己之行節，且以廣君惠也。霤在門内之中，曰内霤，則外亦有霤也。于内霤賜之，則鐘人事畢將出矣。遂出。卿、大夫皆出。公不送。不送，待臣之禮然也；聘使則送之。○以上賓出。右第八章，無算爵禮終，凡六節：一，公舉旅于卿大夫；二，大夫舉旅于士；三，徹冪終旅；四，無算樂；五，設燭；六，賓出。

公與客燕。客，聘使也。曰：「寡君有不腆之酒，擯者述君命于賓也。腆，善也。言不腆，謙辭。以請吾子之與寡君須臾焉。須臾者，言相與飲酒共此須臾也。不曰終日，辭令然也。使某也以請。」某，擯者名。對曰：「寡君君之私也。此賓答辭，下一請、一對皆準此。私，言邦交之成也。君無所辱賜于使臣，賜，賜之燕。君恩下逮，近于屈，故曰辱。無所，謂無所用之。蓋辭之之辭。臣敢辭。」「寡君固曰不腆，擯又請。使某固以請！」「寡君君之私也。賓又對。君無所辱賜于使臣，臣敢固辭！」「寡君固曰不腆，擯三請。使某固以請！」「某固辭不得命，某，聘使名。敢不從？」三請乃許，賓禮然也。致命，致命，謂親相見致君命，則上六辭皆擯、介傳命也。曰：「寡君使某，有不腆之酒，以請吾子之與寡君須臾焉！」「君貺寡君多矣，又辱賜于使臣，臣敢拜賜命！」貺，猶賜也。

○右第九章，補辭。

【記】燕朝服於寢。朝服，玄冠、玄端、緇帶、素韠、黑屨也。其牲狗也，石經在「東方」下。亨于門外東方。若與四方之賓燕，則公迎之于大門内，迎于門内，與公食大夫等。揖讓升。賓爲苟敬，席于阼階之西，北面；饗禮，君爲獻主，故賓爲賓。燕，膳夫爲獻主，非賓之敵，故介爲賓，而席賓于此，與上經諸公同。曰苟者，蓋主人謙辭，謂其敬特苟且爾。有脀，不嚌肺，不啐酒；其介爲賓；無膳尊，無膳爵。無膳尊及爵，降尊以就卑也。與卿燕，則大夫爲賓。卿不爲賓，嫌也。與大夫燕，亦大夫爲賓。羞膳者，與執冪者皆士也。羞卿者，小膳宰也。小膳宰，其膳夫之屬與？若以樂納賓，則賓及庭奏《肆夏》。《肆夏》，亦九《夏》之一。注云：「今亡。」吕叔玉云：「《時邁》也。」曰奏、曰闋，其節也。以《夏》爲節，尊賓也。賓拜酒，主人答拜而樂闋。公拜受爵而奏《肆夏》。公卒爵，主人升，受爵以下而樂闋。升歌《鹿鳴》，下管《新宮》，《新宮》，未詳。註云：「《小雅》

逸篇。」○或云：新宫，謂宫之子聲，四清聲之一也。蓋以子聲奏《南陔》、《白華》、《華黍》也。子聲作于十二律之後，故曰新。存參。笙入三成，《新宫》用管，將終，則和以笙而樂成也。三成，三終也。遂合鄉樂。言遂，則無間歌也。若舞則《勺》。《勺》，《周頌》篇。蓋告成《大武》之樂，歌舞而奏之，以象功也。此與經文小異，當别爲一禮。唯公與賓有俎。對卿、大夫無俎也。獻公曰：「臣敢奏爵以聽命。」奏，進也。聽命，不敢必公受之。凡公所辭，辭，辭之而升也。皆栗階。栗，蹙也，謂越等。急趨君命也。凡栗階不過二等。凡公所酬，既拜請旅侍臣。侍臣，公、卿、大夫、士也。請旅，不專惠也。凡薦與羞者，小膳宰也。羞，庶羞、内羞。有内羞。房中之羞，羞豆、羞籩也。詳《天官》。君與射則爲下射，袒朱襦，樂作而后就物。樂奏，《騶虞》以爲節。小臣以巾授矢，稍屬。稍屬，稍與發矢時相連。不以樂志。志，與「識記」之「識」同。言不以樂之節爲識而必欲應之也。既發則小臣受弓，《大射》：受弓以大射正。此以小臣，禮之别也。以授弓人。上射退于物一笴，既發，則答君而俟。若飲君，燕則夾爵。君在，大夫射則肉袒。疑悮。若與四方之賓燕，媵爵曰：「臣受賜矣。臣請贊執爵者。」贊執爵，謂媵。蓋以臣禮自處也。相者對曰：「吾子無自辱焉。」相亦公命。有房中之樂。

儀禮卷第七

仁和吴廷華章句

大射儀第七

諸侯將祭，與群臣射，以觀其德，其比于禮樂而中多者得與于祭。曰大者，重其事；不言禮、言儀者，以威儀惟此爲極盛也。諸侯之射也，必先行燕禮。大射之燕與常燕雖略有異同，而大概相似。天子大射雖不可考，與此當無大異也。射于五禮屬嘉禮，當第十四，第七説非，詳《士冠禮》。○按：注凡《鄉飲》、《鄉射》、《燕禮》已詳者不贅。

大射之儀：君有命戒射。凡禮皆君命，此特首言之者，重祭事也。下射前三日，又言戒宿，則此在三日戒宿之前。射雖不齊，預戒之，使致敬也。○案：射爲祭設。將祭，先擇與祭者，與祭者定，乃于祭前旬有一日卜日，遂戒，次第如此。疏以此戒爲祭前旬有一日，悮矣。宰戒百官有事于射者。宰，冢宰。有事于射，謂凡執事于射者，不必皆與射者也。總戒之，故曰百官。戒用宰，崇禮也。《周禮·大宰職》：

「作大事則戒于百官。」射人戒諸公卿大夫射。此事戒射者，射人掌以射法治射儀也。司士戒士射，殊戒公、卿、大夫、士，辨貴賤也。司士「掌國中之士治，凡其戒命」。與贊者。贊，助也。下不言贊者，則凡量人、司宮、小臣師之屬皆是也。戒射用司馬之屬，以本職所有事也。前射三日，視滌前二日。宰夫戒宰及司馬。宰夫，冢宰之屬，掌百官之徵令者。司馬，政官卿，凡大射合其六耦。司馬量道張侯，故先戒之。射人宿視滌。滌者，掃除射宮，及滌飲、射諸器。視之，以致慎也。宿，如下「樂人宿縣」之宿，謂射之前夕也。〇以上戒百官。案：此謂戒冢宰等于射之前夕視滌也。疏合「戒」、「宿」二字，並以申前戒訓之，未合。

司馬命量人量侯道量人，司馬之屬，掌度地者。量，謂度地之丈尺也。侯道，侯去物之遠近也。與所設乏。乏視侯爲遠近。以貍步，貍，未詳。注以貍之伺物爲説，蓋貍之伺物，引足遠而移步徐，量侯道者似之，其謹可知。大侯九十，君侯也。《周禮》：天子熊、虎侯，諸侯熊侯，並用布畫獸爲鵠。九十，九十步，所謂量侯道也。其下並同。參七十，卿大夫之麋侯也。參，蓋「毋往參焉」之參。三侯疊張，大侯最南，參少北，干又少北，此在大侯之北，干侯之南，二侯之中，故曰參也。〇案：注訓參爲雜，謂豹鵠而麋飾。存參。干五十。干，同豻，野犬也。《射人》：士射豻侯。注謂以豻飾侯，故又謂之干。設乏，三侯各有乏，此將設也，下乃設之。各去其侯西十北十。侯之西、北各十步遠也。與鄉射不同者，彼一侯，此三侯也。遂命量人、巾車張三侯。侯道既定，乃張侯也。《周官》：車僕共三乏。此言巾車，則其長張之也。仍命量人者，當指而示之。〇長，去聲。大侯之崇，見鵠于參；崇，高也。鵠，的也。大侯最南，參掩其北，故止見鵠也。參，見鵠於于干。參次而北，干掩于前，故止見鵠也。案：侯制，上下躬、舌各高二尺，侯中視侯道，三分侯中，鵠得其一，鵠上下各得其一。大侯九十步，步二寸，爲侯中方丈八尺，鵠得六尺，上下躬舌合八尺，下躬去地二丈二尺五寸三分有奇，總高四丈八尺五寸三分有奇。鵠下得侯中六尺，下躬及舌四尺，合去地之數，總高三丈二尺五寸三分有奇。其見鵠于參者，謂鵠下與參齊也。參侯七十，侯中丈四尺，鵠得四尺六寸六分有奇，上下躬、舌合八尺，下綱去地丈五寸三分有奇，總高三丈二尺五寸三分有奇，故得與大侯之鵠下齊也。參鵠下得侯中四尺六寸六分有奇，下鵠及舌四尺，合去地之數，總高一丈九尺二寸。所謂「見鵠于干」者，謂鵠下與干齊也。干侯五十，侯中一丈，上下射舌八尺，去地尺二寸，總高一丈九尺二寸，故得與參侯之鵠下齊也。干，不及地武。尺二寸。不繫左下綱。設乏西十北十。凡乏用革。用以蔽，故須革也。○以上設侯。

樂人宿縣于阼階東，宿縣，豫于事，樂有不縣者，以鐘、磬、鎛皆縣，故特言縣也。諸侯軒縣，三面縣，闕其南。笙磬西面，磬也，曰笙者，謂其節與笙相應也。下笙、鐘同。擊處曰面。西面，則擊者東面也。此及鐘皆編縣，每簴十二枚，以應十二律，後又增四子聲，爲十六枚。其南笙鐘，其南鎛，如鎛鐘而大，特縣。皆南陳。由北而南也。此東方之縣。建鼓在阼階西，南鼓；建鼓，以木爲柱，貫而樹之跗，殷之楹鼓也，不縣。南鼓，擊處在南也。此與下鼓，及西階東建鼓，並爲北方之樂。應鼙在其東，南鼓。與下朔鼙皆小鼓也。先擊朔鼙，此鼙應之，然後擊大鼓。曰應，以應朔鼙言也。西階之西，頌磬東面，與歌詩相應，故謂之頌。此西磬東面，與上東磬西面相對爲義也。其南鐘，其南鑮，皆南陳。此西方之樂，三者皆縣，視東方多二鼓，見下。一建鼓在其南，東鼓，朔鼙在其北。朔，始也。以先擊名也。一建鼓在西階之東，南面。此亦北方樂。諸侯軒縣，三面宜皆有縣。此東西皆有縣，北方止有建鼓而無縣。敖氏曰：辟射位也，蓋鐘磬重於鼓，不可遷，故不縣，惟設二鼓，備三面而已。○注：國君爲諸侯，則三面縣；此爲群臣，故闕其北。未然。簜在建鼓之間。簜，竹也，笙管之屬。東西兩鼓之間，則東西之中也，倚于堂。鼗倚于頌磬，鼗，如鼓而小，下有柄，旁有耳。持柄摇兩耳，相擊成聲。以導樂，故曰鼗。西紘。紘，編磬繩。謂西倚于紘也。此不言堂上樂，不宿縣也。○以上宿縣。

厥明，射日正旦。司宫尊于東楹之西，兩方壺；膳尊兩甒在南，甒以瓦，則即瓦太也。南，壺尊南。有豐。幂用錫若絺，今文作「綌」。絺細于綌，禮盛也。綴諸箭。箭，篠也。幂易卷辟，故綴而横之。蓋幂，加勺，又反之。反，覆也。幂蓋矣，因加勺而啓，既加，又并勺覆之。皆玄尊，二者皆有玄酒之尊也。酒在北。《燕禮》：「玄酒南上。」尊士旅食于西鑮之南北面，西鑮南有鼓，曰鑮者，舉大者言，其實在鼓南也。近門有侯，故尊于此。兩圜壺。注：賤無玄酒，存參。又尊于大侯之乏東北，兩壺獻酒。此獻三獲者及隸僕人之屬之尊也。時尚未設，因上設尊而類及之爾，下設洗同。特言獻者，謂專用以獻，無酬酢也。旅食亦無酬酢，以不言酒，故亦不言獻也。兩壺皆言酒，則無玄酒矣。○案：下獻服不之前亦設尊，與此同，似一地兩尊，故注以此爲二獲者等之尊，下爲服不之尊。竊謂服不在大侯之乏，豈有舍之而反先尊不在乏之僕人等及兩獲者之理？且參、干獲者各有乏，何必尊于大侯之乏？又獻服不及隸僕人等，俱爲侯而設，何必別爲設尊？又注讀獻爲沙，謂沸鬱鬯，和盎齊，摩沙出其香汁。竊謂鬱鬯祼而不飲，服不之屬皆飲卒爵，則用酒不用鬱鬯也，故依敖説以正之。設洗于阼階東南，不言當霤，可知。罍水在東，篚在洗西，南陳。設膳篚在其北，西面。又設洗于獲者之尊西北，水在洗北，篚在南，東陳。案此與上同。○以上設尊。

小臣設公席于阼階上，西鄉。先設公席，與燕禮異，要皆公先即席也。不言加席，可知。下公、卿、大夫同。司宫設賓席于户西，南面，有加席。卿席賓東，東上。小卿賓西，東上。《天官》疏以六卿之貳爲十二小卿，蓋中大夫也。諸侯無中大夫，則下大夫之長也。《燕禮》言卿大夫而不言小卿，則統于大夫，故位亦繼賓而西。大夫繼而東上。在小卿西，亦繼賓也。若有東面者則北上。大夫衆，南面不能容，故轉而東面。北上，猶東上也。席工于西階之東，東上。諸公阼階西，北面東上。據下公、卿又言設席，則此特言布席之地，猶未設也。注云：惟公及賓席布之，其餘樹于位後。或然。○以上設席。

官饌。以上具饌。《燕禮》：膳宰具官饌于寢東。○右第一章，射前之儀，凡六節：一，戒射；二，張侯；三，宿縣；四，設尊洗；五，設席；六，具饌。

羹定。燕，故有羹。射人告具于公。公升，即位于席，西鄉。小臣師納諸公、卿、大夫。用小臣師，異於燕。下言若有諸公，則不必有，此連及之也。諸公、卿、大夫皆入門右，北面東上。下大夫在干侯東北，則此入庭又深矣。士西方，東面北上。太史在干侯之東北，《燕禮》太史無執事，射則當釋獲，故特表其位也。干侯之東北者，以近門有大侯、參侯，俱不能容，少進在此也。北面東上。士旅食者在士南，曰士南，亦遠于門。北面東上。小臣師從者在東堂下，南面西上。小臣師及其屬也。下有小臣正，其上者與？不言祝、史，文省。公降，立于阼階之東南，南鄉。小臣師詔揖諸公、卿、大夫，詔即揖之。諸公、卿、大夫「大夫」衍。西面北上；揖大夫，不言詔，文省。大夫皆少進。以上入門面位。

大射正擯。擯者請賓，公曰「命某爲賓」。擯者命賓。賓少進禮辭。反命，又命之。賓再拜稽首受命。曰受命，示鄭重也。擯者反命。賓出，立于門外，北面。不東面而北面，臣禮也。公揖卿、大夫，升就席。小臣自阼階下北面請執冪者，與羞膳者。乃命執冪者。執冪者升自西階，立于尊南，北面東上。膳宰請羞于諸公、卿者。下庶子設折俎，卿與賓同；此兩請之者，不必其同也。○以上立賓及執事者。

擯者納賓，賓及庭，公降一等揖賓，賓辟；不敢當。公升，即席。奏《肆夏》。《燕禮・記》所謂以樂樂賓，「賓及庭奏《肆夏》」也。在此者，因與公拜同節，或先或後，其義可知也。賓升自西階。主人從之，賓右北面至再拜。賓答再拜。以上賓入。

主人降洗，洗南西北面。賓降，階西東面。主人辭降，賓對。主人北面盥，坐取觚，洗。賓少進辭洗。主人坐奠觚于篚，興對。賓反位。主人卒洗，賓揖，乃石經無「乃」字。升。主人升，賓拜洗。主人賓右奠觚，答拜，降盥。賓降，主人辭降，賓對。卒盥。賓揖，升。主人升，坐取觚。執冪者舉冪，主人酌膳，執冪者蓋冪，酌者加勺又反之。酌者，主人也。酌畢即蓋冪，因加勺啓，而又覆也。筵前獻賓。賓西階上拜，受爵于筵前，反位。主人賓右拜送爵。宰胥薦脯醢。宰胥，膳宰之吏也。賓升筵。庶子設折俎。庶子，《周禮》作「諸子」，司馬之屬，掌正牲體者。薦設別官，異于燕禮。賓坐，左執觚，右祭脯醢，奠爵于薦右；興，取肺，坐絶、祭、嚌之，興，加于俎，坐，捝手，執爵，遂祭酒；興，席末坐，啐酒，降席，坐奠爵，拜，告旨，執爵興。主人答拜。樂闋。賓西階上北面坐，卒爵興；坐奠爵拜，執爵興。主人答拜。以上主人獻賓。

賓以虛爵降。主人降。賓洗南西北面坐奠觚，少進辭降。主人西階西東面少進對。階西降位也。賓坐取觚，奠于篚下，盥洗。主人辭洗。賓坐奠觚于篚，興對，卒洗，及階揖升。主人升，拜洗如賓禮。賓降盥，主人降。賓辭降，卒盥，揖升。酌膳，執冪如初，以酢主人于西階上。主人北面拜，受爵。賓主人之左拜送爵。主人坐祭，不啐酒，不拜酒，遂卒爵，興；坐奠爵，拜，執爵興。賓答拜。主人不崇酒，以虛爵降，奠于篚。賓降，立于西階西，東面。擯者以命升賓。賓升，立于西序東面。以上賓酢主人。

主人盥，洗象觚，升，酌膳，東北面獻于公。公拜受爵，乃奏《肆夏》。主人降自西階，阼階下北面拜送爵。宰胥薦脯醢，由左房。東房。庶子設折俎，升自西階。公祭，如賓禮，庶子贊授肺。贊用庶子，與常禮別。不拜酒，立卒爵；坐奠爵，拜，執爵興。主人答拜。樂闋。《燕禮·記》「主人受爵」以下而樂闋，此在主人降之前者，二者同節，或先或後，與上及庭奏《夏》同也。升受爵，降，奠于篚，主人。更爵洗，升，酌散以降，不酌膳者，禮成，益自引分也。酢于阼階下，北面坐奠爵，再拜稽首。公答拜。此與下俱不言「再」，文省。主人坐祭，遂卒爵，興；坐奠爵，再拜稽首。公答拜。主人奠爵于篚。以上主人獻公。

主人盥洗升，媵觚于賓，酌散，西階上坐奠爵，拜。賓西階上北面答拜。主人坐祭遂飲。賓辭。卒爵興，坐奠爵，拜，執爵興。賓答拜。主人降洗，賓降。主人辭降，賓辭洗。卒洗。賓揖升，不拜洗。主人酌膳。賓西階上拜，受爵于筵前，反位。主人拜送爵。賓升席坐，祭酒，遂奠于薦東。主人降，復位。賓降，筵西東南面立。以上主人酬賓。右第二章，燕禮正獻之儀，凡六節：一，面位；二，賓入；三，主人獻賓；四，賓酢主人；五，主人獻公；六，主人酬賓。

小臣自阼階下請媵爵者，公命長。小臣作下大夫二人媵爵。媵爵者阼階下皆北面再拜稽首。公答拜。媵爵者立于洗南，西面北上；序進盥，洗角觶，升自西階；序進酌散，交于楹北；降適阼階下；皆奠觶，再拜稽首，執觶興。公答拜。媵爵者皆坐祭，遂卒觶，興；

坐奠觶，再拜稽首，執觶興。公答再拜。媵爵者執觶待于洗南。小臣請致者。若命皆致，則序進奠觶于篚，阼階下皆北面再拜稽首。公答拜。媵爵者洗象觶，升實之；序進坐奠于薦南，北上；降適阼階下，皆再拜稽首送觶。公答拜。媵爵者皆退反位。入門位。○以上媵爵，爲旅酬之始。

公坐取大夫所媵觶興，爲賓舉旅。以酬賓。賓降，西階下再拜稽首。小臣正辭。正，長也。用長，異于燕。不言公命，可知。賓升成拜。公坐奠觶，答拜，執觶興。公卒觶，賓下拜，小臣正辭。賓升再拜稽首。公坐奠觶，答拜，執觶興。賓進受虛觶，降奠于篚，易觶興，曰興，則坐奠而易之也。洗；公有命則不易、不洗。反升，酌膳，下拜。小臣正辭。賓升再拜稽首。公答拜。賓告于擯者，請旅諸臣。《燕禮·記》：凡公所酬，既拜，請旅侍臣也，不敢逕達，故告于擯。曰諸臣，與下所酬者爲目也。擯者告于公，公許。賓以旅大夫于西階上。大夫，兼卿言。擯者作大夫長升受旅。賓大夫之右坐奠觶，拜，執觶興。大夫答拜。賓坐祭，立卒觶，不拜。若膳觶也，則降，更觶洗，升實散。大夫拜，受。賓拜送，遂就席。賓酬大夫畢，乃反位。大夫辯受酬，如受賓酬之禮，不祭酒。卒受者以虛觶降，奠于篚，復位。以上公酬賓舉旅。

主人洗觚升，實散，獻卿于西階上。司宮兼卷重席，設于賓左，東上。卿升，拜，受觚。主人拜送觚。卿辭重席，司宮徹之。乃薦脯醢。卿升席。庶子設折俎。卿有俎，盛于燕。設用庶子，則薦者宰胥，卿尊得與賓同也。卿俎未聞，注云：蓋脊、脅、臑、折肺。卿坐，❶左執爵，右祭脯醢，奠爵于薦右；興取肺，坐絶、祭，不嚌肺；自貶于賓。興，加于俎，坐捝手，取爵，遂祭酒，執爵興；降席，西階上北面坐，卒爵興；坐奠爵，拜，執爵興。主人答拜，受爵。卿降，復位。辯獻卿。主人以虚爵降，奠于篚。擯者升卿，亦以命。卿皆升就席。若有諸公，則先卿獻之，如獻卿之禮；席于阼階西，北面東上；無加席。以上獻卿。○右第三章，旅酬之始，凡三節：一，初媵爵；二，公初舉旅；三，主人獻卿。

小臣又請媵爵者，二大夫媵爵如初。請致者。若命長致，則媵爵者奠觶于篚，一人待于洗南。長致者阼階下再拜稽首。公答拜。洗象觶，升，實之，坐奠于薦南，降，與立于洗南者二人皆再拜稽首送觶。公答拜。以上再媵爵。

公又行一爵，若賓若長，唯公所賜。以旅于西階上如初。爲卿舉旅。大夫卒受者以虚觶降，奠于篚。以上公再舉旅。

主人洗觚，升，獻大夫于西階上。大夫升，拜，受觚。主人拜送觚。大夫坐祭，立卒爵，不拜既爵。主人受爵。大夫降，復位。胥薦主人于洗北，西面，脯醢無脀。辯獻大夫，遂薦

---

❶「坐」，原作「至」，據四庫本改。

之，繼賓以西，東上。上不言賓西，故申明之。若有東面者，則北上。卒，擯者升大夫；大夫皆升，就席。以上獻大夫。右第四章，旅酬之中，凡三節：一，再媵爵；二，公再舉旅；三，主人獻大夫。

乃席工于西階上少東。小臣納工，奏《陔》，工當在庭，此言納，則奏訖即出矣。工六人，下太師一，少師一，及瑟工四也。四瑟。禮大樂衆也。僕人正徒相太師，僕人，疑太僕之屬；正，其長也。徒，空也。太師，樂工之長。曰徒相，則太師不掌瑟也。下同。僕人師相少師，師，疑正之佐。少師，太師之佐也。不言徒，可知。僕人士相上工。士當卑于師。上工，四瑟之長也。不言群工，可知。相者皆左何瑟，後首，内絃，挎越，右手相。後者徒相入。徒相，謂太師、少師之相也。上以爵爲次，故太師、少師在先，此又入門之序也。小樂正從之。案：下第三番射，言樂正而不言小，則樂正、小樂正一爾。《燕禮》「樂正先升」者，彼不必有太師也；此有太師，故從之而不敢先。○疏謂不先升者，略于樂。其説似混，且此經雖無間及鄉樂，而上兩奏《陔》，射又用樂，又加四工爲六工，不得概謂略于樂也。升自西階，北面東上。上太師、少師。坐，授瑟，乃降。小樂正立于西階東。乃歌《鹿鳴》，三終。《左傳》工歌《鹿鳴》之三，即燕禮所歌《鹿鳴》、《四牡》、《皇皇者華》也。○案：注因經第言《鹿鳴》，又《鹿鳴》本三章，恰合三終之數，故謂第歌《鹿鳴》三章，不歌《四牡》、《皇華》。然據《傳》「《鹿鳴》之三」，明兼《四牡》、《皇華》，此未必獨異也。主人洗，升，實爵，獻工。工不興，左瑟，一人拜，受爵。主人西階上拜送爵。薦脯醢。使人相祭。卒爵，不拜。主人受虚爵。衆工不拜，受爵，坐祭，遂卒爵。辯有脯醢，不祭。主人受爵，降，奠于篚，復位。不言太師、少師，以工概之也。不言爲之洗，亦洗也。大師及少師、上工皆降，將還樂，又公在堂，故歌畢即降也。不言相，可知。立于鼓北，鼓北，西階東、建鼓之北也。降位本在東坫東南，此降自西階，將東就降位，因階間下管正作，不當過而參之，故暫止于此也。據下卒管即東，其義可知矣。立當東面。○案：注謂此在西縣之北。愚謂將還于東，何必迂而西？群工陪于後。群工，三瑟工也。小樂正亦從之矣。乃管《新宮》，三終。將終，亦以笙和之。卒管。亦獻，文略也。大師及少師、上工皆東坫之東南，西面北上，坐。樂正北面，立于其南。○以上樂賓。

擯者自阼階下，請立司正。公許，擯者遂爲司正。司正適洗，洗角觶，南面坐奠于中庭；升，東楹之東受命于公，西階上北面命賓、諸公、卿、大夫：「公曰：以我安賓、諸公、卿、大夫。」皆對曰：「諾，敢不安？」司正降自西階，南面坐取觶，升，酌散；降，南面坐奠觶；興，右還，北面少立，坐取觶，興；坐，不祭，卒觶，奠之，興，再拜稽首；左還，南面坐，取觶洗，南面反奠于其所，北面立。以上立司正，下即入射節矣。右第五章，燕禮之半也，凡二節：一，樂賓；二，立司正。

司射適次，次，與《士冠禮》「賓就次」之次同，蓋射者退息之所，在洗東南。適次者，決、遂等俱在次也。此云適，則張侯時已設次矣。《鄉射》無次，殺于君。《鄉射》司射適堂西，此次在東，亦君禮別。以下凡異于《鄉射》者，皆君禮也。袒，決，遂，執弓，挾乘矢于弓外，見鏃于弣，鏃，箭刃。弣，弓把。右巨指鉤弦。以左擘指拓弓，右擘指鉤弦，而挾矢于左右將指、食指，見鏃于弣，所謂「方持曰挾」也。自阼階前曰：「爲政請射。」前，階下也。爲政，猶言執事。請，請于公。不言公許，略也。遂告曰：「大夫與大夫，士御于大夫。」告選耦于君。大夫與大夫耦，不足則以士耦大夫。曰御，卑也。○以上請射。

遂適西階前，東面右顧，東面以南爲右，則有司在西階之南也。東面鄉君，而右顧命之，示命有所承也。命有司納射器。射器皆入。器在門外，故曰入。君之弓矢適東堂，與《鄉射》别。賓之弓矢與中、籌、豐皆止于西堂下。衆弓矢不挾。君及賓之弓矢挾矣，以納者言也。總衆弓矢楅皆適次而俟。楅以承矢，故並在次。俟，俟事也。○以上納器。

工人士與梓人升自北階。工人士，疑工官之屬，如《考工記》繢畫之類與？梓人者，據《考工記》梓人掌侯，故並命之也。北階，北堂之階。不升自西階者，君在堂，卑者不敢由正階也。兩楹之間，疏數容弓，疏數，猶言遠近。容弓，上下射左右相去之限，《鄉射·記》云「其間容弓」是也。若丹若墨，無定色也。度尺而午。物不止于尺，曰度尺者，多寡以尺爲增損也。一縱一横曰午，謂畫作十字。縱三尺，横尺二寸；縱置左足，横置右足，《鄉射·記》詳之。射正莅之。卒畫自北階下。下，降也。司宫埽所畫物，畫而又埽者，以丹墨易污，故去之，存其蹟于地而已。自北階下。以上畫物。

太史俟于所設中之西，東面以聽政。中在西序之南，南當楅，西當序，時尚未設，特豫言其地爾。太史主釋獲，故其位近中。聽政，待誓也。司射西面誓之，猶告也。曰：「公射大侯，大夫射參，士射干。射者非其侯，中之不獲！不釋獲，與不中等也。卑者與尊者爲耦，❶如賓耦公、士耦大夫之類。不異侯！」賓亦大侯，士亦參侯，同侯則勝負可計也。太史許諾。所誓在三侯之別，而以中之不獲爲主，❷故專誓太史。○以上誓太史。

遂比三耦。三耦，鄉學所貢士也。俟于次北，故就比之，當在三耦之西，東面。三耦俟于次北，西面北上。請射之先，已俟于此，特因比以著之。在次北者，便于入次也。司射命上射曰：「某御于子。」既比，遂命之。命下射曰：「子與某子射。」卒，遂命三耦取弓矢于次。《鄉射》：「取弓矢拾。」此亦宜然。○以上比三耦。右第六章，將射之儀，凡五節：一，請射；二，納器；三，畫物；四，誓太史；五，比三耦。不言繫左下綱，省文。

司射入于次，搢三挾一个，不言弓，可知。出于次，西面揖，西行。當階北面揖，及階揖，升堂揖，當物北面揖，物，下物。及物揖；物南。由下物少退，下物，左物也，左物在東。履物之儀及下各節目，詳略以《鄉射禮》參之可也。由者，自物南逾物而北，乃轉足南鄉，少北于物也。履下物少退，不敢干正禮也。《鄉射》不足于物，與此異。誘射。射三侯，合三侯以教之。將乘矢，始射干，自卑及尊。又射參，大侯再發。教尊者宜詳也。卒射，右挾弓。北面揖。北面，臣禮，以君在堂也，與鄉射南面

---

❶「卑」，原作「畢」，據四庫本、經解本改。

❷「主」，原作「王」，據四庫本、經解本改。

別。○案：注謂不背卿，不知射在楹間當賓，卿自在賓東也。及階揖降，如升射之儀。遂適堂西，曰遂，則徑適堂西，不歸次也。或曰：此當如升射節，降階南行，當次轉東揖，及次揖，遂由東適堂西也。改取一个挾之。遂取扑搢之，❶撲在西階西。以立于所設中之西南，東面。中之西南，則大史之南也。○以上誘射。

司馬師命負侯者執旌以負侯。《鄉射》獲者與負侯爲一人，故言獲者負侯。此又有獲者居乏，故第言負侯也。用旌者，《鄉射·記》射于郊則閭中、以旌獲是也。○案：注以負侯爲服不，下獲者爲服不之徒；又謂其相代而獲。竊按：此經言服不負侯，《服不職》則曰居乏以待獲。據服不下士二人，或一人居乏、一人負侯，故並謂之服不。餘二侯則其徒四人分任之，故下亦第言獻服不而略其徒也。負侯者皆適侯，執旌負侯而俟。《鄉射》：將射，弟子繫左下綱，獲者取旌倚于侯中。則旌本在侯，故適侯執之。此篇略繫綱之節，故于此示之義也。○以上負侯。

司射適次，取弓矢時三耦已在次，故適次作之。作上耦射。司射反位。上耦出次，西面揖。進，西進。上射在左，西面南爲左，上射本在北，此轉而南，便于就右物也。並行。當階北面揖，及階揖。上射先升三等，下射從之中等。上射升堂少左。下射升，上射揖，並行。皆當其物，北

❶「扑」，原作「朴」，據四庫本改。

面揖，及物揖。皆左足履物，還視侯中，合足而俟。以上三耦射禮之半。

司馬正適次，正，疑師之長也。袒，決，遂，執弓右挾之，亦右巨擘鉤弦。出；出次。升自西階，不揖執事，禮略也。適下物，適者由下射後轉南，出下射前至兩物之中，與《鄉射》異也。立于物間；左執弣，右執簫，南揚弓，南而少西。命去侯。負侯皆許諾以宮，所射特干侯而負侯兩言皆，則射一侯而三負侯者悉在也。不言執旌，下言授獲者，可知。趨直西；不西北趨，而曰直西，則方行不由便也。及乏南，乃轉而北。又諾以商；非再諾也，所謂「諾聲不絶，以至于乏」，若又諾然也。至乏聲止。授敖氏曰：此脱「旌」字。獲者，授旌使唱獲也，三侯皆然。退立于西方。待事。獲者興，受旌故興。共而俟。執旌以俟事也。司馬正出于下射之南，還其後降自西階；遂適次，釋弓，説決、拾，襲，反位。《鄉射》：反位于司射之南。〇以上司馬命去侯。

司射進，進階前。與司馬正交于階前相左；由堂下西階之東，北面視上射，命曰：「毋射獲！毋獵獲！」上射揖。司射退，反位。以上司射命上射。

乃射，上射既發，挾矢。而后下射射，拾發，以將乘矢。獲者坐而獲，干侯之獲者也。舉旌以宮，偃旌以商，獲而未釋獲。未釋獲者，以公未射也。拾矢後，太史釋之。〇以上正射唱獲。

卒射，右挾之，挾弦。北面揖，揖如升射。上射降三等，下射少右，從之中等，並行，上射于左。與升射者相左，交于階前，相揖。適次，釋弓，説決、拾，襲，反位。次中西面北上。三耦卒射亦如之。「三」當作「二」。司射去扑，倚于階西，適阼階下，北面告于公，曰「三耦卒射」。反，搢扑，反位。以上三耦卒射。

司馬正袒，決，遂，執弓右挾之，出；亦適次，故曰出也。與司射交于階前相左。升自西階，自右物之後，不言鉤楹，省文。立于物間。西南面揖弓，命取矢。負侯許諾如初去侯，二字疑衍。皆執旌以負其侯而俟。俟，俟小臣也。司馬正降自西階，出于下物之南，還其後，乃降。北面命設楅。楅在次，小臣師則在東堂下，故北面命之。小臣師設楅。中庭當洗。司馬正東面，《鄉射》北面，此東面者，彼楅自堂西來，司馬在其南，故北面；此楅東南自次來，司馬在西，故東面。以弓爲畢。畢以指示執事者，此方執弓，故即以弓指授如畢也。既設楅，司馬正適次，釋弓，説決、拾，襲，反位。小臣坐，委矢于楅，北括。司馬師坐乘之。北面。卒，依石經補。若矢不備，則司馬正又袒，執弓，升，命取矢如初，初，命取矢、由次升堂之儀。曰：「取矢不索！」乃復求矢，小臣也。加于楅。卒，司馬正進坐，楅南北面。左右撫之，興，反位。補所乘之闕足矣，不必復乘也。○以上取矢設楅。右第七章，第一番射，凡七節：一，誘射；二，負侯；三，上耦升；四，去侯；五，命上射；六，正射唱獲；七，命取矢設楅。其拾取矢節，別于第二番射之初見之。

司射適西階西，倚扑；升自西階，東面，請射于公。公許。遂適西階上，請射在東楹之東，又轉而西。命賓御于公，以御告公，因命賓也。公爲下射而謂之御，尊君也。諸公、卿則以耦告于上，告于上，又不言比，尊之。大夫則降即位而後告。尊卑之辨。司射自西階上北面告于大夫曰：「請降！」卑者先即次。司射先降，搢扑反位。大夫從之降，適次，立于三耦之南，三耦先在次，故立于其南，蓋以射之先後爲序也。西面北上。司射東面于大夫之西，不于三耦之西者，爲大夫比耦也。比耦。大夫與大夫，命上射曰：「某御于子。」命下射曰：「子與某子射。」卒，遂比衆耦。士耦。衆耦立于大夫之南，西面北上。若有士與大夫爲耦，則以大夫之耦爲上，居士耦之上。命大夫之耦曰：「子與某子射。」士爲上射而命以下射之辭，尊大夫也。告于大夫曰：「某御于子。」尊之，故命以上射之辭。命衆耦，士耦。如命三耦之辭。諸公、卿皆未降。嫌其或降，故特明之。〇以上比耦。

遂命三耦，各與其耦拾取矢，皆袒，決，遂，執弓，右挾之。不言司射反位，可知。一耦出，西面揖，西進。當楅北面揖，及楅揖。上射東面，楅西。下射西面。楅東。上射揖，進，坐，横弓，郤手，自弓下取一个，兼諸弣；興，順羽且左還，且左還者，隨順隨還也。不言執弦，可知。毋周，《鄉射》左還至西方位西面，又左手向外，由西面而南面，以復于東面，四方一匝，是謂之周。此毋周，則又以右手向外，由西面而北面，以復于東面，注所謂右還而反東面也。鄉射，左旋而已；大射禮盛，故合左右旋。反面揖。反面，反于東面。下射進，坐，横弓，覆手，自弓上取一个，兼諸弣；興，順羽且左還，毋周，反面揖。既拾取矢，梱之。謂齊等之。兼挾乘矢，皆内還，堂以北爲内，上射左還，由東面、而北面、而西面、而南面；下射右還，由西面、而北面、而東面、而南面，皆從北面還也，故曰內。變皆左爲皆內，威儀多。 南面揖。楅兩旁各南面揖。《鄉射》：既取乘矢，揖，皆左還。揖，南面揖。此第南面揖，文省也。 適楅南，《鄉射》，皆少進當楅南。 皆左還，北面揖，上及楅揖之所也。搢三挾一个，揖，以耦左還，以，與也。還，南面。 上射于左。《鄉射》上射于右者，便其西折至射位在下射之北；此于左者，便其東折至次中在下射之北也。 退者與進者相左，相揖還。石經無「還」字。○還者、進者在東北。鄉退者西面揖畢，轉北行；退者在西，南行。鄉進者東面揖畢，轉而南行也。 退，退至次。 釋弓矢于次，說決、拾，襲，反位。位亦在次，至是乃言反者，釋與說時在有司立處，未至本位也。 二耦拾取矢亦如之。 後者遂取誘射之矢，兼乘矢而取之，以授有司于次中。 皆襲反位。以上三耦拾取矢。

司射作射如初。 一耦揖升如初。 司馬命去侯、負侯許諾如初。 司馬降，釋弓反位。 司射猶挾一个，去扑；與司馬交于階前，適阼階下，北面請釋獲于公；公許。 反，搢扑；遂命釋獲者設中；以弓爲畢，北面。中自西北來，故在南北面。 太史釋獲。表其職。 小臣師執中，閭中也。太史不自執且設，禮盛也。《鄉射》：一人執算以從之。 先首，坐設之，東面，中自西堂來，先首則面東也。 退。 太史實八算于中，南面實之。 橫委其餘于中西，興，曰興，則坐實算也。 共而俟。俟司射命。 司射西面命曰：「中離維綱，舌上下屬于繩，如綱在綱，故曰綱。綱籠以布，謂之絹。近植處，即以絹爲紐，持綱而繫之植，以固侯也。以其繫綱于植，故或以絹爲維；以其籠綱，故注以絹爲綱；一也。

離，麗也。維，繫也。謂矢著維綱，不中鵠也。揚觸梱復，揚觸，謂矢中他物，揚而觸侯也。梱復，謂矢至侯，不著而反。公則釋獲，公尊，不可以末藝示拙于下，故優之。釋獲，則唱獲可知。衆則不與！維公所中，中三侯皆獲。」釋獲可知。釋獲者命小史，小史命獲者。太史不能徧命，故使小史分命三獲者。司射遂進，遂者，因命太史遂進也。由堂下北面視上射，命曰：「不貫不釋！」上射揖。司射退，反位。釋獲者坐取中之八算，改實八算，興，執而俟。執所取八算。〇以上射前各雜儀。

乃射。若中，則釋獲者每一个釋一算，上射于右，下射于左。象左右物。若有餘算，則反委之。又取中之八算，改實八算于中，興，執而俟。三耦卒射。以上三耦射。

賓降，不敢與公並在堂俟司射告也。取弓矢于堂西。取者，閱視而已。閱弓矢畢，遂止于西階東，以待告。諸公卿則適次，與其耦並降。繼三耦以南。明在大夫之北。公將射，則司馬師命負侯，皆執其旌，三旌皆執。以負其侯而俟。司馬師反位，隸僕人埽侯道。新之。隸僕，夏官之屬，掌埽除糞洒者。司射去扑，適阼階下，告射于公；公許。適西階東告于賓；賓當以此時升。遂搢扑，反位。小射正一人取公之決、拾于東坫上。一小射正授弓，授大射正，在東堂。拂弓，大射正。皆以俟于東堂。公將射，重言，尊之。則賓降，適堂西，袒，決，遂，執弓，搢三挾一个；升自西階，其節如升射。先待于物北一笴，北三尺。東面立。公爲下射，在東，鄉之。司馬升，物間少進。命去侯如初；《夏官·射人》：「王射，則令去侯。」則上命負侯者亦射人。曰司馬者，以其爲司馬之屬也。還右，今文作「右還」。○出下物之南，還其後西行，西爲右也。乃降，釋弓，反位。公就物，自席就之。小射正奉決、拾以笥，決、拾在笥，故奉決、拾必以笥。不言襦者，襦先著于表衣内也。大射正執弓，皆以從于物。小射正坐奠笥于物南，遂拂以巾，取決，興；先拂後取者，拂決及極，先拂其上，取之，又拂其下也。凡以致其潔也。贊設決，朱極三。君決用象，著于右巨指。極，朱韋爲之。極，放也，謂放弦。三者，著于右手食指、將指、無名指，韜之以釋弦也。贊設畢，奉笥而俟。小臣正贊袒，公袒朱襦。詳《鄉射·記》。卒袒，小臣正退俟于東堂，小射正又坐取拾，興。亦拂以巾，著于襦上。贊設拾，以笥退，奠于坫上，復位。大射正執弓，左手横執之。以袂順古文作「循」。左右隈上再下壹，隈，弓淵也。上隈向右，下隈向左。順，循也。以右手持袂拂摩之，由上以及下。《考工記·弓人》云「和弓轂摩」，注謂「拂之摩之」是也。下壹，略也。左執弣，《曲禮》：「左手承弣。」此云執，以其似執也，其實承之。右執簫，以授公。公親揉之。今文作「紐」。○揉，宛之以試其强弱，《弓人》所謂「和弓」也，謂調之。小臣師以巾内拂矢，向身拂之，恐塵及君。而授矢于公，以巾。稍屬。詳《燕禮·記》。大射正立于公後，《周官·射人》：「立于後以矢行告。」以矢行告于公：公矢所行，公自不覺，故告。下曰留，不至。上曰揚，過去。左右曰方。旁出也。告之，使知而改其度。公既發，大射正受弓而俟，《周官》：司弓矢授受弓。拾發以將乘矢。云拾，則與賓迭射也。○上射當先發。注云：公先發。公卒射，小臣師以巾退，反位。先退。大射正受弓。小射正以笥受決、拾，退奠于坫上，復位。大射正退，反司正之位。小臣正贊襲。公還，反位。而后賓降，臣禮。釋弓于堂西，第言釋弓，省文。反位于階西東面。上降時立位也，故曰反。不升者，未有命。公即席，司正以命升賓。升賓以司正者，擯者爲司正也。賓升復筵。以上公與賓射。

而后卿大夫繼射。諸公、卿取公矢于次中，袒，決，遂，執弓，搢三挾一个，出；西面揖，揖如三耦，升射；卒射，降如三耦；適次，釋弓，説決、拾，襲，反位。衆皆繼射，釋獲皆如初。皆，皆賓以下。卒射，釋獲者遂以所執餘獲古文作「筭」。適阼階下，北面告于公，曰：「左右卒射。」反位，坐，委餘獲于中西，興，共而俟。以上卿、大夫、士卒射。右第八章，第二番射，公以下皆與，凡八節：一，請射；二，比耦；三，拾取矢；四，命去侯；五，射前各雜儀；六，三耦射；七，公射；八，卿大夫射。餘別入九章。

司馬袒，此司馬正也，不言正及決、遂，文略也。執弓，升，命取矢如初。《夏官》：射鳥氏取王矢。負侯許諾，以旌負侯如初。司馬降，釋弓如初。小臣委矢于楅如初。賓、諸公、卿、大夫之矢皆異束之以茅；《鄉射》：「束之以茅上握焉。」卒，正坐，正，司馬正。左右撫之，進束，整結之，示親也。反位。賓之矢則以授矢人于西堂下。小臣授之，此言矢人，則納器時矢人賁器，遂俟于此也。賓不拾取矢，優之，同于公。不言公矢，小臣以授矢人于東堂，可知。司馬釋弓，反位，即上命取矢畢之反位也。複言之者，爲「卿大夫升」節。而后卿大夫升就席。以上取矢。

司射適階西，釋弓，去扑，襲；進，由中東立于中南，北面視算。釋獲者東面于中西坐，先數右獲。二算爲純，詳《鄉射》。一純以取實于左手。十純則縮而委之，每委異之。有餘純，則橫諸下。一算爲奇，奇則又縮諸純下。興，自前適左，東面坐。坐兼斂算，「坐」，疑衍。實于左手。一純以委，十則異之，其餘如右獲。司射復位。釋獲者遂進，取賢獲執之，由阼階下，盡階不升堂。北面告于公。若右勝，則曰「右賢于左」。若左勝，則曰「左賢于右」。以純數告，若有奇者亦曰奇。若左右鈞，則左右各執一算以告，曰「左右鈞」，還復位，坐兼斂算，實八算于中，委其餘于中西，興，共而俟。以上校算。

司射命設豐。亦適堂西。司宮士奉豐，士，司宮之屬。由西階升，北面坐，設于西楹西，降復位。勝者之弟子洗觶，弟子隨父兄觀禮于君所者，與鄉射弟子爲衆耦之少者不同，故下不言袒、執弓也。射爵使執事者，示以德之足尊也。此發其端，下僕人師繼之。升酌散，南面坐，奠于豐上，降，反位。司射遂依石經補。袒，執弓，挾一个，搢扑，東面于三耦之西，次中。命三耦及衆射者：「勝者皆袒，決，遂，執張弓。不勝者皆襲，説決、拾，郤左手，右加弛弓于其上，遂以執弣。」司射先反位。三耦及衆射者皆升，飲射爵于西階上。與下爲綱。小射正作升飲射爵者如作射。❶小射

---

❶「射正」，原作「飲正」，據四庫本改。

正，司射之屬。使之作者，升飲禮輕于升射。一耦出，揖，如升射，及階，勝者先升，升堂少右。不勝者進，北面坐，取豐上之觶興；少退，立卒觶；進坐奠于豐下，興揖。不勝者先降，與升飲者相左交于階前，相揖；適次，釋弓，襲，反位。僕人師繼酌射爵，與下爲綱，此《鄉射》所謂「有執爵者」也。取觶實之，反奠于豐上，退俟于序端。升飲者如初。三耦卒飲。若賓、諸公、卿、大夫不勝則不降，不執弓，不言襲，可知。耦不升。耦，謂士。士耦于大夫，公、卿耦闕，亦耦于公、卿。○案：賓與公耦，賓不勝，不當云「耦不升」。經「賓」字疑衍，此下别有賓不勝飲禮，或脱簡爾。據下飲公用酬禮，則賓當用自酢禮，如上獻公，主人自酢、洗、升以下是也。但主人降拜飲于下，賓禮則下拜，小臣正辭，乃升、拜、卒爵爾。或曰：公飲之，亦當如酬禮，無夾爵。並存之。僕人師洗，升，降洗乃升。實觶以授；賓、諸公、卿、大夫受觶于席以降，適西階上北面立飲，❶卒觶授執爵者，反就席。若飲公，則侍射者降，賓也。洗角觶，升，酌散，降拜。公降一等，小臣正辭。賓升，再拜稽首，公答再拜。賓坐祭，卒爵，再拜稽首。不降，禮殺。公答再拜。賓降，洗象觶，升，酌膳以致，公受之。下拜。小臣正辭。升，再拜稽首，公答再拜。公卒觶，賓進受觶，降，洗散觶，升，散觶，酌散之觶，即角觶。如上以象觶爲膳觶也。實散，下拜。小臣正辭。升，再拜稽首，公答再拜。賓坐

❶「面」，原作「西」，據四庫本、經解本改。

不祭，卒觶，降奠于篚，階西東面立。擯者以命升賓，賓升就席。若諸公、卿、大夫之耦不勝，謂士。則亦執弛弓，特升飲。衆皆繼飲射爵，如三耦。射爵辯，乃徹豐與觶。以上飲射爵。

司宮尊侯于服不之東北，此及洗，即上設于大侯之乏者，至是乃設之。上不言侯，此「侯」字衍，或上脱「負」字。服不，大司馬之屬，餘詳《鄉射》。兩獻酒東面南上，皆加勺；設洗于尊西北，篚在南，東肆，實一散于篚。散，爵名，容五升。司馬正洗散，洗酌西面。遂實爵，獻服不。服不侯西北三步，北面拜，受爵。《鄉射》獻于侯，此近其所爲獻者，君禮别也。司馬正西面拜送爵，反位。有司馬師受爵，故先反，與鄉射異。○注謂略賤，非。宰夫有司薦，宰夫有司，宰夫之吏也。《鄉射》薦俎皆三祭。庶子設折俎。服不下士，而有俎如卿，重其事也。卒錯，置也，謂置俎、豆、籩。獲者適右个，獲者，服不也。薦俎從之。獲者左執爵，《鄉射》：「獲者南面坐。」此文省。右祭薦俎，俎，祭肺。祭肺用兩手，須奠爵，祭後須挩手。此及下獻釋獲俱不言奠及挩，可知也。○注謂「不備禮」，故不奠。未然。二手祭酒；左執爵以祭，右手無事，因捧爵祭之以致敬，似亦祭酒常禮，此特明之者，示下士而當盛禮，當致其敬也。適左个，祭如右个，中亦如之。卒祭，左个之西北三步東面。設薦俎，立卒爵。不言不拜既爵，司馬正已反位，不拜可知。司馬師受虛爵，洗，獻隸僕人與巾車獲者，此二侯之獲者，不言負侯，負侯亦可云獲者也。下第言獲者，其義可知矣。不言量人及工人士、梓人，文省。皆如大侯之禮。獻服不之禮也。卒，司馬師受虛爵，奠于篚。獲者皆執其薦，皆，皆三侯之負侯及獲者。庶子執俎，從之，設于乏少南。近乏恐妨往來，上合獲者與隸僕人、巾車並言之，此但言獲者，省文也。注謂隸僕等相繼而南。服不復負侯而俟。言服不以概其餘。○以上獻服不。

司射適階西，去扑；適堂西，釋弓，説決、拾，襲；適洗，洗觚，升，實之；降獻釋獲者于其位，少南。薦脯醢折俎，皆有祭。一祭。釋獲者薦右東面拜，受爵。司射北面拜送爵。釋獲者就其薦坐，左執爵，右祭脯醢，興，取肺，坐祭，亦奠爵。遂祭酒；興，司射之西，北面立，卒爵，不拜既爵。司射受虚爵，奠于篚。釋獲者少西辟薦，反位。司射適堂西，袒，決，遂，取弓挾一个；適階西，搢扑以反位。以上獻釋獲者。右第九章，第二番射後諸雜儀，凡五節：一，取矢；二，校算；三，飲射爵；四，獻服不；五，獻釋獲者。

司射倚扑于階西，適阼階下，北面請射于公，如初。以上請射。反，搢扑，適次，命三耦，皆袒，決，遂，執弓，序出，取矢。司射先反位。三耦拾取矢如初，就射位。小射正作取矢如初。代司射作之。初，謂司射第二番射之儀。此言作，則上所謂「三耦拾取矢」蓋立于射位，將拾取矢也。三耦既拾取矢，諸公、卿、大夫皆降，如初位；與耦入于次，皆袒，決，遂，執弓；皆進西面揖。當楅，三耦北面揖處。進，進及楅揖，就東西相位，又進至楅旁也。坐説矢束。自同于三耦，謙也。上射東面，下射西面，拾取矢，如三耦。上「射揖，進坐，橫弓」以下，不言適次可知。若士與大夫爲耦，士東面，大夫西面。案：鄉射禮大夫爲遵，士爲衆賓，故大夫爲下射，以尊賓也。此大夫與士耦，不過以士補大夫耦數，非遵非賓，自應照尊卑常分爲上下。此云士東面，則上射矣，豈嫌士同于大夫，故爲上射以示禮之變？抑傳者之訛與？姑闕之。大夫進，耦不進。坐說矢束，耦不束也。退反位。楅旁之位。耦揖，進坐，兼取乘矢，興，順羽，且左還，毋周，反面揖。大夫進坐，亦兼取乘矢，如其耦；北面搢三挾一个，從楅旁至楅南，乃轉北面揖，而搢且挾之也。揖進。轉而南行。敖氏曰：「進」當作「退」，《鄉射》「揖退」是也。大夫與其耦皆適次，釋弓，亦釋矢。説決、拾，襲，反位。諸公、卿升就席。與大夫俱升，不言大夫，文脱。衆射者既拾取矢，皆如三耦；遂入于次，釋弓矢，説決、拾，襲，反位。以上拾取矢。

司射猶挾一个，以作射，如初。一耦揖升，如初。司馬升，命去侯，負侯許諾。司馬降，釋弓，反位。司射與司馬交于階前，倚扑于階西，適阼階下，北面請以樂于公。公許。司射反，搢扑，東面命樂正，小樂正也。上遷樂不言其位，此東面命之，則從工，在東坫東南。曰：「命用樂！」樂正曰：「諾！」司射遂適堂下，北面眂上射，命曰：「不鼓不釋！」射以鼓爲節，後亡，今投壺之節，射節之半以下也。言發矢不與鼓節應，則不釋，視不貫之命又嚴矣。上射揖。司射退，反位。樂正命大師，曰：「奏《貍首》，《貍首》，逸《詩》。《射義》所載曾孫侯氏詩，其存者，後謂之曾孫。諸侯以《貍首》爲節。《貍首》七節。賈疏云：三節，先以聽；四節，拾將乘矢。間若一！」七節如一節。太師不興，許諾。樂正反位。奏《貍首》以射，三耦卒射。賓待于物，如初。公樂作而后就物，稍屬，不以樂志。其他如初儀，卒射，如初。賓就席。諸公、卿、大夫、衆射者皆繼射，釋獲，如初；卒射降，反位。釋獲者執餘獲進，告左右卒射，如初。以上正射用樂。

司馬升，命取矢，負侯許諾。司馬降，釋弓，反位。小臣委矢，司馬師乘之，皆如初。司射釋弓視算，如初。釋獲者以賢獲與鈞告，如初。復位。司射命設豐實觶，如初。遂命勝者執張弓，不勝者執弛弓，升飲，如初；卒退豐與觶，如初。司射猶袒，決，遂，左執弓，右執一个，兼諸弦，面鏃；適次，命拾取矢，如初。司射反位。三耦及諸公、卿、大夫、衆射者皆袒，決，遂，以拾取矢，如初。矢不挾，兼諸弦，面鏃；退適次，皆受有司弓矢，襲，反位。卿、大夫升就席。司射適次，釋弓，説決、拾，去扑，襲，反位。司馬正命退楅解綱。小臣師退楅，巾車量人解左下綱。《鄉射》：「説侯之左下綱而釋之。」司馬師命獲者以旌與薦俎退。司射命釋獲者退中與算而俟。以上卒射諸雜儀。右第十章，第三番射，凡四節：一，請射；二，拾取矢；三，正射用樂；四，卒射諸雜儀。射禮畢。

公又舉奠觶，再舉媵所奠觶，爲大夫舉旅也。唯公所賜，若賓若長，以旅于西階上，如初。大夫卒受者以虛觶降，奠于篚，反位。以上公三舉旅。燕禮在工歌後，此經無間、合二節，故射後乃舉。

司馬正升自西階，東楹之東北面告于公，請徹俎，公許。遂適西階上，北面告于賓。賓北面取俎，以出。諸公、卿取俎如賓禮，遂出，授從者于門外。賓以下同。大夫降，復位。俟賓及公卿。庶子正徹公俎，降自阼階，以東。賓、諸公、卿皆入門，門右。東面北上。司正升賓。不言卿、大夫，文省。賓、諸公、卿、大夫皆説屨，升，就席。公以賓及卿、大夫皆坐乃安。羞庶羞。大夫祭薦。司正升，受命，皆命：「公曰：衆無不醉！」賓及諸公、卿、大夫皆興，對曰：「諾！敢不醉？」皆反位坐。以上徹俎坐燕。

主人洗酌，獻士于西階上。士長升拜，受觶，今文作「觚」。主人拜送。士坐祭，立飲，不拜既爵。其他不拜，坐祭，立飲。乃薦司正與射人于觶南，北面東上，不言司士執冪，文不具。司正爲上。辯獻士。士既獻者立于東方，西面北上。乃薦士。祝、史、小臣師亦就其位而薦之。祝、史位門東。主人就士旅食之尊而獻之。旅食不拜受爵，坐祭，立飲。主人執虛爵奠于篚，復位。洗北西面。〇以上獻士。右第十一章，旅酬之第三節也，凡三節：一，公三舉旅；二，坐燕；三，獻士。

賓降洗，升，媵觶于公，爲士舉旅。酌散，下拜。公降一等，小臣正辭。賓升，再拜稽首，公答再拜。賓坐祭卒爵，再拜稽首，公答再拜。賓降，洗象觚，注云：「當爲『觶』。」升，酌膳，坐奠于薦南，降拜。小臣正辭。賓升成拜，公答拜。賓依《石經》補。反位。以上賓媵爵。

公坐取賓所媵觚，興，唯公所賜。受者如初受酬之禮，降，更爵洗，升，酌膳，下再拜稽首。小臣正辭。升成拜，公答拜。乃就席，坐行之。有執爵者。唯受于公者拜。以上旅卿、大夫。

司正命執爵者，爵辯，卒受者興，以酬士。大夫卒受者以爵興，西階上酬士。士升，大夫奠爵，拜，士答拜。大夫立卒爵，不拜，實之。士拜，受，大夫拜送。反位。士旅于西階上，辯。士旅酌。以上旅士。

若命曰「復射」則不獻庶子。獻則正禮畢，不應更射，故緩之。○《燕禮》未射，故獻士後即入射節；此已射，故賓舉旅始入射節也。司射命射唯欲。射否唯其心。卿、大夫皆降，賓在大夫中。再拜稽首。公答拜。壹發中三侯，皆獲。釋獲也。凡正射，不獲者皆獲，尚歡樂也。○以上復射。

主人洗，升自西階，獻庶子于阼階上，如獻士之禮。辯獻。降洗，遂獻左右正與内小臣，皆于阼階上，如獻庶子之禮。以上獻庶子。右第十二章，旅酬之終，凡五節：一，賓媵爵；二，旅卿、大夫；三，旅士；四，再射；五，獻庶子。

無算爵。士也有執膳爵者，有執散爵者。執膳爵者酌以進公，公不拜受。執散爵者酌以之公命所賜。所賜者興，受爵，降席下奠爵，再拜稽首。公答再拜。受賜爵者以爵就席坐，公卒爵，然後飲。執膳爵者受公爵，酌，反奠之。受賜敖氏云：此當有「爵」字。者興，授執散爵者。執散爵者乃酌行之。唯受于公者拜。以上旅卿、大夫。

卒爵者興，以酬士于西階上。士升。大夫不拜，乃飲，實爵。士不拜，受爵。大夫就席。士旅酌亦如之。如上旅酌。○以上旅士。

公有命徹冪，則賓及諸公、卿、大夫皆降，西階下北面東上，再拜稽首。公命小臣正辭。公答拜，大夫皆辟。升，反位。士終旅于上如初。以上無算爵。

無算樂。以上無算樂。

宵則庶子執燭于阼階上，司宮執燭于西階上，甸人執大燭于庭，閽人爲燭于門外。賓醉，北面坐取其薦脯以降。奏《陔》。賓所執脯以賜鐘人于門内霤，遂出。卿、大夫皆出。公不送。公入，《驁》。《驁》，《驁夏》，《九夏》之一也。公在射宮之堂，無入而言入，故注、疏以爲由郊還國言之；但據《鐘師》疏，凡奏《夏》，歌于堂上，堂下鐘鼓應之，恐非行道所可奏，或公將入國，于射宮奏之，因即以入爲辭。注所謂「公出而言入」也。然無可考，存之以備參。○以上賓出禮終。右第十三章，禮成，凡五節：一，旅卿、大夫；二，旅士；三，徹冪，皆無算爵也；四，無算樂；五，賓出。禮終。

儀禮卷第八

仁和吴廷華章句

聘禮第八

諸侯使大夫問于諸侯曰聘。經云「小聘曰問」，故注謂「大問曰聘」也。比年小聘，三年大聘；大聘使卿，小聘使大夫：禮有隆殺，其節皆準諸此。聘屬賓禮，當第九，第八説非，詳《士冠禮》。

聘禮：君與卿圖事，圖，謀也，謀聘事及可使者也。聘事謀于治朝，君南面，卿、大夫西面北上，士東面北上。遂命使者。遂者，因事之辭。大聘使卿，變卿言使者，以所事名之，重聘事也。使者再拜稽首辭，重其事。君不許，乃退。退者，受命者必進也。既圖事，戒上介亦如之。戒上介言既圖事者，明上介亦在所圖中也。如，謂「再拜」以下。宰命司馬戒衆介，宰，冢宰，貳君事者也。衆介者，士。士屬司馬，故命戒之，《夏官》司士掌「作士適四方使爲介」是也。使尊，故特言命。衆介卑，故君不親命也。衆介皆逆命不辭。逆，迎也。逆命而受之不辭，卑也。宰書幣，幣，享幣。宰制國用，故書之使具。命宰夫官具。宰夫，宰之考。官具，衆執事各備其所宜具也。○以上命使具幣。

及期，夕幣。期，先行一日之夕也。夕，莫夕也。夕幣者，夕而陳幣。使者朝服，朝服而視之，重聘事也。朝服，玄冠、緇帶、素韠。言使者，其他可知。帥衆介夕。衆介，兼上介言。管館同。人布幕于寢門外。館人，掌次舍帷幕者。布幕以藉幣，不敢褻也。寢門外，寢門之左也。官陳幣：官，有司也。不陳玉者，重器不暴于外，故行時授之。皮北首西上，皮、馬皆謂之幣。四皮。執皮者以齒爲上下。加其奉于左皮上；奉，所奉以致命，下文「束帛玄纁」是也。左皮，北首以西爲左也。馬則北面，言則者，容用皮。奠幣于其前。前者，幣在馬北也。使者北面，衆介立于其左，東上。衆介在使者之西，上介近賓。此在幕南，便于視幣也。卿、大夫在幕東，西面北上。宰入，告具于君。君朝服，出門左，南鄉。史讀書。史，太史也。書，即宰所書。太史掌禮書，故使讀之，當北面。展幣。展，猶挍録也。展幣者，備具之官；視之者，載幣之官也。宰執書，史讀訖，授書于宰。告備具于君，先曰具，後曰備具，事以次而詳也。授使者。授書。使者受書，授上介。公揖入。官載其幣，官，有司從行者。載，載于車。舍于朝。公幣不當入私家，故舍于朝，待旦而行。上介視載者，載者計數入載，上介執書以視之，亦重其事。賓先出，上介視畢，乃與衆介俱出。所受書以行。以書入載隨行者，便于展幣也。○以上夕幣。

厥明，行日正旦。賓朝服，變使者言賓，尊異之。釋幣于禰。釋，舍也，舍而奠之。父廟曰禰，天子諸侯出告祖禰，大夫告禰而已，父在，則告于父之禰也。有司筵几于室中。釋奠禮輕，亦設洗、盥、几、筵如祭。有司，家臣也。祝先入，祝習于神，故先之。主人從入。變使者言主人，廟中之常稱也。主人在右，右，祝之北。再拜；祝告，禰主東鄉，告者西鄉。告，告行也。又再拜。釋幣制玄纁束，制，廣狹長短之法。幣長丈八尺，廣二尺二寸。十卷曰束。奠于几下，出。出户少立，示有俟于神。主人立于户東。祝立于牖西，又入，取幣降；卷幣實于笲，此曰卷，則前不卷矣。埋于西階東。埋用器，若藏之然。西階東，《曾子問》所謂「藏諸兩階間」也。又釋幣于行。行，道路之神。大夫五祀，行其一也，常祀在冬。出則釋幣，禮殺也。《月令》注云：行在廟門外之西，爲軷壤，厚二尺，廣五尺，輪四尺。北面設主于軷上，奠于主。案：彼據《喪禮》，故以廟門言。若常位，當在大門之西。遂受命。受命于朝。賓須介來往受命，此云「遂受命」，則介已釋幣俟于門矣。上介釋幣，亦如之。衆介可知。○以上釋幣。

上介及衆介俟于使者之門外。介不入門者，不敢干釋幣之禮也。使者載旜，「通帛曰旜」，旗屬也，「孤卿建旜」。曰載者，載于車上，示所有事，猶未張也。帥以受命于朝。帥，帥介也，待命于外門之外。言朝者，謂朝門，非謂諸侯外門外之外朝也。君朝服南鄉。朝服，亦重其事，言君則他可知。卿、大夫西面北上。君使卿進使者。先于大門外，君進之，乃入，受命在治朝，與命使同。使者入，及衆介隨入，北面東上。東上，上賓也。君揖使者進之。進之使近。上介立于其左，左，賓西也。接聞命。接，續也。繼賓聞之，以備遺忘。賈音價。人西面坐，賈，當即玉府之屬「賈八人」是也。命圭重器，典瑞掌之，而取自賈人者，以其知物價，能辨玉之真僞也。啟櫝，取圭，圭，命圭。公桓圭，九寸；侯信圭，伯躬圭，皆七寸；子、男則蒲璧、穀璧，皆五寸也。聘則執以通信，事畢則還之。垂繅，繅，圭飾。木版韋衣，以藉圭者，曰藉；繫圭于版，使不墮者，曰組；垂其餘以爲飾，曰繅。垂繅者文，屈繅者質。賈人垂繅者，示飾之全也。不起而授宰。授圭不起，賤不爲禮也。宰貳君，故代君授受。宰執圭，屈繅，屈繅者，明主君誠信之心，不尚飾也。自公左授使者。自公左，贊幣自左也。使者受圭同面，宰君左西面，賓亦轉而同面，在宰之左。垂繅以受命。垂繅者，示全而受，且聘事尚文也。上命，出使之命，此則正聘時所致之命也。既述命，述者，循君之言，重失悞也。蓋宰述君命以命之。同面授上介。上介受圭，屈繅，屈繅，嫌于使也。出授賈人；賈人，從行者。受圭，亦當垂繅以驗其飾，文省爾。衆介不從。出授非衆介事，故不從。受享，享，獻也。既聘又享之。❶束帛加璧；享玉有加，聘則圭璋特。受夫人之聘璋，享玄纁束帛加琮，璧圜象天，故以享君；琮方象地，故以享夫人。璋半圭，夫人用之，蓋陽全陰半之義。《典瑞》瑑圭璋璧琮以頫聘。❷蓋圻鄂瑑起，皆八寸，與玉瑞不同，故用以享。《小行人》六幣，「璧以帛，琮以錦」。此不用錦，則彼天子禮也。夕幣時，已加其奉于皮上，此特因陳玉而連言之。皆如初。如初，謂受圭。〇以上受命。

---

❶「之」，原作「乏」，據四庫本、經解本改。

❷「頫」，當作「覜」。

遂行，舍于郊，舍，止舍。君言不宿于家，故遂行。舍者，以臨行有釋幣受命等節，出國門有祖祭、飲酒、肆幣之事，約已終日，故止宿也。○注以舍爲脱舍朝服，未然。斂旜。未有事也。○以上就道。右第一章，將聘之儀，凡四節：一，命使具幣；二，夕幣；三，釋幣；四，受命；五，就道。

若過邦，道所值之邦，非所聘國也。至于竟，使次介假道，不敢直徑，睦鄰之禮也。使次介者，上介貳賓誓衆也。束帛將命于朝曰「請帥」。凡有言，用束帛，無庭實。將，猶致也。帥，猶道也。不言假道者，過客不諳當出何道，無可措辭。請道己所當由，則所假之道在其中矣。奠幣。不親授受。下大夫取以入告，取，取幣。出許，遂受幣。曰遂者，幣本爲行禮，非爲求許，今不以許道受幣，特以辭讓不得命，遂受之。餼之以其禮，賜人以牲，生曰餼，詳下歸饔餼。以其禮者，以其爵爲等殺也。上賓太牢，言上，尊之。太牢，牛、羊、豕。注云上介亦太牢，並以束帛致。積唯芻禾。積，道路之積。注云：上賓禾十車，芻二十車。疏云：上介無之。介皆有餼。注云：羣介無帛，牽羊焉。士帥，士，彼邦道路之官。帥，道之。没其竟。没，盡也。○以上假道。

誓于其竟！次介假道時，即止而誓戒之，恐士衆于所假道中暴掠犯禮也。賓南面，專威信也。上介西面，貳賓。衆介北面東上，鄉賓聽誓也。言衆介，以概其餘。史讀書，書，誓書。太史掌執法，亦在西。司馬執筴，同策。○卿行旅從，司馬主軍法，故執策以示罰。立于其後。在史後者，見書在而法隨之。○以上假道誓衆。

未入竟，竟，所聘國之竟。未入者，及竟而未入。壹肆。習聘享之禮，重失悮。爲壝壇，壝，以垂反，一以癸反。○封土曰壇，起土爲壝。無成，又無尺數，象壇而已。畫階，亦象之而已。帷其北，無宮。帷，有所鄉依也。無宮者，不畫外垣，禮所不及也。朝服，威儀繫于朝服，故服之。無主，不立主，尊也。無執也。玉，重器，不輕執也。介皆與，音預。北面西上。下介皆入門右。北面西上，此習聘也，如下正聘所云。習享，士執庭實。士，上介。庭實必執之者，皮有攝張之節也。習夫人之聘享亦如之。習公事，聘享。不習私事。私覿、私面之事。○以上習儀。

及竟，將入。張旜，張，謂使人維之以縷，示事在此國。誓。義同所過邦。乃謁關人。謁，告也。古者竟上四面有關。《周禮·司關》：「每關下士二人。」關人問從者幾人，從，才用反。幾，居豈反。○欲知聘問，且當共委積之具。關人卑，不敢斥言尊者，故以從者爲辭。以介對。《聘義》：上公之使者七介，侯伯之使者五介，子男之使者三介。凡從者亦有定數也。介尊于羣從，故以爲對。君使士請事，君得關人告，使士迎勞之。《小行人》「諸侯入，王則郊勞」是也。仍請事者，慎也。遂以入竟。因道之。○以上竟上諸雜儀。

入竟，斂旜，去國尚遠，未有事。乃展。展幣。布幕，亦管人。賓朝服，立于幕東西面。異于夕幣之位。介皆北面東上。賈人北面坐拭圭，賈人北面，以賓西面故也。拭圭，亦潔之。遂執展之。執而視之，典告在。上介北面視之，賈人在前，進而視之，告賓，下同。退復位。退圭。圭尊，不陳之。陳皮北首西上，亦官陳之。又拭璧展之，會諸其幣，所奉也。古文曰「陳幣北首」。加于左皮上。上介視之，退。賓在而兩言「上介視之」者，尊卑之體然也。馬則幕南北面，奠幣于其前。展夫人之聘享亦如之，賈人告于上介，注賈人掌玉，則告者聘璋也。上介告于賓。上介不視，貶于君聘。有司展羣幣以告。私覿及大夫之幣。有司，載幣者，自展自告。○以上入竟再展幣。

及郊，遠郊去國百里，注云：「遠郊，上公五十里，侯伯三十里，子男十里。」又展如初。及館，舍也，謂遠郊候館。❶《遺人》：五十里有市，市有候館。展幣于賈人之館如初。環人、訝士皆當見賓于館；又或主君加禮，有遠郊之勞，並須受于館。故就賈人之館展之，便疾也，且見賓從不一館矣。此三展。○以上入竟三展幣。

賓至于近郊，近郊，半遠郊。張旜。近國將有事。君使下大夫請行反。知其來聘矣，又請行者，或兼聘他國須先往也。先士，後大夫，後卿，禮之序也。君使卿朝服，此言朝服，見請者之不然。用束帛勞。止舍門外，使彌尊，禮彌備也。上介出請，出門西北面，亦朝服。入告。北面。賓禮辭，傳命，一辭而許。迎于舍門之外，賓介皆朝服。再拜。重拜君命之辱。勞者不答拜。爲君使，不敢當其禮。賓揖先入，道之，介隨入。受于舍門内。《司儀職》曰：「諸公之臣相爲國客」，郊勞，「三辭，拜辱，

❶「候」，原作「侯」，據四庫本、經解本改。

三讓，登，聽命」。又曰：凡侯、伯、子、男之臣，其儀亦如之。此乃云「禮辭」，又云「受于舍門内」，與彼經不同，豈舍無堂，故止受于庭與？ 勞者奉幣入，東面致命。對賓西面。 賓北面聽命，北面聽命者，若君在然。 還少退，衆降拜。 再拜稽首，受幣。 勞者出。止舍門外。不拜送，欲儐之。 授老幣。老，家臣之長。 出迎勞者，儐之，受命後不即儐者，不敢以臣事亂君命。 勞者禮辭。 賓揖先入，勞者從之。乘去聲。 皮設。儐者在庭，此設于門内也。張攝之節，詳下經。物四曰乘。皮，注云：「麋鹿皮。」賓用束錦儐勞者，言儐者，賓在館如家，以來者爲賓也。上有乘皮而第言錦，錦者，賓禮；皮則君禮也。 勞者再拜稽首受，賓再拜稽首送幣。受、送、拜皆北面。 勞者揖皮出，東面揖執皮者，若親受之，從者訝受皮。 乃退。 賓送再拜。以上近郊請勞。

夫人使下大夫勞以二竹簋方，「簋」或作「簋」。○簋外圓内方，此如簋而方，則外亦方。若作簋，則内亦方也。 使下大夫，降于君。 玄被表也。 纁裏，有蓋。 其實棗蒸栗擇，❶選擇。 兼執之以進。兼，兩也。 右手執棗，左手執栗。 賓受棗，勞者先以右手授棗。 大夫二手授栗。 右手授棗訖，即兩手共授栗，受授不游手，慎也。 賓之受如初禮，卿勞。 儐之如初。 下大夫勞者遂以賓入。入國。注云：賓不拜送。○右第二章，在道之儀，凡七節：一，假道；二，誓衆；三，習儀；四，竟上諸雜儀；五，入竟三展

❶「栗」，原作「粟」，據四庫本、經解本改。

幣；六，近郊請勞；七，夫人勞。

至于朝，外門之外。主人曰：「不腆先君之祧既拚以俟矣。」拚，方問反。○主人者，公也。擯出請入告，出釋此辭。言至即受之，不敢久稽賓也。腆，善也。拚，謂洒掃。遷主曰祧主。諸侯遷主，藏于始祖廟。太廟尊，不敢斥言，故以祧爲辭，非始祖廟可名祧也。俟，俟賓。賓曰：「俟間。」入廟必齋戒沐浴，且不欲奄卒主人也。○以上至朝。

大夫帥至于館，卿致館。致所以安之。賓迎再拜。卿致命，以束帛致，亦東面。賓再拜稽首。卿退，賓送再拜。卿不俟設飧者，非其職也。○案《司儀》「諸公之臣相爲國客」，郊勞者有儐，致館「如初儀」，則亦有儐矣。此經不言儐，故彼注以爲無儐，然與彼如初之義不合。宰夫朝服設飧。食不備禮曰飧，宰夫掌牢禮飧牽，故設之。公館設于堂，私館設于廟。朝服，尊賓也。不言致命，文省。飪一牢，飪，孰者。在西，新至尚孰也。鼎九，正鼎也。鼎實如饔餼，陳設亦如之。羞鼎三。陪鼎也。三者，膷、臐、膮。腥一牢，在東，鼎七。此庭中之饌也。❶堂上之饌八，注：「八豆、八簋、六鉶、兩簠、八壺。」西夾六。西夾室，在西堂之後，西房之西。在西夾者，廟中尊西也。東無之，殺于饔餼。六者，注云：「六豆、六簋、四鉶、兩簠、六壺。」曰八、曰六，以豆爲主也。門外米禾皆二二作「一」。十車，皆視死牢，牢十車。

---

❶「中」，原作「申」，據四庫本、經解本改。

米陳門東，禾陳門西。薪芻倍禾。各四十車。上介飪一牢，在西，鼎七，羞鼎三。堂上之饌六。言堂，則西夾無。門外米禾皆十車，薪芻倍禾。衆介皆少牢。亦飪在西，鼎五，羊、豕、腸胃、魚、腊。堂上之饌四豆、四簋、兩鉶、四壺，無簠。○以上致館設飧。右第三章，初至儀，凡三節：一，至朝；二，致館；三，設飧。

厥明訝賓于館。迓，以君命迎賓也。記云：「卿大夫訝大夫，士訝士，皆有訝。」賓皮弁聘，皮弁，示敬。至于朝。賓入于次，次在大門外之西，以帷爲之。入以待事也。介亦在焉。乃陳幣。有司陳于廟門外，其節與展幣同。卿爲上擯，擯，主國之君所使出接賓傳命者。聘儀介紹而傳命，君子于其所敬不敢質，敬之至也。公國五人，侯、伯四人，子、男三人，多寡視主君。此三人者，以子、男爲率也。大夫爲承擯，士爲紹擯。承、紹，皆繼也，謂相繼也。擯者出請事。既知其所爲來之事，復請之者，賓當與主君爲禮，恐其謙不敢斥尊者，故問以啟之。案旅擯傳辭之禮，公在大門內南面，上擯在公南，承擯、紹擯以次而南，俱西面，紹擯負棖；賓大門外北面，介在賓北，次介、末介以次而北，東面；賓主相去五十步，次介負棖，與紹擯對；公命請事，則上擯傳之承擯，承擯傳之紹擯，紹擯傳之末介，末介傳之次介，次介傳之上介，以達于賓，賓對亦如之。○案《大行人》注主旅擯不傳辭説，此注因謂上擯揖賓，使前對語，乃告于公。愚謂擯以賓語告公，獨非傳辭乎？且不傳辭，何必旅擯？公皮弁，迎賓于大門內。公不出大門，降于待其君。大夫納賓。延之進，此上擯也。曰大夫者，卿亦大夫。注云：賓主皆裼。賓入門左。賓在西，入門以西爲左，賓位也。《玉藻》曰：公事自闑西。介隨入，俱北面鴈行。公再拜，東面，拜鄰國之辱命也。賓本作「客」，依石經改。辟不答拜。不敢當其禮。公揖入，揖入，揖賓入廟也，賓位門西，廟在外門内之東，公位在東，揖賓使東，並行。至廟，賓少退。每門每曲揖。諸侯三門：臯、應、路。臯爲大門，廟在應門外之東。朱子曰：入門曲而東，東有閤門，又曲而北，有都宫門，乃至祖廟門，所謂「每門每曲」也。○案疏云：「諸侯五廟，太祖廟居中，二昭居東，二穆居西。廟皆别門，兩邊有牆，中央通門。由西至祖廟，隔牆三，門亦三，是以每門皆有曲。其制未聞。及廟門，公揖入，先入道之，擯皆隨入。立于中庭，公待賓于此。賓立接西塾。待事也。西塾，門外西堂。接，近也。東面。介以次立。几筵既設，聘在廟，故設以依神。設者，司宫也。注云：「在扆前。蒲筵，繢純，右雕几。」擯者出請命。請賓行正聘禮爾。曰請命，尊之。賈人東面坐啟櫝取圭，鄉陳幣時俟于此，至是啟之。垂繅，不起而授上介。不竟授賓，尊卑之節。上介不襲，受圭不襲，嫌于賓。執圭屈繅，授賓。授、受皆同面。賓襲，裼者，袒外服見裼衣，尚文飾也。襲則掩之。執圭。執圭禮盛而又盡飾，則誠敬掩矣，故執龜、玉襲，《玉藻》所謂「充美」也。繅亦屈。擯者入告，請命將入，賓已執圭，故以告公也。出辭玉。圭重贄，故以公命辭，亦禮辭也。納賓，賓入門左。介皆入門左，北面西上。介止于此以待事，不升。三揖，時公迎于門内霤，賓入門而西，公將曲而東，皆揖；當階，皆曲而北，又揖；當碑，又揖。至于階三讓。讓升。公升二等，先賓升二等階，亦以道之。賓升，西楹西東面。與主君相鄉，致君命也。擯者退中庭。公親受命，不用擯也。于此言退，則鄉隨公升矣。中庭近堂。賓致命；其君之命。公左還北鄉。左手向外迴身北面，乃拜命也。北面者，尊之。擯者進。釋拜貺之辭于賓，且相公拜，不言升，則在阼階下之西也。公當楣再拜。左還將拜，當擯者進而遂拜也。此言當楣，則立時可知。賓三退負序。三者，不一之辭。不辟者，以將進授主也。公側獨也，無贊。尊其事也。襲，將受玉，故以充美爲敬，如賓服。○注襲于隱，序坫之間可也。受玉于中堂與東楹之間。中堂，東西當兩楹之中，曰與東楹之間，蓋中堂之東，東楹之西，二者之間也。疏云：兩楹之間，賓主共之。今更侵東半間，蓋賓急于趨事，故越堂之中而近公。擯者退，負東塾而立。内東塾也，無事遠于中庭。賓降，介逆出。賓將出，迎之；下賓出，則俱出矣。賓出。聘事畢。公側授本作「受」。宰玉，宰在堂下之位，至此升受于序端，亦無贊。授宰者，宰之屬，受藏之府也。裼，免上衣見裼衣，見美也。此言裼，則迎賓時可知。降立。中庭待事。○以上聘。

擯者出請。請者，不必賓事之有無。賓裼，此言裼，則至朝時可知。奉束帛加璧，享。擯者入告，出許。許受之，庭實：皮則攝之，皮，虎豹之皮。云則者，容用馬。攝之者，右手并執前兩足，左手并執後兩足。下記云：「庭實隨入，左先。」毛在内；兩足相鄉，得并毛在内，不欲豫見其文也。内攝之，兩手相向。入設也。設者，有司，亦參分庭，一在南，如昏禮。賓入門左，揖讓如初，升致命，張皮。釋外足，并内足之内，見文也。公再拜，受幣。賓不言拜送，文略。士受皮者自後右客；士，有司。由客後居其左。客右者，北面以東爲右也。既受，客遂出。賓出，享畢。當之，當，對也。坐攝之。賓出時，士受皮者在庭，故對賓攝之，如受于賓。公側授本作「受」。宰幣，公言受幣，則皮不親授也。皮如入，内攝。右首而東。執禽左首，此右首，變于生。〇以上享。

聘于夫人用璋，享用琮，如初禮。如者，「公立中庭」以下，此公代受之。若有言則以束帛，下記詳之。如享禮。有言節同享禮，無玉及庭實。擯者出請事，事之畢否。賓告事畢。聘享公事畢也。〇以上聘享夫人及有言。

賓奉束錦以請覿。不用羔者，摯爲初見禮，此聘時已見公，故覿不用摯。用錦者，如聘後有享，以達外臣之意也。不束帛，嫌如正享也。擯者入告，出辭。容醴賓後行之。請醴賓，賓禮辭聽命。許之。擯者入告。宰夫徹几改筵。更布之。公出，出廟門。迎賓以入，迎之于大門内，下所謂「如初」也。又迎者，更端以示敬也。〇疏謂上公禮，故不出；此私禮，故出。恐主君惟爲敵國之君出外門也。揖讓如初。公升，今文無「升」。側受几于序端。東序。宰夫内拂几三，向尊者皆内拂。奉兩端以進。奉几兩端，以公將中攝之也。公東南鄉外拂几三，卒，宰夫自東南來，故相鄉受几，遂外拂之，以賓在西也。振袂，右袂拂几，又振以去塵也。中攝之，受時已然。進，西進。西鄉。擯者告。以公授几告于賓。賓進，自階上進。迓受几于筵前，迓，迎也。東鄉迎受之，執兩端。東面俟。不設而俟將辟拜。公壹拜送。賓以几辟，北面設几，左。不降，臣禮拜于下，此不降，外臣之禮又別也。〇注云：主人禮未成，故不降。未然。階上答再拜稽首。進設几，乃退而拜也。宰夫實觶以醴，下記醴尊于東廂，瓦太一，有豐。凡醴不自酌，故《士冠禮》云：贊者側酌醴。○注云：君尊不自酌。未然。加柶于觶，面枋。《士冠禮》訝受，故贊面葉；此側受同面，故面枋。公側受醴。側，旁也。公西面，宰夫東來，從公側授受。賓不降壹拜，壹拜，義未詳。注云：醴質，以少爲貴。進，自階上進。筵前受醴，復位。階上。公拜送醴。宰夫薦籩豆脯醢，賓升筵，擯者退負東塾。相拜在堂，此退者，以庭實將設，當降而相幣也。負東塾者，以馬將入中庭也。賓祭脯醢，以柶祭醴三；庭實設。乘馬也，在庭設之。享以皮，故不復用皮，此侑幣也。降筵北面，降西階上。以柶兼諸觶，柶未建，兼并于執觶之手，以將啐也。尚同上。擸，擸，葉也。葉在上，則執柄也。坐啐醴；公用束帛。庭實以束帛致也。宰執之自東來，公受，立而俟。建柶，北面奠于薦東。擯者進相幣。階前。賓降辭幣，不敢當賓禮。公降一等辭。辭降也。兩辭皆擯者傳之。栗階升，栗階，連步。趨君命，尚疾也。聽命，聽者，從也。降拜，將拜受，公辭。命擯者辭降拜，辭亦降一等。升再拜稽首，受幣當東楹北面；臣禮也。公先升，受幣于宰，俟賓受之，當楹西面。退，東面俟。退，將降，因公拜，轉東，逡巡若有所俟。公壹拜，賓降也，公再拜。公方拜即降者，不敢當君之盛禮也。賓執左馬以出。示親受也。左奉幣，右牽之。左者，北面以西爲左也。餘二馬，主人牽者牽而從之。上介受賓幣，束帛。從者訝受馬。從者，士介，故與上介分受之。○以上醴賓。

賓覿，奉束錦，別于帛。總乘馬，總八轡牽之。親之，敬也。二人贊。有司居馬間扣馬。入門右，私事自闑右。北面奠幣，再拜稽首。臣禮也。奠幣于地，授馬于贊者，乃拜也。擯者辭，辭其以臣禮見。賓出。事畢，擯者坐取幣出，有司二人牽馬以從，主人有司也。初受馬于贊，此並出，將還之。出門，門東。西面于東塾南。擯者請受。賓禮辭，聽命。從之，賓受幣，贊者受馬。牽馬右之。右手牽之，使馬在右。入設，賓禮，庭實先設。賓奉幣入門左；介皆入門左，西上。介從入，客禮也。公揖讓如初，升。公北面再拜。前以公事入，故不爲賓拜，此乃爲賓拜辱也。賓三退，反還負序，反還者，自東面反而西，及序，又還而負序東面也。振幣，絜之，敬也。進授，當東楹北面。公東面受之，文略也。士受馬者自前還牽者後，適其右受。自，由也。自前還後者，謂士自南來，北至牽者之前，又自北還南，從其左，至牽者之後，故曰還適其右受者。牽者右手牽馬，馬在其右，故從其後之右受之。不受于前之右者，恐驚馬也。牽馬者自前西乃出。受者尚在其後之右，故自前。牽者西上，三馬在其東，故自前之西出也。出，出廟門。賓降，階東拜送。西階下之東，鄉主君也。君辭。以方受幣在手，故未降。拜也，君降一等辭。一辭而賓猶拜，故降等再辭，于賓有加禮也。擯者曰：「寡君從子，謂方從之辭降。雖將拜起也。」謂起而升階。《儀禮》辭多脱闕，《士冠》及《相見禮》外，此其僅存者。栗階升。公西鄉。賓階上再拜稽首。公少退。主人禮。賓降，出。公側授本作「受」。宰幣。馬出。以上賓覿。

公降立。阼階。擯者出請。上介奉束錦，士介四人皆奉玉錦束，無皮，「玉」字疑衍。注云：

玉錦，錦文纖縟者。請覿。擯者入告，出許。上介奉幣，儷皮二人贊。皮，麋鹿皮。用皮，變于賓，贊執之。不言士介，其無皮與？皆入門右，東上，皆，皆上介及士介也。奠幣，皆再拜稽首。亦臣禮。擯者辭，介逆出。後者先出。擯者執上幣，上，上介。士執衆幣；衆，衆介。有司二人舉皮，從其幣。上幣。出請受。將請猶未請也。委皮南面，擯者既出，有司乃委皮南面立。執幣者西面北上。幣不委。擯者請受。請于上介及衆介也。介禮辭聽命。上介許之，士介則終不許也。皆進，訝受其幣。上介奉幣，皮先，入古文重「入」。門左，奠皮。奠之，仍不敢授也，介隨入。公再拜。拜于中庭，介卑于賓。介振幣，上介。自皮西進，自西進東，當公，乃東進授之。北面授幣，退復位，聘時入門之位。再拜稽首送幣。介出。宰自公左受幣，不側受，禮殺。有司二人坐舉皮以東。擯者又納士介。出道之入。士介入門右，奠幣，再拜稽首。初奠時，雖隨上介聽命，然分又卑于上介，終不敢以客禮見也。擯者辭，介逆出。擯者執上幣，上，謂士介之尊者。以出，不言餘幣，未出也。禮請受，初既總請矣，此又請。曰禮者，謂執當受之禮以請也。案注云：「一請受而聽之。」非。賓固辭。曰賓者，士介亦賓也。初隨上介禮辭，此終辭不受，故曰固。注云：賓代辭；固，衍文。公答再拜。此拜受也。曰答者，介先拜送也，士已出，遥答之。擯者出，擯者初以賓辭入告，此又出也。門中爾，而曰出，則閾外也。立于門中以相拜，介在外，公在內，故于其間相之，尚執幣。士介皆辟。士三人東上，坐取幣，立。士，主國之士。取幣，將授宰夫。立者，俟擯者。以上幣來。

擯者進。北進。宰夫受幣于中庭，以東，宰夫受于擯及士，士介又卑也。執幣者序從之。初受于擯，餘三人以次來，一一受之。○以上介覿。

擯者出請，賓告事畢。擯者入告，公出送賓。出廟門送之。及大門内，公問君。鄉方行禮，禮畢送賓，尚須揖讓，故及初迎處，乃問之，所謂「君無恙」也。賓對，公再拜。慶之。賓亦辟。公問大夫，賓對。公勞賓，道路勤勞。賓再拜稽首，公答拜。公勞介，介皆再拜稽首，公答拜。賓出，公再拜送，賓不顧。賓請有事于大夫。告于擯使請之，不言問，嫌與小聘同也。不言卿，卿亦大夫也。公禮辭許。以上送賓。右第四章，正聘儀，凡七節：一，聘；二，享；三，聘享夫人，及有言；四，禮賓；五，賓覿；六，介覿；七，送賓。

賓即館。卿大夫勞賓，賓不見。公事未畢也。上介釋辭辭之。大夫奠鴈再拜，不言卿奠羔，可知。○注謂卿亦奠鴈，恐非。上介受。勞上介亦如之。君使卿韋弁歸今文或爲「饋」。饔餼，五牢。韋弁，兵服，不應用于此。《禮書》曰：即皮弁也。或然。殺曰饔，兼飪與腥，言饔盛而餼殺也。五者，饔三牢，餼二牢，此賓之牢也。上介請事，賓朝服禮辭。朝服臨饌，皮弁拜命，禮之差也。○注謂朝服以示不受。愚謂禮辭，一辭，非不受也，何必以朝服示之？有司入陳。有司，膳夫之屬。陳之，重其事。饔：飪一牢，鼎九，設于西階前，賓升之處，當少西。陪鼎當内廉，鼎三。内廉，兩階間近西堂廉也。在階前之南，與正鼎對陳，二列當之，以辟堂塗，不統于正鼎。東面北上，牛鼎。上當碑南陳。碑以麗牲及識日景，以石爲之，設于中庭。上當碑，則十二鼎俱在中庭之南。牛，羊，豕，魚，下言鮮，則此薨也。腊，田獸之肉，析而乾之。腸、胃同鼎，牛、羊腸胃皆出于腹，故同鼎。膚，燖者有膚，豕肉下于腸胃者，彼出自牛羊也。鮮魚，鮮腊。析而未乾。設扃、鼏。膷，音香。〇牛臛也。肉羹無菜曰臛。臐，許云反，〇羊臛也。膮。許堯反。〇豕臛也。三者，陪鼎之實。蓋陪牛羊豕。腥二牢，鼎二七，牢各七。無鮮魚、鮮腊，設于阼階前，西面，南陳如飪鼎，二列。堂上八豆，設于户西，室户西，則中堂也。西陳，皆二以並，東上。韭菹，凡菹，切之四寸，柔之以醯而成，《醢人》七菹，韭其一也。其南醓醢，注云：醓，肉汁也。又云：肉醬。凡醬醢皆用肉，此名醓者，《詩·大雅》疏以肉汁獨多，故名。此《醢人》七醢之一也。屈。案疏云：屈，謂韭菹南醓醢，西昌本，昌本西麋臡，麋臡西菁菹，菁菹北鹿臡，鹿臡東葵菹，葵菹東蝸醢，此本《公食大夫》注言之。按《醢人》朝事之豆，韭菹、醓醢、昌本、麋臡、菁菹、鹿臡、茆菹、麋臡。此經所載二豆既與《醢人》合，則八豆即朝事之豆。是則所謂饔爾，不應舍茆菹、麋臡而易以饋食之葵菹、蝸醢也。又《醢人》菹、醢兩兩相對，彼注以爲氣味相成。今韭菹而下，醓醢屈而南；菁菹而下，鹿臡又屈而北。且醓醢至菁菹，則自東而西；鹿臡而下，又屈之自西而東。是所謂屈也。至菹、醢互陳，不相比屬，則屈而又錯矣。八簋繼之，繼而西，下同。黍，其南稷，黍稷各四，南北爲列。錯。此亦東上。錯者黍與稷交互而西也。六鉶繼之，又西。鉶，羹器，以金爲之，似鼎可芼。有菜曰羹。牛以西羊、豕，豕南牛，以東羊、豕。自東而西，又屈而南而東，與八豆同。兩簠繼之，粱在北。稻在南，簠不繼簋者，稻粱加也。八壺，壺受一石。《玉藻》曰：❶「酒清白。」八者，清、白各四也。設于西序，北上，二以並，南陳。❷上白也。酒不統于豆，酳也。西夾六豆，設于西墉下，北上，韭菹，其東醓醢，屈。同上。特無茆菹、麋臡，易南北爲東西爾。屈者，韭菹東醓醢，又東昌本，南麋臡，麋臡西菁菹，菁菹南麋臡。六簋繼之，繼而南，下同。黍，其東稷，錯。四鉶繼之，牛以南羊，羊東豕，豕以北牛。兩簠繼之，粱在西。皆二以並，南陳。六壺，西上，二以並，東陳。饌于東方亦如之，東夾。西，北上。設于東墉下。西，西陳也。壺東上，西陳。醯醢百甕，醯，醋也。甕，以瓦。夾碑，在鼎之中。十以爲列，東西各五列。醯在東。醯，穀，陽也。醢，肉，陰也。餼二牢，生牢。陳于門西，門內。北面東上。牛以西羊、豕，牛、羊手牽之；豕束之，寢右。豕西牛、羊、豕。米百筥，筥，竹器圓。此米之精鑿者，與門外米不同。筥半斛，十斗曰斛。設于中庭，中庭有甕夾碑，此在碑南。十以爲列，北上。每列一色，無上下。曰北上，則上黍横陳之。黍、粱、稻皆二行，稷四行。門外米三十車，死牢三也。車秉有同又。五籔。音速。○十六斗曰籔，十籔曰秉。秉又五籔，則二十四斛也。設于門東，車北輈，下同。爲三列，列十車。東陳；自門而東，東西爲列。禾三十車，車三秅。丁故反，又疾加反。○四百秉爲

❶「玉藻」，當爲「內則」。

❷「陳」，原誤作「服」，據四庫本改。

秏，三之則千二百秉。秉，把也，與上秉字別。設于門西西陳。亦三列。薪芻倍禾。各六十車。賓皮弁，迎大夫于外門外，再拜。大夫，卿也。再拜，拜主君命也。大夫不答拜。揖入。俱入。及廟門，曰廟，則私館也。賓揖入。大夫奉束帛，執以致命。入三揖，皆行。皆，並也。至于階，讓，古文曰「三讓」。大夫先升一等。奉命而來，賓不先道。賓從，升堂，北面聽命。阼階上。大夫東面致命。賓降，階西再拜稽首，拜餼亦如之。同命殊拜，重君之賜也。〇此疑在升成拜之後。大夫辭。升成拜。受幣堂中西，北面。受于堂中曰西者，大夫在西，賓至堂中，又少西，急趨君命也。北面受，則南面授，重君命也。大夫降，出。賓降，授老幣。以上致命。

出迎大夫。大夫禮辭許。入揖讓如初。賓升一等，賓禮道之。大夫從。升堂。皆拜。庭實設，馬乘。賓降堂，受老束錦，致幣。大夫止。不從降，使之餘尊也。賓奉幣西面，大夫東面。賓致幣。不言命，非君命也。大夫對，曰對，則致幣有辭也。北面當楣再拜稽首；尊賓。受幣于楹間南面，受者南面，則致者北面，尊大夫奉命來也。退東面俟。賓再拜稽首送幣。亦北面。大夫降，執左馬以出。賓送于外門外，再拜。明日，賓拜于朝，掌訝道之大門外。拜饔與餼，亦殊拜。皆再拜稽首。亦皮弁服。〇以上歸賓饔餼。

上介饔餼三牢，賓介異館。飪一牢在西，鼎七，羞鼎三；腥一牢在東，鼎七；堂上之饌六。賓西夾之數。西夾亦如之。筥及罋如上賓。餼一牢。門外米禾視死牢，牢十車。各二十車。薪芻倍禾。凡其實與陳如上賓。下大夫韋弁用束帛致之。下大夫禮，殺于賓。上介韋弁以受，如賓禮。皮弁出迎以下。儐之兩馬束錦。士介四人，皆餼太牢；無饔。米百筥，設于門外。牢米不入門，略之。宰夫朝服牽牛以致之。無幣。士介朝服，北面再拜稽首，受。無儐。明日，上介及士介亦各服受之之服，從賓拜于朝。〇以上歸介饔餼。右第五章，歸饔餼，凡二節：一，賓；二，介。

賓朝服問卿。卿受于祖廟。卿三廟。祖廟，太祖廟也。受問于廟，亦以重其事。下大夫擯。無士擯者，急見之。擯者出請事。大夫朝服迎于外門外，再拜，拜君命之辱。賓不答拜，揖。大夫先入，俱揖。每門每曲揖。説見上。及廟門，大夫揖入。不几筵，辟君。擯者請命。庭實設四皮，賓奉束帛入。三揖，皆行，至于階讓。古文曰「三讓」。賓升一等。大夫從，升堂，北面聽命。賓東面致命。君命也。大夫降，階西阼階。再拜稽首。賓辭。升成拜。受幣堂中西，北面。堂中之西。賓降，出。大夫降，授老幣。無儐。以上問卿。

擯者出請事。賓面，見也。不言覿，辟君禮。如覿幣。賓奉幣，庭實從，不先設，辟君。入門右。雖敵也，猶謙，若降等。大夫辭，賓遂左。庭實設。揖讓如初。大夫升一等，道之。賓從之。大夫西面，賓稱面。稱，舉也，舉願見之辭。大夫對，北面當楣再拜；受幣于楹間，南面，退，西面立。賓當楣再拜送幣，降，出。大夫降，授老幣。以上賓面。

擯者出請事。上介特面，幣如覿。介奉幣。上介不致命，奉幣而已。皮二人贊。儷皮。入門右，奠幣，再拜。本降等也。大夫辭，命擯辭。擯者反幣。庭實設，介奉幣入，大夫揖讓如初。介升，大夫再拜，受。介降拜，大夫降辭。介升，再拜送幣。擯者出請。衆介面，如覿幣。入門右，奠幣，皆再拜。大夫辭，介逆出。擯者執上幣出，禮請受，賓辭。士介尤卑，故終不敢以賓禮見，與覿君同。大夫答再拜。擯者執上幣，立于門中以相拜，士介皆辟。老受擯者幣于中庭，上幣。士三人坐取羣幣以從之。以上介面。

擯者出請事。賓出，大夫送于外門外，再拜。賓不顧。擯者退，大夫拜辱。以上介面。

下大夫嘗使至者幣及之。亦問且覿，曰及之，則賓不親問，上介問之而已。上介朝服，三介問下大夫，下經小聘曰問，其禮如爲介。三介，蓋下大夫聘爲上介，問則爲賓，故減一介而用三介；此問大夫，遂因之。所謂三介，即賓之士介也。下大夫如卿受幣之禮。其面如賓面于卿之禮。大夫若不見，有故。君使大夫各以其爵爲之受，賓以君命問大夫，故主君應之如此，各以其爵稱也。如主人受幣禮，不拜。代受，故禮殺也。〇以上問下大夫，右第六章，問大夫，凡四節：一，問卿；二，賓面；三，介面；四，問下大夫。

夕，夫人使下大夫韋弁歸今文作「饋」，下並同。禮。夕，問大夫之夕。此《周官》所謂「致飲于賓客之禮也」。無牢，禮又與君異日，下君也。堂上籩豆六，籩、豆各六。實未詳，其天官加羞所用與？屈陳之。設于户東，以上皆辟君饌位，下君也。面上；二以並，東陳。壺注云：六壺，視豆也。設于東序北上，二以並，南陳。醙黍清，《説文》「曹」作「𣍘」，《集韻》「醙」，古作「醩」，又籀文「糟」作「醩」，是「醙」、「糟」通也。《内則》稻、黍、粱三醴各有清糟，此言黍則黍醴也。不言醴者，醴即清糟之總名也。此應六壺，清糟皆二壺，則止四壺矣。據《周官》，后夫人致飲皆有醫酏。《内則》三醴之下又云「或以酏爲醴，黍酏」，注謂「釀粥爲醴」，則清糟之外又有黍粥别爲二壺，故六壺與？無醫，殺也。〇案：注以醙爲白酒，謂稻、黍、粱皆有清、白，三酒六壺。竊謂此致飲，恐不可以酒言之；又經明言黍，似不當兼言稻、粱也。皆兩壺。大夫以束帛致之。賓如受饔之禮，儐之乘馬束錦。上介四豆、四籩、四壺。無酏。受之如賓禮，不及士介。儐之兩馬束錦。明日，賓拜禮于朝。介從之。〇以上夫人饋禮。

大夫餼賓太牢，米八筐。竹器方曰筐，下記「凡餼大夫黍、粱、稷，筐五斛」。注：「黍、粱各二筐，稷四筐，二以並，南陳。」其陳設未詳。〇注云：在門外，牲陳于後。存參。賓迎，再拜。老牽牛以致之，賓再拜稽首，受。老退，賓再拜送。上介亦如之。衆介皆少牢，米六筐，未詳，或黍、粱、稷各二筐也。注云「無粱」，存參。皆士牽羊以致之。以上大夫致餼。

公于賓壹食音嗣。再饗。待賓及養老之禮三：曰饗、曰食、曰燕。《儀禮·燕禮》《公食大夫禮》其存者，《饗禮》獨亡。《王制》疏：「崔氏云：『饗體薦而不食，爵盈而不飲，依尊卑爲獻，取數畢其大略而已。』」據《公食大夫禮》設洗如饗，則三者儀節大概相似而少異也。據《掌客》「天子于子、男一饗一食」，此視天子之待子、男者，又有加矣。據《周官》皆先饗，此在食後，注謂互相先後，存參。燕與羞俶獻無常數。羞，禽羞，謂鶉鴽之屬，《内則》詳之。俶，始也。謂四時新物，無常數，由恩意也，《聘義》謂之時賜。賓介皆明日拜于朝。食饗，賓介爲介，從與食饗，故從拜于朝。上介壹食壹饗。又特食饗之，尊上介也。壹饗，殺也。若不親食，公有疾及他故，不能親也。使大夫各以其爵，朝服，致之以侑幣，侑食之幣。上禮賓束帛乘馬，其準也。如致饔，無儐。致饗以酬幣，酬賓勸酒之幣，饗有酬，故别曰酬，其實即侑幣也。亦如之。以上主君饗食等儀。

大夫于賓壹饗壹食。賓問覿如其君，故饗食亦如其君，而少殺。上介若食若饗，二者用其一，又殺也。若不親饗，則公作大夫致之以酬幣，受與致皆曰公，見其非私交也。致食以侑幣。以上大夫食饗。○右第七章，聘後饋饗諸禮，凡四節：一，夫人歸禮；二，大夫致饔；三，主君食饗等禮；四，大夫食饗。

君使卿皮弁，還玉于館。玉，聘圭也。重器，故不受。卿皮弁，亦以重其事。賓皮弁襲，迎于外門外，不拜；將去，禮殺也。帥古文作「率」。大夫以入。帥，道之。大夫升自西階，鉤楹。執重器，且將南面，故由楹内也。賓自碑内聽命，聽命于下，敬也。升自西階，與主人禮别。自左，南面。南面以東爲左。受圭，並受，慎也。退，負右房而立。南面以西爲右，受玉退立，示鄭重也。大夫降矣。大夫降中庭。言中庭者，爲賓降節也。賓降，自碑内，東面，不送大夫，以事未畢，且須授玉也。授上介于阼階東。上介位也。此授玉後，即受賈人藏之櫝矣。上介出請，請而入告。賓迎大夫，還璋，如初入。初，謂還圭。○以上還玉。

賓裼迎大夫，賄用束紡。賄，與人財也。紡，紡絲爲之，以遺聘君爲加幣。禮玉，禮，禮聘君，所以報享也。玉用璧琮，亦如享。束帛，乘皮，皆如還玉禮。大夫出，賓送不拜。以上報享。

公館賓，賓行之先一日，親存送之，以賓將去致殷勤，且謝聘君之意也。公朝服。賓辟，不敢當主君之見己，敬也。不見而曰辟者，君至門外而不見，若辟者然。上介聽命。亦出外車前聽之。聘享，夫人之聘享，問大夫，送賓，公皆再拜。送賓時，惟問大夫不言拜，餘俱見上，此總結之。○此錯簡，當在正禮畢賓不顧之後。公退，賓從，請命于朝。此拜主君之館己也。曰請命，不敢斥尊者之意。公辭，辭其拜。賓退。以上賓館。

賓三拜乘禽于朝，訝聽之。行之正旦總拜之，乘禽，乘行羣處之禽，與乘皮之乘別。據《掌客》君言乘禽，上介言禽獻，則乘禽即禽獻也。細物必拜，重君賜也。○以上拜禮。

遂行，舍于郊。公使卿贈，如覿幣。贈賓。受于舍門外，不入門，又無儐，禮殺也。如受勞禮，無儐。使下大夫贈上介，亦如之。使士贈衆介，如其覿幣。大夫親贈，如其面幣，大夫贈賓。無儐。贈上介，亦如之。使人贈衆介，如其面幣。士送至于竟。以上贈送。右第八章，將行之禮，凡四節：一，還玉；二，報享；三，館賓；四，贈送。

使者歸，及郊，未入竟。請反命。在外有日，請而後反，臣禮然也。朝服載旜。將入竟朝服，爲將禳也。禳乃入。此入竟也。禳，祭名，蓋禳之以卻災咎也。行道日久，恐罹不祥，故爲此祭。乃入，入國也。陳幣于朝，報贈諸幣也。亦布幕，如夕幣。西上。上賓之公幣私幣，皆陳，公幣，君之幣；私幣，卿大夫之幣。賓尊，故皆陳之。上介公幣陳，他介皆否。士介也。介卑，以次漸略，其所受幣，亦載以造朝，但不陳不告爾。束帛各加其庭實，皮左。庭實，馬及皮也。各加者，各隨其庭實而加于其上也。皮左則馬右，與夕幣微別。注謂不加于皮上也。公南鄉。亦宰告，公出，朝服，南鄉。卿進使者。使者執圭，垂繅，北面；如受時。執圭必襲。○疏以爲裼，悮。上介執璋，屈繅，亦不敢同于賓。立于其左。反命，曰：「以君命聘于某君，某，國名。某君受幣于某宮，某君再拜。以享某君，某君再拜。」明不辱命。宰自公左受玉。亦同面。受上介璋，致命亦如之。致命，反命也。夫人之聘亦賓事，而上介爲之致者，明賓介並命，且見君與夫人之别也。注：「致命曰：以君命聘于某君夫人，某君再拜；以享于某君夫人，某君再拜。」執賄幣以告，曰：「某君使某子賄。」某子，賄者姓也。此賓告。授宰。禮玉亦如之。注：「告曰：某君使某子禮。宰受之。」執禮幣，主君郊勞初禮賓之幣也。言則執此以實之。以盡言賜禮。由勞至贈之幣不勝執，執初幣而以次數之，即始以概終也。公曰：「然。諾之。而不善乎！」而，汝也，呼而善之。授上介幣，將拜，故授之。再拜稽首。拜公之嘉命也。公答再拜。私幣不告。陳之可也，告則瀆矣。君勞之。再拜稽首。君答再拜。若有獻，下記云：既覿賓，若私獻，奉獻將命，蓋珍異之物，在覿幣之外。時彼君亦有私獻報賓，賓歸乃獻之己君，亦無私交之義也。則曰：「某君之賜也。特賜也，故别言之。君其以賜乎？」不必當君所須，故以别賜臣下言之。上介徒以公賜告，徒，空也，謂不執，略于賓也。上介之幣，如饔餼之束帛之類。如上賓之禮。君勞之。再拜稽首。君答拜。勞士介，亦如之。士介不告賜，君即勞之，略也。君使宰賜使者幣，使者再拜稽首。諸禮幣，本彼國賜賓之物，故仍賜之。陳者，臣之禮；賜者，君之惠也。賜介，曰介，則不特上介矣，士介不陳不告，亦言賜者，報幣有數也。介皆再拜稽首。乃退。俱退。介皆送至于使者之門，貴有終也。乃退，揖。揖别。使者拜其辱。辱爲介也。○以上反命。

釋幣于門。祀門設主于門左樞。出言行，入言門者，反其居也。乃至于禰，筵几于室，薦脯醢。行釋幣，歸釋奠，略出而謹入也。觴酒陳。此主人一獻也。曰陳者，略其禮。席于阼，酢主人不于室者，異于正祭。薦脯醢，酢禮成。三獻。室老亞獻，士三獻。一人舉爵，將獻從者也，不用觶，亦異于祭。獻從者，從者，家臣從行者也。主人以所舉爵獻之，勞之也。行酬，以次相酬至于徧。乃出。上介至，亦如之。以上歸祀之禮。右第九章，歸國之禮，凡二節：一，反命；二，祀典。

聘遭喪，主國君死也。入竟則遂也，關人未告則反，否則遂入。不郊勞，子未君也。不筵几，致命委幣于殯而已，子不爲之主也。不筵几者，初喪不忍異于生，故象生時所設，不别設几筵也。不受于太廟者，子未入廟，無主也。不禮賓。喪故不禮。主人畢歸禮，如飧、饔餼、饗食燕之屬。朝夕之資，不可廢也。賓惟饔餼之受。亦受飧，省文也。受之以資朝夕而已，饔食燕則不受也。不賄，不禮玉，不贈。並以喪殺。遭夫人世子之喪，君不受，不以凶即吉也。使大夫受于廟，大夫，卿也。其他如遭君喪。遭喪，即上三者之喪。將命于大夫，擯者。主人長衣練冠以受。大夫攝主人也。長衣與深衣同制，惟袖長、素純爲異。練冠，小祥之冠也。大夫爲君斬衰，夫人、世子齊衰，此去衰易冠，不以純凶接純吉也。此蓋以補上文所不及。○以上遭往國喪。

聘君若薨于後，遣使後薨。入竟則遂。未入則反奔。赴者未至，赴，告也。使者已得告，其赴主君者尚未至也。則哭于巷，館之巷門，未爲位，故哭于此。衰于館，不可以凶服出也。其聘享之事，吉服自若，蓋主國未得赴，故不敢純凶也。受禮，謂饔餼、飧。不受饗食。赴者至，則衰而出，案入竟則遂，而嘉禮又不可以凶服臨之，此出當以自館至朝言。若入而行事，則當長衣練冠，與攝主同。惟稍受之。稍，稟食也。食不可廢，故受之。歸，執圭，復命于殯，如君在堂。升自西階，不升堂。子即位，哭位。不哭。有告事，宜清静也。辯復命，如聘。如君在之反命也，惟無勞爲異。子臣皆哭。臣亦在阼階下西面哭位。皆哭者，痛君之不親受也。與介入，北鄉哭。反命亦北鄉，此云入者，行奔喪禮，進而近殯也。新至，故與朝夕哭位不同。出，袒，括髮。括髮，詳《士喪禮》。《奔喪》，哭盡哀，袒、括髮在內。此出者，臣位不在內。入門右，即位踊。位，哭位。《奔喪》云：降東序，即位；西鄉，哭，成踊。彼子禮，與此異也。又《奔喪》云：「襲絰于序東，絞帶，反位。」此亦然，但異其處所爾。○以上遭聘君喪。

若有私喪，父母之喪。則哭于館，衰而居，不敢以私喪自聞于主國也。衰者，《奔喪》云：「若未得行，則成服而後行。」行聘享禮，則使上介攝之，不敢以凶服干君之嘉禮也。○注云：❶行禮皮弁。存參。不饗食。亦受稍如前。歸，使衆介先，先君命也。據此，則入國亦使上介反命也。○注云徐行，與奔喪不合。又云反命乃歸，存參。衰而從之。奔喪日行百里。父母之喪，見星而行，見星而舍。聘使則徐行也，今使者從之，則衆介之行亦疾矣。入國，既不可以衰服見君，又不可易服而往，使上介率衆介反命可也。○以上私喪。經不言介之私喪，大概亦準諸此。

賓入竟而死，遂也。入竟則聘事已聞于主君，不可以一人而廢邦交之命也。主人爲之具而殯。主人，主國之君。具，自始死至殯所當用。○按疏云：斂于棺而已。按經明言殯，則不止於斂矣。介攝其命。代爲致命，以介接聞命也。君弔，介爲主人。介與賓並命于君，縱有臣子姻親，不爲主也。主人歸禮幣，必以用。喪用所需，❷介則如故。介受賓禮，無辭也。受賓已之禮。不辭者，以反命當陳之也。不饗食。爲喪主故也。受饔餼而已。歸，介復命，柩止于門外。外門之外。介卒復命，卒，畢也。出，奉柩送之。終之。君弔卒殯。視殯畢乃去。若大夫介卒，亦如之。士介死，爲之棺斂之，

❶「注」，當爲「疏」。
❷「用」，四庫本作「服」。

不言殯，亦殯也。君不弔焉。士卑。若賓死，未將命，侯間之後。則既斂于棺，造于朝，體死者奉命之心也。介將命。若介死，士介。歸復命，惟上介造于朝。士介卑，不接聞命，一人死，餘不反命可也。若介死，雖士介，賓既復命，往，己爲之長，又同事之義，不忍恝也。卒殯乃歸。以上賓介死。

小聘曰問。不享，有獻，不及夫人。主人不筵几，不禮。面不升。覿也。曰面，略之。不郊勞。其禮如爲介三介。禮，饔餼之屬。《掌客》「凡諸侯卿、大夫、士爲國客，則如其介之禮」，謂從君爲介之禮也。此注以如介爲聘之上介，則與彼别矣。◯以上小聘。右第十章，言禮之變，凡五節：一，主國之喪；二，聘君之喪；三，私喪；四，賓介死；五，小聘。

【記】久無事則聘焉。注：「事，謂盟會之屬。」◯案疏以此爲周禮之殷聘，據《聘義》及《王制》，並言「比年小聘，三年大聘」。又《大行人》：「凡諸侯之邦交，歲相問也，殷相聘也，世相朝也。」歲，間歲也。殷，中也。如元年聘，三年問，四年又聘，六年又問。四年之聘，恰在兩問之中，故彼注以殷爲中也。但聘既有定期，何論有事無事？此語疑末世之事，如《大行人》疏所引《春秋左氏傳》，魯自襄二十年聘齊，及昭九年，孟僖子乃如齊殷聘，蓋相隔二十一年。是則所謂久無事者，非古制，亦不得謂之中也。若有故，則卒聘束帛加書將命，百名以上書于策，名，書文，今謂之字。策，簡也。以竹爲之，一片謂之簡，編連謂之策。服注《左氏》云：「古文篆書，一簡八字。」此百字以上，故不曰簡而曰策。不及百名書于方，方，板也。以木爲之，不編連，不及百字，則一板書盡也。主人使人與客讀諸門外。主人，主君也。自讀畢，又讀于門外者，使其臣與客至治事之所議之也。讀者，內史也。○案：注謂在內人稠，不能審悉，故不讀于內。未確。客將歸，使大夫以其束帛反命于館。爲書報之，亦以束帛加于書。明日，君館之。行之前二日，報書明日即館賓，書問尚疾也。既受行，受命將行。出，遂見宰，問幾月之資。古作齎。○資，行用也，此使者未知所聘道路遠近，故問，抑行用之給否亦所當計也。○注謂君臣謀密，使者不知，故問之。竊謂經言君與卿圖事，使者卿也，則知之審矣。使者既受行，日朝同位。同位，他卿也。日朝者，別之，且問道已經，《詩》所謂「咨諏」、「咨度」也。古同輩亦得日朝。○案：注疏謂每日朝君時，與介同位，于經義似尚未合。出祖，祖，行祭之名。既出國門，乃祭先行者。釋軷，軷，軷壤也，制見上經。釋，釋奠于軷也。案：上經釋幣于行，在門左，疏所謂平日適道路之神也；此則疏以爲山行道路之神，故其祭不同。祭酒脯，乃飲酒于其側。飲酒，蓋受胙之義。處者亦于此餞之。所以朝天子，圭與繅皆九寸，此以公之桓圭概五瑞之玉也。用采韋布，衣板以承玉，曰藉。以采組繫圭于藉，垂其餘，曰繅。九寸者，繅與圭等也，藉亦九寸。剡上寸半，左右各剡上寸半，圭首鋭也。厚半寸，博三寸，繅三采六等，朱白蒼。每色二行，故采三而等六，此與《雜記》「贊大行」說同，但璧圜五寸不剡，則此惟據圭言之。問諸侯，問，亦聘也。朱綠繅八寸。二色而已。此享禮瑑圭、璋、璧、琮之繅，故與玉皆八寸。○案：諸侯朝于天子，及自相朝，并使大夫聘，並用命圭。又諸侯享于諸侯、天子，並用瑑圭璋。此命圭言朝天子，瑑圭言問諸侯，互相備也。皆玄纁繫、長直亮反。尺、絢組。此承上二者言。繫，謂絇組，繫圭于藉者也。雜采成文曰絇，即玄、纁二色，雜以成文也。長尺，則繫之固矣。繅爲繫之餘，故可垂可屈也。○案：注疏訓繅藉組繫，多未分明，故易之如此。問大夫之幣，俟于郊，注：宰夫載之，待于郊。不于朝付之者，辟君禮也。爲肆，肆，陳列也。必陳列之者，不夕也。又齎皮馬。齎，載以行也。經第言皮，此有馬者，庭實非皮則馬也。幣言肆，此言齎，互文。○案：此幣，當與君禮並陳于朝，即曰辟君，别陳之可矣。俟于郊，其去私交幾何？姑依注解之，而存此以備一説。辭無常，使者受命不受辭，命有定，辭無定也。孫而説。孫，音遜。説，音悦。○孫，順也。説，和也。辭命無常，以順説爲主。辭多則史，文勝質則史。少則不達。孫説之中，又戒此二者。辭苟足以達，孫説而又能達也。義之至也。言于應事之宜，爲極至也。辭曰：「非禮也敢。」辭，辭不受也。敢，不敢也。對曰：「非禮也敢。」辭答。疏謂皆賓介語，蓋主國或有非分之賜，則辭之。固以請，乃答之也。卿館于大夫，大夫館于士，士館于工商。此私館也。或賓多，公館不足，則館于私館也。不館于敵者，卿尊，不應館于其家，故以次皆降一等爲館也。工商，其庶人在官者與？○注謂館于其廟。按：廟非館賓之地，如經受饔餼于此，則可。管人爲客三日具沐，管人，掌客館者。沐，浴髮也。五日具浴。沐浴以致潔，三日、五日，其節也。飧不致，賓不拜，凡不者，注謂草次饌具輕也。○案：主君之惠，何論重輕？沐浴而食矣，又何惜此拜乎？此疑有悞。或云：此反言以見致飧之必拜爾。或然。沐浴而食之。致潔，尊主君之賜也。卿，大夫訝；訝，朝覲聘問之日所使訝賓者，經「訝賓于館」是也。降一等者，以須道之。大夫，士訝；士皆有迓。亦士也。此《掌訝》經文，蓋卿大夫爲之，而掌訝主其事也。賓即館，訝將公命，此掌訝也。將，奉也。所奉之命，《掌迓職》所謂「次于舍門外，待事于客」是也。又見之以其摯。奉命待事，故見之。以摯者，相見之禮然也。賓既將公事，聘享問正禮畢也。復見訝以其摯。禮尚往來。凡四器者，唯其所寶以聘可也。四器，注謂圭、璋、璧、琮，蓋《小行人》六幣之四享幣也。❶享而曰聘，因聘而享也。曰所寶，見享之厚也。聘用命圭，一圭而已，不得云惟其所寶。宗人授次，聘日門外之次，宗人掌宗廟，不掌次，以受聘于廟，故凡事主之。蓋掌次供之，此乃授之也。次以帷。少退于君之次。君之次者，兩君相朝聘，君亦有次也。此無聘君之次，蓋以相朝時設次之地言。上介執圭如重，如不克也。授賓。賓入門皇，莊盛也。升堂讓，後升。將授志趨，授，圭也。趨，向也。謂隨玉所向，蓋一心于重器之義。〇注以志爲念，謂審行步。存參。授如争承，承，接也，謂如與人争接取物，重失墜也。下如送，謂聘禮畢而降，君不送，敬如君送也。君還而後退。君初鄉之，及還授宰玉，乃退，重勞君也。下階，發氣怡焉；發，舒也，升堂屏氣，至是舒之。怡，和也。《論語》：「降一等，逞顔色，怡怡如也。」再三舉足又趨，没階當趨以示敬，必再三舉足，自安定乃趨者，慎也。曰又，則入時亦趨矣。及門正焉。容色復故。執圭，入門鞠躬焉，鞠，曲也，屈也。謂

❶「人」，原無，據《周禮》補。

曲身而行。如恐失之。物有失墜，必曲身護之，故取象焉。及享，發氣焉盈容。享圭達情，故氣爲之舒。容，所謂「享禮，有容色」也。盈，盛也。衆介北面蹌焉。謂從入門左北面時也。蹌，容貌舒揚。私覿愉愉焉。容貌和敬，甚于享。出如舒鴈。舒鴈，鵝也。如之，謂威儀自然，而有行列也。皇且行，承「入門皇」而言執玉之儀。入門主敬，升堂主慎。敬則必慎，升則又加謹也。凡庭實隨入，不並行也。不先設之者，臣禮也。左先，皮馬西上，入門以西爲左，則上者先也。皮馬相間可也。間，代也。或皮或馬相代也。賓之幣惟馬出，當入廐也。其餘皆東。藏在東。多貨則傷于德，貨以凡幣言。德，誠敬之德也。邦交誠敬爲主，貨多則掩其誠敬，故曰傷。幣美則没禮。幣以束帛言。禮，禮意。幣美則足掩其禮意也。賄在聘于依注作「爲」。賄。賄，財也。惟《聘禮》言「賄」，餘則謂之「財」。凡執玉無藉者襲。藉謂束帛加璧，主于文，故裼。無藉，謂圭璋特達，無加幣，主于質，故襲。如聘時賓襲執圭。○案：三禮注多以垂繅爲無藉、屈繅爲有藉，❶悮也。禮不拜至。賓以君命來，非自至，故不拜，此聘時也。若私覿則拜。醴尊于東箱，箱，同廂，謂東序。瓦大音太。一，瓦太尊賓。有豐。薦脯五膱，詳《鄉飲酒禮》，下同。祭半膱横之。横于上。祭醴再扱，義詳《士冠》。始扱，以柶扱醴而祭。一祭，卒再祭。主人之庭實，謂馬。則主人遂以出，經：禮賓畢，賓執左馬出。注

---

❶「有」，原作「無」，據四庫本改。

謂餘三馬，主人牽馬者從出，此所謂「遂以出」也。賓之士訝受之。經：「從者訝受馬。」既覿，賓若私獻，既覿後所獻者。奉獻將命。雖己物，猶以君命將之，不敢私也。擯者入告，出禮辭。賓東面坐，奠獻，再拜稽首。由東面轉北面再拜。擯者東面坐取獻，舉以入告，出禮請受。賓固辭，公答再拜。儐者立于閾外以相拜，亦中門。賓辟。與上經介覿禮同。擯者授宰夫于中庭。若兄弟之國則問夫人。承上文言之。問，猶獻也。若君不見，與經「不親饗食」義同。使大夫受。亦卿。自下聽命，賓將君命，故堂下聽之。自西階升，受，負右房而今文無「而」。立，近西序南面。賓降亦降，此儀如還玉，惟賓大夫易處爾。不禮。辟正主。幣之所及，此謂下大夫。言及，有不及者。上大夫無不及，下大夫惟嘗使至者及之。皆勞，在朝，聞賓請有事于己，故必先申主人之意也。得聞者，賓請固曰某子某子。不釋服。朝服也。退朝即往，不待釋服，言其速也。賜饔，惟羹飪，飪，一牢也。祭先，榮其賜也。肉汁有菜曰羹。此六鉶也。飪不止于羹，舉此以示其概。下云「如饋食」，故用飪；若用腥，則朝事未盛也。〇案：疏云：「大夫士無木主，以幣帛主其神。」此據《曾子問》天子諸侯將出，必以幣帛告廟，遂奉以出言之。據《左氏傳》孔悝「反祏于西圃」，則有主矣。又上經釋幣即埋之，未聞奉之以出也。筮一尸，若昭若穆。祭昭則昭，祭穆則穆，據此，則賓以子弟行也。僕爲祝，祝不出，故以僕攝之。祝曰：「孝孫某，祖廟之稱。孝子某，禰廟之稱。薦嘉禮于皇祖某甫、皇考某子。」如饋食之禮。不言少牢者，以用太牢。假器于大夫。聘不以祭器行，歸饔鼎俎又用器，不可以祭，故假之于大夫，以其分相等也。朌音班。肉及廋所求反。車。此頒胙也。《夏官》廋人掌養馬，《春官》巾車掌車，頒肉及之，則其上可知矣。聘日致饔，明日問大夫。古文曰「問夫人」。夕，夫人歸禮。既致饔，旬而稍，十日爲旬，賓留十日爲正，或有故，或主國留之，則致稟食以資朝夕。宰夫始歸乘禽，以爲羞。日如其饔餼之數，日五雙。士中日則二雙。中，間也。間日二雙不日一雙者，一雙不足爲禮也。凡獻，謂禽。執一雙，以將命。委其餘于面。前也。禽羞俶獻比。比，倣也，謂其數等。歸大禮之日，饔餼大禮。既受饔餼，請觀。觀宗廟之美、百官之富。請，請于公。訝帥之，自下門入。下門，其偏隅有門，如闈門與。各以其爵，朝服。朝服以觀，敬也。○注此宜在「凡致禮」下。士無饔，歸餼而已。無饔者無儐。禮未盛。大夫不敢辭，君初爲之辭矣。此二句宜在「問大夫」下。凡致禮皆用其饗之加籩豆。此《掌客》所謂大夫致禮，即上經夕「歸禮堂上籩豆六」是也。《籩人》加籩：蔆芡、栗脯，蔆芡、栗脯。《醢人》加豆：芹菹、兔醢，深蒲、醓醢，箈菹、鴈醢，筍菹、魚醢。此諸侯禮，故用六與。夫人致禮同，無牢，惟用饗禮之籩豆。故云曰凡、曰皆，謂凡聘皆然也。○案：注云：致禮，謂君不親饗，以酬幣致其禮也。加籩豆，謂其實也，亦實于罋筐。竊謂經言致饗，此言致禮，不當混而爲一，且饗有牢，不應第言籩豆，況記明言用饗之加籩豆，則其非致饗明矣。又況上經夫人致禮，第有籩豆，本與此記合乎？無饗者無饗禮。謂士介。凡餼，餼賓介。大夫黍、粱、稷，大夫餼之，視君餼殺其一。筐五斛。君用筥，器多而小；此大夫用筐，器寡而大，略也。既將公事，賓請歸。問大夫畢即請，必請者，謙不敢自專也。主國則留之。凡賓拜于朝，訝聽之。拜賜也。稍不拜。燕則上介爲賓，賓爲苟敬。詳《燕禮·記》。宰夫獻。爲主人代公獻。無行則重賄反幣。無行謂專聘此國，無他往也。反幣，經所謂「禮玉、束帛、乘皮」也，凡聘皆然。重賄者，聘君之意專，不可無以答之，且使者亦以得禮多爲榮也。曰：「子以君命在寡君，子，謂賓，經聘時賓致命，公左還將拜，擯者乃釋此辭。在，存也，謂存問。寡君拜君命之辱。」「君以社稷故，小君與君同主社稷，故並聘享之。在寡小君，拜。」拜者，所謂「寡君拜君命之辱」也。此聘享夫人，擯者贊拜之辭也。又拜送。注云：此當承上君館之下，其辭蓋曰：「子將有行，寡君敢拜送。」「君貺寡君延及二三老，拜。」此贊拜問大夫之辭。貺，賜也。老，謂大夫。曰君貺延及，則賓稱君命以請也。經不言拜，據此贊辭則拜矣。賓于館堂楹間，釋四皮束帛。以酬主人，公館、私館皆然。賓不致，無君命可致近于私交，而館人又不可不酬，故變于常禮如此。主人不拜。兩言不，爲其難于授受，故權而行之如此。大夫來使無罪饗之，罪，謂失禮之大者。饗，謂親饗之。國客不可以法懲，故以饗不饗示之意。然不饗者，亦仍以幣致之也。《聘義》：「使者聘而悞，主君不親饗食，所以愧厲之。」則其辭不云君有故也。過則餼之。過，失禮之小，亦致饗也。而曰餼，則生致其牢，禮視致饗爲殺矣。○案：聘君遣使，必慎擇而命之，豈有獲罪于主國之理？曰罪、曰過，不過行禮之悞爾。注謂有罪則執，非古法也。其介爲介。注：「饗賓有介，尊賓行敵禮也。」有大客後至，大國之使。則先客，先至者當先畢之。不饗食，不親。致之。尊卑不當並行禮也。唯大聘有几筵。謂受聘享時。小聘受于廟，不爲神位，殺也。十斗曰斛，斛、籔、秉，皆量也。十六斗曰籔，十籔曰秉。十六斛。二百四十斗。此上經一車之米數也。車秉有五籔，其數如此，此疑有脱闕。四秉曰筥，刈禾盈把曰秉，《詩》「彼有遺秉」是也。與十籔之秉别。萊陽有刈稻聚把名爲筥者，此四秉之謂也。十筥曰稯，音總，古文作「稯」。○四十秉也。十稯曰秅。四百秉爲一秅。經車禾三秅，則千二百秉，三百筥，三十稯也。

儀禮卷第九

仁和吴廷華章句

公食大夫禮第九

食音嗣。○公，主國君之通稱。大夫，聘使。大聘使卿，小聘使大夫。卿亦大夫也，故統言之。賓一食再饗，上介一食一饗，即此食禮。蓋以禮食賓、介也。《聘禮》不言食士介，此又單言大夫，則士介無食也。上、下大夫，禮有等殺，如經八豆、六豆之等，其禮則一而已。鄭《目録》第以爲食小聘之大夫，未盡也。食屬嘉禮，當第十七，第九説非，詳《士冠禮》。

公食大夫之禮：使大夫戒，據下云「遂從之」，則本日戒也。各以其爵。上介出請，入告，三辭。上介傳語也。以先既受賜，不敢當。賓出，拜辱。三辭許之，乃出外門外，拜君命之辱，亦朝服。大夫不答拜，將命。將，猶致也。賓再拜稽首。受命。大夫還，復于君。賓不拜送，從之，故不拜。遂從之。以上戒賓。

賓朝服，朝服拜命矣，此始云朝服者，趨君命新之。正聘，則皮弁服也。即位于大門外如聘。即位，即次也。即位具。擯者即位大門外，卿、大夫、士及宰夫之屬即位廟門外，以待事也。具，饌具，下「陳鼎」等是也。羹定。甸人陳鼎七，《周官》甸人供薪蒸，故陳鼎也。七鼎，一太牢。當門，南面西上，設扃、今文作「鉉」。鼏。鼏，若束若編。設洗如饗。先饗後食，如其近者。注：設于阼階東南。小臣具槃匜，在東堂下。匜，以支反。○此爲公盥設也。槃，盥槃，以承洗者棄水之器。匜，似羹魁，柄中有道，以沃盥澆手，蓋貯水于罍，以勺挹于匜，而棄水則在槃也。小臣掌沃公盥，故具之。宰夫設筵、賓，户西南面。公，阼階上西面。加席、几。《聘禮》禮賓，公親受几。此先設，則不親授，禮殺也。無尊。主于食，不獻酬。飲酒漿飲，飲酒，酒正四飲中之清酒，以漱口，非獻酬之酒也。漿，六飲之一，酨漿也。❶俟于東房。凡宰夫之具，籩豆之等。饌于東房。以上陳設。○右第一章，食前之事，凡二節：一，戒賓；二，陳設。

公如賓服，迎賓于大門内。大夫納賓。大夫，謂上擯。賓入門左，入門以西爲左。公再拜；西面拜辱。賓辟，再拜稽首。賓北面。公揖入，道之。賓從。每門每曲揖。及廟門，與受聘同地，亦當在祖廟，注以爲禰廟也。公揖入。先道。賓入，三揖，每曲揖。至于階，三讓。公升二等，爲賓升

❶「酨」，原作「截」，據四庫本改。

節。賓升。以上迎賓。

大夫立于東夾南，東堂上也，或云：在東堂下，遥當夾。西面北上。士立于門東，北面西上。小臣東堂下，南面西上。宰東夾北，西面南上。宰，冢宰。曰南上者，膳夫，其屬也。東夾北，蓋北階之東。内官之士在宰東北，西面南上。内官，注以爲内宰之屬，疑即内小臣也。南上者，奄士四人。○疏謂即諸侯内宰，未然。介門西，北面西上。以上即位。

公當楣北鄉，至再拜，賓固至矣。此拜者，拜其至此筵也。賓降也，將拜即降，不敢當也。公再拜。隨降隨拜。成拜，主人禮也。賓西階東，北面答拜。拜于階下。擯者辭，即辭。拜也；據下云「雖將拜」，蓋俯身欲下也。公降一等辭。將拜即降。曰：「寡君從子，雖將拜，興也。」擯釋辭。賓栗階升，疾趨君命。不拜，不敢成拜于上。命之成拜，階上北面再拜稽首。以上拜至。○右第二章，賓入，凡三節：一，迎賓；二，即位；三，拜至。

士舉鼎，士，甸人也。舉之，將入設。去鼏于外，將載，故去之。次入。以次入設，先牛。陳鼎于碑南，中庭。南面西上。入不易面。右人抽扃，南面以西爲右。抽扃者，扃以閉鼎而舉之，將載則抽而去之也。坐奠今文作「委」。于鼎西，南順；猶南肆也。出自鼎西。即委扃處。出，便也。左人待載。載于俎也，不出。雍人以俎入，雍人，疑内外饔之屬，俎一人。陳于鼎南。旅人南面加匕于鼎，退。旅人，未詳。注云：饔人之屬，士旅食者。舊圖：匕，飯秉，以棘爲之，長二尺六寸，葉長八寸，博二寸，以載牲體出于鼎。旅人持入，乃加于鼎也。饔人言入，旅人言退，互文。大夫長盥，將盥也。匕以大夫長，尊賓也。洗東南，西面北上，曰北上，則亦匕人矣。序進南進。盥。退者與進者交于前。洗東南。卒盥，序進，進鼎北。南面匕。載者西面。左人也，西面載于俎。魚腊飪。匕鼎無鮮魚腊，此蓋乾者。羹定矣，又言飪者，嫌如饗之有腥也。載體進奏。體，右胖也。奏，見《鄉飲酒》。魚匕縮俎寢右。魚匕，則牲體視此矣。縮，從也。蓋首西尾東，寢右，進鬐也。乾魚近腴多骨鯁。腸胃匕同俎。皆腹腴也。不異牛羊，略賤也。皆匕，則牛羊總二十八矣。倫膚匕。注：豕膚也。倫，理也，謂精理滑澁。○案：精理，謂腠理之精者，又《少牢》注以倫爲擇，謂擇其美者。蓋倫有等次之義，並存之。腸、胃、膚皆横諸俎，垂之。垂及俎距。大夫既匕，匕奠于鼎；逆退，東者先退。復位。東夾南。○右第三章，鼎入，載俎。

公降盥，賓降，公辭。卒盥，公壹揖壹讓，公升，賓升。宰夫自東房授醯醬，以醯爲醬也。授，授公。公設之。饌本，故親設之席前之中。賓辭，辭公親設。北面坐遷而東遷所。東遷于其所，視設處爲少東，蓋不敢當公親設之意。公立于序内西鄉。東序之北，不于阼者，示親饌也。賓立于階西，今文曰西階。疑立。西階上也。○案：注云：「不立階上，以主君離阼也。」據下公揖食、賓降拜，則在階上可知，故依今文易之。宰夫自東房薦豆六，設于醬東，西上：韭菹以東醓醢、昌本；昌本南麋臡，以西菁菹、鹿臡。醢人朝事之豆，八，去其二。士設俎于豆南，西上：士，膳宰，《周官》膳夫上士。牛、羊、豕，西上東肆。魚在牛南，腊、腸胃亞之，膚以爲特。注：特者，直豕與腸胃東也。特膚者，出下牲，賤也。旅人取匕，甸人舉鼎，即上舉鼎者。順出，牛鼎先，餘則順次而出。奠于其所。原陳之處。宰夫設黍稷六簋于俎西，二以並，東北上。黍當牛俎，牛俎之西。其西稷，錯以終，南陳。稷南黍，黍東稷，稷南黍，黍西稷，蓋交錯而南，與《聘禮》東上者别。大羹湇今文作「汁」。○大羹，太古之羹。湇，煮肉汁也，在爨。不和，無鹽菜和之。實于鐙。鐙，瓦器，如豆，以盛羹。宰右執鐙，宰，太宰也。太宰執登，尊太羹也。左執蓋，此似分登與蓋爲左右者，但蓋以辟塵，既不入設，徒執何爲？此蓋當在登上，以左手按之，欲其固爾。由門入，升自阼階，今文曰「入門自阼階」，無「升」。○由夾北出門，執之以入。盡階不升堂，以即降也。授公，以蓋降，出，徹蓋于外。入反位。東夾北。公設之于醬西，醬西者，公故設醬處之西，賓遷醬于東，乃又設湇于其處。賓辭，坐遷之。亦東遷所。宰夫設鉶四于豆西，東上：牛以西羊，三牲之鉶。羊南豕，豕以東牛。飲酒實于觶，亦有漿，後設之。加于豐。宰夫右執觶，左執豐，進設于豆東。宰夫東面坐，啓簋會，簋蓋也。各郤于其西。贊者負東房，南面，贊者即擯。告具于公。正饌具也。公在序内西面。○右第五章，陳正饌。

公再拜，揖食。拜亦當楣北面。揖食，揖賓進之，使食也。賓降拜，公辭。命擯辭。賓升，再拜稽首。賓升席坐，取韭菹上豆。以辯擩于今文無「于」。醢，擩，猶染也。醢，醓醢也。曰辯，則亦擩于醬，醬亦醢也。上豆之間祭。上豆，韭菹也，以其西上第一豆，故曰上。間則菹、醢二豆之間也。贊者東面坐，在西近簋。取黍實于左手，實者，右手各取少許置之左手，非滿把也。辯；黍三簋，皆徧也。又取稷辯，反于右手；反實于右，便于授也。曰反者，以本自右手來也。興以授賓。相祭也，遠故授之，授坐不立。此興者，重穀也。賓祭之。亦興受，坐祭于豆間。三牲之肺不離，切而不離也。贊者辯取之，坐取，興授。壹以授賓。一一以次授之。賓興，受，坐祭；受而祭之豆間。捝手，扱上鉶，牛鉶也。此以祭，則扱者扱菜也，下同。以柶辯擩之，擩，猶扱也。四鉶皆徧。上鉶之間祭；牛、羊二鉶之間。祭飲酒于上豆之間。魚、腊、醬、湆不祭。魚、腊非盛饌，醬、湆非牲，故不祭。〇以上祭正饌。

宰夫授公飯粱，上不授黍而此授粱，重加籩之首也。公設之于湆西。湆西少遠。賓北面辭，坐遷之。遷近于湆。公與賓皆復初位。以將加饌也。初位，序內，及兩階。宰夫膳稻于粱西。膳，進也。稻不親設，下于粱也。士羞庶羞，皆有大，膴也，以肥美者爲大臠，所以祭。蓋、豆蓋。執豆如宰。亦右執豆、左執蓋，以蓋降。先者反之，先，謂執膷豆者。十六豆，皆先者設之，則不反也。曰反之者，謂媵羞者不升堂，先者受豆而反其蓋也。此當在下盡階不升堂之後，授以蓋之前。〇疏以先者爲第二人以下，下注謂媵羞者授先者蓋，其説俱未安。蓋同一先者，不應上下異視。又蓋在豆，媵羞者亦無不授豆止授蓋之理。且據經言執豆如宰，上言宰以蓋降，則下媵羞者當亦如之。其不授先者可知矣。又敖氏以「反」爲先者既往復來之辭，亦與「之」字義未合。由門入，升自西階。據此，則庶羞不在房。先者一人升，設于稻南簋西，腳豆也。稻南者，稻之西南也。庶羞加，不與正豆並。間容人。其間容設者及賓往來。諸饌皆然，此特明之。旁四列，西北上；四列，下所列是也。西北，上腳豆也。腳古文作「香」。以東臐、膮、牛炙；炙，炙肉也。四者爲北第一列，自西而東。炙南醢，四醢，爲炙胾鮨而設。以西牛胾、切肉。醢、牛脂；《内則》作「牛膾」。所謂「肉腥細者爲膾，大者爲軒」也。此第二列，自東而西。鮨南羊炙，以東羊胾、醢、豕炙；此第三列，自西而東。炙南醢，以西豕胾、芥醬、魚膾。《内則》：「膾，春用葱，秋用芥。」此第四列，自東而西。東西交列，屈也。胾醢雜陳，錯也。衆人騰羞者，騰，進也。盡階不升堂，衆則喧賓，故不升。授以蓋，上先者反之句，當在此句之上，蓋先者受豆，以蓋反授之也。降出。贊者負東房，告備于公。以上陳加饌。

贊升賓。升賓于席。賓坐席末，西也。取粱即稻，即，就也。祭于醬、湆間。不于豆間者，與正饌别。贊者北面坐，辯取庶羞之大，據上言皆有大，則膾亦有大，惟醢醬無大。興，一以授賓。一并授之。賓受，併受。兼壹祭之，不分祭，異于正饌，亦祭于湆、醬之間。賓降拜，拜庶羞也。公辭。賓升，再拜稽首。公答再拜。以上祭加饌。

賓北面自間坐，兩饌之間，不于席者，席必南面，此取公所設，須北面也。左擁簠本作「簋」，依《石經》改。粱，粱在西，北面則西爲左也。擁，抱也，不言執簋者，簋似鼎，舉必兩手，此右手將執湆，故第以左手擁之。右執湆，湆在東，北面東爲右也。登中有柄，故可執。以降。二者皆公親設，不敢安食于堂，故降，欲食于下也。用湆者，以飯必歠之；不以醬者，粱不須醬也。公辭。不降者，此視拜爲輕。賓西面坐，奠于階西，降階奠于其西，故西面也。必奠于西階者，以將食于其處。東面對，轉而鄉公，乃對。對者，述其所以降之意，且從命也。西面坐取之；左擁右執。栗階升，北面，反奠于其所；反，還也。所，上席前醬西設處。降辭公。辭，辭其親臨己食，嫌同于贊者侍食之禮也。公許，賓升，公揖，退于箱。東堂也。注云：東夾之前。擯者退，釋辭畢，賓將食，無事故也。負東塾而立。賓坐，遂卷加席，卷置席末。前已即席坐矣，此始卷之者，前特坐祭爾，此將食，不安于坐也。公不辭。公在廂，辭必親來，重勞賓也。賓三飯，以湆醬。每飯必歠湆，又以殽擩醬，食正饌也。宰夫執觶漿飲與其豐以進。賓挩手，方飯故挩。興受。受觶。宰夫設其豐于稻西。爲賓奠觶也。稻西者，《弟子職》云「左酒右漿」，南面西爲右也。庭實設。乘皮侑幣也。賓坐祭，遂飲，奠于豐上。以上三飯。

公受宰夫束帛以侑，西鄉立。序内也，庭實設至此一時並行，無先後也。賓降筵北面。以君將有命也。北面于西階上。擯者進，相幣。釋辭。賓降，辭幣，升，君升之。聽命，聽，從也。君當有勿辭之命，賓從之也。降，拜。將拜受。公辭。賓升，再拜稽首，受幣當東楹北面；東楹之北也。主君南面授之。退西楹西，東面立。退由西楹西，將舉步降階矣。因公將拜，故少東鄉，舉步逡巡，似乎立也。公壹拜，拜雖未畢，亦一拜也。賓降也，執幣降。公再拜。一拜未畢，賓已降辟，公遂成拜。〇按：受幣當退，不待公拜始退也，君一拜未畢，賓已降，則一拜且不敢當，何有于成拜？上注以東面立爲俟君送幣，是俟君拜也。此注云「不敢俟成拜」，亦是此意，易之。介逆出，迎賓以出，其實賓將出未出也。賓北面揖，揖執皮者。執庭實以出。與執皮者俱出。公降立。俟賓反。上介受賓幣，從者訝受皮。《聘禮》士介亦曰從者，此注謂「府史之屬」，非是。〇以上侑賓。

賓入門左，介從入。沒霤北面，門内霤也。沒則過之矣，以公在庭故也。再拜稽首。將拜也。食禮未畢，理應復入。再拜者，以公降立而待，故拜其厚意，下注所云是也。〇注云「不退則嫌，更入行拜。若欲從此退」者，似非古人誠信之道。又敖氏謂拜侑幣，不知上已拜受，何必又拜？並易之。公辭，拜于下，故辭。揖讓如初，初入。升。公先賓後。賓再拜稽首，升乃成拜。公答再拜。賓降辭，以公尚臨己食也。公如初。許之。賓升，公揖，退于箱。賓卒食，會飯，會飯，未詳。注以爲黍稷，據上黍、稷獨言啟會，稻、粱不言會也。然則會飯者，謂簋有會之飯與？三飲，上三飯乃飲，此三飲則九飯也。合正食則十二飯矣。《少牢》、《特牲禮》疏「小數曰飯」，蓋一口爲一飯。不以醬湆；醬以配牲，此庶羞不用也。注云：初食加飯用正饌，此食正飯用庶羞，互相成也。不以湆者，庶羞中有膷、臐、膮，則湆之類也。挩手，興；北面坐，取粱與醬以降；不以歸而取之以降者，示親徹也。粱爲加饌之首，醬爲正饌之首，故取之以概其餘。西面坐，奠于階西，東面再拜稽首。卒食拜也。公在東廂，聞賓降出堂西面，故東鄉拜之，拜畢乃出。公降，再拜。答之也，賓且出，不復辭之使升堂，故亦降而答之。介逆出，賓出。公送于大門内，再拜。賓不顧。以上賓卒食出。右第四章，食賓，凡五節：一，正饌；二，加饌；三，三飯；四，侑賓；五，賓卒食出。

有司卷三牲之俎歸于賓館。卷，猶收也，無遺之辭。正饌重三牲，盡以歸賓，尊之也。○注云：「賓于篚。」竊謂經明言「俎」，與下「不親食」禮異，不當據以爲例也。魚、腊不與。非盛饌也。言此，則腸胃、膚可知。○以上歸俎。

明日，賓朝服，拜賜于朝，朝門也。拜食與侑幣，幣亦食中之事。拜食又拜幣者，君親授也。《聘禮》拜饔餼、不拜束帛者，彼使人致之。皆再拜稽首。訝聽之。以上拜賜。右第五章，食後之禮，凡二節：一歸俎，一拜賜。

上大夫八豆，上大夫，孤卿也。孤即以卿爲之，則孤卿一爾。八簠，六鉶，九俎，並詳《聘禮》歸饔。魚、腊皆二俎；魚、腊，鮮與乾各一俎。魚、腸胃、倫膚，若九若十有一，此上經所謂个也。九，小國之卿；十一，大國之卿。《典命》諸侯之臣，大小國各有等也。○注謂「孤視子、男」，此《大行人》王朝之禮也。以侯國言，如燕射禮，孤位同于卿，則爲使當亦無異也。若以子、男待之，則幾于諸侯相朝，非聘使矣。下大夫則若七、若九。七者，小國之大夫；九者，大國之大夫也。其同于小國之卿者，再命等也。庶羞，西東毋過四列。不言南北者，惟下大夫十六豆，從横皆四列；若上大夫二十豆，則南北五列也。上大夫庶羞二十，「二十」，《石經》作「廿」。加于下大夫，以雉、兔、鶉、鴽。《内則》膳二十豆，前十六豆，上經加饌詳之。蓋下大夫禮也，此則其後之四豆，合之爲上大夫二十豆，所謂加于下大夫者以此。

○案：疏謂鶉、鴽一物，據《爾雅》：「鴽，鴾母。」郭注以爲鵪，則鵪也。一物不可爲二豆，此「鴽」字當從《内則》作「鷃」，《莊子》所謂「斥鷃」是也。《内則》注改「鷃」爲「鴽」，遂分一物爲二豆。此「鴽」字，焉知非注家所改與？○以上俎豆多少之制。

若不親食，使大夫各以其爵，朝服，以侑幣致之。豆實實于甕，在堂上，則醬東之豆也。陳于楹外，二以並，每豆一甕。北陳。簠實實于筐，筐米四。陳于楹内，兩楹間，在中者，食主于飯也。二以並，南陳。庶羞陳于碑内，此亦豆實，當實于甕，凡十六甕。本堂上饌，故近堂設之；「不于堂」者，加饌也。庭實陳于碑外。乘皮在碑外者，本庭實也。牛、羊、豕陳于門内，生致之，如《聘禮》歸饔之陳。西方東上。賓朝服以受，如受饔禮。詳《聘禮》。無儐。禮之殺。明日，賓朝服，以拜賜于朝。訝聽命。道之。○以上不親食。

大夫相食，親戒速。質明戒，羹定速之。迎賓于門外，拜至，皆如饗拜。《聘禮》：大夫于賓一饗一食，故得如饗之拜。一拜于門，一拜于堂。言拜，揖讓可知。降，盥。受醬、湇、受醬亦降，大夫禮異。侑幣束錦也，皆自阼階降堂受，受有三：醬也，湇也，幣也。降有四：三受及一盥也。注第言三降，據不從降者言也。授者升一等。賓止也。不從降，賓主敵體也。賓執粱與湇，之西序端。之，往也。不降，别于君；餘同君食禮。主人辭，賓反之。反奠于其所也。卷加席，主人辭，亦與君別。賓反之。辭幣降一等，主人從。主人方降一等受，賓即降辭，與主人並在一等階也。主人從。主人又請賓許，乃升。主人從升，將授之也。○注謂「從，辭賓降」，未審。受侑幣，再拜稽首。卒拜受之。主人送幣亦然。再拜稽首。辭于主人，辭主人臨己食。降一等，降不盡階，殺于君。主人從。從降，許之，乃退。卒食，徹于西序端，亦徹粱及湆。東面再拜，鄉主人拜卒食。降出。其他皆如公食大夫之禮。若不親食，則公作大夫朝服以侑幣致之。賓受于堂，無儐。以上大夫相食。右第十章，食之餘禮，凡三節：一，俎豆多少之制；二，不親食；三，大夫相食。

【記】不宿戒。宿，前期也。食禮輕，本日戒之而已。戒不速。食日夙興戒之，賓即從來，不待速也。不授几。異于醴。無阼席。此當別有所指，若食本無阼席，不待言也。享于門外東方。君禮也。亨人掌之。司宮具几與蒲筵常，二尋爲常。筵長丈六尺，以便往來。緇布純，純，緣也。加萑今文作「莞」，亦蒲也。席尋，萑，細葦席也。八尺爲尋。玄帛純，加席，故美其飾。皆卷自末。首在外，展則自上至下便也。宰夫筵布席曰筵。出自東房。司宮具之置于房，宰夫出之。賓之乘車在大門外，賓車不入門，廣敬也。西方北面立。西方，近賓次。北面，便于待賓出也。鉶芼：芼，亨也。牛藿，藿，豆葉也，牛汁芼之。羊苦，今文作「芐」。○苦，荼也。豕薇，皆有滑。滑，調和之名。《内則》注云：「秦人溲曰滫，齊人滑曰瀡。」謂堇荁、枌榆及新生乾薨，相和滫瀡之，令柔滑也。○荁，音完，堇屬。贊者盥，從俎升。從者，俎其所有事也。簠有蓋冪。稻、粱將食乃設，去會，蓋以冪，經文不具爾。凡炙無醬。已有鹹和。庶羞用醯，此言醬者，其屬也。上大夫蒲筵，加萑席，其純皆如下大夫純。此言上、下大夫之席同，蓋以補上所不及也。卿擯由下。不升堂，以堂上有贊也。上贊，下大夫也。上，堂上。上大夫庶羞，酒飲漿飲，庶羞可也。經設漿飲在庶羞之後，又不言食庶羞，故記云羞時即可進酒飲漿飲飲之，并食庶羞，蓋以上大夫之禮，廣經之所不及也。拜食與侑幣皆再拜稽首。嫌上大夫不稽首。○或曰：此已見於經，疑衍。

儀禮卷第十

仁和吴廷華章句

覲禮第十

覲禮第十覲，見也，蓋諸侯入王之名。《大宗伯》四時之朝曰朝、曰宗、曰覲、曰遇，又《大行人》「秋覲以比邦國之功」是也。❶《虞書》「肆覲東后」，則巡狩禮爾。《大行人》等職所載牢積之禮最詳，此經所存不過十一，則脱闕者多矣。兩經詳略，當參看而得之。先王柔遠之意至周，非拘文牽義所能盡也。覲于五禮屬賓禮，當第八，第十説非，詳《士冠禮》。〇案：《大行人》四時之朝，本無詳略異同。蓋春、秋雖有殊時，朝、覲不過一禮，即有同異，其節亦微。注因此經略而不詳，遂謂覲、遇禮省，既與《大行人》經義不符，又遇禮無考，亦未便據此以例彼也。又此經「饗禮，乃歸」以上爲覲之正禮，此下疑爲他篇脱爛之文，類附于此。若並以爲覲禮，失之遠矣。下分詳之。

❶「覲」，原作「見」，據《周禮》改。

覲禮：至于郊，郊，近郊，去王城五十里之内。諸侯告廟命官而后行，及畿，亦當有一肆三展之節如聘。王使人皮弁用璧勞。注：「《小行人職》：『凡諸侯入王，則逆勞于畿』，❶則郊勞者，大行人也。皮弁，天子之朝服。」據此，則侯氏叩關，關人告之，小行人出勞，乃以賓入，如聘。委積等禮，《掌訝》、《環人》諸職詳之，如聘。至是大行人又勞之。璧特而不以帛者，蓋璧以將命，與享禮不同也。用玉，重其事。侯氏亦皮弁，五等通曰諸侯，此曰侯氏，就一人言之也。迎于帷門之外，再拜。天子，掌舍爲帷宫，設旌門。此諸侯，不帷宫。或以帷爲壇壝之門與？不于舍者，覲禮別也。使者不答拜，遂執玉，璧也。此言執，則在道不執矣。三揖。至于階，使者不讓，先升。升壇。凡異乎聘者，尊禮別也。侯氏升，聽命，不言致命，文省。降，再拜稽首，使者不辭降。遂升受玉。東西面。使者左還而立，注以左還爲南面，則東面致命也。立不降者，將還玉。侯氏還璧，玉重禮，與束帛不同，故還之。使者受。侯氏降，再拜稽首，還玉再拜，加敬也。使者乃出。侯氏乃止使者，迎之，請儐也。使者乃入。亦庭實設。侯氏與之讓升。使不先升者，非君命也。侯氏先升，道之，主人之禮也。○注以先升爲賓禮，非。授几。使者升，乃授之。不言席者，止使者時，有司先布之也。侯氏拜送几，使者設几，答拜。侯氏用束帛、乘馬儐使者，使者再拜，受。受帛。侯氏再拜送幣。使者降，以左驂出。侯氏之人，牽三馬從出。

❶「勞」，原無，據《周禮》補。

侯氏送于門外，再拜。從亦拜，天子使也。侯氏遂從之。從勞者至朝。〇右第一章，郊勞。

天子賜舍，道路勞苦，先使就安。小行人爲承擯以致館。注云：「所使者，司空也。」曰：《石經》無「曰」。「伯父女順命于王所。諸侯不一稱，言伯父以概其他也。順命謂覲。賜伯父舍。」此擯者傳致館之辭也。侯氏再拜稽首。受館。儐之束帛、乘馬。禮如郊勞。〇以上賜舍。

天子使大夫戒，大夫訝者。曰：「某日，覲日。伯父帥乃初事。」帥，循也。初，故也，謂故事。侯氏再拜稽首。以上爲期。

諸侯前朝，前朝，朝之前一日也。皆受舍于朝。即門外之次也。曰舍，尊之。受之，則上介也。曰諸、曰皆，下又合同異姓言之，似皆不一之辭；其實大概言之，謂凡朝者皆然，非如疏同日行禮之説也。同姓西面北上，主位。異姓東面北上。賓位。〇以上受次。

侯氏裨冕，裨之言埤。天子六服，大裘爲上，餘皆爲裨，蓋諸侯衮冕以下皆服之。此覲日之質明也。釋幣于禰。行時以束帛依神，此乃告。〇以上釋幣。右第二章，覲前諸雜儀，凡四節：一，賜舍；二，爲期；三，受次；四，釋幣。

乘墨車，乘大夫之車，屈于王也。載龍旂，《司常》交龍爲旂，諸侯所建。言載不言張，則不張，亦屈也。弧韣，弧，弓也。弓衣曰韣。旗正幅直爲縿，斿則縿之外飾也。龍旂九斿，屬于縿。縿以弧張之，此不張，故載弧而韜之。不言矢，矢畫于縿也。乃朝，以瑞玉，有繅。天子設斧依於豈反。于户牖之間，依如今屏風，畫繡斧黑白文，以示斷也。左右几。《司几筵》：大朝覲，王位設黼依，依前南鄉設莞筵、紛純，加繅席、畫純，加次席、黼純，左右玉几，以安至尊也。不言席，可知。天子袞冕，袞十二章，冕十二旒。○《周禮》注以爲九章，悮。負斧依。負，背也，南面。不言迎者，四時之朝皆不迎，惟饗乃迎。嗇夫承命告于天子。嗇夫，《左氏傳》注以爲主幣之官，注以爲司空之屬，未知孰是。又注以爲末擯，則承命者，承天子命，傳以出，告者傳侯氏説以入也。《大行人》：天子見，公擯五，侯、伯四，子、男三。天子曰：「非他，言所以受于廟者，非有他也。下所謂嘉其來朝爾。伯父實來，來朝。予一人嘉之。嘉美之。伯父其入，予一人將受之。」上擯傳而下，至下介，遞傳而上，侯氏乃奉命入。侯氏入門右，門東，臣道也。介從。坐奠圭，此命圭也，以爲贄，卑者奠摯而不授。《明堂位》崇坫康圭。據此則坫即在門右也。再拜稽首。擯者謁。告也。天子將以賓禮親受之，故告侯氏。侯氏坐取圭，遂至門左。升，西階。致命。四時之朝，命之天子，此乃申之，見非無故來也。王受之疑衍。玉。此亦輯五瑞之義。王南面，侯氏北面。侯氏降，階東北面，再拜稽首。拜送。擯者延之，傳命進之。曰：「升！」升成拜，乃出。王授宰玉。○右第三章，正覲禮。

四享，「『四』」當作「『三』」。《大行人》諸侯廟中將幣皆三享，故古書作「三」。皆束帛加璧，庭實惟國所有。注以皮、馬及《禮器》「三牲、魚腊、籩豆之實」等言之，謂惟所有，分爲三享，而以幣致之。此其大概也，至各州所有，則當以《禹貢》爲準。○又注云：初享止用璧帛，至次享以下，惟國所有。未安。奉束帛，匹馬卓竹角切。上，匹，一馬也。卓，高也，超也。上，前也。謂超卓于九馬之前也。○注以卓爲的，謂一馬爲上，以素的書國名及何産也。案：此即《易傳》「爲的顙」之的，彼注所謂額有白毛，如今之戴星馬者，故鄭以「素的」言之。的非作書之地，識之當别有物，其説似不足據也。九馬隨之，十匹者，不敢斥王之乘，❶且以成數爲敬也。十人分牽之入。中庭西上；卓上爲上。奠幣，再拜稽首。擯者曰：「予一人將受之。」亦傳辭，且升之。侯氏升致命。享亦王命。王撫玉。如《昏禮》舅撫之也。璧，輕于瑞，故撫之，以示受而已。侯氏降自西階，東面授宰幣，璧帛也，以上三享同。西階前再拜稽首，送幣。以馬出，卓上者。授人，王人受于外，與聘異。九馬隨之。不言其他，以無定物也。事畢。右第四章，三享。

乃右肉袒于廟門之東。此恐懼待罪之意。袒右，變于禮事也。注云「刑宜施于右」，未然。蓋侯氏之罪，不過貶削。若其罪當刑，則六師早移之矣，何待覲後？乃入門右，北面立，告聽事。介告擯也。述職不敢自謂無過，故聽事。聽事，猶待罪也。○案：此禮僅見于此，姑擇訓詁之稍可安者，存之以備參。擯者謁諸天子。天子辭于侯氏，釋辭辭之，命無袒也。曰：「伯父無事，猶言無然，謂袒也。歸寧乃邦！」侯氏再拜稽首，出自屏南，天子外屏，出屏南乃襲也。適門西，復初位。遂入門左，北面

❶「斥」，原作「斤」，據四庫本改。

立。王勞之。道路勞苦。再拜稽首。擯者延之，曰：「升！」升成拜，降出。右第五章，聽事及勞。

天子賜侯氏以車服。所謂「車服以庸」也，此亦報享之意。以上尚有歸饔餼及后致飲之節，文略也。迎于外門外，再拜。古文「迎于門外」。路先設，路，大也。天子之車曰路，尊大之。先，先于服也，在中庭。西上；一車而曰上，對亞者言也。路下四亞之；四，乘馬也，與駟同。亞，次也，謂次車而東。重賜無數，匪頒好予，多少由君恩也。在車南。加賜皁于車也。諸公奉篋服，篋服，置服于篋也。公，天子三公，使之致命，示車服之重也。公奉篋而曰諸，則不止一篋矣。加命書于其上；書兼車服，加于篋者，篋面可置書也。升自西階，東面；太史是古文作「氏」。右。曰是右，則非但在其右也。蓋如周公右王之右，謂左右之，如下述命加書之屬。侯氏升西面立。聽命。太史述命。奉命書讀之。侯氏降，兩階之間北面，再拜稽首，拜天子命，異於常禮。升成拜。太史辭之，乃升。太史加書于服上，服在篋，故亦曰服上。侯氏受。授介。使者出，侯氏送再拜。儐使者；諸公賜服者束帛四馬，賜不止于服，曰賜服者，以重者言也。儐太史亦如之。同姓大國則曰「伯父」，其異姓則曰「伯舅」，同姓小邦則曰「叔父」，其異姓小邦則曰「叔舅」。伯、叔、父、舅，尊且親之。〇案此爲一定之稱，惟《曲禮》二伯曰伯父、伯舅，九牧則以叔父、叔舅別之，與此不同。疏云：《曲禮》二伯，不問同異姓皆稱伯父，九牧稱叔父。不知何據。饗禮乃歸。《掌客》上公饗食燕各三，餘以其等爲差。此經無文，闕也。

○右第六章，賜車馬及饗，而覲禮畢。

諸侯覲于天子，以下別爲一禮。覲，所謂「肆覲東后」，蓋巡狩時殷同之禮也。司儀所掌，大概相似而不同。爲宮方三百步，所謂壇壝宮，蓋壝土爲埒以象牆壁也，故曰宮，有壇有帷。疏云：在國外。四門；四方有門。壇十有二尋，方九十六尺以象堂。深四尺，高也。曰深者，從上度下之辭。加方明于其上。方明，所祀者，故加于壇。注：「方明者，四方上下神明之象。」《司盟》「北面詔明神」，其方明乎？方明者木也，以木爲之。方四尺，設六色：東方青，南方赤，西方白，北方黑，上玄，下黄。皆繪畫之。設六玉：注：「刻其木而著之。」上圭，下璧，注：「上宜以蒼璧，下宜以黄琮，而不以之，則上下之神非天地之至貴者也。」南方璋，西方琥，北方璜，東方圭。上介皆奉其君之旂置于宮，其義未聞。疏：「鄭注《夏官》中夏辨號名，曰此表朝位之旂，與銘旌及在軍徽幟同，皆以尺易刃。」建之，在前一日。尚古文作「上」。左。亦別于常禮。公、侯、伯、子、男皆就其旂而立。四傳擯。傳擯，謂擯者傳辭。四，其四門與。注以爲五服四等之位，每一位畢，擯者告，乃陳列而升。敖氏則以一朝三享，皆傳辭也。○右第七章，爲宮以朝諸侯。

天子乘龍，馬八尺以上曰龍。乘，乘輅而駕馬也。載大旂，本作「旆」。○注：「太常也。」象日月，日月爲常。升龍降龍；疑即交龍也。○案經言旂，則交龍矣。下仍合日月與龍言之，是所謂「龍章而設日月」與。《春官·司常》之制不同，故《司常》不言大，此獨言大也。出，拜日于東門之外，注：此會同，以春帥諸侯而朝日于東郊。反祀方明。注：祀方明，乃以會同之禮見諸侯。盟時，又加于壇，以載辭告。禮日于南門外，禮月與四瀆于北門外，禮山川、丘陵于西門外。右第八章，拜日、祀方明及日月之事。注此會同以夏、秋、冬者也。變拜言禮，客祀也。盟神必曰日月山川，尚著明也。

祭天燔柴，《爾雅》：「祭天曰燔柴。」《大宗伯》祀天神以柴，《虞書》巡狩亦用柴，注則以爲祭日也。祭山、丘陵，升，小陵曰丘，大阜曰陵。《爾雅》：「祭山曰庪縣。」注謂：「或庪或懸，置之于山。」《山海經》曰：「懸以吉玉。」疏云：庪埋藏之。此言升者，升而庪懸之也。祭川沈，《爾雅》：「祭川曰浮沈。」言投祭水中，或浮或沉。此文略。祭地瘞。《爾雅》「祭地曰瘞薶」，謂既祭埋之。注云：此祭月。○右第九章，祭外神之事。注則以爲會盟也。

【記】案《儀禮》記無略于此者，故或疑諸侯覲于天子以下爲記說，非經本文，存之以備一說。几侯于東箱。東序也。侯王負扆設之。偏駕不入王門。王五輅，正駕也。諸侯金路以下，俱謂之偏。王門，國門也。偏駕不入，故乘墨車以朝。奠圭于繅上。侯氏入門奠圭也。康圭有坫，曰繅上者，時方屈繅纏于圭，自旁觀視之，如在繅上也。

儀禮卷第十一

仁和吴廷華章句

喪服第十一

子夏傳人死曰喪。喪，去聲。此謂生人喪之喪，平聲。服，天子以下，相喪之服，斬、齊、功、緦是也。言服而不及其他者，冠、絰、帶、屨、杖皆服。年月多寡，亦以服斷也。人心至痛，莫若死亡。賈疏云：「貌以表心，服以表貌。」《間傳》云：「斬衰貌若苴，齊衰貌若枲。」蓋表貌以表心，所謂稱也。此于五禮屬凶禮，當第四，第十一説非，詳《士冠禮》。〇案：古禮之行于今者惟此篇，雖列朝因革不同，而古制尚未盡失。蓋聖人折衷于天理人情之至，以爲王者教孝之要法，生民惇典之大經。儒者最宜詳審，不徒丹黄佔畢而已。附列朝服制者，明古法著爲憲章，與愛羊、愛禮之意不同等也。

喪服：斬衰裳，斬，謂截布斷之。曰斬者，《三年問》所謂創鉅而痛甚也。上曰衰，下曰裳，衰有二：一當心，綴之衣，下記「衰長六寸，博四寸」是也；一即衣，前有衰，後有負版，領有辟適，下記「凡衰外削幅」

是也。二者皆取摧傷之意，據彼注合衰負版、辟領，謂孝子哀戚無所不在，則惟父母之喪用之。先儒謂齊衰以上皆然，此則所謂衰者，衣爾。裳無別制，輕也。斬衰，正服布三升，義服三升有半。升，八十縷，蓋麻之極麤者。三日成服服之，卒哭受服，正、義并六升，練易大功衰七升，大祥麻衣十五升，禫而纖，裳未聞，蓋視衰。女子在室，略同。苴絰，苴，子麻，麻之極麤惡者，在首在要，皆曰絰。首絰如環，加喪冠上，系以繩纓；要絰象大帶，並用苴。《檀弓》疏：五服之絰皆樛，惟環絰不樛。樛，絞也。下「殤大功」章注：「大功以上絰有纓。」首絰，朱子謂圍五寸，首絰視要絰去五之一。絰，實也，明孝子有忠實之心也。杖，竹杖也。在此者，杖雖不用苴而有苴名，且圍制如要絰也。絞帶，絞帶象革帶，以束身。絞者，合而糾之，蒙上「苴」字，則亦用苴。《士喪禮》厥明小斂，服首絰，奉尸夷堂，服要絰散垂，三日成服，杖，絞帶垂。卒哭，説絰帶，易以葛，婦人易首絰以葛，小祥除之，杖，禫而棄之。冠繩纓，正、義並用布六升。纓，冠系，繩糾麻爲之。于此言冠者，喪重衰絰也。成服服之，卒哭，受冠。正、義同七升。練，練冠。祥，縞冠。禫，纖冠。菅古顏反。屨者。菅，茅屬，亦三日服之。卒哭，受齊衰蒯藨屨，練繩屨，大祥白屨，俱無絇。不言三年者，體孝子罔極之心，且齊衰言三年，此可知也。者者，合下服此者言。三年之喪，卒哭而變服，期而小祥。又曰練，再期而大祥，中月而禫。○按：諸經皆云「三年之喪」，惟《小戴記》乃有二十五月而畢之説，至今並從之。唐王元感主三年非二十五月之説，張柬之據《春秋》駁之。但《春秋》多變制，恐亦非古法。蕭山毛氏曰：以二十七月之服而謂之三年，是欺父母也。愚亦謂人子之事父母，以實不以名。據《喪服》自期至緦，皆月之實數。獨三年則以二十五月畢之，本自可疑。又如漢文帝作短喪之偷，其以日易月也，則言三十六日而不言二十五日。漢時古制未亡，其三十有六之數，必有所自來。惜大紅、小紅及纖之制，其詳無可考爾，特存此以俟來者。傳曰：斬者何？不緝也。傳，猶訓詁之義，蓋子夏釋經語也。何者，作爲問辭以發明其義，下並同。緝，縫也。連屬之，不緝其邊也。苴絰疑衍。者，麻之有蕡者也。蕡，麻子也。苴絰大搹，此以首絰言，下齊衰之絰等並同。盈手曰搹。搹，把也，中人拇指與第二指一圍，以指尺度之，不過六寸，以爲首絰之圍有小于此者，故曰大。鄭注謂圍九寸，豈所據之尺爲最小者與？左本在下，本，麻根也。左本在下者，謂以麻根著頭左邊，從額前向右圍，由頭後至麻根處，以麻尾搭麻根之上而綴之也。○案：傳語未詳，今就朱子右本在上説而通之。去五分一以爲帶。此斬衰之帶也。以下絰帶各五。絰，首絰。帶，腰絰，曰帶者，蓋指象大帶者言之。去五分一者，謂腰絰得首絰五之四也。齊衰之絰，斬衰之帶也，與斬衰腰絰同。下並倣此。去五分一以爲帶。齊衰要絰，又去首絰五之一也。下並倣此。大功之絰，齊衰之帶也，去五分一以爲帶。小功之絰，大功之帶也，去五分一以爲帶。緦麻之絰，小功之帶也，去五分一以爲帶。合五服並發于此者，圍數迭減遞陳，故連及之。注：五分者，象五服之數也。苴杖，竹也。斬衰服之。謂之苴者，《大雅》疏「苴，草木之枯槁者」，則苴杖其枯竹與。然則貌若苴者，謂枯槁也。削杖，桐也。齊衰服之。削者，桐本圓，削去其枝葉也。或云：麤者削而去之。○案：注謂竹杖圓，桐杖方，以象天地。又説者謂桐杖上方而下圓。據《小記》「杖大如絰」，則二杖皆圓也。杖各齊其心，便于扶，且以表心也。皆下本。曰下本，則杖必取其近根者，以其堅，且順性也。杖者何？爵也。有爵者必有德。能爲父母致病，故以杖扶之。無爵而杖者何？擔主也。擔，肩也。主，主人，謂主病，杖任其扶持之責也。注云：假也，謂假之以杖。曲矣。非主而杖者何？非主，衆子之屬。輔病也。凡病者，皆當輔也。童子何以不杖？年十九以上，皆曰童子。不能病也。不能病，無知也，無知則無心可表，故不任服，亦不杖；當室緦，則亦杖也。婦人何以不杖？亦童子婦人也。童子曰婦人，「大功」章「婦人之長殤」是也。亦不能病也。成人婦人亦杖，則亦能病矣。○案：《小記》言主喪者不杖，則子一人杖。注以子爲童，則童子婦人亦杖。二節蓋大概言之。絞帶者繩帶也。絞麻爲繩以作帶。冠繩纓，條屬右縫，條，繩也。條屬右縫者，纓縫屬于武之右，而結之于左也。小功以下左縫。冠六升，外畢，冠前後兩頭，皆在武下。屈向外，又屈之縫于武，以畢其事也。鍛而勿灰。鍛，水濯治之也。勿灰，不須白也。衰三升。菅屨者，菅菲也，菲，屨也。曰菲者，作傳時有此稱也。外納。向外編之，猶外畢也。居倚廬，居者，適子以下所居也。孝子于殯宮門外，置楣于地，以五椽斜倚壁上，以草蓋之，椽上及旁，夾草蔽之，不塗，形如偏屋，北户。居此者，痛深不安處也。《雜記》注：「廬，哀敬之處，非有其實則不居。」所謂廬堊室不與人坐者，此也。非適子則又東矣。婦人不居廬。大喪宮正授廬，視親疎貴賤爲遠近，則皆有廬也，此第以孝子言。按《大記》，君宮之，謂有幃；大夫士袒之，則無障也。聶氏謂簾以縗，則户有簾矣。○案：舊説謂去東壁五尺，竊謂孝子不忍離其親，東壁則遠甚矣。此當在寢門少東，又其户北鄉，則在大門内塾之東，北鄉寢也。至謂非適子則在隱處，不欲人屬目，則不可解矣。寢苫枕塊，苫，編藁，哀父母之入土，故亦以身親之。哭晝夜無時。哀動則哭，故無時。此在朝夕哭之外。○疏以三無時言之，則仍有時矣，未然。歠粥，不言飲水，省文。朝一溢米，夕一溢米。米當用麤糲者，一手之盛謂之溢，則滿把而已。注云二十兩曰溢，則每食一升有奇。案：病者之粥必薄，且所食無多也。如注説，與常食何異？寢不脱絰帶。痛深，不求其體之適也。言絰帶，則衣可知。既虞，祭名。既葬而虞。翦屏，翦，芟也。屏，廂屏。既虞，改户西鄉。屏，廬兩旁所蔽之草也。剪去，將塗之。此屏與《間傳》「苄翦」爲剪蒲席頭者不同。柱楣，前楹，謂之楣。楣下兩頭施柱，塗其四面，用屏而設户。寢有席，食疏食，音嗣。○疏，麤也。粥亦疏，此但易疏爲飯爾。水飲，朝一哭夕一哭而已。未葬，則朝夕哭在殯宫。此已啟殯，故在廬朝夕一哭。禮止于此，若哀至而哭，則仍無時也。既練，舍外寢，舍，止也。小祥之祭曰練，時不居廬，即爲廬處壘墼爲屋，所謂堊室也。曰外寢，則少安矣。始食菜果，飯素食，飯音反，食之也。素，空也。謂不以肉佐飯。○案：注以素爲復平素之食，則飲酒食肉矣，非也。哭無時。禮有節，心則無盡也。

父。《檀弓》謂之「致喪」，蓋以恩制者也。適、庶子並同。先言父者，君亦有父也。歷代同。傳曰：爲父何以斬衰也？爲，于蔿反，下並同。○問者，疑其與母之齊衰異等也。父至尊也。父母，家之嚴君，而父又尊于母，故曰至尊。不言恩者，父母之恩等也。

諸侯爲天子。《檀弓》謂之「方喪」，下同。君之上特言天子者，尊王，不與餘君等也。言諸侯，則凡王臣可知矣。五服之親，亦從其重，下同。○案：《周禮·司服》「凡喪，爲天王斬衰」疏：「凡喪，諸侯諸臣皆爲天王斬衰。」崑山徐氏云：「諸臣，王朝之卿、大夫、士也。若諸侯之大夫爲天王，則下繐衰是也。又《通典》，晉張祖高以鄭氏士服天王斬衰説無明文，因據《雜記》「士居堊室」謂士當服期。謝沈答曰：「朝廷之士服天王斬衰。邑宰居堊室，則期。」傳曰：天子至尊也。合天下言。○以下二服，唐以後無之。

君。諸侯、卿、大夫、士。凡有士者，皆曰君。傳曰：君至尊也。以一國及一家言，君臣之義一也。

父爲長子。長子，適長子，其父亦適長子也。天子、諸侯皆曰太子，惟卿、大夫、士稱適。曰長子，則上下通。且立適亦以長也。疏云：立庶長子及適孫庶孫者，雖承重而不得三年。○歷代並同，《明會典》改不杖期。傳曰：何以三年也？疑與諸子異也。正體于上，注云：重其當先祖之正體，其指長子言。蓋孫祔于祖，是長子與祖爲體也，故曰正體于上。○疏以長子父言，未協。又乃將所傳重也。又以其將代己主宗廟，則所傳者重也。庶子不得爲長子三年，適子之弟及妾所生皆曰庶子。不繼祖也。祖，長子之祖，庶子之父也。庶子不得爲父後，則無重可傳，故長子亦不得繼祖，不當爲之三年也。○案：《大傳》説與此同，惟《小記》言「不繼祖與禰」，此聚訟之説所自起。其弊在悞認不繼祖與禰者，皆爲庶子耳。譙氏周曰：不繼祖與禰者，謂庶子身不繼禰，故其長子爲不繼祖，是可以正諸説之失矣。要之，傳言庶子不爲長子三年，正以明爲長子三年者之爲適子耳。馬融主戴聖、聞人通漢五世之適説，舍子而言曾孫，既與經義不符。鄭氏以爲不必五世，是也。賈公彦因注不必五世説，遂舉賀循、虞喜、庾蔚之四世之説証之，謂必適子適孫，乃得爲長子三年，外此則雖繼禰之適子，亦不得遂三年之服。是又舍子而言孫，其失與馬氏等。愚謂五世、四世，適適相承，其爲長子三年，不必言矣。若此傳止以繼禰之適子言，注亦謂爲父後者然後爲長子三年，則繼禰之適子，其長子即得與祖爲體而傳重，不必推之遠也。若《朱子語類》載或問：宗法既廢，庶子何必不爲長子三年？敖氏繼公據殤小功章，❶謂公之昆弟爲庶子，與大夫同，則爲長子三年，亦當與大夫同，因疑此傳之悮。不知宗法雖廢，服制自當從古。庶子之服，亦不可以例適子，其繆不足辨也。

爲人後者。爲宗子後。不言父者，不皆父也。爲祖後，爲高曾祖後，亦如之。不言爲所後，可知。○歷代同。傳曰：何以三年也？疑與生己者異。受重者必以尊服服之。受重，受傳重之重。尊，猶重也。何如而可爲之後？疑非盡人可爲。同宗則可爲之後。宗子所以收族，故須同宗。何如而可以爲人後？就同宗言。支子可也。次適也。適長子自爲其父母後，故以次適後大宗。不言庶子，嫌用妾子也。無次適，則以妾子，又無則以長適，俟其生子，還爲所生後也。爲所後者之祖父母、妻、妻之父母、昆弟、昆弟之子，此蓋略言之，推類以盡其餘可也。若子。若，如也。子，親子，謂如其親子之服，據爲人子者言也。若後高、曾及祖，則其妻之父母已無服矣。

妻爲夫。《小記》：姑在，則爲夫杖。傳曰：夫至尊也。妻雖以齊爲義，而夫實尊于妻。

妾爲君。奔則爲妾，媵亦曰妾，謂夫爲君，尊之。傳曰：君，至尊也。

女子子在室爲父。子者，男女對父母之通稱，故特加女子以别之。許嫁未嫁，皆在室也，嫁則降矣。

---

❶「殤」下，原有「服」字，據敖繼公《儀禮集説》删。

女子子在室，凡服視昆弟。《小記》主喪者不杖，則子一人杖。○歷代同。

布總，總，束髮，以疎布爲之。曰總，則束本及末矣。蓋韜髮以縰，束髮以總。《內則》「櫛縰笄總」是也。此言總，則去縰矣。始死縞總，成服用布，以終喪，五服並同。 箭笄，箭，竹也。始死，去吉笄。成服，箭笄，以終喪。 髽，露紒也。以麻自頂而前，交于額上，郤繞紒。注云：如後人之着幓頭也。小斂服之以終喪。 衰，斬衰如男子，又言之者，以其連裳，又無衽也。連裳，故不言裳。 三年。此合上下婦人喪服之異于男子者言也。在此者，嫌已嫁而反者之服或別也。妻、妾、女子子，已見于上，故不言「者」；「者」爲下出也。 傳曰：總六升，與冠等也。亦受七升。長去聲，下同。六寸，注謂出紒後垂之爲飾，則此第以垂者言。總之長，不止此也。○案：孔氏云：斬衰六寸，期八寸，大功同，小功緦一尺，吉總尺二寸。不見所據。 箭笄長尺，南宮縚之妻之姑之喪，榛笄長尺，斬衰亦同。○或云：大功以下，吉笄去首。存參。 吉笄尺二寸。連文及之。

子嫁反在父之室，反，被出而歸也。出嫁服期，今與夫族絶，則服與未嫁等，故亦言在室。曰父之室，則與未嫁者微別也。 爲父三年。《小記》：「爲父母喪，未練而出，則三年；既練而出，則已；未練而反，則期；既練而反，則遂之。」既練則已者，期服已除，又不及與兄弟同受服也。反，夫命還其家也。未受服，仍服期；既受服，則遂三年。○《政和禮》、《司馬書儀》無。歷代並同。

公士大夫之衆臣，士，卿士。衆臣非士，如煇、胞、翟、閽之屬，蓋吏也。 爲其君，布帶，齊衰之帶也。繩屨。大功之屨，亦三年服也。不敢與貴臣同服，蓋即不以杖即位之義。此本在君服節内，因帶屨有異，故别言之。仍繫之此章之末，則斬衰之服猶是也。〇《開元禮》云：國官爲其君，餘俱無。傳曰：公卿、大夫室老，家相。士，邑宰家宰。貴臣。二者皆貴臣，其服不殺。其餘皆衆臣也。君謂有地者也。君，謂所服者。地，采地。衆臣杖，不以即位。不與貴臣同。近臣，閽寺之屬。君服斯服矣。君嗣子，臣不世爵。曰君者，家長亦君也。近臣亦衆臣耳，以近君，不敢異也。繩屨者繩菲也。漢謂之不借。

右斬衰案不杖期，傳云：「父卒，然後爲祖後者服斬。」注疏天子諸侯父在爲祖斬衰，所謂父有廢疾、子代之執喪也。又祖父爲廢疾不立，己受國于曾祖。黄氏曰：爲曾祖後者斬。《喪服小記》「爲殤後者以其服服之」，又「與諸侯爲兄弟者服斬」。熊氏安生云：「凡與諸侯有五屬之親者，皆服斬。」注：「士爲國君斬。」天子卿、大夫之適子，爲天子亦然。《雜記》：「外宗爲君夫人，猶内宗也。」注：服斬，外宗，姑姊妹之女之類；内宗，五屬之女。疏：熊氏云：即嫁在他國，亦爲本國諸侯服斬。賀循、譙周諸家云：在己國則爲君服斬，他國則不服。子嫁，反在父之室。疏：天子之女嫁于諸侯，諸侯之女嫁于大夫，爲父母服斬，不降。戴德《喪服記》：「爲高祖後者斬衰三年。」唐律：「婦爲舅。」《宋史·禮志》：「婦爲舅姑。」《政和禮》：「凡夫爲祖、曾祖、高祖承重者，妻從夫斬。」《家禮》：「爲人後者，承其祖。」明《孝慈録》：「子爲母」、「爲人後者爲所後母，及所後祖母」、「女在室爲母」、「女嫁反在室爲母」、「適孫爲祖母及曾高祖母承重」、「婦爲姑」、「庶子爲所生母」、「子爲繼母、慈母、養母」、「夫爲人後，則妻從服」、「庶子之妻，爲夫之所生母」。今制增夫爲適母、繼母、慈母、養母，妻同。

疏衰裳齊，斬衰亦疏，于此言之者，嫌齊衰或細也。齊，緝裳下。斬衰先言斬，此後言齊者，斬在未成衰之前，齊在衰成之後也。牡麻絰，牡不帶子，惡減于苴，小斂服首絰，奉尸于堂服要絰，散垂，成服絞垂。冠布纓，輕于繩。三年者，降服七升，受八升；正服八升，受九升；義服九升，受十升。削杖，布帶，輕于絞。疏屨，草屨也。始死，服三年及杖期并三月者，服同于斬衰。不杖期者，白布深衣，十五升，素冠，吉屨無絇。成服，服齊衰裳，正服布五升，降服四升，義服六升，負版辟積。卒哭，受降服七升，正服六升，義服九升。三年者。傳曰：齊者何？緝也。牡麻者，枲麻也。牡麻絰，右本在上，以麻根着頭右邊，從額前向左圍，由頭後至麻根處，以麻尾納麻根之下而綴之。冠者沽音古，下同。功也。沽，麤也。此曰功，則上之皆不得言功。功言沽，則麤于大功矣。疏屨者藨皮表反。蒯古怪反。之菲也。藨，鹿藿也。蒯，菅屬。一云：藨，麤也，謂麤蒯。父卒則爲母。父在爲母杖期，厭于父也。父卒，則尊得伸，故三年。疏云：父服除而母没，然後三年。徐氏謂言父卒，則父卒即可服，何必服除？是也。○《開元禮》不分父存没，皆齊衰三年。《明會典》改斬衰，今因之。○厭，同壓，下並同。

繼母如母。後母也，繼母配父，恩雖有間，而尊親則同也。○歷代因革，同親母。《明會典》改斬衰，今因之。下慈母同。傳曰：繼母何以如母？繼母之配父，與因母同，注：因，猶親也。故孝子不敢殊也。慈母如母。傳言終其身，則與母又有間矣。傳曰：慈母者何也？傳曰：舊傳。妾之無子者，妾子之無母者，父命妾曰：「女音汝。以爲子。」命子曰：「女以爲母。」若是則生養之終其身如母，死則喪之三年如母，貴父之命也。貴，重也。若不命，則服庶母慈己之服，小功章所載是也。又《小記》：「爲慈母之父母無服。」母爲長子。服適長子，不問父在與否，此亦適子婦服其子也。《明會典》改不杖期，今因之。傳曰：何以三年也？父之所不降，母亦不敢降也。不敢以己尊降祖之正體。

右齊衰三年案：「斬衰」章「爲人後」傳曰：爲所後者之妻若子。明《孝慈録》改斬衰。《小記》妾爲君之長子，與女君同；妾從女君而出，則不爲女君之子服。《明會典》改不杖期。又《小記》祖父卒而后爲祖母後者三年，《明會典》改斬衰，今因之。又《小記》：「爲慈母後者，爲庶母可也，爲祖庶母，可也。」疏：父命己子，與其父妾有子子死者爲後，呼爲祖庶母，亦服之三年。「庶子爲父後者」注：「大夫卒，庶子爲母三年，士雖在，庶子爲母皆如衆人。」此謂所生母也，明並改斬衰。黄氏補天子之女嫁于諸侯、諸侯之女嫁于大夫，爲母皆齊衰三年，明改斬衰。戴德《喪服變除篇》「父卒爲君母」謂庶子爲適母也，繼母爲長子，爲高、曾祖後者服高、曾祖母；《開元禮》父在爲母，《政和禮》婦爲姑，《家禮》夫承重則從服；《開寶禮》養母，謂養同宗，及三歲以下遺棄之子者；《宋會要》爲所生母；《明集禮》女在室爲母，女嫁反在室爲母。《孝慈録》並改斬衰，今因之。

疏衰裳齊，負版辟領，衰六寸之屬，並同三年。牡麻絰，服期者小歛首絰，奉尸侇于堂要絰，散垂，成服絞垂。冠布纓，今文無此三字。升數並同齊衰三年。削杖，布帶，疏屨，複言之者，嫌其服或輕也。

期者。十五月而畢。傳曰：問者曰：何冠也？斬衰有三，其冠同；齊衰有四，不知冠之異同，故問也。曰：齊衰、大功，冠其受也；言冠之升數，與卒哭受衰同。問齊衰冠而并言大小功、緦者，以類及之也。緦麻、小功，冠其衰也。緦、小功無受，冠、衰升數同。帶緣各視其冠。帶，布帶，象革帶。緣者，喪中所服衣之緣也。升數並如冠，故連及之也。

父在爲母。《小記》：「庶子在父之室，則爲其母不禫。庶子不以杖即位。」又「慈母」注：「大夫之妾子，父在爲母大功。士之妾子，父在爲母期。」唐律改齊衰三年。《明會典》改斬衰，今因之。傳曰：何以期也？疑其應三年也。屈也。屈于父。至尊在，謂父。不敢伸其私尊也。母謂之私者，據子言之也。父必三年然後娶，改娶。達子之志也。達，通也，伸也。子于母屈而期，其心喪則猶三年也。三年後娶，其志乃伸矣。○案：古于父母之喪皆曰三年，此經獨以父之存没别之，故有疑其非古法者，但王道本乎人情，其父至期除服，而子以重服侍于前，得無傷其父心，屈之至期，所以安其父，而子心則仍不自已也。自其父達之而屈者伸矣。又父若子雖並服期，而三年之義父爲存之，緣情定制。禮有曲而致者，此其是與？

妻。傳曰：何以期也？疑同于母。妻至親也。《雜記》爲妻，父母在不杖，不稽顙；母在，不稽顙。蓋適子父在主喪，故爲妻不杖，此經爲無父者言也。又《小記》父在庶子爲妻，以杖即位可也。蓋父不主庶婦喪，故庶子父在爲妻亦杖，又《雜記》：「宗子，母在爲妻禫。」則父在不禫也。適子亦如之。

出妻之子爲母。出，去也。謂犯七出之法而去者，或未改嫁者。○以上歷代同。傳曰：出妻之子爲母期，則爲外祖父母無服。傳曰：絶族無施服，舊傳也。母出與廟絶，是與族絶也。旁及曰施。親者屬。母子至親，無絶道，故以服連綴之。出妻之子爲父後者，適子。則爲出母無服。《小記》：無服也者，喪者不祭故也。傳曰：與尊者爲一體，尊者謂祖，是正體也。不敢服其私親也。❶

父卒繼母嫁，從爲之服，繼母由疏而親，嫁則仍疏矣。亦爲之服者，從嫁故也。不從則不服。報。嫁母亦如其服以答之也。○案：馬氏融謂重成母道，故隨爲之服。疏亦本此義言之。王氏肅始主從嫁説，視疏爲勝，今從之。又馬氏曰：若不終父三年喪，亦不服。金大定間改三年。傳曰：何以期也？貴終也。終母子之恩也。言繼母，則親母嫁者可知矣。

右齊衰期案：本章：「繼母嫁，從爲之服，報。」則嫁母爲子之從嫁者，亦期。又《小記》：「祖父卒，而後爲祖母後者三年。」注：「祖父在，則服如父在爲母。」《明會典》改斬衰。《檀弓》：「子思之母死于衛。」注：「嫁母齊衰期。」《孝慈録》：適子、衆子爲庶母皆期，妻同。今並因之。○又案：「慈母」注：「士之妾子爲母期。」不知士子固不厭也。

不杖、麻屨者。此亦齊衰期也。經特舉其異者言之，餘並同。以上四者俱不言受，蓋「三年之喪，達

❶「親」，原作「服」，據《儀禮》改。

乎天子」，諸侯雖絶期，尚爲后齊衰。注謂變除之日不盡同故也。

祖父母。《爾雅》：「父之考爲王父，父之妣爲王母。」首言之，同于父也。不言繼祖母，可知。傳曰：何以期也？祖爲孫大功，此乃期，故問也。至尊也。父之至尊。

世父母，叔父母。《爾雅》：「父之晜弟，先生爲世父，後生爲叔父。」「父之兄妻爲世母，弟妻爲叔母。」曰世者，以繼世先適長也。叔，《説文》作「尗」，父行之少者。二者不言適庶，蓋其服同。姑在室亦如之。○以上歷代同。傳曰：世父、叔父何以期也？疑其同于祖。與尊者一體也。尊者謂父。然則昆弟之子何以亦期也？服與一體同，疑可殺也。旁尊也，己爲諸父，故曰旁尊。不足以加尊焉，尊者爲卑者降其服，是以己之尊，加之彼也。故報之也。如其服己之服，是報也。父子一體也，以下廣明一體之義。夫妻一體也，合疏爲親。昆弟一體也，故父子首足也，首足一體。夫妻牉合也，本異體，以牉合而一。昆弟四體也。析言之曰一，統言之曰四。故昆弟之義無分，一體故也。然而有分者，謂異居也。則辟同避。子之私也。昆弟之子，各私其父，不可間于旁尊，故辟而分之。子不私其父，則不成爲子，天理人情之至，不嫌其私。故有東宮，室也。有西宮，有南宮，有北宮，四方之宮，古或有此稱，故有因以爲氏者，言四方則中可知。此昆弟所分之宮也。《内則》命士以上，父子異宮，當亦如之。其制未詳。或同宮而有別室與？異居而同財，宮分，故居異也。有餘則歸之宗，餘，常用之餘也。宗，謂大宗。若小宗，昆弟同財極難，以宗子主之，則不争矣。不足則資之宗。世母、叔母，何以亦期也？疑其本路人。以名服也。配伯若叔而有母名。

大夫之適丁狄反，下並同。本又作「嫡」。子爲妻。《小記》：世子爲妻，與大夫之適子同。○後世統于「夫爲妻」條。傳曰：何以期也？疑其異于衆子妻也。父之所不降，大夫不以尊降適婦，重適也。子亦不敢降也。降有四等：君大夫，以尊降；公子、大夫子，以厭降；公之昆弟，以旁尊降；爲人後，及嫁女，以出降。案：大夫之子，所以有降服者，因大夫降服，其子厭于父而不得伸，非以其貴也。注謂大夫子以厭降，信然。何以不杖也？本應杖。父在則爲妻不杖。父主喪故也。

昆弟。《爾雅》：「男子先生爲兄，後生爲弟。」昆，兄也。所謂一體也。此亦合適庶言，姊妹在室同。《雜記》：「大夫爲其父母兄弟之未爲大夫者之喪，服如士服；士爲其父母兄弟之爲大夫者之喪，服如士服。」

爲衆子。長子之弟及妾子，女子子在室亦如之。曰衆子者，大夫則謂之庶子，降爲大功。天子、諸侯無服。晉人云：適子有廢疾，服同衆子。

昆弟之子。《檀弓》：「兄弟之子猶子也。」○以上歷代同。傳曰：何以期也？報之也。

大夫之庶子爲適昆弟。下大夫之庶子爲昆弟大功，嫌其于適昆弟亦然。此特于昆弟之下明之。曰「昆弟」者，其適或兄或弟，未可知也。○歷代入昆弟條。傳曰：何以期也？疑其與衆昆弟異。父之所不降，大夫雖尊，不降其適。子亦不敢降也。亦以大夫之降否爲斷也。

適孫。《爾雅》：「子之子爲孫。」適子死，適孫承重，祖爲之期。傳曰：何以期也？疑其與諸孫異。不敢降其適也。有適子者無適孫，有適子者，謂適子在，則猶是衆孫而已，無所謂適孫也。孫婦亦如之。若適子婦在，使其子婦代己主祀，則並服之。如適子婦尚主祀事，則服適子婦，其適孫婦與衆孫婦同。○案：此似當從父爲長子之例服斬。今不斬而期者，適子死，其祖已爲之服斬，故于孫不重服，特加隆于大功而已。疏本非一體説未妥。

爲人後者爲其父母，不降于齊衰三年及杖期者，嫌同于所後之妻也，故降同世叔父母之服，以示大宗之重。曰其父母，則既不没其本生之名，仍不混于所後之實，人子之心，庶兩無所負矣。報。此支子也。其父母本應服期，以昆弟之子爲報服，故亦以報言之。傳曰：何以期也？疑其應斬。不貳斬也。何以不貳斬也？持重于大宗者，持重謂執斬衰服。降其小宗也。解不貳意。小宗，謂其父也。爲人後者孰後？後大宗也。曷爲後大宗？以下廣明後大宗之義。大宗者，尊之統也。族人尊小宗，小宗又統于大宗，故不可絶。禽獸知母而不知父。惟知所生母，父且不知，而況于宗？野人曰：「父母何筭焉。」野人與政化稍遠，不能分别父母尊卑。筭，分别也。都邑之士，「有先君之廟曰都，無曰邑。」此則指國中都會與政化稍親者言也。士，汎言其人民。則知尊禰矣。稍知禮義，尚不能推遠也。大夫及學士，大學、小學之士。則知尊祖矣。通于率祖、率親之義。諸侯及其大祖。始封之君，亦始祖也，但視天子始祖則近矣，故不曰始。天子及其始祖之所自出。遠推發祥所自來也。此亦太祖也，曰始祖者，見其遠。尊者尊統上，尊者，天子也。上，猶遠也，謂始祖。統，謂合始祖之後統之也。卑者尊統下。卑者，諸侯也。下，猶近也，謂太祖，蓋合太祖之後統之也。四「統」字義同，自禽獸知母至此，推宗所自來，以示重宗之義。大宗者，尊之統也。大宗者收族者也，收，合也。不可以絶，與祖爲體，且主宗事故也。故族人以支子後大宗也。適子不得後大宗。以承父統，不當出也。

女子子適如字。人者不言婦人者，以其服父之黨，故從父言之。爲其父母、昆弟之爲父後者。此兄弟不言報，蓋爲之大功，「大功」章爲姊妹適人者是也。傳曰：爲父何以期也？爲父本斬衰。母，父在亦期，故第以父問也。婦人不貳斬也。爲夫斬而已。婦人不貳斬者何也？婦人有三從之義，從，從其教令也。無專用之道，不敢自專。故未嫁從父，既嫁從夫，夫死從子。所從者三，服斬者一。故父者子之天也，故有從父之義，人所尊大者惟天，故以爲比。夫者妻之天也。故有從夫之義，不言子者，天不可加之子也。婦人不貳斬者，猶曰不貳天也，婦人不能二尊也。婦人之德在專一。爲昆弟之爲父後者，何以亦期也？疑其與父母同。婦人雖在外，出嫁。必有歸宗，宗，宗之，謂尊其小宗也。既嫁又反服其昆弟，故曰歸，注所謂不自絶于族類也。疏歸寧之説非。曰小宗，經不言小宗，傳者斷之也。故服期也。言此小宗爲親昆弟，服期。若昆弟爲大宗，服亦如之。注辟大宗之説非。

繼父同居者。嫁母之夫也。繼者，繼續之義，以其續成父道，故雖路人亦謂之父。不係以母者，義不起于母也。○以上歷代同。傳曰：何以期也？疑其與骨肉同。傳曰：夫死妻穉，未滿五十。子幼。十五以下。子無大功之親，從父昆弟以上同財者也。與之適人，子從母。而所適者亦無大功之親；不言無子，可知。所適者以其貨財爲之築宮廟，貨，布帛金玉之屬。財，五穀賄賂之屬。貨亦財，此謂所適者之貨財也。築，謂別起室也。此不應作廟，言廟者，因宮而類及之。此祭當在寢，或因祭而遂以廟名，不必實有廟也。○案：此前人多疑之，大概謂此子若宗子，則自有廟，若非宗子，則不應築廟，是泥定「廟」字，而反致疑于傳説也。歲時使之祀焉；神不歆非類，故使子祀之。妻不敢與焉。與廟絶也。若是，則繼父之道也，必三者備也。同居則服齊衰期，謂此不杖期也。《小記》：「必嘗同居，皆無主後。同財而祭其祖禰爲同居。」別築宮矣，曰同居者，祭雖異所，而子尚居其室，且同財也。異居則服齊衰三月也。《石經》有「也」字。○《小記》：「有主後者爲異居。」但無主後，而非同居同財祭祀，亦異居也。必嘗同居然後爲異居，尚有父名。未嘗同居則不爲異居。路人而已。

爲夫之君。此命婦也。傳曰：何以期也？從服也。從夫也。凡從服降一等，其夫三年，故妻期，夫亡則不服矣。不言君之妻，無服也。○唐後闕。

姑、姊妹、女子子適人無主者，《爾雅》：「父之姊妹爲姑。」男子謂先生爲姊、後生爲妹。出適已降在大功，矜之，故仍服期。姑姊妹，報。姑對姪，姊妹對兄弟，出適則皆降在大功。今相爲期，故曰報也。不言女子子者，以其出適，還爲父母服期，不必言報也。○歷代同。傳曰：無主者，謂其無祭主者也。何以期也？爲其無祭主故也。不言喪主者，可攝也。

爲君之父母、妻、長子、祖父母。祖父母在父母之下，示此爲禮之變也。《服問》：「大夫之適子爲君、夫人、太子，如士服。」注：士爲小君期。「太子，君服斬，臣從服期」。又「君之母，非夫人，則羣臣無服，惟近臣及僕驂乘從服」。《雜記》：「外宗爲君夫人，猶内宗也。」注云：「齊衰。」○案：注謂既爲君矣，而有父若祖之服者，蓋始封之君也。若繼體，則受國于曾祖。疏云：或祖、父有廢疾；或父未嗣位，而早卒，祖亦有廢疾，故受于曾祖。劉氏續《三禮圖説》云：君之父、祖，雖曾爲君，既老而傳，嗣君在位，臣無二斬，故從服期。其説如此。竊謂禮無一定，事可類求，由此準之，非一説所能拘也。○歷代闕。傳曰：何以期也？疑其非親。從服也。從君。父母長子君服斬。妻則小君也。此臣爲小君常服，非從服也，故與君同服期而不降。父卒然後爲祖後者服斬。有適子者無適孫也，兩言君斬，明臣之所以期。

妾爲女君。妾，姪媵之屬。女君，適妻也。○歷代同。傳曰：何以期也？同事一人，而獨爲重服，故問。妾之事女君，與婦之事舅姑等。「女君」注云：「女君于妾無服。」案：娣姪當服姑姪姊妹之常服。無服説存參。

婦爲舅姑，《爾雅》：婦稱夫之父曰舅，夫之母曰姑。《服問》：「傳曰：有從輕而重，公子之妻爲其皇姑。」《小記》：「婦當喪而出，則除之。」○歷代同。宋改舅斬衰三年，姑齊衰三年。明姑同舅，今因之。傳曰：何以期也？以其本路人，而爲之重服也。從服也。既體其子，故降其子一等。

夫之昆弟之子。女子在室，出嫁並同。傳曰：何以期也？疑本路人。報之也。上二傳以世叔父報服言，此以世叔母報服言也。

公妾、大夫之妾爲其子。己所生子。傳曰：何以期也？諸侯絶旁期，爲衆子無服，大夫降一等，爲衆子大功，其妻體君，皆從夫降，故以妾不降爲疑也。妾不得體君，妾卑，不得與正妻等。爲其子得遂也。不降。

女子子爲祖父母。章首爲祖父母，本兼男女言。此復言之者，據傳指嫁者言，經文省爾。○以上歷代同。傳曰：何以期也？疑其當降。不敢降其祖也。祖，至尊也。

大夫之子爲世父母，叔父母，子，衆子。昆弟，昆弟之子，姑、姊妹、女子子無主者爲大夫命婦者，唯子不報。大夫之子，從父降旁親一等。若世父等諸人爵與其父等，則不降也。無主説已見上，此復及之者，嫌其或降。又據傳此爲命婦，與上別也。唯子，謂女子子。○案：崑山徐氏云：男子爲父斬，其不報，不待言而可見。惟嫁女本服是期，則疑于報，故傳專主女子言之。鄭謂男女同不報，而以傳爲失之，何其考之未精與？此蓋據下傳言之。其説極確，從之。又案：疏言六命夫：世父，一；叔父，二；子，三；昆，四；弟，五；昆弟之子，六。六命婦：世母，一；叔母，二；姑，三；姊，四；妹，五；女子子，六。竊謂昆弟既分爲二，其子亦應分昆之子六，弟之子七，凡七命夫。○歷代闕。傳曰：大夫者，其男子之爲大夫者也。命婦者，其婦人之爲大夫妻者也。無主者，命婦之無祭主者也。無主之服，已見于上，故此傳專以命婦言之。何以言「唯子不報」也？疑其獨異。女子子適人者爲其父母期，故言不報也，本服，不可言報。言其餘皆報也。何以期也？疑其當降。父之所不降，尊同。子亦不敢降也。大夫曷爲不降命婦也？夫尊于朝，妻貴于室矣。夫妻一體也。

大夫爲祖父母、適孫爲士者。歷代闕。傳曰：何以期也？不降，故問。大夫不敢降其祖與適也。

公妾以及士妾曰及，則中間公孤、卿、大夫之妾皆然。爲其父母。歷代同，今律闕。傳曰：何以期也？疑妾卑，不得伸其私親。妾不得體君，得爲其父母遂也。注云：然則女君有以尊降其父母者與？《春秋》之義，雖爲天王后，猶曰季姜，是子尊不加于父母。此傳似悮矣。禮，妾從女君而服其黨服，嫌不自服其父母，故明之。

右不杖期。案：本章「爲人後者爲其父母報」，則本生父母爲出嗣之子亦期，又姑、姊妹適人無主者報，則女子子適人無主者爲晜弟、晜弟之子並期。又《司服》：凡喪，爲王后齊衰。注：「諸侯爲之不杖期。」《服問》：「君爲天子三年，夫人如外宗。」《小記》：女未練而反，服期。《小記》：世子爲妻，與大夫之適子同。又《服問》：「大夫之適子爲君、夫人、太子，如士服。」注：士爲小君期。《雜記》：「外宗爲君夫人，猶內宗。」注謂齊衰。又《服問》：「公子之妻爲其皇姑。」注云：齊衰，與小君同。《周禮·春官·司服》：「凡凶事服弁服。」疏：王爲適孫、適曾孫、適玄孫、適來孫，皆齊衰期。又本章「適孫」注：「凡父于將爲後者，非長子皆期。」又「大功」章注：士妾爲君之衆子期。又《小記》「與諸侯爲兄弟」疏：俱爲諸侯，則各依本服期。又本章「爲君之父母妻」疏：臣爲小君期。「杖期」章傳注：適子父在則爲妻不杖。「大功」

章「大夫之妾爲君之庶子」注：「妾爲君之衆子亦期。」唐律：舅姑爲適婦。以上歷代同。《開寶禮》：「父所生庶母。」《政和禮》：「嫁母出母爲其子。」「繼母嫁，爲前夫之子從己者。」《孝慈録》：「爲適長子。」「妾爲夫之長子衆子，與所生子。」「妾爲家長父母。」今並因之。又今律，前夫之子，從繼母改嫁于人，爲改嫁繼母。

疏衰裳齊，義服衰六升。牡麻絰，無受者。受，承也。此齊衰三月也。不言冠及帶者，義服冠九升，餘與上同也。《小記》齊衰三月，與大功同者，繩屨、衰絰至重，故特言之。無受者，卒哭受服，士三月卒哭時，喪期已盡。禮須即吉，無服可受也。不言三月者，天子七月而葬，諸侯五月而葬。三月之後，尚須藏服，待葬時服之。若言三月，嫌葬時無服也。○案：此服以曾祖爲主，不九月、五月而三月者，天道期年一大變，三月一小變，俱時之重者，不期故三月也。又下傳所云：「不敢以兄弟之服服至尊。」注謂「重其衰麻，尊尊；減其日月，恩殺」是也。

寄公爲所寓。寄公，如黎侯寓衛之類。所寓，本國之君也。○歷代無。○案：此章當首曾祖，疑錯簡爾。疏以此章論義服，故首寓公，未然。傳曰：寄公者何也？失地之君也。何以爲所寓服齊衰三月也？疑其疏。言與民同也。同居國土也。丈夫、婦人爲宗子，宗子之母、妻。此宗子，謂大宗也，故有絶服者之服。言婦人者，兼已嫁、未嫁者言也。據「不杖」章，女子子適人者爲昆弟之爲父後者傳，婦人雖在外，必有歸宗之説，則嫁即不反，亦齊衰三月。○後惟《家禮》有之。傳曰：何以服齊衰三月也？疑其服絶。尊祖也。宗子主別子祀，故尊之。尊祖故敬宗。宗子。敬宗者，尊祖之義也。

宗子之母在，則不爲宗子之妻服也。母在而傳之婦，則並服，否則服其母而已，以婦未與宗事也。

爲舊君，此在國而致仕者。君之母、妻。此及下章，歷代並闕。傳曰：爲舊君者孰謂也？謂，疑「爲」。仕焉而已者也。何以服齊衰三月也？言與民同也。君臣之恩，惟此及斬二服。舊君義不當服斬，則與民同而已。君之母、妻則小君也。《小記》士爲小君期，舊臣則降之同于舊君，與庶人無小君服者不同，蓋恩之深淺稍別也。

庶人爲國君。不言民而言庶人，容有庶人在官者。《檀弓》天子崩，三月，天下服，則天下皆然。◯注謂畿內之民服天子，彼疏又謂「天下服」謂「諸侯之臣」，並存參。

大夫在外，去國。其妻、長子爲舊國君。大夫之服《孟子》詳之。長子，適子也。不言士之妻、長子，可知。傳曰：何以服齊衰三月也？妻言與民同也，長子言未去也。妻亦以未去而服，去則無服。專言長子者，本隨父服斬，與母不同也。

繼父不同居者。初本同居，餘詳「不杖期」章。◯歷代同。

曾祖父母。此當在章首，經不言高祖，服與此同也。◯《開元禮》改齊衰五月，後並因之。傳曰：何以齊衰三月也？小功者，兄弟之服也。大小功緦，皆有兄弟服，獨言小功者，爲曾祖之後言也。據「小功」章，從祖祖父母，曾祖之子也；從祖父母，曾祖之孫也；從祖昆弟，曾祖之曾孫也：服皆小功。從祖兄弟，則小功中之最卑者，故舉以明之。不敢以兄弟之服服至尊也。

大夫爲宗子。謂絶族。傳曰：何以服齊衰三月也？大夫不敢降其宗也。

舊君。此去國未仕者。既仕則不服，辟新君也。《雜記》違諸侯，之大夫，不反服；違大夫，之諸侯，不反服。《檀弓》仕而未有禄者，違而君薨，弗爲服也。傳曰：大夫爲舊君，何以服齊衰三月也？大夫去，君埽其宗廟，使族人祭祀，是《曲禮》所謂「爵禄有列于朝，出入有詔于國」者。宗廟，舉其重者言之。故服齊衰三月也，《孟子》所謂「三有禮」也。言與民同也。何大夫之謂乎？言其以道去君而猶未絶也。道，出處之義，是所謂有故而去也。未絶者，以未仕也。

曾祖父母爲士者如衆人，大夫服之。○歷代無。傳曰：何以齊衰三月也？大夫不敢降其祖也。

女子子嫁者未嫁者，爲曾祖父母。此經爲嫁者而言。未嫁者與男子同，當在上爲曾祖父母條内，此特因嫁者而類及之爾。○《開元禮》增爲齊衰五月。傳曰：嫁者，其嫁于大夫者也。未嫁者，其成人而未嫁者也。童子不任服。何以服齊衰三月？不敢降其祖也。此言嫁者，若許嫁未嫁，則猶是在室爾。疏謂許嫁亦有降理，未合。

右齊衰三月。案：本章「庶人爲國君」注：「畿内之民服天子。」《雜記》「外宗爲君夫人，猶内宗也」，注曰：「其無服而嫁于庶人者，從爲國君。」疏云：亦内外宗並言之。服齊衰三月。又《開元禮》爲高祖父母，嫁女亦如之。○歷代同。

大功布衰裳，此殤大功，蓋齊、斬之降也。彼言「鍛而勿灰」，則此灰也。但其功麤，故曰大功。齊、斬亦布，此乃言布者，灰之，布始成也。始死，及斂，服同上殤服衰七升，不言冠屨帶，與成服同也。牡麻絰，無受者。傳云：其文不縟，故終喪一服而已。不言月者，或九或七，別也。

子、女子子之長殤、中殤。子，兼適庶，略也。殤者，男、女未冠、笄而死者也。本服長子斬，衆子及室女皆期，殤則並降爲大功。昆弟之子、女子子亦如之。傳曰：何以大功也？以其本齊、斬也。未成人也。冠、笄則爲成人。何以無受也？喪成人者，其文縟；音辱，繁也。喪未成人者，其文不縟。故殤之絰不樛垂，樛，曲也，絞也。成人絞帶垂。蓋未成人也。年十九至十六爲長殤，二十則冠而不爲殤，故以十九爲斷。十五成童，十六則成童以上也。此據男子言也。若女子十五而笄，則斷自十四以下矣。十五至十二爲中殤，十一至八歲爲下殤，八歲齔齒，故殤始于此。不滿八歲以下皆本無，《石經》有之。爲無服之殤。無服之殤，以日易月。王氏肅曰：殤之期親，則旬有三日哭。緦麻，則以三日爲制。○案：注謂生一日者，哭之一日，與易字義不符。以日易月之殤，殤而無服。哭之而已。故子生三月，則父名之，詳《內則》。死則哭之；無服之殤始此。未名則不哭也。

叔父之長殤、中殤，姑、姊妹之長殤、中殤，昆弟之長殤、中殤，「小功」章有昆弟之子之下殤，則長殤、中殤當在此。夫之昆弟之子、女子子之長殤、中殤，適孫之長殤、中殤，大夫之庶子爲適昆弟之長殤、中殤，以上本服皆期。公爲適子之長殤、中殤，大夫爲適子之長殤、中殤。公及大夫之適子皆正統，成人斬衰，殤則不得著代，故入大功。言適子者，天子、諸侯于庶子則絶而無服。大夫于庶子則降一等，故唯言適子也。

其長殤皆九月纓絰，首絰有纓，禮之重者，制如冠纓。自大功以上皆用之。其中殤七月，不纓絰。五服無七月之服，此因中殤爲特起之文。入大功者，七月爲九月之殺，與小功别也。絰無纓，殺于長殤也。小功以下同。

右殤大功。案：此及下諸殤服，自漢迄明初皆仍其制。《孝慈録》删，今因之。

大功布衰裳，衰，降服七升，受十升；正服八升；義服九升，受十一升。冠，降服、正服十升，受十一升；義服十一升，受十二升。左縫。牡麻絰要絰散垂。纓，布帶，絞垂，繩屨。三月受以小功衰，升數見傳。曰三月，據士言也。即葛，即，就也。葛，葛帶。《間傳》：大功之葛與小功之麻同。九月者。傳曰：大功布九升。布衰也。此義服。小功布十一升。正服。

姑、姊妹、女子子適人者。姑姊妹亦報。傳曰：何以大功也？在室本期。出也。《檀弓》所謂「蓋有受我而厚之者」也。

從父昆弟。《爾雅》：「兄之子、弟之子，相謂爲從父昆弟。」姊妹在室亦如之。

爲人後者爲其昆弟。本生昆弟亦報。傳曰：何以大功也？本期。爲人後者，降其昆弟也。下記所謂「降一等」也。

庶孫。降于適孫，男女皆是。〇以上歷代同。

適婦。《爾雅》子之妻爲婦，長婦爲適婦，蓋適子之妻也。〇唐改不杖期，後並因之。傳曰：何以大功也？異于衆婦。不降其適也。

女子子適人者爲衆昆弟。注：父殁則爲爲父後者期。其實父在亦服之。

姪丈夫婦人報。傳曰：姪者何也？謂吾姑者吾謂之姪。男女皆然。

夫之祖父母、世父母、叔父母。其夫期，妻降一等。〇以上歷代同。傳曰：何以大功也？從服也。夫之昆弟何以無服也？疑其與世叔父等。其夫屬乎父道者，如昆弟之子之屬。妻皆母道也。其夫屬乎子道者，如世叔父母之屬。妻皆婦道也。子妻曰婦，言當服者惟此。謂弟之妻「婦」者，是「嫂」亦可謂之母乎？嫂，猶叟也。叟，長老之稱。蓋兄妻之尊稱也。弟妻不可謂之婦，兄妻不可謂之母，此皆以明夫昆弟無服之義。故名者，人治之大者也，治，倫理也。可無慎乎？後增夫之兄弟小功，兄弟之妻大功。

大夫爲世父母、叔父母、子、《小記》：「大夫降其庶子。」昆弟、下記：大夫于兄弟降一等。昆弟之子爲士者。爲大夫命婦者，已見于「不杖」章。彼言大夫子，此言大夫，互文爾。〇歷代闕。傳曰：何以大功也？尊不同也。尊卑别也。尊同則得服其親服。位同則不降旁親也。九者皆本服期。

公之庶昆弟、妾子也，即公子。大夫之庶子爲母、生母。妻、昆弟。亦庶子。〇歷代闕。案：

舊本昆弟在傳下，鄭氏移此。或疑上言大夫之子爲昆弟，此不應重出，因謂與下節連文，謂昆弟爲從父昆弟服也。竊案：上言昆弟之爲大夫者與此不同，非重也；且下特爲公子庶子，明其同尊不降爾。若與昆弟連文，則不可解矣。注説爲是。傳曰：何以大功也？先君餘尊之所厭，同壓。○言公之庶昆弟，則其父已殁，故曰「先君」。諸侯絶旁期，三日俱無服，公子父在，厭于父。下記練冠縓冠，其服也。父殁得伸，而猶厭于餘尊，故服止于此。不得過大功也。過此，則重矣。此言公之庶昆弟。大夫之庶子，則從乎大夫而降也。曰大夫之庶子，又曰從降，則大夫在也。士妾有子者緦，大夫降而無服；庶婦本小功，降則當緦；庶子本期，降則大功。此大夫降也。庶子于生母如母、妻及兄弟皆期，從父而降，故止于大功。此僅從本服降一等，與父之所不服、子亦不服義微别。父之所不降，子亦不敢降也。謂適也。○案：二語與「不杖」章大夫子爲世叔父等九人傳同，疑爲下節而發。姑依注記之，而存其説以備參。

皆爲其從父昆弟之爲大夫者，本服大功，尊同，故服其本服。○案：此當在上經「昆弟」之下，疏所謂上承上「公之庶昆弟，大夫之庶子」言也。或以公之庶子，不可以尊同不降言，疑專言大夫之庶子。皆者，注所謂昆弟互相服也。據敖氏所引《春秋傳》公子之重視大夫説，則公之庶昆弟與大夫亦尊同也。並存以備參。爲夫之昆弟之婦人子適人者。世叔母服之也。不曰女子曰婦人，出也。在室期，出則大功。○歷代同。司馬氏《書儀》無。

大夫之妾爲君之庶子、女子子嫁者未嫁者，上章大夫之妾爲其子期，此云君之庶子，則非其子也。庶子本期，大夫降而大功。女子未嫁亦如之，嫁則又當降而小功。此嫁于大夫，尊同不降，故第以嫁降而大功，妾隨女君服，故亦大功也。爲世父母、叔父母、姑、姊妹。此妾自服其私親也。本服皆期，妾已嫁，故降而大功。〇案：此當以舊説爲是。如注説以「女子子」八字下屬，則與服制不符。蓋女子子之爲此七人本期，嫁當降而大功，嫁于大夫又當降而小功，何得仍服大功？未嫁則期，尤不得服大功也。疏逆降之説，尤非。傳曰：嫁者，其嫁于大夫者也。未嫁者，成人而未嫁者也。言惟成人，故大功；否則當爲殤服也。何以大功也？妾爲君之黨服，得與女君同。女君從夫降其庶子及女子子，妾亦與之同也。下言爲世父母、叔父母、姑、姊妹者，謂妾自服其私親也。得與女君同。上言妾爲庶子及女子子之服，下妾自服其私親，傳義甚明。爛脱之説非也。

大夫、大夫之妻、大夫之子、公之昆弟庶兄弟。爲姑、姊妹、女子子嫁于大夫者，君爲姑、姊妹、女子子嫁于國君者。君謂國君。以上歷代並闕。傳曰：何以大功也？疑諸侯絶旁服。尊同也。尊同則得服其親服。本服大功。諸侯之子稱公子，庶子以下，廣推尊不同之義。公子不得禰先君。其父也，謂不得立禰廟，以適子爲禰廟主也。公子之子稱公孫，公孫不得祖諸侯。惟奉別子而已，《小記》所謂「繼別爲宗」也。此自卑，別于尊者也。公子、公孫卑，故自別于尊。若公子之子孫有封爲國君者，則世世祖是人也，始封之君爲太祖，百世不遷。不祖公子，不得爲太祖也。若在四世之内，則入親廟，四世而遷，其國君之昆弟，則仍祖公子，所謂「別子爲祖，繼別爲宗」也。此自尊，別于卑者也。是故始封之君不臣諸父昆弟，祖父及子之一體，故不臣而服其本服也。封君之子不臣諸父而臣昆弟，諸父，即父之昆弟，父所不臣，故亦不敢臣之也。昆弟己之一體，可略，且其父已絶服也。封君之孫，盡臣諸父昆弟。皆其父所臣者。故君之所爲服，如封君之諸父昆弟。子亦不敢不服也；如封君之于諸父。君之所不服，如封君子之昆弟。子亦不敢服也。如封君孫之盡臣也。

右大功九月。案《小記》：「夫爲人後者，其妻爲舅姑大功。」歷代同。下記：「夫之所爲兄弟服，妻降一等。」《開元禮》定爲五月，後因之。唐律：「女適人者，爲伯叔父母、兄弟、姪」，又「爲衆子婦」。《開元禮》：「爲兄弟之女適人者，報。」「爲人後者，爲其姑、姊妹之在室者報。」《政和禮》：「爲兄弟之子婦。」「爲夫兄弟之子婦。」以上後並同。又《開元禮》：「出母爲女子子適人者，女報同。」《政和五禮新儀》：女適人者爲伯叔、母，又爲姑、姊妹、兄弟及兄弟之子，又姑、姊妹、兄弟爲兄弟姪爲人後者。後並同。又爲人後者爲本生祖父母。晉人議當降一等大功，又本章姑姊妹適人者、爲人後者爲其昆弟，亦並當有報服也。

繐衰裳，繐，布之細而疏者。牡麻絰，既葬除之者。不言七月，可知。傳曰：繐衰者何以小功之繐也。治其縷如小功，而成布四升半，縷細者，以恩輕也。升數少者，以服至尊也。以四升半之布，而同于小功之十一升，則細同而疏密異矣。小功之布不疏而曰小功之繐，明此功亦小，其制蓋在五服之外，非謂五月之服，亦繐衰也。

諸侯之大夫爲天子。士亦當如之。傳曰：何以繐衰也？諸侯之大夫，以時會見乎天子。以時會見爲有恩。

小功布衰裳，澡麻帶絰，澡者，戛治之，去莩垢，使潔白也。《小記》曰：下殤小功，帶澡麻，不絶其本。大功以上，帶絰有本；小功以下，斷本。此殤小功不絕本如大功。《小記》不言首絰，則首絰斷本也。疏云帶在上者，明帶不絕本，與絰不同。不言無受，可知。五月者。

叔父之下殤，適孫之下殤，昆弟之下殤，大夫庶子爲適昆弟之下殤，爲姑、姊妹、女子子之下殤，本服期，下殤則降而小功。爲人後者爲其昆弟、從父昆弟之長殤。本服皆大功，此應報。傳曰：問者曰：中殤何以不見也？爲經長殤問也。大功之殤中從上，小功之殤中從下。此大、小功，蓋以降在大、小功者言之，與「緦麻」章言本服者别。此大功，即下所謂「齊衰之殤」；此小功，即下所謂「大功之殤」也。○案：大功之長殤，本有七月、九月之别。曰從者，以大功之名則同也。注謂此以成人之服言，恐悞。

爲夫之叔父之長殤。本大功。昆弟之子、女子子、夫之昆弟之子、女子子之下殤，本期。爲姪、庶孫丈夫婦人之長殤。本大功，言丈夫婦人，亦恩疏之義，此應報。大夫、公之昆弟、大夫之子適庶同。爲其昆弟、庶子、姑、姊妹、女子子之長殤。六者，成人降至大功，殤又降至小功。

大夫之妾爲庶子之長殤。君之庶子，成人大功。

右殤小功。案：「大功」章，子、女子子之長殤、中殤，叔父之長殤、中殤，姑、姊妹之長殤、中殤，夫之昆弟之子、女子子之長殤、中殤，適孫之長殤、中殤，大夫之庶子爲適昆弟之長殤、中殤，公爲適子之長殤、中殤，大夫爲適子之長殤、中殤，則其下殤皆應小功。又叔父及姑、姊妹、適昆弟亦並應報也。又下「緦麻」章庶孫之中殤，從父昆弟姪之下殤，夫之叔父之中殤、下殤，其長殤應小功，又從父昆弟姪，亦應報也。《開元禮》增從父兄弟姊妹之長殤。

小功布衰裳，降服十升，正服十一升，義服十二升。冠同，所謂「冠其衰也」，無受。牡麻絰，要絰絞，不言澡，可知。即葛，三月葛帶，《間傳》：「小功之葛，與緦麻之麻同。」五月者。舊説小功以下，吉屨無絇。

從祖祖父母，《爾雅》：「父之世父、叔父爲從祖祖父。」「父之世母、叔母爲從祖祖母。」從祖父母，《爾雅》：「父之從父昆弟，爲從祖父；父之從父昆弟之妻，爲從祖母。」報，旁親言報，略之。

從祖昆弟。父之從父昆弟之子。

從父姊妹。

孫適人者。父昆弟之女，及己之女孫，在室皆大功。

爲人後者爲其姊妹適人者。本期，以爲人後，降大功；適人，又降小功，此亦報也。不言姑者，注云：舉其親，則恩輕者降可知。馬氏曰「不降」，未然。

爲外祖父母。《爾雅》：「母之考爲外王父，母之妣爲外王母。」《小記》：「爲母之君母，母卒則不服。」

又「爲慈母之父母無服」。又《服問》：「母出則爲繼母之黨服，母死則爲其母之黨服。」爲其母之黨服，則不爲繼母之黨服。傳曰：何以小功也？外親皆緦。以尊加也。祖，尊名也。

從母《爾雅》：「母之姊妹爲從母。」丈夫、婦人報。姊妹之子，男女同。下記：庶子爲後者爲其從母無服。傳曰：何以小功也？以名加也，母亦尊名。外親之服皆緦也。

夫之姑、姊妹、《爾雅》：「夫之姊爲女公，❶夫之女弟爲女妹。」又女子不殊在室，略之。娣姒婦，夫之昆弟妻也。《爾雅》：「長婦謂穉婦爲娣婦，娣婦謂長婦爲姒婦。」注：今或曰妯娌。○案《爾雅》：「女子同出，謂先生爲姒，後生爲娣。」同出，謂同嫁一夫，蓋媵也，與此不同。報。以上歷代同。傳曰：娣姒婦者，弟長也。弟爲娣，長謂姒。敖氏以經先娣爲長，非也。《左氏傳》穆姜，大婦也；聲伯之母，小婦也。「穆姜曰：『吾不以妾爲姒。』」是據二婦年之大小言也。此或春秋之俗稱，似非從夫之義，姑存以備參。何以小功也？以爲相與居室中，則生小功之親焉。

大夫、大夫之子、公之昆弟爲從父昆弟，庶孫，二者本大功，以爲士，降小功。姑、姊妹、女子子適士者。本期，嫁降而大功，適士，再降而小功。

大夫之妾爲庶子適人者。庶子，女子子也。在室及嫁于大夫，皆大功。曰人，則卑者，故又降而小

❶「姊」，原作「子」，據經解本改。

功。○以上歷代闕。

庶婦，夫不受重者。○唐貞觀加爲大功，歷代同。 君母之父母、君母，父之適妻也。 妾子服其父母。從母。君母姊妹，《小記》爲君母後者，君母卒，則不爲君母之黨服。○歷代統于甥舅條內。 傳曰：何以小功也？ 君母在，則不敢不從服。 君母不在，則不服。 從服恩輕。

君子子大夫及公子之適子。 爲庶母慈己者。 不命爲母子者。○歷代同，明改不杖期。 傳曰：君子子者，貴人之子也，貴人，適夫人。 爲庶母何以小功也？ 士爲庶母不慈己者緦。 以慈己加也。

右小功五月案《小記》：「適婦不爲舅後者，則姑爲之小功。」唐加大功。 本章爲從祖祖父母、從祖父母報，則爲兄弟之孫、同堂兄弟之子，爲夫兄弟之孫，爲夫同堂兄弟之子，皆小功。《政和禮》載之。 又本章有從父姊妹適人者，及爲人後者爲其姊妹適人者之服，此皆應報，則女適人者爲從父昆弟及昆弟之爲人後者皆小功也。 又夫之姑、姊妹報，則女在室及適人者爲昆弟姪之妻，亦如之。 見《政和禮》。 又《顯慶禮》：爲甥。《開元禮》：「母出，爲繼母之父母、兄弟、從母。」後並同爲從祖祖姑在室者報，祖之姊妹也，爲從祖姑姊妹在室者報。 姑，從祖女；姊妹，從祖孫女也，爲適孫之婦又同母異父兄弟姊妹報。 唐律：爲舅，爲兄弟妻，爲夫之兄弟。 後並因之。《政和禮》：「女適人者爲從父兄弟」，「爲人後者爲其從父兄弟」，「女適人者爲其兄弟姪之爲人後者」。《家禮》：爲從兄弟之女，及兄弟之孫女在室者。 以上歷代同。

緦麻，緦，絲也。 治其麻如絲，蓋麻之至細者。 緦麻，布衰裳，澡麻絰帶，無受服，殤服不別章，略之。

三月者。天道一變。傳曰：緦者，十五升抽其半，抽，去也，高安朱氏曰：織具曰筬，筬四十齒爲一升。齒兩絲，共八十絲，抽其半，則每齒一絲，十五升本千二百絲。此十五升，則六百縷也。冠、裳並同。有事其縷，澡治之使細。無事其布，不必滑易。曰緦。

族曾祖父母，《爾雅》：「父之從祖祖父爲族曾王父，父之從祖祖母爲族曾王母。」蓋高祖子、曾祖昆弟也。族祖父母，《爾雅》：「父之從祖晜弟之母爲族祖王母。」則族祖父者，父從祖晜弟之父，蓋高祖孫、曾祖晜弟之子、父之從祖父也。族父母，《爾雅》：「父之從祖晜弟爲族父」，「父之從祖晜弟之妻爲族母」。族昆弟。《爾雅》：族父之子爲族晜弟。以上四者，服室女及室女服之與男子等也。又據下「從祖昆弟之子」條，爲族父之報服，則四者皆報也。

庶孫之婦，殺于庶子婦。庶孫之中殤。庶孫本大功，長殤降小功。中殤在此者，中從下也。注云中當爲下，恐悮。案：以上皆成人服，惟此爲殤服。

從祖姑、姊妹、適人者報，《爾雅》：「父之從父姊妹，爲從祖姑。」姊妹則從祖父母之女也。女服之，同變小功而緦麻，以出，降也。○以上歷代同。從祖父、從祖昆弟之長殤。《爾雅》：「父之從父晜弟爲從祖父。」昆弟，又從祖之孫也。本服皆小功。小功之殤中從下，此不言中下殤，以無服也。○案：注謂不見中殤者，中從下。竊謂無服矣，何從下之有？

外孫。《爾雅》：「女子子之子爲外孫。」以嫁女所生，故曰外。外祖尊，故不報也。以上成人服，歷代並同。

從父昆弟姪之下殤。從父昆弟，世叔父之子。姪，姑謂昆弟子也。本大功，降小功，中下殤緦，應報。

夫之叔父之中殤、下殤。長殤小功。

從母之長殤報。本小功。

庶子爲父後者爲其母。所生。○歷代同。《孝慈録》改斬衰三年，今因之。傳曰：何以緦也？疑斬。傳曰：與尊者爲一體，不敢服其私親也。子夏引舊傳証之也。然則何以服緦也？據舊傳疑其無服也。有死于宮中者，謂臣僕。則爲之三月不舉祭，吉凶不並行也。因是以服緦也。有喪則廢祭，故不敢服。既三月不舉祭矣，不妨服之至三月也。○敖氏本無「因」字。又案：其妻之服，當以晉孔瑚從降説爲是。

士爲庶母。言士，以別于大夫。庶母，父妾有子而不命慈己者。○歷代同，《孝慈録》加不杖期，今因之。傳曰：何以緦也？以名服也。以有母名。大夫以上爲庶母無服。降絶，故無服。

貴臣，室老、士。貴妾。姪娣，此公士大夫爲之服也。《小記》：士妾有子而爲之緦，無則已。不別貴賤也。○歷代闕。傳曰：何以緦也？以其貴也。

乳母。大夫有食母爲乳母，士自養其子，有故，或使他妾代之，則亦庶母也。有三年之恩，故服之。

○或謂爲傭，傭則安得有母名？傳曰：何以緦也？以名服也。以有母名。

從祖昆弟之子。族父母爲之服也。○《開元禮》統于族父報，《書儀》闕。

曾孫。《爾雅》：「孫之子爲曾孫。」玄孫同。

父之姑。歸孫爲祖之姊妹服也。《爾雅》：「王父之姊妹爲王姑」，「姪之子爲歸孫」。此亦當報。○《書儀》闕。

從母昆弟。《爾雅》：「從母之男子爲從母昆弟。」○以上歷代同。傳曰：何以緦也？以名服也。從母有母名，故服其子。

甥。姊妹子，唐改小功，後因之。傳曰：甥者何也？謂吾舅者，吾謂之甥。何以緦也？報之也。

壻。《爾雅》：「女子子之夫爲壻。」傳曰：何以緦也？依《石經》增。報之也。

妻之父母。《爾雅》：「妻之父爲外舅，妻之母爲外姑。」《小記》：「世子不降妻之父母。」又《服問》：「有從有服而無服，公子爲其妻之父母。」傳曰：何以緦？從服也。從妻。

姑之子。外兄弟。○以上歷代並同。傳曰：何以緦？報之也。

舅。《爾雅》：「母之昆弟爲舅。」「斬衰」傳：爲所後者妻之昆弟若子。○唐貞觀改小功，後因之。傳曰：何以緦也？從服也。從母。

舅之子。内兄弟也。「斬衰」傳：爲所後者妻昆弟之子若子。傳曰：何以緦？從服也。從母。

夫之姑、姊妹之長殤。本服小功。〇案《通典》吴徐整曰：❶古者三十而娶，何緣得服夫之姊殤？其説是也。蓋此篇姑、姊妹之文甚多，此亦連及之，衍文爾。

夫之諸祖父母報。此夫之小功之親，故妻爲之緦也。小功之諸祖父母者，從祖父母也。注益以外祖父母。案：外祖于外孫不言報，則外孫之婦可知。敖氏益以從祖父母，則父行，非祖父行也。敖氏又曰：「諸」，疑衍。並存參。〇以上歷代同。

君母之昆弟。妾子爲適母之昆弟也。《小記》君母卒，則不服。傳曰：何以緦？從服也。從君母也。〇歷代入甥爲舅服内。

從父昆弟之子之長殤，此及下皆應報。昆弟之孫之長殤。本服皆小功。爲夫之從父昆弟之妻。夫服小功，從服降等，亦報。〇歷代同。傳曰：何以緦也？疑娣姒之服。以爲相與同室，以異居同財，故亦謂之同室。則生緦之親焉。長殤、中殤降一等，如此經兩長殤，本服小功，降而緦也。中殤降一等，謂中從上者，「殤大功」章諸中殤是也。下殤降二等。如本章從父昆弟姪，本服大功，下殤則降而緦也。其中從下者，亦降二等，本章庶孫之中殤是也。齊衰之殤，上以降服言，則曰大功之殤；此以

---

❶ 「吴」下，原有「氏」字，據通行本《通典》删。

成人本服言，故曰齊衰之殤。「殤大功」章有斬衰之殤，不言，省文也。中從上；即上所謂「大功之殤，中從上」也。大功之殤，上以降服言，則曰小功之殤；此以本服言，故曰大功之殤。中從下。即上所謂「小功之殤，中從下」也，經不言中殤，故以明之。

右緦麻三月案《小記》：「士妾有子而爲之緦。」歷代闕。下記：「改葬，緦。」《服問》：「公子之妻爲公子之外兄弟。」注：妻爲公子之外祖父母、從母緦。又本章「從祖姑、姊妹適人者報」中當有女適人者爲從父兄弟子及昆弟之報服。其服姑、姊妹也，男女並同。《政和禮》「女適人者爲從祖姑」是也。《政和禮》女適人者爲同堂兄弟之子及女之出嫁者。又女適人者爲從祖昆弟、姊妹。又《家禮》爲從父兄弟之女出嫁者，其報服與。又夫之諸祖父母報。《政和禮》爲兄弟孫之婦、爲夫兄弟孫之婦，亦報服也。又族曾祖父母，當兼族曾祖姑；族祖父母，當兼族祖姑；族父母，當兼族姑；族昆弟，當兼姊妹。《開元禮》爲族曾祖姑在室者報，爲族祖姑在室者爲族姑在室者報，爲族姊妹是也。又《開元禮》爲夫之從祖兄弟之子，亦男女並服之，亦當有報。《政和禮》爲兄弟之曾孫，爲從父昆弟之孫，爲夫兄弟之曾孫，爲夫從父昆弟之曾孫，服室女並同，似即族曾祖父母、族祖父母及族母之報服爾。其族父，又當有從祖昆弟之子若女之報服，族昆弟，亦當有昆弟姊妹諸報服也。其諸姑、姊妹之報服視此矣。又父之姑爲歸孫亦當報。又唐律：爲從父兄弟子之婦，夫之從父兄弟之子婦，爲玄孫，爲夫之高曾祖父母，爲夫之從父姊妹在室及適人者，爲夫之舅及從母，爲姊妹子之婦，爲甥之婦。《開元禮》：爲人後者爲本生外祖父母，女適人者爲從祖父母報，爲兄弟之孫女適人者報。《唐禮儀志》：爲舅母，女適人者爲兄弟之孫，後闕；爲夫兄弟之孫女適人者，爲夫之從父兄弟之女適人者，女適人者爲從祖父母、從祖祖姑，爲外孫之婦。《家禮》從兄弟之妻，爲夫之從父兄弟，爲夫之從祖祖姑。以上歷世同。爲同爨，爲朋友。《孝慈録》：嫁女爲同堂姊妹出嫁者。又殤服上章爲人後者爲其昆弟、從父昆弟之長殤，爲夫兄弟之長殤，爲姪、庶孫丈夫、婦人之長殤。大夫、公之昆弟、大夫之子爲其昆弟、庶子、姑、姊妹、女子子之長殤，大夫之妾爲庶子之長殤，此皆降服小功。其中、下殤應緦。又本章從母之長殤報，則亦當有姊妹之子若女長殤之報服也。又上章爲人後者爲其昆弟、從父昆弟之長殤。本章從夫昆弟之子之長殤、昆弟之孫之長殤，亦並當報。又《開元禮》增從父姊妹之中殤、下殤，從祖姑、姊妹之長殤，爲人後者爲其兄弟、姑、姊妹之中殤、下殤。

【記】案：記「惡笄有首布總」以上，當爲經之本文。或以其不在五服之中，故歸之記與。公子爲其母，所生。練冠，以練布爲冠。麻，緦麻之絰帶也。麻衣，白布深衣，布如小功。縓緣；縓，淺絳色。《爾雅》：「一染謂之縓。」以淺絳色布爲長衣領緣也。疏云：「以縉爲緣。」此皆三年喪練之受飾也。諸侯絶期以下無服，公子被厭不得伸，權爲此制；而服三年之受飾，猶容有三年之戚也。爲其妻縓冠，縓色布冠。葛絰帶，二者又輕于母。麻衣，縓緣。皆既葬除之。注：「諸侯之妾，貴者視卿，賤者視大夫，皆三月而葬。」此《大戴禮》文也。傳曰：何以不在五服之中也？君之所不服，子亦不敢服也。君之所服，子亦不敢不服也。

大夫、公之昆弟，大夫之子，于兄弟降一等。兄弟，凡同室之兄弟皆是。

爲人後者于兄弟降一等，本生兄弟也。報；爲大宗後，嫌本生兄弟，不降其宗子，故言報以明其皆降也。于所爲後之兄弟之子若子。即「斬衰」章所謂爲所後者昆弟之子若子也，因上文兄弟而連及之爾。

兄弟皆在他邦，加一等。謂出仕、行遊、避仇及被放者，愍其客死，故加一等。不及知父母，謂兄弟死者幼小，不及識父母，而父母早没也。與兄弟居，先與死者同居。加一等。此不在他邦，亦加者，愍其孤幼。傳曰：何如則可謂之兄弟？此非爲兄弟發問也，欲得加一等爲何如兄弟爾。傳曰：小功以下爲兄弟。言小功者，大功以上則親自親，何必加？惟大功以下，或緦或袒，或無服，故必加等喪之。兄弟大功以上同居，此當是疎遠兄弟，孤貧相依，與大功同居者異，故亦加等。

朋友皆在他邦，袒免，袒，露褻衣也。主人及衆主人皆有袒免之節。同宗五世無服，亦袒免。朋友本服麻，以在他邦，故加袒免。蓋以同宗無服之喪處之，且示有主道也。〇案：注云：免，音問，謂去冠以著免也。舊説免如冠，廣一寸。疏云：髽與括髮，皆以麻布，自項鄉前交于額上，郤繞髻；免亦如之，但布廣一寸爲異。祝氏大昌曰：不應别製一冠謂之免。免如所謂免冠也。高安朱氏曰：禮，禿者不免。《左傳》秦獲晉侯，穆姬以免服衰絰迎，則免有服也。愚謂免冠之免如字，此音問，疑襯冠者。歸則已。歸有主，可以已。

朋友麻。麻，緦之絰帶也。注，其服弔服，諸侯、卿、大夫緦衰，士疑衰，庶人素委貌。朋友雖無親，而有同道之恩，故有服外之服。不言月，則既葬除之矣。

君之所爲兄弟服，疏：諸侯絶旁期，此君服兄弟服，則君蓋公士大夫降期者也。室老降一等。凡從服降一等。不言士，可知。

夫之所爲兄弟服，妻降一等。夫之兄弟無服，安得有降一等之説？此當是凡兄弟之親，如姊妹之屬。疏云：從母之類。應氏撝謙曰：此當闕。

庶子爲後者，爲其外祖父母、從母、舅無服。與尊者爲一體，不服所生母，故其黨亦無服也。不爲後，如邦人。服之如常。

宗子孤爲殤，無父曰孤。若父在，即老而傳其子，尚不得爲宗子也。大功衰，長殤、中殤則服之。小功衰，下殤則服之。皆三月。絶屬服宗子齊衰三月殤則降，故三月猶是，而降齊衰爲功衰也。親則月筭，親，五屬之有服者。殤之喪期，如常降一等也。如邦人改葬緦。謂墓以他故崩壞，將亡尸柩，不可修整，故須改葬也。見柩不可無服，故主人服緦。朱子曰：其餘弔服加麻，既葬除之。其儀：始則卜吉，乃告廟；及啟墓至窆，一依正葬之禮。有疑此時神已在廟，可不必虞者。要之，改葬則神爲不安，自當虞以安之也。○案：鄭謂三月而除，王肅謂既葬除之，諸家辨訟不一。朱子曰：禮疑從厚，當如鄭説。

童子唯當室緦。童子未冠，不能爲禮。惟當室爲父後承家事者，爲族人服其服，又止于緦，以未成人略之也。傳曰：不當室則無緦服也。凡妾爲私兄弟，兄弟者，目其族親也。如邦人。妾不與君爲體，故服其私親如常人。

大夫弔于命婦錫衰，命婦死，大夫弔大夫也。大夫相爲，皆錫衰。命婦弔于大夫亦錫衰。大夫死，命婦弔命婦也。蓋知生者弔，而男女不相往來。若族屬，則自有本服，何必錫衰？故知大夫弔大夫，命婦弔命婦。經傳之文，有不可泥者，此類是也。傳曰：錫者何也？麻之有錫者也。有鍛治之功也。錫者十五升，抽其半，無事其縷，有事其布，治布使滑易。曰錫。細同緦麻，惟治其布爲異。

女子子適人者爲其父母，婦爲舅姑，惡笄有首以髽。婦人齊衰之服皆然。注云：言以髽，則髽有著笄者。卒哭，子折笄首，子，女子子也。卒哭歸夫家，不當純凶，故易用吉笄而折其首。曰子，以見婦爲舅姑之不然。以笄布總。髽而布總也，以笄者，用笄固總也。傳曰：笄有首者，惡笄之有首也。惡笄者，櫛笄也。以櫛之木爲笄也。或曰：榛笄。折笄首者，折吉笄之首也。吉笄者，象笄也。何以言子折笄首而不言婦？適人當言婦。終之也。子道由此而終。

妾爲女君、君之長子，惡笄有首布總。女君服長子齊衰三年，妾同，故笄總如此。〇以上疑經之本文。

凡衰，外削幅，衰以衣言，曰凡，則五服同也。削，殺。服廣二尺二寸，兩旁各削去一寸。外者縫之，使邊幅鄉外，猶外畢也。裳内削幅，縫之邊幅鄉内，裳下體，輕也。幅三袧。音鉤。❶〇裳幅三辟積也。

❶「鉤」，原作「鉤」，據四庫本、經解本改。

注云：辟兩側，空其中央。○案：裳之幅數，惟見于深衣，所謂制十二幅以應十二月是也。彼以布六幅，破爲十二幅，狹頭鄉上，禮服幅裳當全幅。朱子所謂「要有辟積而旁無殺縫」也，其幅亦惟十二。鄭注凡于裳，則以前三幅後四幅爲説。先儒從之，然于經傳實不見所據，姑並存之。○又案：深衣圖相傳似前三後四者，蓋十二幅前後各六，前又分左右各三，外衿掩内衿之上，似乎三幅，後六幅，兩旁幅前曳在身旁，後又似乎四幅。鄭注因此而悞，未可知也。若齊，齊，下緝也。上言背及屬袂之縫，五服皆然；此言下緝，則指齊衰以下言。裳内衰外。亦與上同。負廣出于適寸。負者，以一方布置于衣背，縫着領下，垂放之，以在背，故謂之負。又曰「負版」，適詳下。下適及濶中合廣六寸，此旁出適外各一寸，則博尺八寸也。適博四寸，適者，衣左右各長四尺四寸，中分之，前後各長二尺二寸。上角當領處，縱横各四寸，横處各剪入四寸，以所剪各反摺鄉外，覆于肩，謂之適，亦曰辟領。其中空者，爲濶中，合左右前後，方八寸，適亦如之，曰博四寸者，以一畔言也。博，廣也。出于衰。衰，即下長六寸、博四寸者，衰博四寸，適合濶中，總博尺六寸，則兩旁各出于衰六寸。衰長六寸、博四寸。綴之外衽之上，廣長當心，前有衰，後有負版，左右有辟領，孝子哀戚，無所不在也。衣帶下尺。帶者，要間當帶之處，衣長二尺二寸，不過及要，與裳相接每不能掩，故于當帶處，以布綴之，垂下長尺，以掩裳際也。衽二尺有五寸。衽者，以布三尺五寸，廣終幅上下各留一尺不破，中尺五寸，上當尺處從左畔横裁入六寸，下右畔亦然。又從上左下裁入六寸處邪裁鄉右，接右畔六寸處，斷爲兩衽，邪裁各尺五寸，合上下各一尺，總二尺五寸也。○案：注以衣帶下尺爲掩裳上際，疏以此衽爲掩裳兩旁下際。王氏廷相謂上衰長六寸，疏謂有外衿，則有内衿可知。黄氏宗羲云：用布二尺五寸，交斜裁之爲二，綴于前衣身下左右，在左爲外衿，在右爲内衿。蓋衣有衿而後可以蔽其胸體，又綴衰于外衿，而以外衿掩内衿之上，則衰正當心。《説文》以衽爲衿交，其義可知矣。其制當以兩濶頭連綴于衣，而垂其兩狹頭爲燕尾以掩裳際，所謂衣帶下尺者，疑即兩濶頭之各長一尺者爾，非别用布也。袂屬幅。袂，袖也。屬，連也。謂連邊布廣二尺二寸，凡用布者，去邊各一寸爲縫殺，屬則整幅，不削其邊，取其正方也。衣二尺有二寸。袂中而言衣，袂屬幅，長與衣等，袂與衣等者，取其可以運肘，且取端幅也。袪尺二寸。袪，袖口也。袖廣二尺二寸，袪殺其半，足併二手而拱之也。〇以上言衰裳之制。

衰斬衰。三升、三升有半，其冠六升。縷三升有半者成布還三升，故冠同也。以其冠爲受，受衰六升。受冠七升。齊衰四升，其冠七升。以其冠爲受，受衰七升。受冠八升。繐衰四升有半，其冠八升。經在大功後者，以喪期爲次也。此在大功前者，以升數爲次也。大功八升，若九升。小功十升，若十一升。《間傳》：「大功七升、八升、九升，小功十升、十一升、十二升。」此不言七升、十一升者，可知。又大功不言受，經已見也。不言緦者，緦衰冠同十五升，抽其半，不必言也。〇以上言升數。

儀禮卷第十二

仁和吴廷華章句

士喪禮第十二

士，謂死者及其子。蓋士死而其子喪之，自始死至卜葬之禮。據《雜記》恤由之喪，哀公使孺悲之孔子學士喪禮，蓋春秋轉相僭竊，士喪禮廢而其書尚在，故孔子以教孺悲，而是禮遂傳。喪于五禮屬凶禮，當第五，第十二説非，詳《士冠禮》。

士喪禮：死于適丁狄反。室，正寢之室也。寢有堂、有室。王六寢：大寢一，小寢五。諸侯大寢一，小寢二。大夫士二寢：大、小寢各一。適寢，大寢也。小寢，又曰燕寢，又曰下室。正寢在前，燕寢在後，妻各如其夫。《曲禮》：「士曰不禄，庶人曰死。」此云死者，散文通也。必于適室者，死必以正。魯僖公薨于小寢，《春秋》非之。幠火吾反。用斂衾。幠，覆也。衾，被也。《大記》小斂君錦衾、大夫縞衾、士緇衾，皆一；大斂二衾，一藉一覆。此大斂所覆衾也。不用小斂衾者，當陳之。〇以上始死。

復者一人，復者，人子不忍死其父母，招之，庶其生氣之反也。復者有司，《周禮》有夏采、祭僕，此其屬也。士禮一人，餘以位爲等殺也。下記：「復者朝服，左執領，右執要。」以爵弁服，士服之尊者，弁不用，以表服而已。簪裳于衣，簪，連也。連之者，登屋防脱遺也。復必以服者，神所習也。左何之，肩之，便于升。扱領于帶；扱，插也。插于復者之帶間。升自前東榮，東方，取生氣也。中屋，屋之脊也。聲高則遠聞。北面，求諸幽。招以衣，曰「皋某復」三。皋，長聲。某，死者名。《喪大記》：凡復，男人稱名，婦人稱字。降衣于前。降衣，下之于堂前，象死者之復也。受用筐，❶别使人受之。用篚者，防其汶。❷升自阼階，生時升降處。以衣於既反。尸。庶其隨衣復于身。復者降自後西榮。《喪大記》所謂「西北榮」也。蓋幽陰之方，庶其隨復者降也。○以上復。

楔息結反。齒用角柶，以下所謂復而後行死事也。楔，拄也。將含，恐口閉急，故以柶，拄張尸口使開也。角柶，見《士冠禮》。據下記，言楔貌如軛，上兩末，則又名柶爲楔矣。兩末上鄉，則末出口外，要與扱醴者别。綴丁劣反。足用燕几。綴，猶拘也。將屨，恐足辟戾，故用几脚拘之。復後遷尸南首，足在北，綴之者，几脚南鄉以夾足，使不辟戾也。燕，安也。燕几，其燕居時憑以爲安之几與。○以上楔齒綴足。案吕氏《四禮疑》云：死欲安，不宜楔以困之，且一楔之後，雖含以物而口不復合也。《儀禮節略》云：綴足用几

---

❶「筐」，據下當作「篚」，通行本《儀禮》經注皆作「篋」。

❷「汶」，四庫本作「濆」。

甓尤迂。並存之。

奠脯醢、醴酒。設奠以依神也。《檀弓》：始死之奠，其餘閣也與。升自阼階，奠于尸東。帷堂。事小訖，帷之，以鬼神尚幽闇也。〇以上奠。

乃赴于君。赴，告也。主人西階東，南面命赴者，拜送。赴君，故必親命而送之。餘如《檀弓》，父兄命送者可也。西階者，親雖死，尚不忍在阼。有賓則拜之。因命赴出，遂拜之。注：「賓，僚友群士也。」疏：有大夫則經必稱之，如下有大夫則特拜之是也。〇以上命赴君。

入坐于牀東。主人入室西面對死者，牀當牖，其東則户之西也。前亦坐，于此見之。下記：室中惟主人、主婦坐。衆主人在其後西面。庶昆弟也。其後，主人之東。婦人俠古洽反。牀東面。妻、妾、姑、姊妹、女子子之屬，在牀西曰俠者，與主人東西俠牀也。主婦在前。親者在室。大功以上，父兄、姑、姊妹、子姓也。又在上二者之後。衆婦人户外北面，衆兄弟堂下北面。二者皆小功以下，北面，鄉室也。〇以上面位。

君使人弔，注：使人，士也。禮，使人必以其爵。徹帷，徹者，扂之，爲君命變也。事畢，下之。〇扂，羌據反。褰帷而上也。主人迎于寢門外，不于外門者，别于迎君。見賓不哭，賓，謂使者。不哭，爲其以君命來。先入門右，北面。弔者入，即賓。升自西階，東面。致命位也。主人進中庭，不升。弔者致命。主人哭拜稽顙，成踊。成踊三者三，凡九踊也。賓出，帷堂。主人拜送于外門外。以上君使人弔。君使人襚。遺人衣服曰襚，蓋以助斂。徹帷，此又言徹，則賓出即下帷也。主人如初。襚者左執領，右執要，入升致命。主人拜如初。襚者入，衣尸，曰衣尸者，加衣于尸上，如衣之者然，與記委衣于牀者别。出。主人拜送如初。唯君命出，否則在室不出。升降自西階。遂拜賓，因出遂拜，不出則不拜也。有大夫則特拜之。餘則旅拜。即位于西階下，東面，不踊。因拜，故即拜位也。不踊，别于君。大夫雖不辭，入也。辭之，恐其爲賓留于外也；不辭亦入者，本不爲賓出也。親者襚，大功以上。不將命，不使人將之以致命，同財之義也。以即陳。陳于房中。庶兄弟襚，即上衆兄弟，蓋小功以下者。使人以將命于室；衆兄弟在堂下，故致命于室也。主人拜于位；牀東之位。委衣于尸東牀上。尸牀上之東也。朋友襚，親以進；進，進于室也。親以進，禮與親者等也。主人拜；委衣如初，退；反賓位。哭不踊。以上三者，皆不踊，别于君也。徹衣者執衣如襚，襚者衆，牀不足容，故有司徹之。如者，亦左執領，右執要。以適房。以上襚。右第一章，始死諸雜儀，凡八節：一，始死；二，復；三，楔齒綴足；四，奠；五，赴君；六，面位；七，君使人弔；八，襚。

爲銘各以其物。《檀弓》：「銘，明旌也。以死者爲不可别已，故以其旗識之。」蓋以表柩也。物，畫物，如「日月爲常，交龍爲旂」之屬。大概言之，故曰各。○注以物爲大夫、士載物之物，謂雜帛也。如其説，則彼此不過一物而已，似不必言各也。亡則以緇，長半幅，布幅去邊各一寸，竟幅二尺，半之則一尺也。○案：大夫士同載物，則凡大夫士之銘一爾，不計命數也。亡物，當指庶人言。注以爲不命之士，蓋泥于士喪言之，不知其由士以推之民也。䞓末，䞓，丑貞反。○赤色。長終幅，廣三寸，書銘于末，曰「某氏某之柩」。上某，氏也；下某，名也。尸在棺爲柩。竹杠音江。長三尺，杠，銘橦也。置于宇西階上。宇，屋邊也，謂簷下。注謂之梠。梠，桷端連木。桷，屋椽也。宇西階上者，宇下階上也。初置此，待爲重訖，乃置于重。○以上爲銘。

甸人掘坎于階間少西，甸人，甸師之屬。爲坎，以受所棄沐浴餘潘及巾柶之屬也，制詳下記。爲垼音役。于西牆下，東鄉。許亮反，今文作「面」。○垼，塊，謂以土塊爲竈，即名竈爲垼。爲之，以煮潘水也。西牆，中庭之西。新盆、槃、瓶、廢敦、音對。重鬲，音歷。皆濯，盤以盛水，槃承渜濯，瓶以汲水。廢敦，無足者，蓋承米器，以其似敦無足，故謂之廢，實新器也。鬲，甖屬，以盛飯含餘鬻，縣于重木，故謂之重鬲。五者皆瓦器，用新，重死事也，皆濯潔之。○渜，奴亂反。造于西階下。造，猶饌也，饌此以待事。陳襲事于房中，襲事，襲所用衣服也。襲衣三稱，庶襚雖不用，亦陳之。房，東房。西領南上不綪。側庚反，同綪。○西領，便于取也。綪，屈也。謂襲少，直從南至北已盡，不復從北屈而南也。明衣裳用布。親身之服貴潔，故曰明。布，幕布也，制詳下記。鬠音膾。笄用桑。鬠，髻也。名髻曰鬠者，取髮聚之義。用桑者，桑之爲言喪也。長四寸，纋音憂。中。笄長尺，此四寸者，裹首用掩，不用冠，不必固以笄，且便于斂也。中，中央。纋，狹也。謂兩頭濶，中央狹。蓋笄之中央細，所以安髮也。布巾環幅，不鑿。此含巾也。環，周也。周布一幅，則方二尺二寸也。鑿，當口鑿之，以含也，不鑿則含時反其巾而已。

○注大夫以上，賓爲之含，當口鑿之，嫌有惡。竊謂父母之喪，無貴賤皆當親含。《雜記》：公羊賈鑿巾以含，故記以爲譏。彼注以鑿巾爲大夫禮，與此注同，未安。掩練帛，掩，裹首也。練，煮繒而熟之。○案：注謂死者不冠，謂以掩裹首，故不冠爾。據疏云：「掩若今人幞頭。」幞頭即冠，雖其制少異，不可謂之不冠也。纊疑「廣」。正幅，或云：纊如字，謂以終幅綿爲著也。存參。長五尺，析其末。兩端皆析，以前二脚結于頤下，從首裹至項，又以後二脚結于項中。瑱用白纊。瑱，充耳。纊，新綿。幎依注。目用緇，幎目，以覆目，緇者，其帛與。方尺二寸，尺二寸，足以并面覆之，故注以爲覆面，其實覆目也。䞓裹；著，充也，以絮充于表裏之中也。組繫。組繫爲可結于後也。疏云：「四角有繫。」握手用玄纁裏；握手所以韜手，以其在手故曰握。非謂以手握之也。此亦應用帛，曰纁裏，則玄者其表也。長尺二寸，廣五寸，牢中，萬氏曰：「牢，籠也。」牢中，謂中寬，足以籠指也。旁寸；萬氏曰：于兩端摺而縫之，廣寸。著，組繫。高安朱氏曰：握手長尺二寸，鉤于中指，環裹餘四指，所以固之，不使脱落。左右握手各一，右大指別設決，合握而繫之，左手無決。案：此則所謂尺二寸者，横裹五指之數也。廣五寸者，約指及掌之數也。旁寸者，尺二寸之餘，寸縫之，以固握也。○案：注疏説未分曉，以牢中爲中窄，尤不合，故取朱氏説以正之。決用正王棘若擇音澤。棘，決裏右巨指。正，善也。王棘擇棘，善理堅韌者，皆可爲決，科用其一，非兼用二棘也。組繫，決及極，皆有繫。纊極二。極，見《射禮》。諸侯射朱極三，以韋爲之。此士死用纊而極二，則生時射亦用極也。朱極三者，以裹右手食、將、無名三指。此極二，其不及無名指與？服決若極，乃加握矣。冒緇質，冒以韜尸，制如直囊。上下各一，上囊曰質。質，正也。長與手齊；䞓殺，所界反。掩足。下囊曰殺，或以其窄于質與？其用之，先以殺韜足而上，後以質韜首而下。《喪大記》：「君錦冒黼殺，綴旁七；大夫玄冒黼殺，綴旁五；士緇冒䞓殺，綴旁三。凡冒，質長與手齊，殺三尺。」蓋兩囊各縫合一頭，上下相接處又縫合一邊，一邊不縫處用帶綴而結之，或七、或五、或三。此士禮，綴旁三也。爵弁服，純衣。皮弁服，白布衣，與上並詳《士冠禮》。此不用冠而言冠者，亦以表服也。褖他亂反。衣。注：「黑衣裳赤緣之謂褖，所以表袍也。《喪大記》曰：衣必有裳，袍必有表，不禪，謂之一稱。」疏：《士冠》陳三服，有玄端，無褖衣；此三服有褖衣，無玄端。則褖以表袍，有袍乃有褖也。但衣裳連與婦人褖衣同，故以名之。必表袍者，袍連衣裳故也。緇帶。三服之帶皆緇也。餘詳《士冠禮》。韎韐。此爵弁之韠也。不言素韠、爵韠，文省。竹笏。笏以書思對命，指畫于君前，亦用之。《玉藻》士以竹本象，蓋竹笏而飾以象也。笏度二尺六寸，中博三寸，下廣二寸半，上下皆殺而圜。不言象，可知。夏葛屨，冬白屨，皮屨也。曰白，則《士冠禮》所謂「以魁柎之」者。此言白則葛可知。皆繶緇絇純，皆，皆皮葛二屨也。此即《士冠禮》所謂白屨、緇絇純，蓋皮弁服之屨也。組綦繫于踵。綦，屨係也，以組爲之。足後曰踵，綦當屬于跟，後以兩端鄉前，與絇相連于脚跗踵足之上，合結之。○案：以上四者，惟竹笏一爾。曰緇帶，則每服一帶，隨服繫之可知。言韎韐以概素、爵二韠，亦可隨服服之。若屨則不能重著，此白屨當據著者言之，其爵弁纁屨、玄端黑屨雖不著，當亦置之棺也。庶襚繼陳不用。庶，衆也。襲惟三稱，故庶襚雖繼上三服陳之，而不用以襲，注所謂多陳之爲榮，少納之爲貴也。貝三實于笲。貝，水族介物也。飯含用之，天子九，諸侯七，大夫五，士三。稻米一豆實于筐。《春秋傳》豆四升。沐巾一，浴巾二，上下體異巾也。皆用綌，《玉藻》：「浴用二巾，上絺下綌。」此皆用綌，則彼據大夫以上言也。于笲。巾實于笲也。或云：于上脱「實」字。櫛于簞。《士冠禮》：「櫛實于簞。」浴衣于篋。衣以布。注漢之通裁似之。既浴，衣之以晞其體，下經「挋用浴衣」是也。皆饌于西序下，南上。下，序南也。○以上襲前陳設。

管人汲，爲將沐浴也。不説古活反。繘，君必反。○繘，汲水綆也。不説，將就祝濯米也。屈之。繘長，必屈而持之。祝淅米于堂，祝，夏祝也。淅，沃也。將煮潘用夏祝，則此禮自夏始也。于堂，重其事。南面，用盆。管人盡階，不升堂；受潘，潘，淅米汁。受，受于祝也。煮于垼，爲將沐。用重鬲。《喪大記》：甸人取所徹廟之西北厞，爨之。煮用鬲，則不以釜也。祝盛米于敦，曰米，則飯者不煮也。敦，即廢敦。奠于貝北。士有冰，冰以寒尸，《喪大記》：士無冰。此有冰，謂得賜者。用夷槃可也。承尸之槃也。《喪大記》：「大夫設夷槃。」此賜冰得與大夫同夷槃也。外御受沐，入。外御，男從者，此受于管人，蓋潘也。曰沐者，以所用言之。不言浴，可知。主人皆出，户外北面。主人出，則皆出，象平時沐浴裸裎，子孫不在旁也。《喪大記》：「設牀襢笫，有枕。」此文省。乃沐，《喪大記》：「沐用瓦槃。」櫛，因沐而治髮也。挋文慎反。用巾；挋，晞也。拭而晞之使浄無潘濊。浴用巾，以巾浴，且拭之。《喪大記》：「御者入浴，小臣四人抗衾，御者二人浴。浴水用盆，沃水用斗。」此亦應抗衾，文省爾。挋用浴衣。

拭且晞之。渜音愞，古文作「緣」，《喪大記》作「濡」。濯棄于坎。潘水爲渜，既沐浴則謂之濯。坎，上甸人所掘于階間者。蚤，依注作「爪」，下同。揃如他日。《喪大記》：「小臣爪手翦須。」疏云：翦手爪，又治須，如平生。則爪揃者，揃爪也。○注以揃爲翦須，蓋悞連彼翦字爲翦須。萬氏斯大曰：「揃，展通，展其鬚使直。」或謂揃爲斷鬚，生時豈斷鬚乎？鬠用組，用組，以束髮也。乃笄，設明衣裳。以上沐浴。

主人入即位。不言皆，則惟主人入也。已設明衣，可以入。商祝襲祭服，二弁服也。襲者別設牀于含牀之東，布三稱之服。既含，乃遷尸于服上以衣之也。《喪大記》：「含一牀，襲一牀。」此文省爾。商祝掌襲，則襲禮自商始矣。褖衣次。注以連衣裳爲褖衣，故爲祭服之次也。主人出，南面左袒，扱諸面之右；面，前也，謂袒左袖，從前扱于右腋下帶之内，以將扱米也。盥于盆上，不言洗盆，其即階下之新盆與？洗貝，執以入。宰洗柶，以挹米者。建于米，執今文無。以從。執筐從入。商祝執巾，從入，巾以含。當牖北面，徹枕，尸南首，故北面徹枕。設巾，爲飯時遺落米也。周擁于口，不必覆面。徹楔，受貝，受主人貝。奠于尸西。近南，時主人方入，遂先入而奠之。主人由足西，由足至尸西，不就牀東位者，東有襲牀也。牀上坐，近南，以將含也。東面。鄉尸也。祝又受米，奠于貝北。受米筐于宰也。貝北近主人，以先扱也。宰從立于牀西在右。宰既授米，乃西，主人東面，則北爲右也。以佐飯事。主人左扱米，實于右三；口内之右。實一貝。左、中亦如之。又實米惟盈。平時致膳，故死不虛口。○案：實米惟盈，保無蒸腐生蟲之患。吕氏坤曰：以貝及玉，或米少許，以存不虛口之意，可爾。

主人襲，反位。牀東位也。飯含畢，遷尸服上。主人坐牀東視之，初在浴牀東，此在襲牀東，曰反位者，以猶是牀東爾。商祝掩，瑱，設幎目；三者以次設之，掩在瑱、幎目之外，先言之者，掩有四角，先以前二角結于頤下，乃設瑱、幎目，然後用掩。從頂至項，遂結二角于項也。案：浴牀未即乾，以下皆當于遷尸後爲之，遷尸其亦士與。乃屨，綦結于跗，跗，足跟也。謂先以中央屬于跗，又結之也。連絇。以綦兩端從跗向屨頭穿絇鼻結之。未服先屨者，以在服内也。乃襲三稱。前遷尸襲上矣，此乃衣之也。凡衣死者，左衽不紐。明衣不在算。算，數也。不在算者，禪衣不成數也。設韐、帶，搢笏。韐帶，韎韐、緇帶，此衣之序也。設決麗于掔，烏亂反。古文作「捥」，音同。自飯持之；麗，附麗也。掔，手後節中也。飯，大擘指本也。決，以韋爲之，藉有彄，彄當大擘本，向掌爲内端，内端爲紐，外端有横帶，即組繫也。先以紐擐大擘本，因沓其彄以横帶貫紐，結于掔之表也。不言繫極，大概相似，文省爾。○彄，苦侯反。擐，音患。設握乃連掔。謂以綦繫絇中指，由手表與決帶之餘連結之。此謂右手，記説則左手也。設冒櫜古刀反。之，櫜，韜也。幠用衾。如始死。巾、柶、鬠、蚤埋于坎。鬠，亂髮，櫛之餘也。四者上浴畢，已合渜濯並棄于坎，至是乃築坎而埋之。《喪大記》君、大夫鬠爪實于緣中。士埋之者，卑也。不言櫛、浴衣，可知。

○以上飯含襲。襲畢，有賓出之節，文省。

重木刊鑿之。木曰重者，以其縣物相重累也。注：士重木長三尺。鑿者，鑿之爲孔，以横木貫之，每横縣二鬲，天子八鬲四横，諸侯六鬲三横，大夫四鬲二横，皆互連交縣。士，二鬲一横而已。甸人置重于中庭，中庭，東西之中也。三分庭，一在南。南北之節。夏祝鬻又作「粥」。餘飯，飯米以飯尸，餘米爲鬻也。用二鬲于西牆下，西牆下煮之，盛于鬲也。冪用疏布久注讀爲灸，音救。之，灸，塞也，以蓋塞鬲口也。繫用軨，軨，竹䈥也。謂竹青可以爲繫者。縣于重；冪用葦席，上冪以塞鬲口，此則用于重，以覆二鬲也。北面左衽，北面者，謂以席先于重南，鄉北掩之。左衽者，北面以西爲左，謂東端在下鄉西，西端在上鄉東。帶用軨，賀之，結于後。賀，加也。席兩端交于後爲左衽，乃加䈥爲帶，束而結之。祝取銘置于重。據下篇，此夏祝也。銘，殯訖置于肂，今未殯，故暫置于重，以重有主道也。○以上設重。

右第二章，含襲諸儀，凡四節：一，陳設；二，沐浴；三，飯含襲；四，設重。

厥明，死之明日。陳衣于房，小斂衣也。南領西上，綪。綪者，衣十九稱，前列自西而東，後列屈之自東而西也。絞橫三縮一，絞，所以收束斂服，令堅急者也。縮，從也。橫者三幅，從者一幅，以收束全在橫絞也。此與大斂之絞別。廣終幅，析其末。令可結也。緇衾赬裏，無紞。丁敢反。○紞，被識也。被本無首尾，生時恐前後互換，故有紞記之。死者一定不復易，無用識也。衾皆五幅，如紟。祭服次，此陳衣，祭服次于絞衾，布時乃後于散衣者，所謂「美者在中」也。散衣次，褖衣以下，袍繭之屬，士祭服惟二弁服及玄端三者，合散衣，恐不足十九稱之數。疏云：當重之。○疏云：十九，蓋天九地十之終數。凡十有九稱。單、複具曰稱。陳衣繼之，庶襚也。不用，陳之而已。不必盡用。言陳衣于十九稱之外，則不用明矣。又曰不盡用者，明庶襚用者已在十九稱中，此則其用之不盡者爾。饌于東堂下，南齊坫。

醽醢、醴、酒。冪奠古文作「尊」。用功布，功布，鍛濯灰治之布也。實于箄，未覆也。下奠于尸東，乃覆之。在饌東。設盆盥于饌東，有巾。無洗，喪事略也。苴絰大鬲，下本在左；此首絰也。絰帶，制詳《喪服》。要絰小焉，五分去一。散帶垂長三尺；即上要絰也。成服乃絞，記「三日絞垂」是也。小斂則不絞，散而垂之。要絰象大帶，大帶垂長三尺，故絰亦如之，此斬衰之絰也。牡麻絰，齊衰至小功皆用之。右本在上，亦散帶垂。此大功以上者，小功、緦則絞而結之矣。皆饌于東方。首絰爲上，據下絰絰于序東，則此蓋饌于東堂也。婦人之帶，牡麻結本，此齊衰婦人之異于男子者；斬衰婦人亦結本，苴絰同男子。在房。牀第夷衾，第，簀，牀棧也。夷衾，緇質赬殺，如冒。聶氏曰：不爲囊，則仍衾制也。小斂夷尸于堂，覆是衾，故以名之。夷，陳也。如上陳衣之陳，蓋惟陳之以覆尸及棺，不以斂也。始死用斂衾，此又用夷衾者，斂衾將陳之。饌于西坫南。西方盥如東方。爲舉者設也。在堂下，如者謂有巾。陳一鼎于寢門外，牲用特豚，故一鼎而已。小斂禮殺也。當東塾，少南西面。其實特豚，四鬄，託歷反，又大皮反。去蹄，鬄，解也。四解之，殊左右肩髀爲四，合下兩胉一脊爲七。喪事略也。去蹄，謂去其甲，以其不潔也。兩胉，脅也，兩則兼左右矣。脊，連左右爲一脊也。肺。設扃鼏，用茅。鼏西末。茅長則束本。曰末，則不束者，蓋茅之尾也。素俎在鼎西西順，素，無漆飾也。東爲上。覆匕東柄。示未用也。士盥，西盥。二人以並，東面立于西階下。俟舉也。曰二人以並，則不止二人矣。《喪大記》：凡斂者六人。布席于户内，斂席在地，有司布之。下莞上簟。商祝布絞衾、散衣、祭服。衾，緇衾也。夷衾不以斂，此先外後内之次也。布，布于席。祭服不倒，禮嚴上下之辨。凡服不應倒，祭服，服之重者，故特言之。美者在中。中，謂近體。服莫美于祭服也。疏云：「祭服之中更有善者。」此應徹始死之奠，記所謂「小斂辟奠」是也。○以上陳小斂具。

士舉遷尸，舉尸遷服上，男女共奉之。反位。西階下。設牀第于兩楹之間，將遷尸于堂也。《喪大記》：「遷尸于堂，又一牀。」衽如初，衽，卧席，亦下莞上簟。有枕。飯時徹之，此又設也。卒斂，徹帷。主人西面馮同憑，後並同。尸，馮者，依托之義。蓋引身近尸，因撫之也。下君撫、主人馮又曰「不當君所」，則撫者不必馮，馮者必兼撫，蓋親疏之等也。注云：馮，服膺也。踊無筭；哀至則踊，故無數也。主婦東面馮亦如之。不踊。主人髺古文作「括」。髮袒，《問喪》：「親始死，雞斯徒跣，极上衽。」鄭以雞斯爲笄纚，蓋去冠而見笄纚也。髺髮，則又去笄纚而露紒矣，亦于房。此及免髽，並詳《喪服》。衆主人免于房，始死，將齊衰者素冠。小斂將袒，則先免。冠尊，不以袒也。婦人髽于室。注：始死，婦人將斬衰者去笄而纚，將齊衰者骨笄而纚，髽則并去笄纚而紒矣。○以上小斂于户内。

士舉，舉尸。男女奉尸侇于堂，侇，陳也。陳于所設牀上。幠用夷衾。男女如室位，牀東西位。踊無筭。主人出于足，主人在東，故由足後而西。降自西階。將即位。衆主人東即位。位在主人後，如在室。婦人阼階上，西面。婦人不下堂，此變而東，以主人等俱降也。主婦亦在焉。主人拜賓，鄉其位拜也。尸在室，主人不出，此奉尸出矣，故偏拜之。大夫特拜，士旅之；總拜之。即位踊，西階下位。襲，將斂故袒，事畢乃襲也。經于序東，此言經，則散帶垂亦此時也。○舊説散垂在小斂于户内時，未然。復位。西階下位也。○以上奉尸俠于堂。

乃奠。舉者盥。舉鼎二人並盥也。右執匕，右人左手舉鼎，空右手，遂執之。郤之；仰也。左執俎，左人右手舉鼎，左手空也。横攝之。攝，持也。入，阼階前西面錯，錯，置也，謂置鼎西面，與門外同。錯俎北面。北面，横置之，以俎本西順也。右人左執匕，俎已錯，匕尚在手也。左手執之者，以右方有事也。抽扃，右手遠于鼎，可以抽扃而出之。予古文作「于」。左手，兼執之；予者，置扃于左手，若予之者然也。右尚有事，故左手兼執之。取鼏委于鼎北，右手。加扃，加于鼏上。不坐。乃朼載。右人匕之，左人載之俎。載兩髀于兩端，合升者，髀亦升，膊胳屬焉，與大斂異也。兩端，俎之前後，前在東，東左髀，西右髀也。兩肩亞，左髀之内左肩，右髀之内右肩，肩貴于髀。曰亞者，由兩端至中，逆數之也。兩胉亞，各以左右亞于肩也。臂臑屬于肩，膊胳屬于髀，不殊，故以肩髀概之。脊肺在于中，皆覆。覆以巾，爲塵也。不食，故覆之。進柢，本也。骨有本末，本在北。執而俟。俟祝東堂下來。夏祝及執事盥，執醴先，祝先。酒、脯醢、俎從，此從升之次也。升自阼階。俎亦自阼升，喪禮異也。丈夫踊。丈夫在階下，見奠而哀。甸人徹鼎，已載，徹之。巾待於阼階下。巾，功布，上實于簞者，此將用之，故執事者執之以待授祝。下祝受巾是也。○疏讀「徹鼎巾」作句，悮。奠于尸東，執醴、酒北面西上。上醴。西上，統于尸也。此後設，故立而待事。豆錯，不言籩，第言豆者，籩亦竹豆也。亦西上。錯，置也。以屈錯言者鑿，下並同。俎錯于豆東。兩豆之東也。立于俎北，西上。執豆俎者也。上，上豆也。俎北，即豆北也。不于南者，南方設醴，且便其由足降也。醴、酒錯于豆南。醴在北，記有柶及勺，又「觶俟時而酌」。此闕。下並同。祝受巾，待于阼階下者。巾之，豆俎皆巾，尊也。由足降自西階。皆降也。祝先在尸東，故由足而西降。婦人踊。婦人在階上，先見之。奠者由重南東。由重南而東，其位在東也。丈夫踊。位在阼階下，至此乃見之。賓出，小斂禮畢。主人拜送于門外。寢門外也。乃代哭，不以官。大司馬之屬挈壺氏掌縣壺以代哭，所謂官也，蓋大夫以上禮。此士禮，故不用縣壺之官。親屬守尸者哀至則哭，夜不絕聲，若更番相代者然，非强之使代也。孝子之哭，與此又別。〇以上小斂奠。〇案：注謂防孝子以死傷生，故使之更哭，則不幾以哭爲市與。

有襚者，遠者小斂後乃襚也。曰有者，不必其有也。則將命。擯者出請，入告。主人待于位。擯者出，告須，須，待也。《雜記》云：「孤某須矣。」以賓入。賓入中庭，北面致命。曰致命，則使人襚，不親襚也。主人拜稽顙。賓升自西階，出于足，至尸東。西面，鄉尸。委衣，委于牀。如于室禮，降出。仍出于足西，降而出。主人出拜送。朋友親襚如初儀，「升自西階」以下。西階東北面哭踊三，襚者在東，故出于足，立西階上，邪鄉尸，哭之。降。主人不踊。主人不徒踊。襚者以褶，則必有裳，帛爲褶，有表裏而無著，形如袍，短身而廣袖，故必有裳乃成稱而可用。執衣如初。徹衣者亦如之，升降自西階，謂徹者。以東。藏以待陳，與上適房別。〇以上重記襚禮。

宵爲燎于中庭。以上爲燎。右第三章，小斂禮，凡六節：一，陳具；二，小斂；三，奉尸于堂；四，小斂奠；五，重記襚禮；六，爲燎。

厥明滅燎。小斂次日之旦。陳衣于房，南領西上，綪。大斂服尤多也。絞，《喪大記》：「大斂，布絞，縮者三，横者三。」❶一幅爲三。不辟。謂直者以一幅布，裂兩端作三片，用之。横者，則以二幅布，兩端裂爲六片而去其一，其中皆不辟裂也。紟，單被也。《大記》布紟五幅，無紞。衾二，君襚，祭服，散衣，庶襚，凡三十稱，《喪大記》：君百稱，大夫五十稱。此三十稱，士禮也。紟不在筭。單被不成稱也。《喪大記》小斂絞紟不在稱，則衾亦不在筭也。不必盡用。三十稱外，固陳而不用矣。三十稱亦不必盡用者，柩或不足容也。《周禮・守祧》：「藏遺衣服。」鄭云：「大斂之餘。」即此。東方之饌：東堂下。兩瓦甒，其實醴、酒，各一甒。角觶，木柶；毼若瞎反。豆兩，毼，❷白也，謂無漆飾。其實葵菹芋、蠃醢；菹又曰芋者，齊人呼全菹爲芋，蓋菹長四寸，此長而不切，故曰芋，言全葵也。兩籩無縢，縢，緣也。布巾，豆亦有巾，文省。其實栗不擇；《聘禮》：「栗擇。」此喪事略也。脯四脡。四豆籩，禮盛也。奠席在饌北，大斂奠有席，神之。斂席在其東。掘肂以二反，又音四。見賢遍反。衽。而甚反。○肂，

❶「三」，原作「五」，據《喪大記》改。
❷「毼」，原作「甌」，據四庫本改。

埋棺之坎也。見衽，坎淺深之度也。古者棺不用釘，以皮條束之，縮二横三，衽如銀則子，兩端大而中小，漢人謂之小要，亦木爲之，用以連合棺與蓋之際，每束處一衽，士殯見衽，塗上帷之，肂在兩階上。棺入，主人不哭。升棺用軸，注：「軸，輁軸，狀如轉轔，刻兩頭爲軹。輁狀如長牀，穿桯前後，❶着金而關軸。」敖氏曰：軹旁四輪，前後各二，各有一軸以貫之。天子、諸侯用輴以殯，士則用之升棺朝祖而已。或云：既升，則入肂中也。蓋在下，序端。熬曰熬，則以火熬穀也。黍、稷各二筐，注：所以惑蚍蜉，使不至棺。《喪大記》：君，四種八筐；大夫，三種六筐；士，二種四筐。有魚、腊，每筐皆有也。饌于西坫南。案：此經，諸家皆疑之。愚謂注説是也。蓋柩忌蟻，又新掘之土，蚍蜉必多，設此以聚之，去熬而蟻亦俱去，蓋善法也。敖氏謂置此代奠，迂矣。陳三鼎于門外，增于小斂，亦當東塾少南。北上。亦西面。豚合升，魚鱄、市轉反，又市專反。鮒音附。九，大曰鱄，小曰鮒。腊左胖，髀不升，其他皆如初。小斂。燭俟于饌東。將設奠于奧，堂雖明，室尚闇也。燭俟于此，有執燭者，《喪大記》：「士堂上一燭，下一燭。」注云：「以照饌。」○以上陳大斂具。

祝徹，將大斂，徹小斂奠以辟之，祝及執事並徹也，文省。盥于門外，上不言門外設盥，疏據小斂陳饌訖即設盥，謂此亦宜然。按小斂奠，舉者盥乃入，則門外本有盥，或小斂陳饌設之，遂不徹爾。入，升自

❶「桯」，原作「裎」，據四庫本改。

阼階。丈夫踊。祝徹巾，覆饌者，先徹之。授執事者以待。待于阼階下，以大斂奠將巾也。徹饌，先取醴、酒，北面。上先錯豆及俎，醴、酒先升而後設。此先取者，以降仍在先也。北面，俟畢徹俱降也。其餘取先設者，先豆後俎。出于足，降自西階。婦人踊。設于序西南，西序也。神之所憑，不忍即徹，故重設之。注以爲求神，未然。當西榮，階西。如設于堂。醴、酒位如初。執醴、酒者，尊不變位。執事豆北，南面，東上。執豆、俎者皆西上。今東上者，便其東適，階下禮略也。乃適饌。適東方新饌，所以待奠，亦由主人北。帷堂。小斂訖徹帷，至是帷之，以徹事畢，將大斂也。〇以上徹小斂奠。

婦人尸西東面。主人及親者升自西階，親者，大功以上，前位于室中者。出于足，由足而東。西面，袒。爲大斂變也。不言髽免髻，小斂以來自若也。士盥位如初。如小斂，士盥二人，並立于西階，以待遷尸也。布席如初。大斂席也。取之饌北奠席之東，亦下莞上簟，但阼階上爲異。商祝布絞、紟、衾，布于席。衣美者在外。在外者，君襚也，君襚不用于小斂，而用于大斂，則當在外以榮其賜，審矣。君襚而言美者，見莫美于君襚也。君襚不倒。有大夫則告。後來者，告之以方斂，非斂時則降拜之。士舉遷尸，遷尸席上，亦男女共奉之。復位。主人踊無筭。卒斂，徹帷。主人馮如初，主婦亦如之。以上大斂。

主人奉尸，斂于棺，亦士舉，男女奉之。言主人者，明所統也。棺在西階上肂中，《檀弓》殯于客位是也。踊如初。男女踊無筭。乃蓋。主人降，事少訖。拜大夫之後至者，西階東。北面視肂。升階視之，塗必親莅之也。衆主人復位。阼階東。婦人東復位。阼階上。設熬旁一筐，疑盛塗具者，《周官·舍人》疏以此爲熬。若然，則不當重言熬，又熬無升文，此言熬旁則已在肂側矣。乃塗。以木覆棺上而塗之，爲火備。踊無筭。漸不見棺，哀愈增也。卒塗，祝取銘置于肂。設柎樹杠，置之肂東。主人復位，踊，襲。以上殯。

乃奠。燭升自阼階，俟于饌東者，升，先立于室户外。祝執巾，席從；巾，初待于阼階下者，奠席在饌北，祝執巾先，執事者執席從之。小斂無席者，以在尸東，尸本有席也。此在室無尸，故有席以妥神也。設于奥，席也。奥，神位。東面。執燭南面，巾委于席右。祝反降，適饌所。及執事，執饌。士盥，舉鼎入，亦阼階前。西面北上，上，牲鼎也。如初。小斂右執匕以下。載，載俎亦如初，載兩髀以下。魚左首，進鬐，脊也，以横俎言也。北不異于生。三列；每三爲列。腊進柢。如小斂牲體也。祝執醴如初，先升。酒、豆、籩、俎從，不言脯醢，四豆籩，不止脯醢也。升自阼階。丈夫踊。甸人徹鼎。奠由楹内東楹之北。入于室，醴、酒北面。執醴者西上，亦如初。設豆，右菹，東面南爲右，在醢南也。菹南栗，栗東脯。脯，特也。豚當豆，兩豆之東。魚次。豚俎之東。腊特于俎北，當魚俎。醴、酒在籩南。醴南栗，酒當脯。巾如初。既錯者出，既設即出，室中狹。立于户西，西上。俟饌畢，從祝降。祝後闔户，止言户，則牖未啟也。先由楹西降自西階。婦人踊。奠者由重南東。丈夫踊。賓出。婦人踊。主人送賓不踊。主人拜送于門外，皆廟門。入，及兄弟北面哭殯。階下位。兄弟出，小功以下疏者不就次，先出。主人拜送于門外。大功以上，尚哭未止也。衆主人出門，大功以上及主人出也，婦人不出。哭止，皆西面于東方。出者，門外位也。闔門。主人揖就次。據《間傳》：父母之喪，君倚廬，齊衰居堊室，大功寢有席，小功緦麻牀可也。此居次之節，則揖者，揖兄弟衆主人之屬。凡小功緦以上者，皆就次也。注謂小功以下歸，疏謂大功異門者亦歸，與《間傳》不符。○以上就次。右第四章，大斂之儀，凡六節：一，陳具；二，徹小斂奠；三，大斂；四，殯；五，大斂奠；六，就次。

君若有賜焉，視斂也。曰賜者，恩賜也。有不賜者。則視斂。既布衣，厥明。君至，視斂也。皮弁服襲裘，主人成服之後則錫衰。主人出迎于外門外，見馬首不哭，厭于君。還，見馬首而還，以變服，不敢迎于馬前。入門右，北面，及衆主人袒。將大斂，不敢因君廢其節也。凡陳鼎及饌，亦皆以次爲之。巫止于廟門外，祝代之。《檀弓》：「君臨臣喪，以祝桃茢。」天子禮也。《喪大記》：「巫止于門外，祝代之先。」此注所謂「祝代巫，執茢居前，下天子」也。小臣二人執戈先，小臣掌正君之法儀，且以爲衛。二人後。亦執戈在君後。君釋采，萬氏充宗曰：釋采，釋去吉衣也。蓋士始死，君未賜衰，故釋采于此。○注讀采爲菜，謂禮門神。存參。入門，主人辟。婦人可知。君升自阼階，西鄉。鄉尸。祝負墉南面，《喪大記》：「祝先入升堂。」墉，東房南壁也。在房戶之間，鄉君，以當相禮也。主人中庭。因君變位也。君哭。《喪大記》：「君稱言，視祝而踊。」主人哭，拜稽顙，拜君賜臨。成踊，出。以下主人凡六出，注謂「不敢必君之卒斂事」是也。《喪大記》：士出，俟于門外。君命反行事，斂事。主人復位。階下位也。君在堂，不敢遽升。君升主人，命主人升。主人西楹東北面。近尸。升公卿大夫，亦君升之。繼主人東上。在主人之西，與尸遠也。乃斂。主人奉尸斂于牀。卒，公卿大夫逆降，復位，主人降出。君反主人，將撫尸。主人中庭。君坐撫，以手按之。當心。主人拜稽顙，拜君之撫。成踊，今文無「踊」。○《喪大記》：「凡馮尸，興必踊。」則君與主人拾踊也。出。君反之。將命之馮尸。復初位。初，君初入時中庭位也。衆主人辟于東壁南面。東堂下，以君將降也。其實主人辟時衆已在東壁，至是乃明之。君降，爲將命主人及主婦馮也。西鄉命主人馮尸。君降自阼，在主人之東西鄉命之，體孝子之心益至。不言命主婦，可知也。主人升自西階，由足，西面馮尸，先馮後撫。不當君所，于君所撫處，爲少北。踊。主婦東面馮，亦如之。奉尸，斂于棺，中有踊，文省爾。乃蓋。主人降，出。君反之。命視塗。入門左，不言階下，君在阼也。視塗。亦踊。君升，即位，尸東。衆主人復位。卒塗，主人出。君命之反奠。入門右，上入門左，以塗在西；此門右，主位也。君升不在阼，得入而右也。乃奠，升自西階。君在阼也。君要節而踊，要，歸也。節，當踊之節，言哀歸于節而不過，上以奠者升降爲準是也。主人從踊。卒奠，主人出，哭者止。君將出，不敢喧，故暫止也。此言止，則既殯哭矣。君出門，廟門。廟中哭。君已出，哭如故。主人不哭，隨君出故也。辟。恐妨車行也。《曲禮》：君出就車，左右攘辟。君式之。馮式以禮主人也。貳車畢乘，貳車不入大門，此言畢乘，則君車出大門矣。主人哭拜送。按君以厥明視奠而反，主人屢出屢反，古人君之體羣臣如此。襲，入即位。哭殯。衆主人襲。拜大夫之後至者，布衣後來，因君至，不及拜也。成踊。賓出，主人拜送。右第五章，君視斂。

三日成服，杖，殯之明日，則除死日爲三日也。服，五等服也。殯前已經帶，此加冠衰而服成，杖詳《喪服傳》。《喪大記》：士之喪，三日之朝，主人杖，婦人皆杖。下記：「三日絞垂。」拜君命，拜其弔也，下同。及衆賓。不拜棺中之賜。重禮而輕財也。拜在朝奠之後，注謂不施己，故不拜，未安。○以上成服。

朝夕哭，既殯，在次哭無時，入哭則以朝夕爲節。據下徹大斂奠，則朝夕哭自成服始。不辟子卯。桀紂亡日，吉事闕焉，凶事則不辟。婦人即位于堂，南上，哭。婦人在内，故先即位哭。堂，阼階上也。南上，統于主人。丈夫即位于門外，西面北上；丈夫，衆主人及衆兄弟也。外兄弟在其南，南上。異姓有服者，南上，及下北上，明以親疏爲去門之遠近，各不相統也。賓繼之，北上：據下，則此賓，公、卿、大夫也。門東，北面西上；據下，此諸公位也。北面，則鄉門。門西，北面東上；據下，此他國異爵者之位也。西方，東面北上。遠于門，故以方言之。下無文，據經無老及士位，此蓋其位也。敖氏曰：此士位。下疏謂家臣在門右。主人即位，當在丈夫之北，西面。辟門。言此于主人即位之下，明爲主人辟也。婦人拊心不哭。婦人方哭，以男子將入哭，不敢先哭，故暫止而俟。拊心者，方哭而止，有餘痛也。主人拜賓，旁三；此當與下門内之拜同，賓東西爲列，故曰旁。每旁三拜，則旅拜也。右還，入門哭。

右手向外，轉而北面，乃入也。不言即位，則入門即哭也。案：主人爲哭而來，門辟即入，何暇拜賓？則主人即位以下，皆一時事。蓋即位時門將辟未辟，故拜賓而入。三拜，示徧而已。婦人踊。主人堂下，直東序，西面。兄弟皆即位，如外位。兄弟，上丈夫及外兄弟，位少退于主人。卿大夫在主人之南。在外兄弟南，上所謂賓繼之者也。諸公門東少進。門內進北，近殯。他國之異爵者門西少進。異爵，謂卿大夫。士則位于西方，此皆如外位。不言士，省文。敵則先拜他國之賓。哭畢又拜之，賓有公，則先拜之。然後拜本國諸公，卿大夫亦如之。凡異爵者拜諸其位。特拜也。此言拜諸其位，則餘亦三拜如門外。案此客位也。兄弟以下不言哭者，主人哭則哭也。○以上朝夕哭。

徹者盥于門外，徹大斂奠，爲將朝奠也。襲斂三奠，次日徹之，若朝夕奠，則據《司尊彝》疏云：朝奠夕徹，夕奠朝徹。燭先入，《檀弓》朝奠日出、夕奠日入，室中尚闇，故並用燭也。升自阼階。丈夫踊。祝取醴，北面；醴南無奠，可容祝也。立此以俟後徹者。取酒，立于其東；酒在醴東也，亦北面。取豆、籩、俎，南面西上。豆在俎西，籩在豆南，徹者必先豆後籩，則上豆也。三俎豚在西，則上豚也。西上立，俟祝出。祝先出，酒、豆、籩、俎序從，降自西階。婦人踊。設于序西南，直西榮。醴、酒北面西上。以上如室位。豆西面錯，立于豆北，南面。俟後錯者。籩俎既錯，立于執豆之西，東上。酒錯，復位。東方。醴錯于西。以上徹大斂奠。

遂先由主人之北適饌，朝奠之饌在東堂下，曰遂先，則祝不復位也。乃奠，醴、酒、脯、醢升。

丈夫踊。入如初設，亦在奧。如者，豆北籩南、醴南酒東也。不巾。禮殺也。錯者出，立于户西，西上。俟祝俱降。滅燭出。祝出也。祝闔户，先降自西階。婦人踊。奠者由重南東。從祝。丈夫踊。賓出，凡賓皆出。婦人踊。主人拜送。不復入。衆主人出，婦人踊。出門哭止。朝夕哭有節，安神須静也。皆復位。門外位。闔門，主人卒拜送賓，卒禮之終。揖衆主人，乃就次。以上朝夕奠。

朔月奠，朔奠在朝節詳下記。用特豚、魚、腊，加于朝夕奠。陳三鼎如初。寢門外以下。東方之饌亦如之。兩瓦甒以下。無籩，禮，豆重而籩輕，朔月加牲有黍稷，其禮盛矣。籩，亞獻所進，不必盡同于祭也。有黍稷。始有黍稷，利養之漸也。下篇註：「殷奠有黍稷。」用瓦敦，有蓋，當籩位。黍當栗，稷當脯。主人拜賓，如朝夕哭，門内外之拜。卒徹。徹宿奠終。舉鼎入升，升于俎。皆如初奠之儀。大斂奠，載魚左首以下。卒朼，釋匕于鼎，釋，舍置也。俎行。執者進也。朼者逆出，甸人徹鼎。其序醴、酒、菹、醢、黍、稷、俎。俎，豚、魚、腊也。其設于室：豆錯，醢北，菹南。俎錯，豚在東當兩豆，其東魚。腊特，特于豚、魚之北，當兩俎。黍稷當籩位。加饌于東方。敦啟會，郤諸其南。敦南近甒。醴、酒位如初。初在籩南，此在敦南。祝與執豆者巾，共巾之也。乃出。闔户出。主人要節而踊，皆如朝夕哭之儀。月半不殷奠。禮殺也。○注：大夫以月半又奠。有薦新，若五穀，及時果。如朔奠。三鼎之屬。案：下記：「朔月若薦新，則不饋于下室。」是朝夕有下室之饋，所謂「燕養、饋、羞、湯沐之饌，如他日」是也。徹朔奠，朝奠夕徹。先取醴、酒，其餘取先設者。敦啟會面足，啟上所郤，不復蓋也。面足執之，令足間在前。敦有足者，無足則廢敦也。序出如入。其設于外如于室。以上朔奠。右第六章，殯後諸雜儀，凡五節：一，成服；二，朝夕哭；三，徹大斂奠；四，朝夕奠；五，朔奠。

筮宅，宅，葬居。曰筮者，與下爲綱，蓋將筮之也。冢人營之。冢人，公有司也。《春官》：「冢人掌公墓之地。」據此經，則士大夫之葬亦掌之也。營，所謂「經之營之」下所云是也。○案：經營當在筮後，錯簡爾。掘四隅，爲界。外其壤。壤，高土。掘土累于其外，則高而成壤也。掘中，封處。南其壤。葬者北首，故積土在足。❶既朝哭，言哭，則奠矣。主人皆往，皆，皆衆主人。兆南北面，不西面者，兆在北也。免如字。經。將筮，去經左擁之。喪服以經爲重，免之，不敢純凶也。事畢即經。命筮者在主人之右。說見《士冠》。《雜記》：「大夫卜宅與葬日，有司麻布衰，布帶，因喪屨，緇布冠，不蕤，占者皮弁。」又云：「史練冠長衣以筮。占者朝服。」士禮未聞。筮者東面，有司位也。抽上韇，兼今文無「兼」。執之，南面受命。命曰：「哀子某，贊命者稱主人名，命之。爲其父某甫筮宅。某，死者字。度茲幽宅，度，相度也。宅在地，故曰幽。兆古文無「兆」。基無有後艱。」兆，兆域。基，始也。謂兆域之始也。無

❶「土」，原作「上」，據四庫本、經解本改。

有，庶幾之辭。筮人許諾，不述命，述，述命辭于神，其辭在「假爾泰筮」之後。不述，喪事略也。左還，北面，指中封而筮。指者，若示神以其處者然，不坐，異于吉。卦者在左。卒筮，書卦爻。執卦以示命筮者。命筮者受視，授主人視之也。反之，使占。東面旅占，卒，進告于命筮者與主人：「占之曰從。」從者，從人求吉之意也。《洪範》：「龜從筮從。」主人絰，復絰。哭，痛親之將入地也。不踊。若不從，筮擇如初儀。更擇而筮之。歸，殯前北面，哭不踊。變位而哭，明非常。○以上筮宅。

既井椁，既，已也。《檀弓》：「既殯，旬而布材與明器。」材，椁材也。椁用木，四周于壙，如井，以衛棺，將葬先置之壙。據下「獻素、獻成」，此曰既，則以已成言陳于殯門外，如穴中之制也。重其事，故特表之。主人西面拜工，拜其成功。西面者，主人在東也。左還同旋。椁，還，周繞之，謂由椁南四周以察其材之美惡，下所謂徧視也。反位，拜位。哭不踊。婦人哭于堂。獻材于殯門外，明器之材未斲治者預獻之，以將入壙，宜謹也。與獻椁異日。西面北上，綪。材雖未治而其用已定，故有上及綪也。其次當如葬。主人徧視之，由南而北。不拜者，殺于椁也。如哭椁。哭親也，曰哭椁者，見椁而哭，猶哭椁爾。如者，反位哭而不踊。獻素、獻成亦如之。法定爲素，治畢爲成，此承椁與器言。○以上獻材。

卜日，葬日也。用卜，別于吉。既朝哭，皆復外位。卜人先奠龜于西塾上，廟以北爲上。或曰：「上」，衍文。南首。有席，卜席也，先以藉龜。楚焞存悶反，又吐敦反。置于燋，楚，荆也。焞，火也。荆火所以灼龜。燋，炬也，謂存火。華人掌共燋契以待卜事，此特備具，未然也。置，謂荆、燋並設。在龜東。席及荆、燋。族長涖卜，族長，族人尊者，非宗子也。涖，臨視之。及宗人吉服玄端。立于門西，東面南上。上族長也。主人即位，則易而東。占者三人在其南，北上。占者，占人也。《洪範》「三人占」，蓋占卜之吉凶者。北上，與族長不相統也。○注：「三人，掌玉兆、瓦兆、原兆。」未合。卜人及執燋、席者在塾西。不言楚焞，與燋並執之也。注云：「南面東上。」則上卜人。闔東扉，扉，門扇，臬東西各一。東言闔，則既哭之後，西扉尚未闔也。主婦立于其內。以別內外，且便于西視卜也。席于闑西閾外。卜席也，亦門中與筮等。宗人告事具。主人北面免絰，左擁之。主人既哭，出，在門東西面，至是乃轉而北面也。涖卜即位于門東，西面。涖卜，族長也。以事明之，當在主人之南，代主人命卜，與贊命微别。卜人抱龜，燋先，執燋者先道之。○案：注疏以卜人抱龜燋爲句。據上燋别有執者，何必卜人兼抱之？今從敖氏説。奠龜，西首，奠于席。西，神位也，鄉之。燋在北。宗人受卜人龜，卜人既奠龜，又執之，以授宗人。示高。高，龜腹起處可灼者也。示，示涖卜。卜師，凡卜事視高，皆以重其事也。涖卜受視，反之。宗人還，西反龜于卜人，乃還而東。少退受命。受涖卜命也。少退者，示高宜近，受命則可少遠也。命曰：「哀子某，來日某，某，依《石經》補。○來日，謂擇將來之日卜之。卜葬其父某甫。考降無有近悔？」考，登。降，下。言神魂上下無近于悔，亦庶幾之辭。許諾，宗人許諾，異于筮。不述命；如筮。還即席，西面坐；命龜，「假爾泰龜」等辭是也。興，授卜人龜，命灼。負東扉。立視其灼。卜人坐，作龜，作，灼也。《菙人》凡卜以明火爇燋，遂吹其焌契，以授卜師；又卜師揚火以致其墨。興。授宗人龜。宗人受龜，示涖卜。涖卜受視，反之。宗人又反之卜人，以授占者。宗人退，東面。俟占。乃旅占，卒，不釋龜，占畢，卜人仍授宗人龜，則既釋復受也。曰不釋者，復執之，如未釋也。告于涖卜與主人：東面。「占曰某日古文曰「爲日」。從。」授卜人龜。告于主婦，不執龜，下主人也。主婦哭。涖卜不哭，吉服也。主人不哭，未絰也。不言告兄弟，可知。告于異爵者，重他國尊者，故宗人告之。使人告于衆賓。賓不來者。卜人徹龜。宗人告事畢。主人絰、入哭如筮宅。賓出，拜送。若不從，卜擇《石經》作「宅」。如初儀。以上卜日。右第七章，營葬，凡四節：一，筮宅；二，井椁；三，獻明器；四，卜日。

儀禮卷第十三

仁和吴廷華章句

既夕第十三

夕，葬前二日之夕也。上篇言朝哭，此謂既夕哭之後，告啟期也。○案：此接士喪筮宅以下，葬禮也。劉向《别録》以爲《士喪禮》下篇，曰「既夕」者，亦大戴諸家割經首二字以名篇，無義可説也。于五禮屬凶禮，當第六，第十三説非，詳《士冠禮》。

既夕：哭，謂出門哭止復外位時。請啟今文作「開」。期。將葬，當遷柩于祖，有司乃請啟殯之期于主人。告于賓。告與哭者，餘亦往告之。言賓，則兄弟可知。○以上請啟期。

夙興，次日平旦之先。設盥于祖廟門外。亦盥盆也。設鼎先設盥，以舉者必盥也。注云：祖，王父。○案：《祭法》「適士二廟，官司一廟。」二廟，祭祖若禰；一廟，祭禰而已。鄭氏以一廟爲祖禰共廟，蓋因下記言二廟則饌于禰，朝則先禰而後祖；此經設盥第言祖，下又第朝祖而不朝禰，故爲是説。但共廟之説，不見所據，姑存以備考。或曰：祖廟，猶先廟，蓋大概言之。或然。陳鼎皆如殯，殯者，大斂既殯之饌也。

如者，「陳三鼎」以下。皆，言下三奠皆然也。東方之饌亦如之。侇音夷，本亦作「夷」。牀饌于階間。侇如夷衾之夷，朝正柩，陳棺于上，故曰夷。二燭俟于殯門外。俟啟而還。○以上陳具。

丈夫髽，散帶垂，小斂髻髮、散帶垂，此將啟見棺，故仍服之。變髻髮言髽，與婦人互見也。即位如初。朝夕哭門外位。婦人不哭。主人拜賓，賓爲啟來者，拜之，如臨。入即位，袒。將啟。○以上即位。

商祝免今文作「絻」。袒，將啟故變服，此當弔服而免者，以有事于柩故也。執功布，綴于竿以拂柩，且指麾執披引者。入，升自西階，盡階不升堂。聲三，聲，噫興也，蓋三作聲以覺神，爲將啟也。○興，《曾子問》注作「歆」。啟三，啟殯也。三啟以始之，燭入而後有司盡啟之也。○注以啟爲告，聲三則已告之，不必再告也。且此啟殯也，而上下不言啟，則此啟非啟殯而何？命哭。將見柩。燭入。燭二：一以照啟，一以照徹也。祝降，注：徹宿奠者降也。與夏祝交于階下。事相接也。取銘置于重。夏祝升，取之，降置于重。蓋旌以表柩，出則先之也。踊無算。見柩不勝其哀，蓋自主人以下。商祝拂柩用功布，拂塵坋去之，將用衾也。幠用夷衾。上不入斂，爲幠柩也。○以上啟殯。右第一章，言啟，凡四節：一，請啟期；二，陳具；三，即位；四，啟殯。

遷于祖用軸。遷，徙也。祖，祖廟，謂朝于祖也。《檀弓》：周人朝而遂葬，軸本在殯中。此更端，故復言之。重先，表柩也。奠從，注云宿奠，則夕奠也。亦神所依，故先于柩。燭從，照奠及柩。柩從，燭從，柩前後有燭，慎也。主人從。丈夫由右，婦人由左，以服之親疏爲先後，各從其昭穆。無服者，又在後。男女各以類相從也。升自西階。柩不由阼，存子道也。奠俟于下，正柩乃設。東面北上。主人從升。立西階上視正柩畢，乃東下柩東西面是也。婦人升，東面。從主人後，立階上，俟設奠，乃東。衆主本無「主」，依《石經》補入。人東即位。階下東方之位。正柩于兩楹間，用夷牀。主人柩東西面。由足而東。置重如初。如在寢，北面。席升，設于柩西。直柩之西，當西階也。奠設如初，初，謂大斂奠，如其陳設之次也。此宿奠也，不重陳，故暫設于西，與上篇「設于序西南」義同。下三奠則設于柩東，記謂「饌祖奠于主人之南」，蓋主人固在柩東也。〇注說未確。巾之，在室中不巾，此巾者，堂上塵多也。升降自西階。奠者從柩爲升降。〇注云柩北足，辟其足。存參。主人踊無算，降拜賓；又拜者，如朝夕哭，先後有拜也。即位，阼階下位。踊，襲。主婦及親者由足西面。主婦及親者婦人。西面，阼階上。由足者，由足而東也。〇以上朝祖。

薦車，薦，陳也。車，乘車、道車、槀車也。此平日所乘，神實憑之。陳之，象其出。注以爲後世之魂車，或然。不言載柩之車者，據下記「正柩，賓出，遂匠納車于階間」，此文不具。直東榮，北輈。在庭南北之中，偏于東。北輈，北鄉也。據下陳明器于乘車之東，則乘車西上也。質明滅燭。自啟殯至此，有二燭爲明。此乃言質明滅燭，則啟時尚早矣。徹者升自阼階，徹宿奠。降自西階。甫設即徹，辟新奠也。注：「不設序西南者，已再設爲褻。」乃奠如初，此遷祖之奠也。當席柩東，設在席前，其陳三鼎等，則如大斂奠也。升降自西階。如初。主人要節而踊。如斂奠之節。薦馬，駕上三車之馬也。注云：車二馬。疏云：下公賵兩馬，士制也。三車則六馬矣。纓三就，纓以絛絲爲之，馬鞅也。就，成也。飾纓三色而三成，謂絛絲也。入門北面，入門即陳之也。交轡，轡以牽馬，馬二轡，左右各一。交，互易也。圉人夾牽之。《周官》：乘馬四圉。此云夾牽，則每馬二人，在左右交轡夾牽之。蓋在庭，防奔軼也。御者執策立于馬後。哭成踊，主人也。馬入則薦車禮成，故哭。右還出。馬不可久在庭，故既薦，即出而待。賓出，遷祖事畢。主人送于門外。以上奠及薦車馬。右第二章，遷祖，凡二節：一，朝祖；二，奠及薦車馬。

有司請祖期。祖，行祭。期，時也。請者，因送賓請于門外，蓋入而即載，不及請也。曰「日側」。側，昳也，謂過中也。○以上請祖期。

主人入，袒。爲載變也。乃載。柩在堂北首，今以首鄉前下堂，順載于車則南首，在車後，還車，乃北首也。踊無算。行益迫，痛益加。卒束束，束棺于車。襲，降奠，當前束。下遷車之奠于柩車西也。棺有前後二束，後束束于車前，前束束于車後，此棺之前束、車之後束也，注所謂當膈。膈，肩也。此徹奠當如夕奠，設于西。○以上載及降奠。

商祝飾柩：一池，以竹爲之，如小車笭，車有鱉甲，在荒内。此懸于鱉甲，以象宫室之承霤，故曰池。天子四，諸侯三，大夫二，此一池，士制也。當在前。紐前赬後緇，棺旁有帷，上覆有荒屬紐以結之。《喪大記》：士纁紐二，緇紐二。蓋左右各一，前纁而後緇。此言赬，猶纁也。齊三采無貝。齊設于鱉甲上之中央，形圓如車蓋，君制高三尺，徑二尺，士則又殺矣。采者，以采繒衣之，又連貝以加于上也。三采者，注云：「上朱，中白，下蒼。」《喪大記》士一貝，此無者，注云：「元士以上有貝。」設披，披，繫棺束着柳車，使固者；又曰戴，以帛繫束，旁引柩車，使不傾覆也。《喪大記》：士二披用纁。蓋左右各二也。屬引。披類曰引，則在前也。屬，着也，謂着于輅，下經「前輅」，疏云「輅者，用木縛柩車轅上，以屬引于上而挽之」是也。引數未聞，蓋加披與。又此應有翣，文不備。◯以上飾柩。

陳明器于乘車之西。藏器也。明，神之也。視用器沽而小。《檀弓》「竹不成用，瓦不成味」之屬是也。❶折，横覆之。折，方鑿横木爲之，加于棺上，以承抗席，大小視壙口。注云：「縮者三，横者五。」竊謂當如抗木，横三縮二也。疏云：其制如簀。又下既窆云：「加折，卻之。」謂善面向上也。蓋入壙折仰，抗席覆其上，抗木又在席上。下言席加于抗木之上，則與入壙反，故折亦反卻爲覆也。又壙以容柩，當縮長而横短，折入壙亦如之。横者，亦與入壙反也，此近乘車。抗木横三縮二。抗，禦也。蓋禦止土者，横饒于縮者，壙長方也。大小如折，此不言折，則在折西也。加抗席三。席以承塵，三則重席，欲塵之不入也，横縮如抗木。承上抗木而言加，則加于抗木之上，所謂反陳之也。加茵，茵，褥也。以藉棺下，承上抗席言，是

❶「味」，原作「沫」，據通行本《禮記注疏》改。

加于抗木之上也。用疏布，疏麤之布，無功者。緇翦，今文作「淺」。○注：「翦，淺也。」謂染淺緇色之布。有幅，邊幅也。下記：茵著用荼，及綏澤。蓋縫合兩邊幅爲袋，以盛之也。亦縮二横三。亦，亦抗木也。據此，則形如抗木矣。器西，南上，綪。器，明器，謂苞以下也。上言明器而先言葬器，故又言器以別之。西，謂茵西。南上，謂其端在南也。綪者，西陳不容，又自南屈而東。茵復言茵者，明器即繼茵而西也。苞二。以葦編之，制圜，蓋以裹遣奠牲之下體者。二，則羊、豕各一个也。○案：《檀弓》：「國君七个，遣車七乘；大夫五个，遣車五乘。」下「苞牲」疏云：士少牢，苞三个。此二者，其中下士與。遣車如苞，則亦應二乘，文省爾。筲三：黍、稷、麥。筲如盛種之畚，菅草爲之。三者，三穀各一也。甕三：醯、醢、屑。薑桂屑也。《内則》：「屑桂與薑。」冪用疏布。甕冪。甒二：醴、酒。冪用功布。按朱氏云：苞、筲、甕、甒，所實皆非有用之物；且肉腐蟲生，尤爲非便。其説是也。明器而實，禮之所譏則不過備器而已，未必實之，其器亦視用器而小也。下記苞長三尺，注疏謂筲容斗二升，甕亦如之，皆以用器言，似非經義。皆木桁久音同上篇。之。此在甒西。桁，庋也，《内則》謂之閣，「大夫七十而有閣」是也。用板爲之，庋食物，士庋于坫，此以木爲之，異于生。久，當作盧人「灸諸牆」之灸，灸，柱也，謂樹之。阮氏《圖》謂桁制如几，則有跗也，故曰久之。士坫惟一，皆者，謂苞、筲、甕、甒，置之一桁也。○案：注以灸爲用蓋案塞其口，則第指甕甒言，似與皆字意不合。若如疏説，以每器異桁爲皆，則又與《内則》坫説不符。且三者果須塞口，則當各于冪下明之，不應于總中又分言之也，況明器本無實，塞之何爲？故取《盧人》注説以訓之。用器：弓矢、耒耜，耒耜，田器。耜，面也，以金爲之。耒，其柄也。其制，《考工記·車人》詳之。兩敦，兩杅，音于，今文作「桙」。○杅，《公羊》注云：「飲水器。」《玉藻》注云：浴盤。此注所謂「盛湯漿」者也。《荀子》曰：「杅方。」槃匜。槃，承盥之棄水。匜，則沃水以盥之器也。匜實于槃中，南流。匜小槃大，故合陳之。流，匜口也。南流，南上也。用器皆繼桁以次而西，此經先後，其序也。無祭器。士禮殺也。有燕樂器可也。燕樂器，謂與賓客燕飲用樂之器也。可者，僅可之辭，蓋可用而不必定用也。役器：師役之用。甲、胄、干、笮。則曰反。○甲，鎧。胄，兜鍪。干，楯。笮，矢箙也。燕器：燕居安體所用。杖、笠、翣。翣，扇也。案：翣應在葬器中，疑錯簡于此。或云：此另是用器中之翣，葬器無翣。文闕，並存之。○以上陳器。

徹奠，巾席俟于西方。奠，遷祖奠。徹之，以將還車，又祖奠將設也。俟，俟復用之。西，俟于西者，陳器在東也。主人要節而踊，以徹者升降爲節。袒。爲將祖變。商祝御柩，執功布居前，爲還柩車之節。乃祖。祖，始也，還柩鄉外，爲行始也。踊，以下皆指主人言。襲，少南當前束。柩已爲行始，主人不忍遠去，且若攀之者然，下婦人階間亦然，此車之前束，柩之後束也。載時在北，此移而南，一車之地，故曰少。○案：下注東方之饌在主人之南，則主人在柩東矣。此注乃云柩西，未的。婦人降，即位于階間。初納車本在階間，既還車，則階間南空一輈之地，故位于此，蓋車後也。祖還車不還器。此與器並言，則薦車亦還也。明器須執之以行，且本南上，不必還也。祝取銘置于茵。亦夏祝也。茵在抗木上，故置之。不置于車者，銘以表柩，須入壙，重既虞道左埋之。二人還重，左還。重初北面鄉柩，至是乃還鄉外也。北面以西爲左。布席，乃奠如初，亦陳三鼎，此祖奠也。下記：「祝饌祖奠于主人之南，當前輅」是也。初，謂遷祖奠。○案：主人在柩東，奠在其南，則亦柩東矣。疏云：「柩西。」誤。主人要節而踊。薦馬如初。又薦者，以還車新之，亦薦畢出。賓出。祖奠畢。主人送，以上祖奠。右第三章，凡六節：一，請祖期；二，載柩；三，飾柩；四，陳器；五，還車；六，祖奠。

有司請葬期。亦請于外位。入復位。主人也。位，當前東之位。○以上請葬期。公賵：芳鳳反。玄纁束、馬兩。車馬曰賵，以助葬，束帛以將命者，故第曰賵也。擯者出請入告。主人釋杖，尊君命也。迎于廟門外，不哭；先入門右，北面，及衆主人袒。爲君變也。馬入設。重南。賓奉幣，由馬西，賓，使者。當前輅，音路。○一輅爾，曰前者，以在前名之，非對後爲前之之謂。輅在轅，則車南也。當之，則東對車矣。北面致命。既當輅，乃由西折東，至中庭車前之中，北面鄉死者致命也。主人哭，拜稽顙，成踊。賓奠幣于棧左服，出。棧，柩車也。士乘棧車。服，車箱也。車南鄉，以東爲左，奠于左服者，近主人，且下受者在東也。宰由主人之北，主人在柩東，宰自東來，故得在其北，則柩西之説不足信明矣。舉幣以東。士受馬以出。士，主人之屬也。主人送于外門外拜，送賓也。即于受幣及馬時行之。襲，襲不當在外，則入外門乃襲也。入復位，入廟門，復柩東位。杖。以上公賵。

賓賵者將命。使人奉命而來也。擯者出請入告，出告須。馬入設，賓奉幣，擯者先入，賓從，致命如初。如公賵也。下同。主人拜于位，不踊。此言位，則拜君賵違其位也。賓奠幣如初，左服。舉幣、受馬如初。宰舉幣，士受馬。擯者出請。以復有事。若奠，助牲奠也。案：此及下兩言若，若者，不必然之辭。據下所知，賵而不奠，則賓惟一賵而已。若奠若賻，或賵而又奠且賻者與。入告，出以賓入，將命如初。士受羊如受馬。言羊，則豕可知。又請。若賻，音附。○貨財曰賻，亦以助葬。入告；主人出門左西面，門，廟門。不拜，禮殺也。賵奠不出，賻則出者，賵奠爲死者，故必受于柩前；賻以助生者之用，不應重瀆死者，門外受之，若受于次者然。○案注云：「出者，賻主施于主人。」其説若主人私己而黷貨者，特正之。賓東面將命；主人拜，賓坐委之；不授者，明主人哀戚，志不在受，而强委之也。宰由主人之北東面舉之，宰自主人之後，出其北，轉而東面，鄉主人，舉所委以入也。由北者，便于入；鄉主人者，若受命于主人。反位。入門而東藏之，乃反位也。有司位在東方。若無器，則捂五故反。受之。器，筐、篚之屬，以盛賻者。此云無器，則委者有器也。捂受，逆受也，謂相對受之，亦宰也。又請，賓告事畢；拜送，入。贈者將命，此所謂知死者贈也。記云：「贈幣無常。」○案：注以爲玩好，據下就器奠于陳，則贈即明器爾。歛有襚，賵有馬，獨不及明器，此贈非明器而何？擯者出請，納賓如初。入至柩前。賓奠幣如初。亦左服。若就器則坐奠于陳。就，成也。《檀弓》：明器皆不成。此則其成者，陳，謂明器之陳。明器不成而以成器入者，不入壙，陳之而已。如大歛之衣，陳者不盡用爾。注則以就爲善也。凡將禮，將，謂將命。禮，謂奠賻贈也。必請而後拜送。恐賓事未畢也。賵奠不兼行，而必請者，容有他事也。兄弟賵奠可也。謂有服者，得兼此二禮，許其厚于親也。所知則賵而不奠。賵重而奠輕，此舉其重，略其輕，親疎之殺也。知死者贈，知生者賻。二者承上言之。此言贈賻，不言賵，亦兼賵也。書賵于方，方、策並見《聘禮》。言賵，以概奠及賻也。下史讀賵，則此亦史書之矣。若九若七若五。《聘禮·記》：「不及百名，書于方。」則方所容書少于策。瑁奠賻字少，九行、七行、五行可也。書遣于策。遣，猶送也，謂藏器，如上「折抗木」以下及賓贈名多，故書于策。《聘禮·記》：「百名以上書于策。」此公史書之。乃代哭如初。哭不絶聲，痛如將殯。宵爲燎于門内之右。出入多由門右，故設燭于此。〇以上賓賵。右第四章，賵贈，凡三節：一，請葬期；二，公賵；三，賓賵賻。

厥明，遷祖次日之旦也。陳鼎五于門外如初。此大遣奠也。五者，羊、豕、魚、腊、鮮獸也。天子之士少牢，可知此經兼王朝、侯國互言之也。如初，謂大歛奠。其實羊左胖，喪用左胖，吉則用右胖。下注言豕前肩，後肫、脊、脅。不七體而四體者，據左胖言也。髀不升；腸五胃五，少牢各三，此加爲五，變于吉也。離肺；舉肺也。少牢、牛羊之肺，離而不提心，謂中央未絶少許也。豕亦如之，亦左胖，髀不升，及離肺也。豚解，豚解七體，左胖則四體也。言豕則羊可知。無腸胃；君子不食溷腴。魚、腊、鮮獸皆如初。魚如初者，鱄鮒九。東方之饌：四豆，脾音毗。析，思狄反。〇百葉也。蜱皮加反。醢，蜱，蜯也。葵菹，蠃力禾反。醢；四籩，棗、糗、栗、脯；糗，以豆粉爲餌。下記：「凡糗不煎。」醴、酒。亦饌于堂東。陳器。明器也。此言陳，則夜藏之。滅燎。執燭俠同夾。輅北面。曰夾，則東西各一燭，照徹及奠，并衆主人。燎一而燭二者，燎之照及遠也。賓入者拜之。不迎，拜于其位而已。○以上大遣奠陳具。

徹者入，丈夫踊；設于西北，徹小斂奠設于序西南，此則少北矣。婦人踊。徹者東。由西北適奠所。鼎入，乃奠。豆南上，綪。南上者，脾析在席前中右，蜱醢在其北也。綪者，蜱醢東葵菹，葵菹南蠃醢也。籩蠃醢南，北上，綪。棗在蠃醢南，棗南糗，北上也。糗東栗，栗北脯，綪也。俎二以成，成，猶并也。南上，不綪；羊在蠃醢外，則蠃醢東羊，羊北豕，南上也。魚在羊東，腊在魚北，亦南上，但不綪爾。不言載，可知。特鮮獸。腊豕之北。醴、酒在籩西，北上。棗西醴，醴南酒，在糗西。奠者出，主人要節而踊。以上奠。右第五章，遣奠，凡二節：一，陳具；二，奠。

甸人抗重出自道，抗，舉也。出，出門就路也。道左倚之。不至壙，虞祭後即于道左埋之。薦馬，薦于庭。馬出自道，薦畢出廟門而曰出自道者，謂自此出道，非馬已在道也。車各從其馬；從馬出門。駕于門外，西面而俟，將行未行，故曰俟。南上。便于行也，上乘車，道、槀序從。徹者入，踊如初。徹巾，苞牲，以苞包牲也。注：象既饗而歸牲俎，見《雜記》曾子説。取下體。注：前脛折取臂臑，後脛折取胳，每牲三个，皆骨也。在俎兩端，取之，示全體皆取也。不以魚腊。非正牲也。言腊，則鮮獸在其中矣。行器，「折抗木」以下，人執之以行也。茵苞器序從，先後如陳。車從。次器。徹者出，踊如初。以上器出于道。

主人之史請讀賵，史，有司，私臣也。讀之，聞于死者，主人亦宜知之也。主人在柩東，當東西面，史北面請之。執算從。算以計物之多少。執者，史之貳也。柩車當前東西面。近主人少南，執算又在其南，此亦西面，則既請，主人南面矣。不命毋哭，事輕，不敢禁哭者。哭者相止也。自止也。曰相，則自相戒也。以史方有事于死者，不擾之。惟主人、主婦哭。痛極不能自止，但不踊耳。燭在右，南面。史右，史之北也。主人在史北，則史執算及執燭俱少東。南面，照書便也。讀書，釋算則坐。對死者讀，當立以示敬。釋算于地，故坐。算曰釋，則籌也。卒，命哭，滅燭；燭非爲照書設也。卒讀乃滅者，天已明。書與算執之以逆出。算先。公史自西方東面命毋哭，公史，公有司。西方，賓位也。讀遣禁哭者，以入壙多寡皆國家禮制所繫，故重其事也。注謂君使讀之。主人、主婦皆不哭。其餘可知。讀遣，卒，命哭，滅燭，柩左右各一燭，上已滅其左，右燭因讀遣暫停，至是滅之。出。以上讀書。

商祝執功布以今文無「以」。御柩。以功布爲上下之節，使執引及披者預知防也。執披。下記：「執披者旁四人。」兩旁則八人也。不言執引，可知。主人袒。爲柩行變也。乃行。柩車行。踊無算。出宮踊，襲。以上柩行。

至于邦門，城北門也。《檀弓》：「葬于北方北首。」公使宰夫贈玄纁束；下主人贈死者即此。主人去起呂反。杖不哭，由左聽命；柩車北鄉，以西爲左。賓由右致命。不南鄉柩車者，在道，禮略也。主人哭，拜稽顙。賓升，升柩車之前也。實幣于蓋，棺蓋也。入帷荒中置之。降。主人拜送，復位，從柩行之位。杖。乃行。此曰行，則爲君贈止不行也。○以上公贈。右第六章，柩行之儀，凡四節：一，器出于道；二，讀書；三，柩行；四，公贈。

至于壙。陳器于道東，壙南之東。西北上。壙在西，北上先入壙者。茵先入。當藉柩也。屬引。説載除飾，乃以引屬于緘。《喪大記》：「君窆以衡，大夫士以緘。」蓋棺束之末爲緘耳，以引貫結之而下棺也。○説，士話反。案：緘耳，蓋作圈以貫引也。主人袒。衆主人西面北上，婦人東面。皆夾壙爲位。○以上至壙。

皆不哭。乃窆。今文作「封」，下棺也。○封，音窆。主人哭，踊無算，襲；爲贈襲也。贈用制幣，玄纁束；上君贈也。以之入壙，榮君賜也。制幣，幣之合制者，長丈八尺。拜稽顙，踊如初。卒，窆畢。袒，爲拜變也。拜賓，主婦亦拜賓；女賓。即位，拜則違其位也。拾踊三，拾，更也。踊者多，相繼不絶，若更代然也。三則成踊矣。襲。賓出，窆畢。則拜送。賓退如出門也。藏器于旁，用器、役器之屬。加見。見未詳，注以爲棺飾，則帷荒也。疏謂棺不見，止見帷荒，故以名之。器自在旁，此加于柩上，非加于器上也。藏苞筲于旁。兩曰旁，則不在壙也。不言甕、甒，可知。加折郤之，見上，非苞筲上也。以上皆錯綜之文，當細玩之。加抗席覆之，加抗木。實土三。實土曰三，則主人率之，工乃成之也。主人拜鄉人，曰鄉人，則別于賓也。助葬勤勞，故拜之。即位踊、襲上拾踊襲後無袒文，此云襲，則實土時袒也。如初。踊、襲皆如初。○以上窆。右第七章，葬禮，凡二節：一，至壙；二，窆。

乃反哭，自窆所反于廟而哭之也。不先于殯者，柩從廟出也。入，廟門。升自西階，東面。鄉阼者，親所行禮處。《檀弓》：反哭于堂，反諸其所作也。作，行禮處。衆主人堂下，東面北上。統于主人，與常位别。婦人入，丈夫踊，曰丈夫，則皆踊也。升自阼階。辟主人。主婦入于室，《檀弓》：「主婦入于室，反諸其所養也。」婦，主養也。言主婦入，則其餘皆在堂。踊，出即位，阼階上。及丈夫拾踊三。賓弔者，反而亡焉失之矣，于是爲甚，故弔之。升自西階，曰：「如之何！」痛惜之辭。主人拜稽顙。不言面鄉，則拜于其位也。賓降出。言降，則升堂弔也。主人送于門外，拜稽顙；遂適殯宫，自廟至寢也。殯已啟矣，曰殯宫，如親尚在殯也。皆如啟位，即朝夕哭位。拾踊三。兄弟出，主人拜送。亦出矣。衆主人出門，哭止，闔門。主人揖衆主人，乃就次。各就次。按《檀弓》：既葬，反，日中而虞。此乃就次者，豈就次後又出而行虞禮與？然速反而虞，不應如是之濡滯也。存以備參。猶朝夕哭，不奠。士三虞，則未虞之前，猶朝夕哭于殯也。卒哭而後朝夕哭于次，不哭于殯，此朝夕哭，指未卒哭之前也。不奠者，《檀弓》：「是日也，以虞易奠。」三虞。虞，安神之祭名。三，則安之者至也。與下卒哭，並詳《士虞禮》。卒哭。三虞後，又有卒哭之祭，所以卒朝夕殯宫之哭。○記：「虞爲喪祭，卒哭爲吉祭。」明日以其班祔。卒哭之明日也。班者，昭祔昭，穆祔穆，謂以新主祔于祖而祭之。祭已復于寢，既練而遷于廟。○右第八章，反哭諸雜儀。

【記】此上下篇總記也，當曰「士喪禮記」。以爲既夕者非。士處適寢，居恒處燕寢，將死則處適寢，以正終也。經謂之適室。寢東首手又反。于北牖下。居恒寢當户南首，疾則東首以受生氣。室中南有牖，北有墉。墉，牆也。無窗牖，借光于户牖。有疾，疾者齊。側皆反。○心齊一，則性情得其正，考終之道固然。養疾之方，亦不外于此。但此所謂齊，不過静存内養而已，與凡齊别。養于亮反。者皆齊，疾皆養，則滋培調劑之益，非侍疾者一其心志不爲功，故亦謂之齊。兩齊字，其理最精，體會自得。徹琴瑟。去樂也。「士特縣」，不言縣者，琴瑟無故不去，此徹則縣者可知。疾病外内皆埽。病，疾甚也。室有遺穢，神明易坋。埽以致潔，亦齊之餘意也。徹褻衣，加新衣。内外埽除，衣服猶宜净潔。褻衣垢汙，徹而加新，猶内外埽也。御者四人皆坐持體。御，從者。病者艱于動作，每體一人，助其轉側，非拘而執之也。男女改服。侍病宜自潔清，玄端、深衣浣濯者皆可，但取其潔净無垢，非爲美觀也。○案：以上止是潔净一意，專爲養疾及正終而設。鄭注一以賓客爲説，則舍本而務末矣。屬纊以俟絶氣。纊，新絮。物輕易動，故着之口鼻，以驗氣絶否。○案：此節前人多非之，要非先王法也。男子不絶于婦人之手，婦人不絶于男子之手。君子重終，懼爲其相褻，子女之外，媵、妾、倖臣並宜自遠，不但持體之御者而已。○疏因「手」字，專指御者，滯矣。乃行禱于五祀。盡孝子之心也。《祭法》士祭門、行，此曰五祀，豈常祭惟二，禱則可以徧及與？乃卒。言乃，見其養之慎重也。大夫曰卒，此疑悮，或散文通。主人啼，啼，即泣也。蓋哀甚，則聲發而氣竭，若往而不反也。兄弟哭。不啼，哀有甚有否也。設牀第當牖，北墉少南，南首。衽，下莞上簟，設枕。此浴牀也。即以含。《喪大記》：含、襲各一牀。是也。遷尸。設牀遷尸，所謂「行死事」，當在「復者朝服」節之下。○案：《喪大記》：「徹褻衣」上，有「廢牀」之文。注云：將死，置死者于地，庶其生氣復反。疏所謂生氣還，反得活，如初生在地也。高安朱氏非之，謂垂死之身，方保護之不暇，乃舉而委之地。地氣清沁，是益其病而速之也，且斷無將死而可藉地氣以生者。愚案：《檀弓》曾子易簀，殁于牀，無廢牀之事。《喪大記》或謂遷尸浴牀，故牀遂廢，非如注說也。信齊楊氏據此記設牀、遷尸爲《大記》廢牀之証，說非不近，不知此牀爲浴及含而設，不足証死者之廢牀也。復者朝服，朝服者，若迎之而反，不敢服褻衣也。左執領，右執要，此與經文別者，經以升屋時言，此以復時言也。招而左。既招，由左下也。招時北面，以西爲左，故經言降自後西榮。楔貌如軛，上兩末。軛以制服馬領，使不出者，形如半環，兩末鄉下，以制馬。此兩末在上，則屈處入口也。綴足用燕几，校在南，尸南首北足，校應在北，曰南者，謂几足南鄉，以拘足也。御者坐持之。即牀而奠，始死之奠在牀東。當腢，腢，尸肩。用吉器，未忍遽變也。斂奠，則用素俎髹豆矣。若醴若酒，惟所有。無巾柶。略也。赴今文作「訃」。曰「君之臣某死」。赴母、妻、長子則曰「君之臣某之某死」。室中唯主人、主婦坐，恤其哀。兄弟有命夫、命婦在焉亦坐。惟此四人坐，則餘不坐矣。此與《大記》大夫之喪同。若士之喪，則彼記謂「主人父、兄、子姓皆坐于東方，姑、姊妹、子姓皆坐于西方」，與此不同，當別爲一禮也。○疏：有命夫、婦，則兄弟皆立，無則皆坐。不見所據。尸在室，有君命，衆主人不出。不二主。襚者委衣于牀，不坐。以神事之，不敢坐。其襚于室，户西北面致命。户内之西也。尸南首，故北面致之。夏祝淅西列反。米，差七何反，擇也。盛之。擇之乃盛。御者四人抗衾而浴，抗，舉也。注：「爲其裸裎蔽之。」敖氏曰：「四人抗衾而二人浴。」則四人舉衾于上如幕，二人乃浴于下也。襢古袒、襢通。第。袒簣，去席，录水便也。其母之喪，則内御者浴鬠，内御，女御也。浴鬠，猶男子之沐。○或云：記曰：浴鬠，則沐而不浴也。無笄。猶男子之不冠。設明衣，婦人則設中帶。注：「中帶，若今之褌襂。」其制未詳。案：襂，垂貌。或明衣連裳，裳下如褌與。要之，與明衣相似也。卒洗貝反于笄，執入室時。實貝柱右齻丁千反。左齻。案注云：「象齒堅。」蓋齒堅在口如柱，記特取象言之，非必建之如柱也。夏祝徹餘飯。經第言夏祝鬻餘飯，不言徹，故明之。瑱佗殿反。塞耳。塞，充耳也。經言瑱用纊，不言塞，嫌如生人縣于耳旁，故明之。掘坎南順，廣尺，輪二尺，輪，從也。深三尺，南其壤。垼用塊。塊，堛，土塊也。明衣裳用幕布，幕布蓋疏。袂屬幅，不削幅。長下膝。長下于膝，而又有裳，蔽下體深也。有前後裳不辟，必亦反。○辟，積也。死者須斂，要不妨寬與下等也。長及轂。若角反。○足跗也，長則蔽足。縓綼毗皮反，又音卑。緆。他計反，又羊豉反。○縓，紅也。飾裳，在幅曰綼，在下曰緆，皆緣也。緇純。諸允反。○衣之緣也，謂領若袂。設握，裏親膚，繫鉤中指，結于掔。左手無決，以握繫一端繞掔，還從上自貫，又以一端鄉上，鉤中指，反與繞掔者，結于後節掌中。甸人築坅坎。築，實土其中，堅之。穿坎之名，一曰坅。經不言築，故明之。隸人涅乃結反。厠。隸人，徒隸之屬，蓋執賤役者。涅，塞也。古不共厠，死者不用，故塞之。既襲，死日飯含而襲。宵爲燎于中庭。既襲之夜。厥明滅燎陳衣。小斂，此皆經所未詳。凡絞紟今文無「紟」。用布倫如朝服。絞二，故言凡。紟與絞連文，故統于凡也。倫，比也，比于朝服，則十五升布也。設棜於庪反。于東堂下，棜有三：《特牲》棜以實獸，《少牢》棜即斯禁，此棜以陳饌。禮圖長七尺，廣二尺四寸，深尺五寸，如木轝，有闌笭，畫青雲氣、淩苕華飾，以盛東方之饌也。南順，北上而南下也。齊于坫。南齊于東坫。饌于其上：兩甒醴、酒，酒在南；上醴。篚在東，甒東。南順，實角觶四、木柶二，每醴用觶一、柶一，每酒觶一，則每奠二觶、一柶而已。此蓋兼兩奠言，以奠此，始徹彼也。素勺二；醴、酒各一也。豆在甒北，二以並，兩豆籩，則大斂奠也。籩亦如之。亦在甒北。凡籩豆實具設，皆巾之。觶俟時而酌；奠後。柶覆加之面枋，及錯建之。覆則未建。小斂辟婢亦反，又芳益反。奠不出室，始死襲，奠在尸東，將斂暫徹以辟斂，不出室，暫設于室西北隅，徹矣猶在是者，以神所憑依，不遽去也。將設新奠，去之。〇注謂「設于序西南」，則出室矣。無踊節。其哀未可節也。上經踊有候及數，記乃言無節者，經蓋偏體人情，舉其哀痛切至，盡人皆踊者，以著其候，其中有連踊不止者，則約以三，蓋皆作經者約舉之文，非强其如是必踊，如是必三踊也。且經所載之外，其踊必有不止于此者，是所謂無節也。既馮尸，小斂于户内畢。主人袒髺髮絞帶，象革帶者，用苴。衆主人布帶。齊衰以下用布，言此者，經不言帶也。大斂于阼。未忍遽離主人位也。及殯于西階，則賓之矣。大夫升自西階，階東北面東上。近尸爲上，此謂君視斂時。既馮尸，大夫逆降，復位。西階下位。巾奠，大斂既奠乃巾，是巾之而室事畢也。執燭者滅燭出，降自阼階，由主人之北東。嫌由其南。既殯，主人説士活反。髦。音毛。○《内則》：「三月之末，擇日翦髮爲鬌，男角女羈，否則男左女右。」注「夾囟曰角」，兩角也。「午達曰羈」，三角也。左右，則一角而已。長大猶以爲飾，不失孺子之心也。喪無飾，故説之。三日絞垂。斬衰要絰也，小斂散帶垂矣。成服，則絞其垂者。小功、緦，初即絞之。冠六升，以下並詳《喪服》傳。外縪，纓條屬厭。一涉反。○厭，伏也。外縪者，冠從武下，鄉外縫之，若厭于武也。衰三升。屨外納。杖下本，竹桐一也。居倚廬，寢苫枕塊，不説絰帶，哭，晝夜無時，非喪事不言。哀甚不他及。歠粥，朝一溢米，夕一溢米，不食菜果。既練乃食。主人乘惡古文作「堊」。車：拜君及筮宅之屬並須出也。《雜記》：「端衰喪車皆無等。」此王喪之木車也，以白土堊之。白狗幦，亡狄反。○幦以覆笭，狗取其臑，喪宜白也。○臑，乃管反。蒲蔽，弗也，車兩邊爲風雨藩蔽者。以蒲，則無飾也。御以蒲菆；音鄒。○蒲菆，牡蒲莖。喪車不馳，故以此爲策。犬服，喪有兵器，建于車上笭間，服則兵服也。犬皮，取其堅。木錧，轂端木也。平日車錧用金，此用木，少有聲而已。約綏、約轡，約，繩也。綏以登車，此言繩，則吉事用絲矣。木鑣；馬銜也，亦取少聲。馬不齊于淺反。髦。今文作「毛」。○齊，翦也。不翦毛以爲飾。主婦之車亦如之，敖氏：主婦出拜女賓之弔者也。疏布裧。尺占反。○不言齊衰諸服之車，其貳車與。貳車白狗攝服，貳，副也。攝，緣也。服，兵服。此言白，則上犬服不用白矣。其他皆如乘車。主人所乘惡車。朔月童子執帚，童子，子弟少者。郤之，左手奉之，執柄奉之，則右手執末郤之，蓋用兩手也。郤而左奉，示未用也。示未用者，未入室。不言箕者，以聚于窔，不用箕也。○注云：「左手郤之。」則一手也，不當謂之奉。從徹者而入。童子不專禮事也。比奠舉席，比，及也，謂及徹奠，乃舉席掃也。掃室聚諸窔，室東南隅謂之窔，窔近户，不可以聚塵，或户扇之内與。是當有去之者。布席如初。舉而掃，掃畢，復布之，則徹奠不去席也。卒奠，徹畢。掃者執箒，右執柄也。垂末内鬣，箒末如鬣，用以掃。内之者，恐有餘塵觸人服也。從執燭者而東。童子分當隨行，燭出最後，故從之。入不隨者，燭先也。東者，復其位。燕養、饋羞、湯沐之饌，燕養，平時燕居供養之具。饋，與下「不饋」饋同，謂進食也。羞，羞豆籩，及四時珍異之等也。湯用以沐浴，《内則》曰：三日具沐，五日具浴。不忍一日廢其事親之禮也。不言浴，可知。○案：此不明其地，據下不饋于下室，蓋小寢也。不于正室，非盛奠也。如他日。如生時計日供之，不以親死遂廢也。朔月若薦新，則不饋于下室。以其殷奠也。筮宅冢人物土。物，相也。卜曰告，告從于主婦；主婦哭，婦人皆哭；主婦升堂，哭者皆止。啟之昕，外内不哭。經第言婦人不哭，則男子哭矣。是説未審何指。夷牀、輁軸饌于西階東。西階東，階間近西。牀饌于祖廟，軸饌于殯宫。其二廟，則饌于禰廟，饌，遷祖奠也。朝祖必先禰，故饌于此。如小斂奠，特豚以下。乃啟。朝于禰廟，重止于門外之西，東面。柩入，升自西階。正柩于兩楹間。奠止于西階之下，東面北上。經不言西階。主人升，柩東西面。衆主人東即位，經不言主人。婦人從升東面。從主人初升時位也。正柩後，由足西面。奠升，設于柩西，上止于階下者。升降自西階，主人要節而踊。徹及奠皆以升降爲踊節。燭先入者升堂，入，入門。此遷祖時柩前之燭也。東楹之南西面；照正柩。後入者西階東北面，在下。遷祖從柩之燭不升，在階間，近堂，亦以照正柩也。經第言滅燭，故以升不升明之，見二廟同此節也。主人降即位。正柩拜賓時也。徹，乃奠，遷祖奠。升自西階，主人踊如初。降即位以下，俱見于經。重言之者，經第以祖廟言，此明先朝于禰者亦然也。祝及執事舉奠，巾席從而降，經自殯遷祖時，惟言重先奠從，無從降之文，故就自禰遷祖言之，以明其同節也。柩從，從燭，非從奠也。序從如初，適祖。薦乘車，鹿淺幦，淺，鹿夏毛也。《玉藻》：「士齊車，鹿皮豹犆。」此亦當以豹皮爲緣也。干，盾也。笮，矢箙也。言笮，則弓矢可知。革靾，靾，韁也，以革爲之。載旜，通帛爲旜，色赤，孤、卿建之。大夫、士建物。「旜」疑「物」字之誤，或後世之法與。注則以爲攝也。載皮弁服，士尊服，故載之乘車。纓、轡、貝勒馬頭絡銜，以貝飾之。縣于衡。承上三者言。衡，轅端衡木。縣之者，事未至也。事至則施之馬，三車同。道車載朝服。次于乘車，故載朝服，其飾亦當少殺也。稾車載簑笠。散車，備兩服而已。敖氏曰：士乘棧車，則三車皆漆車也。將載，祝及執事舉奠，户西南面東上。言舉不言設，則執之，俟卒載降奠也，經未詳。卒束，前而降奠席于柩西。前，前行，南進也。謂南進而降奠及席，此遷祖奠也。巾奠乃牆。牆，棺飾，帷荒之屬。經惟言降奠當前束，商祝飾棺，故以巾奠明之。抗木刊。剥而削之，成于人工。茵著用荼，著，謂以荼綏澤充于表裏之中也。荼，茅秀也。實綏澤焉。綏，廉薑。澤，澤蘭。三者，並爲著也。葦苞長三尺一編。以三尺之葦，一道編之，則苞不大也。菅筲三，其實皆瀹。餘若反。○瀹，以水湛之。○案：以水湛之，則易腐，此疑後世實明器之法也。祖還車不易位。鄉外，未行也，少南而已。執披者旁四人。披二人，此前後二披，故四人；合左右則八人也。凡贈幣無常。視平日所好爲贈也。若賵以車馬，則有常矣。凡糗不煎。經葬奠有糗，糗平時以膏煎之。此不煎，恐其褻也。凡，「凡士大夫」以上。唯君命，止柩于堩，古鄧反。○堩，道也，見《曾子問》。君命，上經「至于邦門，公使宰夫贈玄纁束」是也。其餘則否。不敢留神也。車至道左，墓道之東。北面立東上。上乘車，以先至也。柩至于壙，斂服載之。斂乘車、道車、槀車所載之服，盡載之柩車，不空歸也。《問喪》：「送形而往，迎精而反。」服，精氣所馮也。卒窆而歸，不驅。《問喪》：「孝子往如慕，反如疑。」疑，故徐行不驅也。君視斂，若不待奠，加蓋而出；不視斂，恩有厚薄，且或有他故也。則加蓋而至卒事。既正柩，爲下賓出等之節。賓出，遂匠納車于階間。遂匠，遂人所役之匠人。《遂人職》：「大喪，帥六遂之役而致之」是也。車，柳車，載柩之車也。祝饌祖奠于主人之南，當前輅，北上，還車，主人當前束，輅又在束南，所謂主人之南也。輅横于轅上，曰主人之南，則在車東，東面西當輅端。巾之。弓矢之新沽功。設之宜新，而功則麁鹽，示不用也。有弭回爾反。飾焉，《爾雅》：弓有緣謂之弓，無緣謂之弭。緣，謂繫約而漆之；無緣，則以骨飾兩頭及隈而已。亦可張也。但不可射。有柲。柲，弓檠，弛則縛之弓裏，以備損傷；以竹爲之。《詩》云：「竹柲緄縢。」設依撻他達反。焉。依，纏紘也，後人謂之弓潘。撻，弣側矢道，所以撻矢令出者，依用韋，撻用骨，死者皆以韋，備制而已。有韣。弓衣也。以緇布爲之。猴音侯，又音候。猴矢一乘，乘，四矢。猴，猶候也。候物而射之，蓋可以伺射近敵者也。骨鏃短衛。鏃，矢的也。衛，羽也。矢有羽則平，是以羽防衛之，故名羽爲衛。《爾雅》：「金鏃翦羽謂之猴。」此短羽亦翦羽也。凡爲矢，五分笴長而羽其一，鏃用骨而羽短，亦示不用。志矢一乘，志，猶擬也。《司弓矢》注：「恒矢之屬，軒輖中，所謂志。」是志矢爲恒矢之屬，習射之矢也。軒輖音周。中，軒，謂前。輖，摯也。矢皆前重後輕，此前後平者，前重在鏃。無鏃，故平也。平時志矢骨鏃，此不言，故知無鏃也。○摯音至。亦短衛。凡以示不用。

儀禮卷第十四

仁和吴廷華章句

士虞禮第十四

虞，安也。父母之喪，既葬，反哭，日中而虞于殯宫，蓋骨肉歸于土，精氣無所不之，孝子爲其彷徨，故祭而安之。《檀弓》所謂既葬而虞，不忍一日離也。未葬，奠而不祭，至是以虞易奠，立尸，有几筵，而禮節大備。于五禮屬凶禮，當第七，第十四説非，詳《士冠禮》。〇或云：虞，度也。反哭時，主人由廟而寢，婦人由室而堂，于彼于此，有虞度之義。祭必求神，此其始也，故以名之。存之以備一説。

士虞禮：特豕饋食，饋，歸也。食，穀食。祭祀之節，始用鬱鬯以降神，曰祼。迎牲，告殺，薦血腥，曰朝事。薦熟，曰饋食。既食酳尸，則有加豆籩，羞豆籩。士大夫不祼及告殺，故祭皆以饋食始。特豕，一豕也。一豕禮殺不筮日，葬日祭也。**側亨于廟門外之右，東面。**側，特也。一豕，故曰側。廟門，寢門。殯宫亦謂之廟者，殯雖啟而喪祭于此，即鬼神所在也。亨于爨，用鑊。右，西也。不于門東者，異于吉。不視殺，喪禮略也。不言爨，可知。○注以側亨爲亨一胖，蓋以其升左不升右也。竊案：吉祭正俎用右，餘俎用左，鼎雖有升有不升，要無不亨于鑊，若右胖不亨，則餘此腥者何爲？《特牲》注以側爲一牲，是也。魚、腊爨亞之，北上。爨，竈也。亞，謂次于豕鑊。北上者，豕最北，魚次之，腊又次之。○疏謂魚、腊次于豕北，悮。饎爨在東壁，西面。炊黍、稷曰饎，亦上黍，東壁，見《士冠禮》。據《特牲禮》主婦視饎爨于西堂下，則爨與東西堂相當也。此在東，凡皆異于吉。設洗于西階西南，亦當西榮，南北以堂深。水在洗西，篚在東。尊于室中北墉下，當户，户在室東南，尊在室東北也。兩甒醴、酒，酒在東。上醴。○案《雜記》：「暢臼以掬，杵以梧。」注謂喪祭所用。此無鬯，則士禮不用也。無禁，喪中不待禁也。冪用絺布；絺布，絺亦布也。○疏：絺以葛，布以麻。此並言，則麻葛雜也。存參。加勺，加于尊。南柄。便于酌也。素几葦席在西序下。素几無飾。下，階下當序也。苴子徐反。刌七本反。茅長五寸，菹以藉祭，所謂「藉用白茅」也。刌，切也，斷也。東之，實于篚，饌于西坫上。饌兩豆菹醢于西楹之東，東陳。醢右西，菹則東矣，南面取之得左菹右醢，便其西面設之南菹而北醢也。此尸豆也。下記：豆實，葵菹，蠃醢。從獻豆同。一鉶亞之。菹東。從獻豆兩亞之，從獻豆，從主人獻祝之豆，亞之，在鉶東。疏云：在鉶東北，菹北，醢南。四籩亞之，北上。從主婦獻尸祝者，下記：籩棗蒸栗擇。四則各二也。北上者，疏云：「醢東栗，栗北棗，棗東棗，棗南栗。」東西自爲二行，不東陳，與初兩豆別也。北上，兼豆言。饌黍、稷二敦于階間，兩敦之間，堂下也。西上，上黍。藉用葦席。敖氏云：藉敦不應用席，「席」字因上

「葦席」而衍也。《特牲禮》：「藉用萑。」匜水錯于槃中，南流，此近門，爲尸盥也。不言罍及洗者，匜之用如罍，槃之用如洗。在西階之南，簞巾簞以盛巾。在其東。陳三鼎于門外之右，門西。北面北上，上冢。設扃鼏。匕俎在西塾之西。統于鼎。羞燔俎在内西塾上南順。曰羞，以非正俎也。燔，炙肉也。不言肝，文不具。南順，由北而南，肝在北，便其先取也。○注：「南順，于南面取縮執之便也。肝俎在燔東。」存參。○右第一章，饌具。主人及兄弟如葬服，《既夕》：將啟，丈夫髽，散帶垂，主人及兄弟皆然。其他各如成服，以尚未變除也。賓執事者如弔服，賓執事，謂賓來執事者，如下祝佐食之屬。弔服者，本無服也。其服疑衰、素冠、麻絰帶也。皆即位于門外如朝夕臨位。臨，哭也。《士喪禮》臨位：丈夫門外，西面北上；外兄弟在其南，南上；賓繼之，北上。婦人及内兄弟服，亦如葬服。即位于堂亦如之。臨位在堂南上，蓋阼階上，如斂時位也。祝免澡葛絰帶，祝亦執事者，當弔服而從重以免者，啟時免，對主人葬服。此與主人同在室接神，亦當以免對葬服也。帶又輕于弔服者，注云：一輕一重，互相準也。○注以祝爲所親，蓋據《小記》緦小功卒哭則免言之，恐祝未必皆緦小功也。又注云：治葛爲首絰及帶。恐免無首絰也。布席于室中東面，右几；席、几，前饌于西序下者。右几，神席南上也。降出，即門外位。及宗人即位于門西，東面南上。宗人私臣，《曾子問》士祭不足，則取于兄弟大功以下者，服當如主人服，位當東面北上，此南上者，或因祝而易與？○以上門外位。

宗人告有司具，遂請拜賓如臨，請，請之主人。如者，旁三。入門哭，婦人哭。亦如臨。主人即位于堂，如反哭，升自西階東面。衆主人及兄弟、賓即位于西方，反哭所謂堂下東面北上也。如反哭位。祝入門左，北面。不與執事同位，接神，尊也。宗人西階前北面。當詔禮，故近主人。下記：「主人在室，則宗人升，户外北面。」○以上門内位。右第二章，面位，凡二節：一門外位，一門内位。

祝盥，升取苴，不言篚，則不用篚也。降洗之；升，入設于几東席上，几東，几外也。東縮；縮，從也。東陳，東處在西。降，洗觶；升，將奠。止哭。有事。主人倚杖入。北旋倚于西序，乃轉而東北入室也。《喪小記》：虞杖不以入室。祝從在左，西面。主人同面，左其南也。贊薦菹醢，醢在北。《特牲禮》主婦薦，此不薦，則喪禮亞獻外不執事也。贊亦私臣。佐食及執事盥，舉者門内盥，異于奠也。出舉，舉鼎也。《特牲禮》主賓親舉，此喪禮異也。長在左。鼎北面，西爲左。鼎入，設于西階前，東面北上。匕俎從設。各從其俎。○案《雜記》匕以桑，長三尺，或曰五尺；畢用桑，長三尺，刻其柄與末。注以爲喪祭所用，則此亦當有畢。《特牲禮》注謂祔練祥用之。左人抽扃鼏。鼏亦言抽，因扃及之也。匕，執匕匕之，東面。佐食及右人載。北面。卒，朼者逆退復位。三匕，故曰逆。位在門外。俎入，設于豆東，菹東魚外也。魚亞之，今文無之。○豕東。腊特。豕、魚二俎之北，亦醢東也。贊設二敦于俎南，豕南黍，魚南稷。黍其東稷。設一鉶于豆南。菜羹也，在菹南。佐食出，立于户西。今文無「于户西」。○饌已也。贊者徹鼎。反于門外。祝酌醴，北面。命佐食啟會。尊南南面。佐食許諾，啟會，卻于敦南，復位。户西。祝奠觶于鉶南，二祼奠而不飲，依神也。此無祼而奠者，以神無所不之，始疑于其位，以奠、以饗、以祭，皆所以奠之。復位。由南面命佐食之位，復位于主人之左也。○以上陳設。

主人再拜稽首。拜食具。祝饗，既奠依神，遂祝而饗之，以申主人致祭之意，庶幾鬼神來饗，然後立尸以象之。○案：注以此爲陰厭，篇末改饌西北隅爲陽厭。四明萬氏曰：祭殤無尸曰厭，陰厭以祭子之殤，陽厭以祭凡殤，《曾子問》甚明，非指祭祖禰尸未入之始與尸既出之終；且厭之爲言飫也，祭方始而奠祝，安能遽飽？又陽厭當室之白，此雖在西北隅，而厞用席，且闔戶，于陽厭之義不符。其說是也。特存之以明注說之誤。命佐食祭。命祝祭于苴，謂爲神祭食也，亦南面。佐食許諾，鉤袒，注謂之擐衣，蓋捲衣以露臂也。取黍、稷祭于苴三；别于尸，下同。三者，安神不一而足也。取膚祭，下記：「膚祭三。」祭如初。如，謂「祭于苴，三」。祝取奠觶祭亦如之；不盡，祭醴有未盡。益反奠之。更酌于尊而益之。反，謂自尊所還奠于鉶南也。主人再拜稽首。既祭又拜也。祝祝之又反，下並同。卒，祝祝者，祝釋孝子饗辭也。此饗辭，下記所謂「哀子某，圭爲而哀薦之饗」是也。前云饗，此云祝者，饗以行其禮，祝則釋其辭也。○注以下記顯相云云爲此饗辭，悮。説詳下記。主人拜如初，亦再拜稽首饗之，拜凡三。哭，出，復位。以上饗神。○右第三章，祭前之禮，凡二節：一，陳設；二，饗神。

祝迎尸。《檀弓》：「既封，主人贈而祝宿虞尸。」則先宿之，此則至而迎之也。此初立尸，宜筮于卜日之後，文略爾。尸，主也，孝子之祭，不見親之形狀，故立尸以主之。尸于死者孫行也，主人不迎尸，亦全乎君全乎子之義。《少牢禮》：「祝出迎尸于廟門之外，主人降，立于阼階東，西面。」一人衰絰奉篚哭從尸。一人，主人兄弟大功以上者，故衰絰而不免，篚以實牲醴，祭畢奉以出，亦吉祭歸俎之意，下注此猶吉祭之肵俎是也。尸入門，少牢禮祝先入門右，尸入門左。注云：「既則後尸。」丈夫踊，婦人踊。踊之序也，宗人詔之。淳尸盥，淳，沃也。謂沃盥者，以匜水沃尸而盥也。尸北面，其儀下記詳之。宗人授巾。《少牢禮》：宗人坐奠簞，取巾振之三，以授尸。尸及階，祝延尸。延，進也。祝在尸後，至是進而延之，謂升之。尸升，《少牢禮》：「尸升自西階。」宗人詔踊如初。自始死至此，無宗人詔踊事，而曰如初，則尸入門亦詔踊可知。○案：哀至而踊，何待于詔？尸入門及升乃詔者，蓋尸入及升銜哀者有必踊之勢，但踊則舉止失常，恐其厭于尸而不踊，如入户哭止之例也，故詔以遂之。尸入户，《少牢禮》：祝先入，主人從。踊如初，亦詔也。哭止。詔止之，尊者入宜静也。此云哭止，則上哭且踊也。婦人入于房。婦人祭則在房，喪則在堂上。在堂，尸入哭踊，喪禮之常也。此將祭，有事于房，故入，不但辟執事者而已。主人及祝拜妥尸，妥，安坐也。拜以安之。尸拜遂坐。少牢尸不言，尸荅拜遂坐，案父子無荅拜節，尸象父而荅拜，則仍别于父，其升自西階而不于阼，義可知矣。《特牲禮》：尸即席坐，乃拜，妥尸。此未坐先拜妥者，喪祭别也。

○以上迎尸。

從者錯篚于尸左席上，從，奉篚者，設篚于席，便其實也。不于右者，右有几。立于其北。席北近篚。尸取奠，將祭醴也，先取奠，亦天子、諸侯先祼之義。左執之，右手將取菹。取菹擩于醢，祭于豆間。此擩祭也，亦命之。祝命佐食墮許恚反，讀如墮三都之墮。祭。命佐食使相之墮。墮，下也。手舉之，鄉下祭之，故謂之墮。○案：尸有擩祭、墮祭，皆祝詔之。《特牲》第言命擩祭，此特言命墮祭，《少牢》皆不言命，要之皆命也。文有詳略耳，注則擩皆作墮也。佐食取黍稷肺祭授尸，凡遠于尸者，皆取而授之，尊之也。《燕禮》：公祭，膳宰贊授肺。肺祭，祭肺也。下肺脊，則舉肺也。尸祭之。祭黍稷肺。此墮祭也。祭奠，先執後祭，尊之。祝祝，此亦饗食也。經不言饗言祝，則釋下記「哀子某哀顯相」之辭也。○疏以辭爲「哀子某圭爲」云云，悮。主人拜如初。如上祝祝，亦再拜稽首，爲祝拜也。尸不答拜者，答，人事；祝，神事也。尸嘗醴奠之。啐不必入口，嘗則辨味矣。佐食舉肺脊授尸。尸受，振祭，先肺後脊也。不言擩，文省。案：「太祝」注云：「不食者，擩則祭之；將食者，既擩必振，乃祭。」蓋以將食者醢不可過多，必振去之，乃祭而嚌之也。上菹不言振，則不食故也。嚌之，肺，食之主。脊，正體之貴者。先啗之，所以道食通氣也。左手執之。右手將祭鉶。祝命佐食邇敦。謂舉而近尸也。佐食舉黍錯于席上。設于尸側，所謂邇也。《特牲禮》並邇黍、稷，此第言黍，黍下疑脱「稷」字。敖氏云：「喪禮異也。」尸祭鉶嘗鉶。右手也。少牢禮，尸扱以柶祭羊鉶。泰羹湆自門入，設于鉶南；上鉶，祝奠觶于鉶南，則南有觶，此設湆于鉶南，則又在觶南也。注云：觶北留空處以待湆。胾四豆設于左。胾，切肉，庶羞也。豆左，醢豆之北也。加豆，故别設之。庶羞惟用胾，《喪禮》略也。尸飯播餘于篚。古飯黍不以箸，則用手也。一口爲一飯，故播其餘，始飯如此，九飯可知。三飯，符晚反，下並同。○三飯，禮一成也。佐食舉幹；《特牲》注：「幹，長脅也。」敖氏云：「即正脅。」胳脅骨體連肉，飯間食之，以安食氣也。不言授尸，可知。每三飯一舉，見盛而有節也。尸受，振祭，亦擩而振之。嚌之，實于篚。不言獸幹，喪禮略也。又三飯，舉胳，音各，或作「骼」。○又三飯，禮再成也。胳，下脛骨。祭如初。亦嚌之，實于篚。佐食舉魚、腊，實于篚。魚、腊不授而遂實之，略也。腊，獸胳也，説詳《特牲禮》。又三飯，禮三成也。舉肩，祭如初。始于脅，終于肩，貴者後也。舉魚、腊俎，俎釋三个。釋，遺也。个，猶枚也。爲改饌西北隅遺之也，不言牲體者，牲七體，已舉脊、脅、胳、肩四者，惟臂、臑、肫三者在俎也。尸卒食，九飯畢也。佐食受肺脊，肺脊至是始受，則九飯皆執之也。或實時奠于豆，此乃舉而授之。實于篚，反黍如初設。上佐食舉黍錯于席上，此乃反之故位。○以上尸九飯。右第四章，正祭，凡二節：一迎尸，一九飯。

主人洗廢爵，爵無足者，服重，不敢用成器也。酌酒酳以淺反，又士刃反。尸。此獻也。曰酳者，示饋食不主飲，以安食氣而已。尸拜，受爵，主人北面答拜。吉祭酳尸，主人答拜西面，此言北面，喪禮異爾。尸祭酒，嘗之。賓長以肝從，肝，炙肝也。《詩》：「或燔或炙。」從，從爵也。實于俎，縮，從也，進柢，鄉西。右鹽。左肝右鹽，自執者言也。尸左執爵，右取肝，擩鹽，振祭，嚌之，加于俎。豕俎。賓降，反俎于西塾，復位。尸卒爵，祝受，不相爵。相爵者，《特牲禮》祝曰：「送爵，皇尸卒爵。」蓋相拜之辭，亦謂之相爵也。主人拜，先拜尊尸。尸答拜。以上主人酳尸。

祝酌授尸，此亦廢爵。祝不言洗，文略。尸以醋醋，同酢。主人。主人拜，受爵，尸答拜。主人坐祭，西面。卒爵拜，尸答拜。以上尸酢主人。

筵祝南面。祝相尸，尊，故設席以獻之。南面，則北墉下也。祝席未聞，據尸席用葦，則祝亦如之矣。主人獻祝。祝拜，坐受爵。此受授皆坐，則尸亦坐也。主人答拜。俱當北面拜，如佐食。薦菹醢，設俎。祝左執爵，祭薦，奠爵；興取肺，坐祭，嚌之；興，加于俎；不授肺，別于尸。祭酒，嘗之。肝從。祝取肝，擩鹽，今文無「擩鹽」。振祭，嚌之，加于俎，卒爵拜。主人答拜。祝坐授主人。將獻佐食，坐授爵，文略也。主人酌，獻佐食。佐食亦相尸者，故並得獻，而禮殺于祝，據下言出，則亦室中獻矣。佐食北面拜，坐受爵。位如特牲。主人答拜。佐食祭酒，卒爵拜。主人答拜，受爵，出實于篚，西階西南。升堂復位。堂上位。〇以上主人獻祝及佐食。

主婦洗足爵于房中，爵固有足，曰足爵者，對廢爵言之，蓋素爵也。主婦得用足爵者，哀輕于主人。據此，則房中有洗，上經略也。《昏禮》：婦洗在北堂，直室東隅，篚在東。酌，亞獻尸，房中未聞有酒尊，據《少牢》，主婦洗于房中，出酌，則酌室中之尊也。如主人儀。拜受及送。自反兩籩棗栗，反，往復也。謂獻畢，自反堂上取籩，不使宗婦者，《喪禮》略。設于會南，棗在西。黍會之南，上棗，棗美于栗也。尸祭籩，祭酒，如初。謂主人獻。賓以燔從，如初。如肝。尸祭燔，卒爵，如初。婦拜，尸答。〇以上主婦亞獻尸。

酌獻祝，籩燔從，獻佐食皆如初。主人儀。以虛爵入于房。亦受爵也。〇以上主婦獻祝及佐食。賓長洗繶爵，口足間有篆者，所謂飾也。賓始有飾，則主婦無飾也。三獻，三，承亞言。三獻不用兄弟，兄弟統于主人也。不以上嗣，上嗣須舉奠，此雖不舉奠而禮不可越也。燔從，如初儀。主人儀。〇以上賓長三獻。右第五章，卒食三獻，凡六節：一，主人酳尸；二，尸酢主人；三，主人獻祝及佐食；四，主婦亞獻；五，主婦獻祝及佐食；六，賓長三獻。

婦人復位。阼階上位，尸將出也。祝出户，出者，將告主人，主人在堂上位也。西面告利成。利，養也。成，畢也。言養禮畢也。告主人而不告尸，嫌促其出也。主人哭，祭畢，神將去也。皆哭。丈夫、婦人從主人，〇以上告利成。

祝入，尸將起也。尸謖。所六反。〇謖，起也。成禮當退，不待告也。從者奉篚，哭如初。初，謂初入哭從尸奉篚，猶歸俎也。祝前道之。尸出户，踊如初；降堂，踊如初；出門亦如之。三言如，明尸自出户至門，踊不絶也。〇以上尸出。

祝反，入徹，《鄉師》注：苴，既祭，則東而去之。設于西北隅，屋漏也。如其設也。如東面之設。几在南，如其設，則几亦南矣。又言之者，此無尸，恐几易其所也。厞扶未反，又音非。用席。厞，隱也。此即喪禮徹斂奠于序西南之義，蓋祖禰所饗，不忍遽徹，且冀其常歆于此也。喪禮神未安，故由室而堂而序，此神已安于室中，故改饌不出室。必改饌者，示禮之有終。必西北隅者，席東面以北爲下，象神降由下，便其歆也。祝薦席，徹入于房。薦，謂脯醢。祝自執其俎出。贊闔牖户。以上改饌。

主人降，賓出。主人出門，哭止。皆復位。門外位。宗人告事畢。賓出，主人送，大門外。拜稽顙。主人仍就次。〇以上禮畢。右第六章，祭後諸雜儀，凡四節：一，祝告利成；二，尸出；三，改饌；四，禮畢。

【記】虞：沐浴不櫛。沐浴，爲祭致潔也。櫛則近于飾矣，期以外櫛。陳牲于廟門外，亦門右。北首西上寢右。左胖當升也。腊用棜。日中而行事。祭當質明行事，初虞在朝葬反哭之後，故用日中；再虞、三虞，則仍用質明。殺于廟今文無「廟」。門西，主人不視。喪禮略。豚解。解左右肩、髀、脅及脊，爲七體而已；熟乃體解，升于鼎。羹飪，升左肩，先肩者，周人貴肩。臂，臑，肩脚也，近前跗。肫，當作「膊」，音粕，股骨也。骼，同胳。脊，脊在上，無左右，三分之：前爲正，中爲脡，後爲横。此七體，則合三爲一也。〇注云：「正脊。」脅脅亦三分，前爲代，中爲長，後爲短，此亦當合三爲一。〇注云：正脅長脅。離肺。舉肺。膚祭三，取諸左膉音益，古文作「股」。上；膉，脰肉也。肺祭一，實于上鼎。不言「髀不升」，于腊見之。升魚鱄鮒九，實于中鼎。升腊左胖，體同牲。髀不升，股也。不升，近竅賤也。實于下鼎。三鼎實，並減于特牲，略也。皆設扃鼏，陳之，復言扃鼏者，明先設後陳也。載猶進柢，猶，猶《士喪禮》也。彼經小斂，豚進柢；大斂，腊進柢，則牲及腊皆然也。魚進鬐。祝俎，髀，脰，脊，脅，離肺，陳于階間敦東。經二敦初在階間西上，則此繼敦而東。淳尸盥，執槃西面，執匜東面；執巾在其北，東面；宗人授巾，南面。少牢執事者皆宗人也。彼執巾者即授巾，此亦宜然。記説若爲兩人者，蓋爲南面記，且以明三執事皆宗人，非謂執與授者各一人也。曰南面授，則尸北面盥矣。主人在室，從尸入。則宗人升，户外北面。宗人詔禮，恒近主人。經：主人升堂，宗人在西階北面。主人入室，經不言宗人，此特明之。佐食無事，每事畢時，則出户負依南面。室中窄隘，祝每事畢輒出，經已屢言之，此特詳其面位也。士不應有依，曰依者，或以其爲設依之地，故亦以依言之。鉶芼用苦若薇，公食大夫太牢，故詳牛、羊、豕之芼。此祭用豕，乃言薇先言苦者，以類及之。有滑。和以葵荁也。夏用葵，夏秋生者滑。冬用荁，音丸。❶〇冬春乾者滑。有柶。豆實葵菹，菹以西嬴醢，此據始設于東楹之西者，醢在西也。若正設，則醢在北。籩棗蒸、栗擇。尸入，祝從尸。尸坐不説屨。《燕禮》脱屨在無算爵之前，所謂「安燕」也。祭禮有無算爵而不説屨，《少儀》所謂凡祭于室中、堂上無説屨是也。此言不説，正以明其非燕，注則以爲不敢惰也。尸謖，祝前鄉尸；道尸，先以鄉之爲節也。還，既鄉尸，轉身還，以將出户也。出户，又鄉尸；還，過主人，主人在西階不言及階者，以主人爲鄉尸之節也。又鄉尸；主人不送尸，恐過之相爲禮，故特鄉尸道之，使徑過也。還，將降階，故還也。降階，又鄉尸；降階，上祝降，此尸降也。還，尸降必鄉之，防顛躓也。尸既降乃還至門矣。及門如出户。亦鄉尸。尸出。祝反，入門左，北面復位，復初入門位，

❶「音」，原作「言」，據四庫本改。

事畢也。然後宗人詔降。詔主人。尸服卒者之上服。士以弁服爲上。○注謂弁服祭于君，此當如《特牲》玄端。存參。男，男尸。孫行。女，女尸，孫婦行。必使異姓，女孫雖親，不得承祖母之重，故用婦。婦，異姓也，此專指女尸言之。不使賤者。庶孫之妾之類，亦不傳重也。無尸，謂無孫列可使者，殤亦無尸。則禮及薦饌皆如初。禮，謂衣服、面位、升降、薦菹醢也。饌，尊俎之屬。初，謂「祝祝」以上。既饗，祝饗也。祭于苴。佐食所祭。祝祝卒，無尸，故無迎尸以後禮也。不綏同挼。❶祭，無泰羹湆胾從獻。尸入始于挼祭，終于賓獻，此合始終以概其餘也，無尸，故盡去之。主人哭，祝祝卒之哭也。出復位。祝闔牖户降，無尸，并無西北隅之設。復位于門西；初入門位。男女拾踊三。拾，更也。三者，主人踊、婦人踊、賓踊也。如食閒，闔户如尸一食九飯之頃也。祝升，由門西。止哭；聲三，詳《既夕》。啟户。祝啟之。主人入；親者先，如將見之。祝從，啟牖鄉，許亮反。○牖先闔後啟，以出入由户也。牖，一名鄉，所謂「塞鄉墐户」也。如初。上無啟牖之文，則如初者，謂上主人入，祝從在左也。主人哭，出復位。堂上位。卒徹，祝、佐食降復本脫「復」字。位。祝門西北面，佐食西方。宗人詔降如初。始虞用柔日，甲、丙、戊、庚、壬爲剛，乙、丁、己、辛、癸爲柔。《曲禮》：「外事以剛日，内事以柔日。」祭祀，内事也，用柔日，于通幽陰宜也。據此，則葬亦用柔日

❶「挼」，原作「綏」，據四庫本、經解本改。

矣。曰：「哀子某，哀顯相，顯，明也。相，助也。主人之外，衆主人皆助主人祭者也。喪祭稱哀，故與主人並曰哀。助祭不名，略也。夙興夜處不寧。悲思之至，無時自安。敢用絜同潔。牲剛鬣，敢，冒昧之辭。絜牲，致潔之牲也。《曲禮》：「豕曰剛鬣。」香本又作「薌」。合，《曲禮》：「黍曰薌合。」蓋黍熟則粘聚不散，其氣又香也。○案：此當在「普淖」下，與「明齊」類陳。注云：大夫、士于黍稷，合言普淖而已。此言香合，記者悞爾。黍不得在薦上。疏謂先設菹醢，後設黍也。存參。嘉薦，菹醢。普淖，注：普，大也。淖，和也。蓋指黍言，若然，則普淖爲香合明齊之目也。明齊，今文作「粢」。○《曲禮》：「稷曰明粢。」蓋與薌合並陳也。溲今文作「醙」。酒，「溲」疑「醴」字之訛。蓋醴有清有糟，糟同醙，今文或因「醴」訛「醙」，鄭本又訛「醙」爲「溲」爾。○案：注以此合上明齊爲句。云明齊新水也，言以清水溲釀此酒也。《郊特牲》云：「明水涚齊。」疏云：謂以新水漬麴，乃溲釀此酒。竊謂如其説，則明特明水，齊則五齊也。乃合此二者爲新水，則牽合矣。又水之涚齊，止以清之，涚既不可謂之釀齊，亦不可混之酒。疏漬麴説，則又遠矣。自香合至此，注皆曲爲彌縫，但記文本悞，並存以備參。哀薦祫事，注：「始虞謂之祫，主欲祫先祖也，以與先祖合爲安。」○注説非不似，但此本虞祭，當如下再虞之辭，曰哀薦虞事，安有始祭不言虞，反言祫，至再祭始言虞事之理？此應在以其班祔之下，蓋祔辭，錯簡于此爾。適爾皇祖某甫。爾，謂死者。皇，大也。祖者，祔必于祖廟也。某甫，祖字。注云：「告之以適皇祖，所以安之。」○案：始虞而言適，其義亦不過如注説而已。義終未順也。此亦祔祖之辭，重出于此耳。饗！」敖氏云：「以祔祭之辭例之，當云尚饗。」謂庶幾饗之爾。再虞皆如初，如初，「用柔日」以下。皆字，包三虞言。曰「哀薦虞事」。三虞，句。○謂「柔日」以下，皆如初也。卒哭，他用剛日，謂惟卒哭用剛日。他，別也，謂于柔日之外，別用剛日也。蓋卒哭之明日即祔，祔祭重于卒哭，當用柔日，故卒哭不得不用剛日也。○案：鄭氏合三虞卒哭作句，謂其皆用剛日，又以他爲不及時而葬者，其説支離，故正之。亦如初，曰：「哀薦成事。」虞祭成于三，卒哭。亦哭寢之禮成也。獻畢，卒哭之卒食三獻也。未徹乃餞。送行之祭，以旦將祔于祖，故餞之。尊兩甒于廟門外之右少南。祖廟在東，而餞于門西，尊尸，如其即次之位，而東鄉也。少南者，以北將有事也。水尊在酒西，水尊，玄酒也。在酒西，西上也。與吉禮同者惟此。勺北枋。洗在尊東南，與尊並在門西。○注謂在門之左，若然，則當言門，不必言尊矣。水在洗東，篚在西。饌籩豆，脯四脡。古文作「挺」。○《飲酒禮》「五脡」，此四脡者，彼兼祭之半膱也。此亦應有祭，文省爾。有乾肉折俎，見《士冠禮》。二尹縮，尹，正也，折其正體，用二方而已。祭半尹，上言縮，則此橫于上，加脯也。在西塾。籩，豆，折俎。尸出，執几從，素几。席從。葦，席也。不言篚從，可知。尸出門右南面。注謂俟設席。按：席，從出即設，何必俟？據下設席後，必衆皆即位，乃即席，則尤非俟設席之謂矣。席設于尊西北東面。東鄉，將東適也。几在南。右几，亦錯篚。賓出，復位。如初位。主人出，即位于門東少南；視哭位少南，下于尸也。婦人出，即位于主人之北：餞，故婦人亦出，又主婦須亞獻也，其位統于主人。皆西面哭不止。鄉尸。尸即席坐，帷。主人不哭，出門哭；將行禮，乃不哭。洗廢爵，酌獻尸。尸拜受。東面。主人拜送，北面。哭復位。薦脯醢，設俎于薦東，折俎也。朐其俱反。在南。申曰脡，屈曰朐。上記脯既曰脡，則此屈者，乾肉也。二尹縮而朐在南，則一申一屈也。尸左執爵，取脯擩醢祭之。佐食授嚌。「嚌」當作「祭」，蓋乾肉之祭半尹也。尸授，當作「受」。振祭，嚌，反之；授佐食，還加于俎。祭酒，卒爵，奠于南方。禮有終。主人及兄弟踊，婦人亦如之。主婦洗足爵，亞獻，如主人儀，無從，主人獻亦無從，特于如中明之。踊如初。賓長洗繶爵，三獻，如亞獻，踊如初。佐食取俎，實于篚。尸謖，從者奉篚，哭從之。祝前，哭者皆從，及大門內，送不出大門，以廟在大門內也。踊如初。尸出門，哭者止。賓出，主人送，拜稽顙。主婦亦拜賓。女賓。丈夫說絰帶于廟門外。除首絰，易要絰以葛也。《間傳》：男子何爲除乎首也？男子重首，服有變除者，重輕之節，亦以齊斬之布疏麤，數月即敝，不能久服也。入徹主人不與。主人不親徹，不能徹也。婦人說首絰，不說帶。首絰除麻易葛，惟帶不易，至小祥除之。《間傳》云：「婦人重帶。」無尸則不餞，猶出几席設如初，拾踊三；哭止，告事畢，此言告，則上餞者可知。賓出。以上七字，監本脫，今依《石經》補入。死三日而殯，此又從始死言之，蓋別一記也。三月而葬，遂卒哭。士禮也。《雜記》：「士三月而葬。」是月也，卒哭；大夫三月而葬，五月而卒哭。將旦而祔則薦，言將以明日之旦祔也，此自卒哭之夕言之。薦與餞同謂餞于卒哭之夕，注則以餞爲卒哭之祭也。卒，辭曰：「哀子某，來日某隮祔爾于爾皇祖某甫。來日某，又自稱名，見親祭也。隮，升也，孫入祖廟，故曰升。尚饗！」女子曰：「皇祖妣某氏。」女孫未嫁死，或被出皆從食于祖妣。婦曰：「孫婦于皇祖姑某氏。」謂隮祔爾孫婦某氏于皇祖姑某氏也。其他辭一也。饗辭曰：「哀子某圭爲而哀薦之饗！」饗辭，尸未入所釋辭也。圭，潔也。虞及卒哭同。明日以其班祔。卒哭之明日也。班，謂昭祔昭、穆祔穆也。祔已，主復于寢，既除喪而後遷廟。〇案：注云：「練而後遷廟。」《穀梁傳》所謂「作主、壞廟有時日，于練焉可也」。朱子以爲太速。但據彼疏云：作主在十三月，壞廟在三年喪畢。傳以此主終入廟，事相繼，故連及之，非謂其同時也。其説甚明，鄭誤解傳説耳。又案疏云：「大夫、士無木主，以幣主其神。」此許慎、鄭康成説也。徐氏邈據《左傳》孔悝反祏説爲大夫士有木主之証。許氏駁之，以悝之祏出于時君所賜。汪氏畹以許説爲無據，是也。要之，有廟自當有主。以幣主神説，雖本之《曾子問》，然彼乃使者之權禮，非士大夫廟祀之大法也。沐浴櫛搔音爪。翦。謂祔時也，虞沐浴而不櫛，此又漸輕也。用專膚爲折俎，取諸脰膉。音益。〇專，猶厚也。膉，即脰。又肥也，蓋取脰肉之肥者。〇案：注謂此主婦以下俎，竊謂膚用專，蓋孝養之意，其爲尸俎無疑。其他如饋食。《特牲禮》也。用嗣尸。喪事略，自虞至祔，筮一尸而已。曰：「孝子某孝顯相，此祔辭，不稱哀。哀漸減也。夙興夜處，小心畏忌不惰，其身不寧。用尹祭，脯也。嘉薦普淖，普薦溲當依今文爲「醙」。酒，適爾皇祖某甫，對死者之辭。以隮祔爾孫某甫。對皇祖之辭。尚饗！」朞而小祥，期之祭名也。喪未畢而稱祥，不幾于幸其死乎？蓋祥者，變異之兆，所謂裁祥是也。親死已期，時物一變，孝子因變而祭以安之，再祭時物又變，祭亦如之。此從孝子愛日之心，發其遇變之懼，制禮者其義甚深，説經家第以吉祥目之，何未之思耶？曰：「薦此常古文作「祥」。事。」常，謂禮之常。又朞而大祥，時一變猶小，再變則大也。曰：「薦此祥事。」中月而禫。禫同澹，謂哀之殺也。注：中，間也，與大祥間一月。凡二十七月。朱子云：二十五月，祥後便禫。當如王肅于是月之説爲順。今從鄭氏説，雖是禮疑從厚，然未爲當。○案：二十五月之説，皆自「中月」二字啟之，諸家但爭此兩月之期，而不思三年之實之安在，非是記作之備哉？朱子謂《儀禮》記多出自漢人，信然。是月也吉祭，猶未配。吉祭，四時之常祭也。曰吉者，對喪祭言也。吉祭祭其廟，必以某妃配，特牲祝辭所云是也。此未配者，爲父祔而母先卒者言之，蓋死者初祔，其神尚未安。生者初除喪，餘哀尚在，不敢純用吉禮也。

儀禮卷第十五

仁和吳廷華章句

特牲饋食禮第十五

《曲禮》：「士以羊豕。」下經《少牢饋食禮》是也。注以此爲諸侯之士祭祖禰之禮，蓋由《曲禮》少牢之士降等而推，理或然也。士禮第有四時之祭，則時祭矣。鄭因經不言歲事及某妃配謂爲禫月之吉祭，但據兩筮辭並言適其皇祖，又似祔餞及遷廟之辭錯簡于此，外此則皆時祭之節也。其與少牢禮詳略異同之處，則分之所以殊爾。祭於五禮屬吉禮，當第三，十五説非，詳《士冠禮》。○經文有與《士虞禮》同者，不復注。

特牲饋食之禮：不諏日。諏，謀也。諏日之禮，不見于他經。據注，則以《少牢禮》「日用丁己」語爲與有司諏日于廟門也。及筮日，「筮于廟門」以下，詳《士冠禮》。主人冠端玄，即位于門外西面。子姓、兄弟子姓，子孫也。如主人之服，立于主人之南，西面北上。有司、羣執事如兄弟服，東面北上。席于門中闑西閾外。筮人取筮于西塾執之，東面受命于主人。宰自主人之左贊命，《士冠禮》：宰自右贊命。此言左，疑悞。疏云：「爲神求吉，故變于常禮。」不知士冠筮日亦爲神求吉也。命曰：「孝孫某筮來日某，諏此某事，適其皇祖某子。某子，祖字。此錯簡之文，篇首詳之，下同。尚饗！」筮必言饗，蓋饗則其吉可知。筮者許諾，還即席，西面坐。卦者在坐，卒筮，寫卦。筮者執以示主人。主人受視，反之。筮者還，東面。長丁丈反。占，長謂年長。《士冠》言旅者廣其占，此言長者專其責。卒告于主人「占曰吉」。若不吉，則筮遠日，如初儀。宗人告事畢。以上筮日。

前期三日之朝，祭前三日質明，中間一日。筮尸，如求日之儀。命筮曰「孝孫某諏此某事，適其皇祖某子，筮某之某爲尸。上某，尸父字；下某，尸名。謂某之子某，連言其親，庶幾神馮依之。尚饗！」以上筮尸。

乃宿尸。筮尸時，尸亦在子姓之列；乃宿之者，尊之不敢苟也。主人立于尸外門外。子姓、兄弟立于主人之後，北面東上。子姓、兄弟並往，敬之至也。此北面，則主人亦北面矣，蓋擬其南面臨己也。尸如主人服，主人不言服，當仍筮日服也。出門左，西面。不敢南面當尊，西面在主位而已。主人辟，同避。○敬故變位也，自北面轉東面爾。曰辟者，易位，若辟之。皆東面北上。皆，皆子姓兄弟。主人再拜，先拜尊尸。尸答拜。宗人擯辭如初，初，筮日筮尸之辭。卒曰：「筮子爲某尸，占曰吉，敢宿。」某，或祖或禰而已，不稱名及字也。祝許諾致命。以擯辭致命于尸。尸許諾，主人再拜稽首。尸入，既許則體尊，故不答拜遂入。主人退。以上宿尸。

宿賓。賓如主人服，出門左，西面再拜。賓先拜，降于尸。主人東面答再拜。宗人擯，曰：「某薦歲事，時祭每歲行之，故曰歲事。吾子將涖之，敢宿！」《士冠禮》宿賓辭同，但彼是已戒之賓，此未戒，亦云然者，賓職在助祭，歲以爲常也。賓曰：「某敢不敬從！」主人再拜，賓答拜。主人退，賓拜送。不言衆賓，可知。○以上宿賓。右第一章，祭前筮及宿之禮，凡四節：一，筮日；二，筮尸；三，宿尸；四，宿賓。

厥明夕，筮尸之明夕，祭前一日之夕也。陳鼎于門外，廟門之東。北面北上。有鼏。不言扃，可知。棜在其南，南順，棜以實獸，上有四周無足，長四尺，廣二尺四寸，深五寸，餘同饌棜。實獸于其上，東首。獸，腊也。士腊用兔牲，此鮮腊也。牲在其西，豕生，不在棜。北首東足。尚右也。設洗于阼階東南，壺禁在東序，東序，堂上近序之地也。禁，詳《士冠》等禮。豆、籩、鉶在東房，南上。上豆。几、席、兩敦在西堂。西堂，西夾室之前堂。注云：西堂近南。○以上陳設，不言俎及尸之盥具，文省。主人及子姓兄弟即位于門東，如初。初，筮日位。賓及衆賓即位于門西，東面北上。宗人、祝立于賓西北，東面南上。退于賓。主人再拜，賓再答拜。三拜衆賓，衆賓答再拜。《鄉飲酒禮》：主人三拜衆賓，衆賓皆答一拜。再拜疑悞。主人揖入，先入。兄弟從，先賓從主人也。賓及衆賓從。即位于堂下，如外位。門外。宗人升自西階，視壺濯，濯，溉也。及豆籩；以上所陳皆濯，舉三者以概其餘也。反降，東北面告濯具。告主人也。主人阼階下西面。具，備也。告濯，即告潔也。不言告潔，潔或有不具也。○注云：「言濯具不言潔，以有几席。」蓋以几席不在洗内也。竊謂几、席亦當潔，且可濯，注説太曲。賓出，主人出，皆復外位。門外視牲。宗人視牲，告充。充，肥腯也。雍正作豕。雍正，疑内外雍之長。作，作之起。《周禮·庖人職》云：「豕望視而交睫，腥。」故作以視其目，必作之者，豕縛則寢也。注謂作之視聲氣，疏謂有疾則聲氣不和也。宗人舉獸尾告備，腊也。士用兔，兔尾短，蓋併其身舉之而示以尾也。牲須豢養，故告充，以見人事之誠；兔獲諸野，以上殺爲斷，惟取其備而已。必以尾告者，即小以見大也。舉鼎鼏，告潔。鼎亦濯，以在門外，故别言之。○以上省具。

請期，曰「羹飪」。告事畢，賓出，主人拜送。以上爲期。右第二章，省具及爲期。

夙興，主人服如初，初，謂筮日。立于門外東方，本作「房」。南面，先即門外位者，以須視殺也。視側殺。猶《士虞禮》「側亨」也。主婦視饎古文作「禧」，《周禮》作「𩞄」，炊也。爨于西堂下。在西壁。○注云：「宗婦爲之。」亨于門外東方，亨，煮也。煮豕、魚、腊以鑊，各一竈，《周禮》亨人掌鼎鑊是也。西面北上。羹飪，實鼎，陳于門外如初，由鑊以實于鼎也。此又言陳，則舉鼎就爨，既實，復陳之門外也。尊于户東，本在東序，此乃實而設之。玄酒在西。在西，上玄酒也。不言禁及冪，省文。實豆、籩、鉶，陳于房中如初。東房。執事之俎，執事，謂祝以下，記詳之。陳于階間，省具時，俎應在爨所。既實，乃入而陳之。二列北上。二以爲列，則上者祝及佐食之俎，如下獻爵之次也。亦鼏。此不言鼎，則升于俎者，惟尸俎之實也。注云：「主人、主婦之俎亦存焉。」盛兩敦，陳于西堂，藉用萑。盛且加藉，乃復陳之。几席陳于西堂如初。復言陳者，因諸器而連及之也。尸盥匜水實于槃中，簞巾，實巾于簞。在門内之右。據下尸入門左即盥，則此在門内之左也。言右者，彼自入者言，則西爲左；此自廟制言，則西爲右也。○注云統與門左，似與下「尸盥」之節不合。祝筵几于室中，東面。自西堂設于此。以上省具時已陳，復言之者，以加實及易置也。主婦纚笄宵衣，纚而戴笄，其常服爾。玄綃衣，猶男子之玄端，則入廟之服也。立于房中，東面。❶東房。主人及賓、兄弟、羣執事即位于門外如初。初，謂視具，下並同。宗人告有司具。主人拜賓如初，揖入，即位如初。佐食北面立于中庭。立宗人之西。

○右第三章，質明陳設面位之節。

主人及祝升，祝先入，主人從，西面于户内。主婦盥于房中，内洗，見《士昏禮》。薦兩豆：葵菹、蝸醢，醢在北。席前之左，北醢南菹。宗人遣佐食及執事盥出。助主賓舉鼎。主人降，及賓盥，出。出舉鼎也。少牢則迎而不親舉。主人在右，鼎北面，以東爲右，尚右也。及佐食舉牲鼎。佐食在左，與主人對。主人舉牲鼎，重正俎也。賓長在右，舉魚、腊二鼎也。據此則賓長不止一人矣。及

❶「東」，《儀禮注疏》作「南」。

執事舉魚、腊鼎。執事在左。除鼏。主人及賓也。除鼏于外，與喪祭別。宗人執畢先入，牲體由鑊升于鼎俎，皆用匕，以畢助之，備失脱且以指揮陳設也。畢狀如叉，以其似畢星名焉。刊末及柄葉博三寸，中鏤去一寸，柄長二尺四寸，漆柄末及兩葉，皆朱。其材，據下記注以匕用棘心，謂畢亦用棘也。當阼階南面。鼎北。鼎西面錯，右人抽扃，牲鼎則主人，魚、腊則賓長也。委于鼎北。鼎西面，以北爲右，故就近委之。贊者錯俎加匕。贊者執俎及匕，從鼎入，俎錯鼎西，加匕東柄，與少牢同。乃朼。右人南面匕，佐食北面載之，宗人指使于旁。佐食升肵俎，肵，音祈。○心舌之俎也。肵，敬也。此主人自羞，且當歸尸，故特升之。鼏之，設于阼階西。各俎每載訖，皆鼏以待事也。俎鼏未聞，疑如籩巾而廣。卒載，所載下記詳之。加匕去鼎。加，加于鼎也。宗人亦以畢加之矣。去，徹也。主人升，入復位。室中西面位也。爲舉鼎降，事畢乃復。俎入，設于豆東。牲在葅東。魚次，腊特于俎北。魚次牲東，腊在魚北，西當醢。主婦設兩敦黍、稷于俎南，西上；房中無敦，其宗婦取之西堂者與。俎南者，黍在西，當牲俎；稷在東，當魚俎也。及兩鉶芼設于豆南，南陳。此鉶當葅豆之南，南鉶，又以次而南。席前豆鉶各二，四以爲列，左豆而右鉶也。祝洗，酌奠，洗所奠觶，則已祭，又益之也。奠于鉶南，又言奠，明其地也。遂命佐食啟會。佐食啟會，郤于敦南，出立于户《石經》有「户」字，本脱。西，南面。主人再拜稽首。祝在左，爲主人釋辭于神也。卒祝，主人再拜稽首。不言饗，可知。○右第四章，奠觶饗。

祝迎尸于門外。不拜者，代主人迎之，不敢與尊者爲禮也。主人降，立于阼階東。尸入門左，北面盥。宗人授巾。據《少牢》，授巾即執巾者。尸至于階，祝延尸。尸升入。祝先，主人從。尸即席，坐，主人拜妥尸。尸答拜，執奠。祝所奠鉶南之觶也。祝饗，猶尸未入時之饗，蓋釋辭于尸也。主人拜如初。祝命挼同擩，説詳《士虞》。祭。詔尸。尸左執觶，右取菹，㨎擩同。于醢，㨎，染也。祭于豆閒。佐食取黍稷肺祭授尸。此授墮祭，亦祝命之，説詳《士虞》。尸祭之，墮祭。祭酒，言酒，與喪祭別。啐酒，告旨。主人拜。尸告旨，故拜也。尸奠觶答拜，祭鉶，嘗之，告旨。鉶亦告旨，以其調和。主人拜，尸答拜。祝命爾敦。佐食爾黍稷于席上，便尸食也。設大羹湆于醢北。上蝸醢之北。舉肺脊以授尸。肺，舉肺也。舉冒肺脊，則脊亦稱舉矣，蓋正脊也。尸受，振祭，嚌之，左執之；《士虞禮》嚌而不食，故奠之。此執者，將食之也。乃食，食黍稷也。食舉。舉，謂肺脊。主人羞肵俎于腊北。西當湆。尸三飯，告飽。祝侑，勸也。主人拜。佐食舉幹；尸受，振祭，嚌之。佐食受，加于肵俎。肵俎當歸尸，故併加之。舉獸幹、腊體數與牲同，下記「腊如牲骨」是也。魚一，亦如之。如，謂加于肵也。下並同。尸實舉于菹豆。食畢，就近奠之。飯畢，乃加于肵俎。佐食羞庶羞，四豆設于左，南上，有醢。四豆，注以爲膮炙胾醢。左，湆北也。南上，近湆爲上，上膮也，餘以次而北，四以並。尸又三飯，六飯。告飽。祝侑之如初，舉骼及獸魚如初。此及下第言獸，不言何體，據上牲及獸並舉幹，則此亦並舉骼，下並舉肩，魚則一而已。尸又三飯，九飯。告飽。祝侑之如初，舉肩及獸、魚如初。佐食盛肵俎，取牲、魚、腊三鼎之餘盛之，將歸尸俎也。俎釋三个；據記尸俎十一體，魚十有五，此牲俎已舉正脊、正脅、骼、肩，尚餘臂、臑、肫、正脊、長脅各一骨及橫脊、短脅，共七體；腊脊未舉，餘亦如之，則餘八體也。魚舉其三，尚餘十二。據注，牲、腊俎釋脊、脅各一骨，及臑、魚則三頭也，餘設西北隅。舉肺脊加于肵俎，上奠于菹豆者。反黍稷于其所。飯時移席上，此乃反之。○右第五章，正祭九飯之節。

主人洗角，此《燕禮》所謂「角觶」也。或以角爲觥，觥，罰爵，不以獻也。據記言二爵，則此當用爵，角疑悞。升酌，不言降，于升見之。酳尸。尸拜，受，主人拜送。尸祭酒，啐酒，賓長古文無「長」。以肝從。尸左執角，右取肝㨎于鹽，振祭，嚌之，加于菹豆，禮畢當加于肵。卒角。祝受尸角，曰：「送爵皇尸卒爵。」告主人，言所送爵，尸已卒爵，以詔拜也。主人拜，尸答拜。以上主人酳尸，一獻也。

祝酌，授尸，尸以醋古文「醋」作「酢」。主人。主人拜，受爵，尸拜送。無俎者，嫌同于尸也。致爵乃設之，主婦亦然。主人退，執角反西南位。佐食授挼祭。未設薦蓋取尸俎之脯醢授而祭之也。下主婦同。主人坐，無席，禮略也。左執角，受祭祭之，右手受而祭之。祭酒，啐酒，進聽嘏。古雅反。○進，謂赴尸席前受福曰嘏。嘏，長也，大也。聽，待也。佐食摶黍授祝，祝授尸。尸受以菹豆，奠黍于豆，便于執，授則去豆也。執以親嘏主人。辭未聞，當與少牢禮無大異也。主人左執角，再拜稽首，受，右手受黍。復位；詩懷之，敖氏云：詩，敬慎之意。如《内則》所謂「詩負」注：詩，承也。謂主人納而懷之。二説相參乃備。實于左袂，受時暫奉之懷，然後實之袖。右手實，故在左袖也。挂于季指；左小指鉤之，防失墜，且便卒角也。卒角拜。尸答拜。主人出，寫嗇于房；寫，釋也。嗇，即黍。房，東房也。祝以籩受。重之。○以上尸酢主人。

筵祝南面。主人自房還，乃筵而獻之。主人酌，獻祝。祝拜，受角。主人拜送。設菹醢、俎。祝左執角，祭豆，菹醢。興取肺，坐祭，嚌之，興加于俎，坐祭酒，啐酒。以肝從。賓也。祝左執角，右取肝換于鹽，振祭，嚌之，加于俎，卒角拜。主人答拜，受角。以上獻祝。

酌，獻佐食。佐食北面拜，受角。主人拜送。不言豆、俎者，上經執事之俎陳于階間。下注云：獻佐食無從，其薦俎則獻兄弟時以齒設之。佐食坐祭，卒角拜。無從。主人答拜，受角；降反于篚，升入復位。以上獻佐食。

主婦洗爵于房，酌，亞獻尸。酌不言房，則酌于室，遂獻之也。尸拜，受。主婦北面拜送。在主人北，北面拜，別于主人。宗婦執兩籩户外坐。宗婦，宗人之主禮者。據下記，兩籩，棗烝、栗擇。「坐」當作「跽」。主婦受，設于敦南。棗在黍南，栗在稷南。祝贊籩祭。尸受，祭之，祭于豆間。祭酒，啐酒。兄弟長以燔從。尸受，振祭，嚌之，反之。反于羞燔者。羞燔者受，加于肵，出。尸卒爵，祝受爵，命送如初。上祝曰「送爵！皇尸卒爵」，所謂「命送」也。以爲拜節。酢如主人儀。祝酌尸酢，拜受之節同，惟易爵及不跽異。○注云：「不易爵，辟内子。」竊謂此内外之防似不得因辟而廢。○

以上主婦亞獻。

主婦適房南面。無席，與主人同。佐食挼祭。代主婦祭也。主婦左執爵，右撫祭，祭在豆間，撫之如親祭然。祭酒，啐酒；入卒爵，入室，明親受惠也。如主人儀。以上尸酢主婦。

獻祝，籩燔從，燔不用俎，殺也。如初儀。亦如主人儀。及佐食如初。獻也。卒以爵入于房。以上主婦獻祝及佐食。

賓三獻如初。燔從如初。爵止。尸奠而未舉，蓋三獻禮成，當均神惠，故待之。及主人主婦交相致爵，發獻酢之端，三獻遂作止爵，然後卒爵以樂神惠之徧也。〇以上賓三獻。右第六章，卒食三獻，凡八節：一，主人酳尸；二，尸酢主人；三，主人獻祝；四，主人獻佐食；五，主婦亞獻；六，尸酢主婦；七，主婦獻祝、佐食；八，賓三獻，爵止。

席于户内。主人西面，此主婦致敬之意，與受酢異也。主婦洗爵，酌，致爵于主人。亦獻也。言獻，似非夫婦一體之意。曰致，則以主人之酒致之主人而已。亦席。不言入，可知。主人拜，受爵。主婦拜送爵。宗婦贊豆如初，不言籩，籩，竹豆也。初，謂亞獻。主婦受，設兩豆兩籩。敖氏云：其豆，菹在北；其籩，棗在菹北，栗在西。案記宗婦北堂北上，則不止一宗婦，故得贊兩豆籩也。俎入設。執事設之在豆西。主人左執爵，祭薦；宗人贊祭。授籩祭。奠爵；興，取肺，曰取，則不授也。坐，絶祭，嚌之；興，加于俎，坐，挩手，祭酒，啐酒。肝從。左執爵，取肝揳于鹽，坐，振祭，嚌之。

曰坐，則取時興也。宗人受，加于俎。燔亦如之。一酌而備再從與尸等，見惠之均也。興，席末坐，卒爵拜。主婦答拜，受爵，酌，醋，以下皆自酢，辟尸也。《祭統》夫婦酢必易爵。此文不具。左執爵拜。主人答拜。坐祭，立飲，卒爵拜。主人答拜。主婦出，反于房。主人降，洗，酌，致爵于主婦，入房致之，亦曰致者，因主婦也。席于房中南面。主婦拜受爵。主人西面答拜。主婦當北面。宗婦薦豆、俎，亦兩豆籩。從獻，肝燔。皆如主人。如致爵于主人。主人更爵，酌，酢，自酢。卒爵，降，實爵于篚，入復位。以上主人、主婦致爵。

三獻作止爵。賓也。曰三獻者，以事名之。作，起也。舊説曰：客入，北面，曰「皇尸請舉爵」。尸卒爵，賓不拜，略也。酢。尸酢賓。酌，賓也。獻祝及佐食。前爵止于此獻之。洗爵，酌，致于主人、主婦，主婦亦更爵。燔從，不言肝，則肝盡也。皆如初。更爵，酢于主人，爲主人自酢也。方獻主婦，故易爵。亦爲主婦酢，言主人以概之也。卒復位。以上賓作止爵及獻祝、佐食等。

主人降阼階，西面拜賓如初，洗。賓辭洗。卒洗，揖讓升，酌，西階上獻賓。賓北面拜，受爵。主人在右答拜。同面。薦脯醢，設折俎。賓左執爵，祭豆，奠爵；興取肺，坐絶祭，嚌之；興加于俎，坐挩手，祭酒，卒爵拜。主人答拜，受爵，酌，酢，奠爵拜。賓答拜。主人坐祭，卒爵拜。賓答拜，揖，執祭以降，祭，脯也。西面奠于其位。位如初。堂下東面北上。薦、俎從設。有司執之以從。衆賓升，拜，受爵，坐祭，立飲。立飲，降于賓，賤不備禮也。《鄉飲酒・記》立卒爵者，不拜既爵。薦、俎設于其位，辯。每獻一人，則設之，位在賓南。主人備答拜焉，答受爵之拜也。此當在「坐祭」上。降，實爵于篚。衆賓不酢也。言實爵，明曏備受爵也。○以上主人獻賓衆。

尊兩壺于阼階東，爲旅酬設之。此兄弟之尊。加勺，南枋；西方亦如之。此賓之尊。東西設尊，廣神惠也。主人洗觶，酌于西方之尊，西階前北面酬賓。賓在左。主人奠觶拜，賓答拜。主人坐祭，卒觶拜。賓答拜。主人洗觶，賓辭。主人對，卒洗，酌，西面。賓北面拜。主人奠觶于薦北。賓坐取觶，還，東面拜。由北面還也。賓拜亦奠觶，卒拜復執觶。文省爾。主人答拜。賓奠觶于薦南，揖，復位。以上主人酬賓，開旅酬之端。

主人洗爵，獻長兄弟于阼階上，如賓儀。酌東尊。儀，謂獻賓。洗，獻衆本脱「衆」字。兄弟如衆賓儀。以上獻兄弟。

洗，獻内兄弟于房中，内兄弟，姑、姊妹及内賓、宗婦也。房中尊，見下記。不殊其長，婦人略也。如獻衆兄弟之儀。主人西面答拜，言答拜，則内兄弟皆拜受爵也。《少牢》下篇：「主人洗，獻内賓于房中，南面拜受爵。」更爵酢，卒爵；降，實爵于篚；入復位。以上獻兄弟。右第七章，偏獻以爲旅酬之始，均神惠也。凡六節：一，主人、主婦致爵；二，賓作止爵及獻祝、佐食等；三，主人酬賓衆；四，主人酬賓；五，主人獻兄弟；六，主人獻内兄弟。

長兄弟洗觚爲加爵，大夫士三獻而禮成。增之，則曰加。變爵用觚，則酒亦有加矣。如初儀，如三獻。不及佐食。加爵禮略。不言祝，不及可知。洗致如初無從。致，謂主人、主婦。◯以上長兄弟爲加爵。

衆賓長爲加爵如初，爵止。爲旅酬止也。◯以上衆賓長爲加爵。

嗣舉奠，主人適子也。謂將舉奠，實未舉也。《詩箋》：天子、諸侯適子亦獻爵。此舉奠以存獻意而已。盥入，北面再拜稽首。尸執奠。親舉奠授之，下又親舉肝，優之也。進受，復位，拜位在主人北，少退。《文王世子》上嗣受爵。此雖士子，其爲嗣一也。祭酒，啐酒。尸舉肝。舉奠左執觶，再拜稽首，舉奠，嗣也，以事名之。進受肝膢復位，坐食肝，卒觶拜。尸備答拜焉。凡三答拜。舉奠洗，酌，入。尸拜，受。舉奠答拜。不言拜送，異于獻。尸祭酒，啐酒，奠之。舉奠出，復位。以上嗣舉奠。右第八章，獻尸之加禮，凡三節：一，長兄弟爲加爵；二，衆賓長爲加爵；三，❶嗣舉奠。

兄弟弟子洗，酌于東方之尊，兄弟弟子，兄弟子也。獻長兄弟，故酌東尊。阼階前北面舉觶于長兄弟，其父及伯叔也。如主人酬賓儀。此與上主人酬賓之爵對，亦以開旅酬之端也。◯以上弟子舉觶。

宗人告祭脀。脀，俎也。衆賓及兄弟、内賓，凡設俎而未祭者，皆告之使祭，以成禮。以將旅酬，恐

❶「三」，原作「四」，據經解本改。

無及也。乃羞。案：《少牢禮》：正祭及賓尸，兩有羞，不賓亦然。則此亦當與《少牢》「宰夫羞房中之羞于尸、侑、主人、主婦」者等。此注謂自祝至内賓無内羞，未然。○以上祭脀及羞。

賓坐取觶，主人所奠。阼階前北面酬長兄弟。長兄弟在右。尊賓。賓奠觶拜，長兄弟答拜。賓立卒觶，酌于其尊，長兄弟尊也，謂東尊。東面立。鄉所酬，將授之，因拜故辟而立，非立以待拜也。長兄弟拜，北面。受觶。賓北面答拜，揖復位。長兄弟西階前北面，舉賓酬觶，西酬衆賓，東西錯也。衆賓長自《石經》有「自」，本脱。左受旅如初。在長兄弟左，賓禮也。初，謂賓酬長兄弟。長兄弟卒觶，酌于其尊，西尊，賓尊也。西面立。受旅者拜，受。長兄弟北面答拜，揖復位。衆賓及衆兄弟交錯以辯。二黨互酬，以至于徧。皆如初儀。爲加爵者作止爵，衆賓長也。作請尸卒爵，自酢。如長兄弟之儀。案：長兄弟無作止爵事，此當是「衆賓長」之悞。長兄弟酬賓，賓觶既徧，乃取弟子所奠以酬賓，亦交錯以徧。如賓酬兄弟之儀，以辯。卒受者實觶于篚。以上旅酬。此當有内賓旅酬之節，記詳而經略爾，無算爵亦然。

賓弟子及兄弟弟子洗，各酌于其尊，賓西尊，兄弟東尊。中庭北面西上，中庭者，各于其階南北之中也。衆子衆，上其少長者。舉觶于其長，奠觶拜。長皆答拜。舉觶者祭，卒觶拜。長皆答拜。以上十一字，監本無，今依《石經》補入。舉觶者洗，各酌于其尊，復初位。初位，中庭位也。洗酌皆違其位，酌畢乃復。長皆拜。舉觶者皆奠觶于薦右。今文曰「奠于薦右」。長皆執以興，舉觶者皆復位答拜。上復位後，又進奠觶，此又復位也。答拜者，以長皆拜也。長皆奠觶于其所，奠之，將衆相酬也。皆揖其弟子，弟子皆復其位。違位答拜，故又言復。爵皆無算。承上旅酬言，但旅酬惟兩觶，交錯以徧而已。此則徧後又舉，以醉爲度，是無算也。以下當有賓及長兄弟以次各舉其弟子所舉觶，交錯以徧，文省爾。○以上無算爵。右第九章，廣神惠之事，其主人酬賓節别入第七章。此凡四節：一，弟子舉觶；二，祭脀及羞；三，旅酬；四，無算爵。

利洗散，佐食也。曰利者，利養也。佐食主養，至此乃名之者，利養成也。利亦獻者，酒以安食氣，養必佐以酒也。又室中執事惟祝及利，奠以祝始，故獻以利終也。獻于尸，此亦加爾。曰獻者，利卑，不敢與爲加爵者等也。酢。及祝，獻祝。如初儀。降實散于篚。以上利獻尸。

主人出，立于户外西南。事尸禮畢也。南，當依敖本作「面」。祝東面告利成。户外之西，告利養成也。爲尸出之節。尸謖，起也。祝前，主人降。祝反，及主人入復位。復室中位者，當徹俎。命佐食徹尸俎，肵俎。俎出于廟門。佐食以俎出廟門，有司受而歸之尸。○以上尸出。

徹庶羞，設于西序下。尊神之餘，故設之，未即去，或將與族人燕。筵對席，設對席，則尸席不改設也。佐食分簋鉶。分簋及鉶，則其餘皆共之。宗人遣舉奠，及長兄弟盥，舉奠，嗣子也。盥，以將餕致潔也。立于西階下，東面北上。待事也。在西階下者，父在阼也。嗣繼體爲重，故長兄弟亦從之。祝命嘗食籑古文作「餕」，于峻反，下並同。者。食祭之餘曰籑，命嘗食籑者，謂命籑者嘗食也。祭餘不敢言食，嘗之而已。《文王世子》上食登餕，其禮一也。舉奠許諾，長兄弟亦如之。升入，東面。尸席，此上餕也。長兄弟對之，西面，此下餕也。皆坐。佐食授舉，脊肺折也。不設俎，授之而已。各一膚。尸俎三膚，此用其二，其一膚則將改設也。膚未分，此從俎分之。主人四面再拜，舊說主人拜于下餕席南。祝曰：「餕有以如字。也。」以，如「何其久也？必有以也」之以，言先祖有德以享此祭，餕者亦當思其所以也。蓋祝釋辭以戒之。兩餕奠舉于俎，許諾，不言膚，則膚未授也。皆答拜。若是者三。丁寧之切。皆取舉，祭食，祭舉，乃食；左取脊肺，右祭黍稷，又左祭舉，乃食黍稷。祭鉶，食舉。及祭鉶，遂食舉。正祭，尸祭鉶嘗之乃食黍稷，此食乃祭鉶，注所謂「禮殺」也。卒食，主人降，洗爵，將酳餕。宰贊一爵。二餕，故主人自洗一爵，宰洗一爵贊之。主人升酌，酳上餕。上餕拜，受爵。主人答拜。酳下餕亦如之。舊說主人北面授下餕爵。主人拜，亦在下餕席南。祝曰：「酳有與也。」如初儀。與，如諸侯以禮相與之與，戒嗣子當與長兄弟等相與以奉先祖之舊澤也。如初，許諾也。兩餕執爵拜，祭酒，卒爵拜。主人答拜。兩餕皆降，實爵于篚。上餕洗爵，升，酌，酢主人。主人拜受爵。上餕即位坐答拜。主人坐祭，卒爵拜。上餕答拜，受爵，降，實于篚。主人出立于户外，諸本皆作「内」，與「出」字不合，今依舊本改「外」。西面。以上餕。○案：主人父也，舉奠子也。此父子相拜者三，而父之先拜者二，古無是禮。敖氏繼公以事餕如事尸解之，其說不倫，不足深辨。今崑山徐氏疑爲解舉奠者之悞。竊謂舉奠之爲嗣子，《文王世子》上嗣登餕說，確有明証，不可謂解者之悞。或曰：其悮在未審皆答拜「答」字爲衍文。因以其拜爲答主人，遂以主人之拜爲拜兩餕爾。據《少牢》主人三拜餕者，此無文，則父不拜子可知。又戒辭曰「餕有以」、「酳有與」，其說直而嚴，其戒如彼，其拜如此，其節不稱，且即拜而戒之，何妨親爲之說？而必委其事于祝，委其事于祝，則神事而非人事矣。神事當拜神，乃不拜神而拜其子，有是理乎？據鄭氏謂主在奥，尸在其北。奥，室之西南隅，神之所在也。又據注所載舊說，謂主人拜于下餕之南，上餕在尸位，與下餕對，則在下餕之南者，亦在上餕之南，雖曰西面，實鄉奥而不鄉上餕，則其拜，非拜神而何？戒之而必拜神者，示稟命于神也。稟命于神而戒之，聞者有不許諾而拜者乎？則兩餕之拜，亦所以拜神之戒，何答之可言？且即據下「酳有與也」之下，言兩餕拜而不言答，則此「答」字之爲衍文明矣。又或曰：父子無獻酢之禮，此經乃有酳酢者，亦解者悮爾。《士冠禮》父禮子則賓攝之，《燕禮》君飲臣則膳宰攝之，此經宰贊一爵，即彼二經攝主之例也。據《少牢》，贊者洗三爵，主人受于户内。此宰贊一爵，不言主人受，則宰自代主人酳上餕可知。宰代主人酳上餕，則亦代主人受酢更可知矣。宰代主人而直謂之主人者，《燕禮》、《大射》膳宰稱主人之例也。其答卒爵拜亦言主人，則主人自答下餕而宰之答上餕從可知矣。但主人之文雜出，故解者易悮爾。其說如此。愚案：經文本可疑，二說略近，姑並存之以備參。

祝命徹阼俎、豆、籩設于東序下。主人俎也。命，命佐食。下，謂東序端。祝執其俎以出，東面于户西。自徹其俎。宗婦徹祝豆籩入于房，豆籩不歸，入于房，將以之燕。徹主婦薦俎。宗婦相主婦，故徹其俎。○以上徹俎。

佐食徹尸薦俎敦，設于西北隅，此屋漏也。几在南，厞用筵，納一尊。室無尊故也，言尊則爵在矣。佐食闔牖户，降。祝告利成，又告，爲降之節也。降出。主人降即位。階下。宗人告事畢。賓出，主人送于門外，再拜。佐食徹阼俎。自東序端徹之。堂下俎畢出。賓及兄弟諸俎，各設于其位者。○以上改饌而禮畢。右第十章，祭禮之終，凡五節：一，利獻尸；二，尸出；三，餕；四，徹俎；五，改饌。

【記】特牲饋食：其服皆朝服，玄冠、緇帶、緇韠。見《士冠禮》，下同。尸、祝、佐食玄端，玄裳、黄裳、雜裳可也，皆爵韠。注謂「與主人同服」，蓋因記不言主人，經第于筮日言主人冠端玄也。存參。設洗，南北以堂深，東西當東榮。水在洗東。篚在洗西，南順，實二爵、爲主婦易爵，又三獻爵止，主婦又致爵于主人也。二觚、長兄弟洗觚爲加爵，因致主人及主婦，須易觚也。四觶、奠觶，一；主人酬賓奠于薦南未舉，二；兄弟弟子舉觶于其長，三；其四則疏謂衆賓長爲加爵、爵止者也。一角、主人酳尸。一散。利所獻。壺棜禁，饌于東序，南順，上經已見，此爲棜及南順言。大夫用棜，士用禁，此合棜禁言之，則禁亦名棜也。覆兩壺焉，蓋在南；未實，故去蓋覆之，以盝水也。明日卒奠，冪用綌；設壺在祭前夕，故以祭日爲明日。卒奠，謂實之並奠于其所也，乃用冪。即位而徹之，尸即位也。加勺。籩巾以綌也，纁裏，棗烝、栗擇。鉶芼用苦若薇，皆有滑，夏葵冬荁。苦，苦菜。滑，調和之名。荁，堇屬，乾之，冬滑于葵，此無羊亦用苦，則芼可隨用也。棘心匕刻。棘心，木名。刻，鏤之。注謂刻龍頭也。牲爨在廟門外東南，經已見之，此增「南」字，爲魚、腊爨之準也。魚、腊爨在其南，皆西面；饎爨在西壁。經所謂「西堂下」也。肵俎，心舌皆去本，末午割之，午，謂中央從横割之，勿絶中央少許。實于牲鼎，載心立，舌縮俎。《少牢》心安下，謂平割其下，故可立載也。又《少牢》舌言横，此言縮者，于俎爲横，于人爲縮，彼經所謂「進下」也。賓與長兄弟之薦自東房，其餘在東堂。經不言賓及長兄弟之薦所自來，又堂東無籩豆，故明之。沃尸盥者一人。此與下爲目，謂每事一人也。少牢皆宗人爲之。奉槃者東面，執匜者西面淳沃，執巾者在匜北。淳沃，謂稍注之。匜北，執匜者之北也。宗人東面取巾，振之三，南面授尸；卒，執巾者受。據此則授巾與執巾爲二人，合上三人共五人，多于少牢禮二人，疑悞。或云：以《少牢禮》準之，則當以執匜者西面淳沃爲句，蓋一人也。宗人即執巾者，《儀禮》例多變稱，其實一人爾。其説是也。尸入，主人及賓皆辟位，主人不迎，故辟，賓從之。言賓，則他可知矣。出亦如之。嗣舉奠，佐食設豆鹽。爲將食肝。佐食當事，則户外南面，如太羮庶羞之屬，皆户外南面受之，入設于席前也。○注以當事爲有事而未至，未然。無事則中庭北面。凡祝呼，命也。佐食許諾。宗人獻與旅齒于衆賓。宗人私臣，而與衆賓齒，掌宗廟尊也。佐食于旅齒于兄弟。佐食亦私臣，重其利養也。尊兩壺于房中西牖當作「墉」。下，南上。爲婦人設内尊也。内賓立于其北，東面南上。宗婦北堂，東面北上。主婦及内賓宗婦亦旅西面。旅，旅酬也。其儀與男子同，無算爵亦然。西面，異于獻，獻南面。宗婦贊薦者執以坐于户外，授主婦。凡贊皆然，薦其一也。尸卒食而祭饎爨雍爨。注以尸享祭，竈有功也。宗婦祭饎爨，亨人祭雍爨，用黍肉而已，無籩豆俎。《禮器》燔燎于爨。

夫爨者老婦之祭，盛于盆，尊于瓶。賓從尸，上言辟矣，此又曰從者，辟因主人辟後又從之，以存送尸之意而已。俎出廟門，乃反位。俎出，則尸去遠矣，故反也。尸俎：右肩，以下皆右。臂，臑，肫，當作「膞」。胳，正脊二骨，正祭用一養又折其一。横脊，無脡脊。長脅二骨，短脅，無代脅，此九體重用其二，爲十一，曰二骨，則皆折也，下同。膚三，養一，改饌一。離肺一，舉肺也。刌今文作「切」。肺三，祭肺也，尸、主人、主婦各一。魚十有五。水物取數于月，《少牢禮》亦然，則尊卑等也。腊如牲骨。祝俎：脾、同髀。脡脊二骨，脅二骨，疏代脅，此三體，重用其二爲五。膚一，離肺一。阼俎：臂，正脊二骨，横脊，長脅二骨，短脅，五體，重用其二爲七。殺于尸，與降殺以兩者别，主婦同。膚一，離肺一。主婦俎：觳折，此當阼俎之臂也。《士喪禮》以觳爲足跗，跗足趾，在獸則後蹄也。佐食俎有觳折，此其分與。其餘如阼俎。脊、脅、膚、肺。佐食俎：觳折脊，脅，注：「三體卑者從正。」疏：擇牢正體，餘骨折分用之。膚一，離肺一。賓骼，注：「左骼也。」賓不用尊體，故用其全。長兄弟及宗人折，不言所折，略也。其餘如佐食俎。脊、脅。衆賓及衆兄弟、内賓、宗婦若有公有司，賓執事者。私臣，家臣，或隸子弟。皆殽脀，同升。○骨有肉曰殽，所折骨直破折餘體可殽者，升之俎，又略也。膚一，離肺一。公有司門西，北面東上，獻次衆賓。私臣門東，北面西上，此皆以近門爲上也。○案：公有司，賓也。據經賓及衆賓即位于門西，東面北上，堂下之位亦如之，此記不知何指也。獻次兄弟。升受，降飲。據經，獻皆由賓以及兄弟，與此獻次同。

儀禮卷第十六

仁和吴廷華章句

少牢饋食禮第十六

牢閑，所以養牲。牲易軼，閑之，故曰牢。少牢，羊、豕也。謂之少者，殺于太牢也。《曲禮》：「士以羊豕。」則天子之士時祭于祖禰之禮，諸侯之卿大夫亦如之。鄭《目録》則第以爲諸侯之卿大夫也。下有賓尸不賓之别，其不賓尸者，或限于分，或以事阻，俱未可知。鄭則以賓尸爲上大夫、不賓尸爲下大夫也，並存之。此于五禮屬吉禮，當第一，第十六説非，詳《士冠禮》。

少牢饋食之禮：日用丁己，音紀。○内事以柔日，乙、丁、己、辛、癸皆是。言丁己，如下丁亥之類，隨舉言之。不言乙者，或以乙爲柔日之首，臣子分卑，不敢用與？○注以此爲諏日，又謂丁寧自改變，取其令名。據易甲庚先後，固皆有令名也。筮旬有一日。筮于廟門之外。主人朝服，西面于門東。史朝服，《周官》太史、小史不掌筮，此筮人曰史，則筮人又名史，公有司也。《太史職》云：「大祭祀，與執事卜日。」敖氏云：《周官》筮人有史二人，即此。竊謂彼府史掌文書而已，未必能筮。左執筮，右抽上韇，兼與筮執之，東面受命于主人。主人曰：「孝孫某，來日丁亥，不贊命，文略也。丁未必亥，隨舉一日言之，擇日之末，以示謙抑與。用薦歲事于皇祖伯某，伯某，其字，言伯以概仲、叔也。不曰某子，其與告請有別與。以某妃配某氏。妃，妻也。某妃如元妃之類，合食曰配，又言某氏者，妃姓，如姜氏子氏之類，若白以某妃某氏配也。尚饗！」史曰：「諾！」西面于門西，抽下韇，抽筮出韇。左執筮，右兼執韇以擊筮，以韇擊筮，若聞之者然。遂述命，下兼命筮及述命，此第言述命，重主人命也。曰：「假爾大《曲禮》作「泰」。筮有常。不言爲日，略也。假，借也。泰，尊之之辭。常，言吉凶有常，可馮信也。此命筮也。孝孫某，來日丁亥，用薦本作「爲」。歲事于皇祖伯某，用，謂用此日祭也。以某妃配某氏。尚饗！」此述命。乃釋韇，立筮。卦者在左坐，卦以木。卒筮，乃書卦于木，示主人，乃退占。吉則史韇筮，藏餘筮于韇也。史兼執筮與卦以告于主人：「占曰從。」所謂筮從也，蓋求吉得吉之義。乃官戒，筮日即戒，爲有十日齊，且備具也。官戒，戒諸官，謂某官戒某人以某事，如下所云也。宗人命滌，謂溉濯祭器，掃除宗廟，凡應致潔者皆命之。宰命爲酒，不言牲，文省。乃退。若不吉則及遠日，又筮日如初。遠日，旬外一日也。此與《士冠禮》本日又筮者别。宿。前祭一日筮尸及宿後又宿諸官也。○以上筮日及戒宿。

前宿一日宿戒尸。前祭二日也，未筮先宿，則凡孫行可爲尸者，皆宿之也。明日朝筮尸，宿尸之明日也。如筮日之儀，儀，《石經》作「禮」。命曰：「孝孫某，來日丁亥，用薦歲事于皇祖伯某，以某妃配某氏，以某之某爲尸。尚饗！」筮、卦、占如初。嫌筮儀或別，故重言之。吉則乃遂宿尸。祝擯，此下當與《特牲禮》同，其略者，相參乃備。主人再拜稽首。祝告曰：「孝孫某，來日丁亥，用薦歲事于皇祖伯某，以某妃配某氏，《特牲》：「卒曰筮子爲某尸，占曰吉。」敢宿！」尸拜許諾。拜而許之，禮隆于特牲。主人又再拜稽首。主人退，尸送，揖不拜。尸揖送，亦隆于特牲也。若不吉則遂改筮尸。曰遂則即日筮也。○以上筮尸及宿。

既宿尸，反爲期于廟門之外。主人門東南面。亦朝服。宗人朝服北面，曰：「請祭期。」主人曰：「比毗志反。於子。」比，次也。子，宗人。謂比次早晏，在宗人也。宗人曰：「旦明行事。」比次而請于主人也。主人曰：「諾！」乃退。亦當有告節。○以上爲期。右第一章，祭前之禮，凡三節：一，筮日及戒宿；二，筮尸及宿；三，爲期。

明日，祭日。主人朝服，即位于廟門之外，東方南面。將視殺及濯。宰、宗人西面北上。牲北首東上。豕、魚、腊皆在，上羊。司馬刲羊，刲，殺也。司士擊豕。擊，亦殺也。○《周官》司馬奉馬牲、司士奉犬牲，據此則司馬兼奉羊、司寇兼奉豕。《天官》注謂「司空奉豕」，其不然與。宗人告備，乃退。雍人概鼎、匕、俎于雍爨。概，同溉。雍爨在門東南，北上。上羊爨。廩人概甑、甗、匕與敦于廩爨，《周官》廩人掌九穀，司徒之屬也。其職曰：大祭祀共接盛，則饎其職也。甑、甗皆陶器，用以温物，並受一石二斗八升。甑有底，匕穿。鄭氏衆曰：「甗無底。」林氏《考工圖》謂底虛如隔子，然則似無底也。下篇燅尸俎，其以此與？　廩爨在雍爨之北。兩爨第言溉，據下言羹定，則溉畢即炊矣。司宫溉豆、籩、勺、爵、觚、觶、几、洗、篚于東堂下，合溉，乃分設之。勺、爵、觚、觶實于篚；卒摡，饌豆、籩與篚于房中，放于西方；放，至也。放于西，則東上豆也。設洗于阼階東南，當東榮。不言以堂深，可知。○以上視殺及濯。　羹定，雍人陳鼎五，三鼎在羊鑊之西，三鼎，羊及魚、腊也。魚、腊各有爨，此在羊鑊之西，則魚、腊之鑊近于羊矣。注曰：魚、腊從羊，膚從豕。二鼎在豕鑊之西。豕及膚也。司馬升羊右胖，升于鼎。髀不升，近竅賤也。肩，臂，臑，膊，骼，正脊一，脡脊一，橫脊一，短脅一，正脅一，代脅一，凡十一體，合六體二骨爲十七。皆二骨以並；今文皆爲「併」。○脊脅骨多，六體各取二骨併之，以多爲貴也。腸三，胃三，舉肺一，尸所食。祭肺三，尸一，主人主婦受酢各一。實于一鼎。司士升豕右胖，髀不升，肩，臂，臑，膊，骼，正脊一，脡脊一，橫脊一，短脅一，正脅一，代脅一，皆二骨以並，舉肺一，祭肺三，豕無腸胃，君子不食溷腴。實于一鼎。雍人倫膚九，倫，擇也。實于一鼎。司士又升魚、腊，魚十有五而鼎，據此，則司士又掌魚、腊也。腊一純而鼎，純，全也。據下五飯舉腊肩，則亦體解，但左右胖全脀爾。腊用麋。鹿子。卒脀，同升。皆設扃鼏，乃舉。陳鼎于廟門之外東方，北面北上。司宫尊兩甒于房户之間，同棜，棜，亦禁也。兩甒同棜，略也。注云：若不爲神，戒以無足也。皆有冪，甒有玄酒。司宫設罍水于洗東，有枓；音主。○枓以𣂷水，蓋勺類，取象于斗，與挹酒者等。設篚于洗西，南肆。改饌豆籩于房中南面，如饋之設，實豆籩之實。小祝設槃、匜與簞、巾于西階東。爲尸盥。○以上陳器。右第二章，祭日羹定前後陳設之禮，凡二節：一，視殺及濯；二，實鼎及陳器。

主人朝服，即位于阼階東，西面。司宮筵于奥，奥之北。祝設几于筵上，右之。主人出迎鼎，迎則不親舉也。除鼏。示親之。士盥，外洗。舉鼎。主人先入。司宮取二勺于篚，洗之，兼執以升；乃啓二尊之蓋冪，奠于棜上；加二勺于二尊覆之，南枋。鼎序入，下篇司馬舉羊鼎，餘則司士舉之。雍正執一匕以從，雍府執四匕以從，雍府未詳，其府史之府與？又執四勺，❶五鼎當五勺也。司士合執二俎以從。司士贊者二人皆合執二俎，以相從入。五鼎五俎，又一肵俎，爲六俎。陳鼎于東方，當序南，于洗西，皆西面北上，膚爲下。加也。匕皆加于鼎，東枋。俎皆設于鼎西，西肆。肵俎在羊俎之北，亦西肆。一俎而曰西肆，則俎有上下識記而上東。宗人遣賓就主人，就于阼階，主人不匕，曰就者，明親臨之。皆盥于洗，內洗。長丁丈反。枇。古文作「匕」。○賓長先，次賓繼之，主人不匕。佐食上利升牢，利，即佐食也。長爲上，次爲下，佐食上利猶言上佐食也。牢，羊、豕。心舌載于肵俎。心皆安下，切上，午割勿沒；安，平也。切本，使平也；切上，切末也。

---

❶「勺」，四庫本作「匕」，下句「五勺」同，是。

没，絶也。餘詳《特牲記》。其載于肵俎，末在上。此《特牲·記》所謂立本，平故可立也。舌皆切本，末亦午割勿没，此不言安，則不必平也。其載於肵，横之。舌不立也。皆如初，皆，皆羊、豕。爲之于爨也。前升鼎不言心舌，嫌不在爨，故特明之。此蒙上皆字，謂皆亨于爨也。佐食遷肵俎于阼階西西縮，乃反。佐食二人。上利升羊，載右胖，髀不升，肩，臂，臑，膊，骼；正脊一，脡脊一，横脊一，短脅一，正脅一，代脅一，皆二骨以並；腸三，胃三，長皆及俎拒；同距。○長及距，則下垂也。舉肺一，長終肺，祭肺三，皆切。不長。肩、臂、臑、膊、骼在兩端，此及下言在俎之次，以牲體之前後爲上下也。脊、脅、肺、肩在上。上端俎之左端也。此承上文據在上者言之，肩膊與脊脅陳俱在上，此第言肩膊賤，故略之也。不言腸胃，敖氏云：在肺下也。下利升豕，其載如羊，無腸胃。體其疑衍。載于俎，皆進下。體者，合言二俎之骨體，蓋横載也。進下，謂以每體之下鄉神，其載則鄉俎之右也。主人進腠，腠是本；此進下，下則末也。司士三人升魚、腊、膚。魚用鮒十有五而俎，縮載，右首，進腹。腹腴也。生人進鰭，牲横載由東而西。此縮載，則由南而北。執俎左端進之，則首在右也。曰進腴，則載時魚寢左，腴在西也。腊一純而俎，亦進下，肩在上。此言肩在上，則牲亦如之，據此則縮執俎也。膚九而俎，亦横載革順。亦，亦骨體也。言革，則膚不去皮也。順，謂以膚革相次，作行列，而載不錯雜也。○右第三章，鼎入升俎。

卒脀，不言徹鼎，文省。祝盥于洗，升自西階。主人盥，升自阼階。祝先入，南面。主人從，户内西面。主婦被錫，依注作「髲鬄」。衣侈袂，髲鬄，《周禮》所謂「次」也。編髮爲之，首服之尊者，此亦綃衣侈袂者，袂本尺二寸，三分益一，得尺八寸。薦自東房，韭菹、醓醢，《周官》朝事八豆之二，饋食用之，禮盛。坐奠于筵前。疏：「韭菹在南，醓醢在北。」主婦贊者一人，亦被錫，衣侈袂，贊者，亦宗婦與。執葵菹、蠃今文作「蝸」。醢以授主婦。饋食之豆也。主婦不興，不興，則贊者入户授也。遂受，陪設于東，韭菹在南，葵菹在北。此皆在上兩豆之東，二菹乃分南北，則葵菹在醓醢東，蠃醢在韭菹東，如四隅，二菹二醢，各邪鄉爲南北，注所謂綪也。主婦興，入于房。佐食上利執羊俎，下利執豕俎，司士三人執魚、腊、膚俎，序升自西階，相從入。設俎，羊在豆東，當蠃醢。豕亞其北，魚在羊東，腊在豕東，特膚當俎北端。腊俎北。主婦自東房執一金敦黍，有蓋，金敦，敦飾以金者。坐設于羊俎之南。婦贊者執敦稷以授主婦。不言執敦黍，文省。主婦興受，坐設于魚俎南；又興受贊者敦黍，坐設于稷南；又興，受贊者敦稷，坐設于黍南。四敦亦綪也。敦皆南首。敦以龜飾，故有首。主婦興，入于房。祝酌奠，酌而奠之。遂命佐食啓會。佐食啓會，蓋二以重，設于敦南。各敦之南。主人西面，祝在左，主人再拜稽首。祝祝曰：「孝孫某，敢用柔毛、剛鬣、嘉薦、普淖，用薦歲事于皇祖伯某，以某妃配某氏。尚饗！」此所謂饗也。餘詳《士虞禮》。主人又再拜稽首。右第四章。室中陳設及饗。

祝出，迎尸于廟門之外。主人降，立于阼階東，西面。祝先入門右。至西階下，待延尸。

尸入門左，宗上當有「一」字。人奉芳勇反。槃，東面于庭南。近門。一宗人奉匜水，西面于槃東。與奉槃者相鄉。一宗人奉簞巾，南面于槃北。在上兩宗人之中，尸北面盥，故鄉之。乃沃尸盥于槃上，卒盥，坐奠簞，奉簞巾者。取巾，興，振之三，以授尸；坐取簞，興，以上七字，依《石經》補入。以受尸巾。祝延尸。尸升自西階，入，祝從。主人升自阼階，祝升即升也。祝先入，主人從。尸升筵，祝、主人西面立于户内，鄉尸。祝在左。祝、主人皆拜妥尸，西面。尸不言。象神。尸答拜，遂坐。祝反南面。將詔尸及佐食，故西進，近席北，南鄉也。○注謂未有事，果爾，則當于户外南面如《特牲禮》矣。尸取韭菹辯擩同擩。于三豆，擩必于醢，四豆惟醓醢、蠃醢，則三豆者，二豆之悞。祭于豆間。此擩祭也，亦命之，説詳《士虞禮》。○注謂此「各肅其職，不命」。竊以詔禮所以致慎，不必問其肅否也。上佐食取黍稷于四敦。《特牲禮》「祝命」爾，此言取，亦其命也。不言命墮祭，文省。下佐食取牢一切肺于俎，牢，尸牢。切肺，即刌肺也。羊、豕各一，言一則羊刌肺矣。以授上佐食。上佐食兼與黍以授尸。尸受同本作「同受」，依《石經》改正。祭于豆祭。豆祭，所祭豆實之處，即豆間也。上佐食舉尸牢肺、正脊以授尸。《特牲》所謂「舉肺脊」。上佐食爾上敦黍于筵上右之。上敦，金敦。獨爾之，尊也。右之，便于取。主人羞肵俎，升自阼階，置于膚北。亦特。上佐食羞兩鉶，爲下之目。取一羊鉶于房中，坐設于韭菹之南。近席，與初兩豆一列。下佐食又取一豕鉶于房中以從。上佐食受，坐設于羊鉶之南。一列。皆芼，皆有柶。尸扱以柶祭羊鉶，亦祭于豆祭。遂以祭豕鉶，嘗羊鉶。豕不言嘗，次牲略之。食舉。舉，肺脊也。將飯，先食以道之。三飯。上佐食舉尸牢幹。尸受，振祭，嚌之。佐食受，加于肵。上佐食羞胾兩瓦豆，有醢，亦用瓦豆，兩醢。設于薦豆之北。注：「亦綪，羊胾在南，豕胾在北。」以四薦豆準之，亦作四隅。胾與胾，醢與醢，邪相鄉，羊胾則在醢醢之北也。尸又食，四飯。食胾。上佐食舉尸一魚。尸俎之魚也，下腊同。尸受，振祭，嚌之。佐食受，加于肵，横之。又食。五飯。上佐食舉尸腊肩。尸受，振祭，嚌之。上佐食受，加于肵。又食。六飯。上佐食舉尸牢骼，如初。如舉幹。又食。七飯。尸告飽。祝西面于主人之南獨侑，不拜。侑曰：「皇尸未實，實，飽也。侑！」又言侑，固勸之。尸又食。八飯。上佐食舉尸牢肩。尸受，振祭，嚌之。佐食受，加于肵。尸不飯，告飽。祝西面于主人之南。主人不言，拜侑。祝言而不拜，主人拜而不言，親疎之别也。尸又三飯。十一飯。上佐食受尸牢肺正脊，至是始受，則十一飯並執之矣。加于肵。右第五章，迎尸正祭十一飯之祭。

主人降，洗爵；升，北面酌酒，乃酳尸。尸拜受，主人拜送。尸祭酒，啐酒。賓長羞牢肝，用俎，縮執俎，執右廉。肝亦縮；進末，本在後。鹽在右。肝右也，亦在俎。尸左執爵，右兼取肝，挭于俎鹽；振祭，嚌之，加于菹豆，非菹豆也，葵菹則遠矣。卒爵。主人拜。亦相拜加特牲。祝受尸爵。尸答拜。以上主人酳尸，一獻。

祝酌，授本作「受」。尸，尸醋主人。主人拜受爵，尸答拜。主人西面奠爵，又拜。受酢俠拜，禮盛。上佐食取四敦黍稷；下佐食取牢一切肺，以墮祭也，取之尸俎。以授上佐食。上佐食以綏同墮。祭。亦擩于醢，以授主人。主人左執爵，右受佐食，受墮祭。坐祭之；又祭酒不興，遂啐酒。祝與二佐食皆出，盥于洗，將贊祝嘏而洗，新之。入。二佐食各取黍于一敦。上佐食兼受，兼受下佐食者。摶之以授尸；尸執以命祝。卒命祝，祝受以東，北面于户西，近鄉主人。以嘏于主人，曰：「皇尸命工祝，承致多福無疆于女音汝，下並同。孝孫。承傳也。來注讀作「釐」。女孝孫，釐，賜也。使女受禄于天，宜稼于田，年豐則禮洽也。眉壽萬年，勿替引之。」替，廢。引，長也。主人坐奠爵；興，再拜稽首，興，受黍；坐振祭，嚌之；詩懷之，實于左袂，挂于季指，執爵以興；坐而興矣。復坐者，進坐受黍，乃反坐也。坐卒爵，執爵以興；坐，奠爵拜。尸答拜。執爵以興，出。宰夫以籩受嗇黍。主人嘗之，納諸内。納于房。○以上尸酢主人及嘏。

主人獻祝，設席南面。祝拜于席上坐受。南面。主人西面答拜。薦兩豆菹醢。注：「葵菹蠃醢。」疏：饋食禮，當用饋食之豆也。佐食設俎牢髀，不言尻，則殊也。橫脊一，短脅一，三者皆下體，禮殺也。腸一，胃一，膚三，魚一，橫之，腊兩髀屬于尻。苦刀反。○兩髀左右皆升，此羊豕魚腊共俎也。尻，脊骨盡處，兩股間，所謂髖也。于竅尤近，連屬于尻，不殊之，尤賤也。祝取菹抉于醢，祭于豆間。祝祭俎，祭酒，啐酒。肝牢從。杭氏云：「『肝牢』當作『牢肝』」。祝取肝抉于鹽，振祭，嚌之；不興，加于俎；卒爵興。主人酌，獻上佐食。上佐食户内牖東北面拜，坐受爵。與祝相鄉。主人西面答拜。佐食祭酒，卒爵拜，坐授爵，興。俎設于兩階之間，俎不入室，又無席，略之。其俎折一膚。又略。主人又獻下佐食亦如之，其胥亦設于階間西上，胥，亦俎也。上，上佐食。亦折一膚。以上主人獻祝及佐食。

有司贊者取爵于篚以升，授主婦贊者于房中。婦贊者受，以授主婦。主婦洗于房中，出酌，入户，西面拜獻尸。尸拜受。主婦主人之北，西面拜送爵。尸祭酒，卒爵。主婦拜。祝受尸爵。尸答拜。以上主婦亞獻尸。

易爵，洗酌授尸。祝也。主婦拜受爵，尸答拜。上佐食挼同墮。祭。亦挼之也。主婦西面于主人之北受祭，祭之；其挼祭如主人之禮，不嘏；卒爵拜。尸答拜。以上尸酢主婦。

主婦以爵出。入房。贊者受，易爵于篚，以授主婦于房中。主婦洗酌，獻祝。祝拜，坐受爵。主婦答拜于主人之北。卒爵不興，坐授主婦。主婦受，酌，獻上佐食于户内。佐食北面拜，坐受爵。主婦西面答拜。祭酒，卒爵，坐授主婦。主婦獻下佐食亦如之。主婦受爵，以入于房。以上主婦獻祝及佐食。

賓長洗爵，獻于尸。三獻。尸拜受爵，賓户本作「尸」。西北面拜送爵。尸祭酒，卒爵。賓拜。不止爵，將賓尸也。不賓則止。祝受尸爵，尸答拜。以上賓長三獻尸。

祝酌，授尸。賓拜受爵。尸拜送爵。賓坐奠爵，遂拜，執爵以興；坐祭遂飲，卒爵，執爵以興；坐奠爵拜。尸答拜。以上尸酢賓長。

賓酌，獻祝。祝拜，坐受爵。賓北面答拜。祝祭酒，啐酒，奠爵于其筵前。不卒爵者，祭事將畢，示醉也。〇以上賓長獻祝。

主人出，立于阼階上西面。祝出，立于西階上東面。祝告曰「利成」。相鄉告也。祝入。尸謖。主人降，立于阼階東西面。階下。祝先，尸從，遂出于廟門。賓則尸入于次。〇以上尸出。右第六章，凡十節：一，主人酳尸；二，尸酢主人；三，主人獻祝及佐食；四，主婦亞獻尸；五，尸酢主婦；六，主婦獻祝及佐食；七，賓長三獻尸；八，尸酢賓長；九，賓長獻祝；十，尸出。

祝反，復位于室中。主人亦入于室，復位。祝命佐食徹肵俎，降，設于堂下阼階南。不歸尸俎，祝、佐食亦不徹俎，又無西北隅之饌，以將賓尸也。司宮設對席，四人二席。乃四人餕。餕，同餕。上佐食盥，升，下佐食對之，上佐食東面，下佐食西面。賓長二人備。備四人餕，隆于特牲也，亦東西對。司士進一敦黍于上佐食，又進一敦黍于下佐食，進敦黍，厚執事也。賓食俎上者而已。皆右之于席上。東面者在南，西面者在北。資黍于羊俎兩端，資，減也。減置于羊俎兩端，則一賓長在上佐食之南，一賓長在下佐食之北南也。兩下是餕。兩賓長爲下餕也。司士乃辯舉，餕皆祭黍、祭舉。司士徧舉，遂徧祭之。主人西面三拜餕者。餕者奠舉于俎，皆答拜，皆反，曰反，則違其位拜也。取舉。司士舉一鉶于上餕，又進一鉶于次餕，又進二豆湆于兩下。瓦豆也。乃皆食食舉。卒食，主人洗一爵升，酌以授上養。曰授，禮殺也。贊者洗三爵，酌。主人受于户內，以授次養，下養在焉。若是以辯。皆不拜受爵。主人西面三拜養者。養者奠爵皆答拜，皆祭酒，卒爵、奠爵皆拜。主人答一拜。養者三人興，出，上養止。將嘏。主人受上養爵，酌以醋于户內，西面坐奠爵拜；上養答拜。坐祭酒，啐酒。上養親嘏，曰：「主人受祭之福，胡壽保建家室。」上養又嘏，盛于特牲不授黍，則視尸爲殺矣。主人興，坐奠爵拜，執爵以興；坐卒爵拜。上養答拜。上養興，出。主人送，乃退。右第七章，餕而禮終。

儀禮卷第十七

仁和吴廷華章句

有司徹第十七

有司，助祭諸執事也。徹，謂祭畢徹俎豆之實，以賓尸于堂也。上篇卒食三獻而養，改饌西北隅，此徹之節也。徹而賓尸，蓋以紓其象神之勞。又據《特牲禮》，卒食三獻後，尚有獻賓衆及旅酬無算爵諸節。上篇曾未之及，俱于此篇賓尸、不賓尸詳之，故劉向以此爲《少牢》之下篇。其别爲一篇而加以「有司徹」之名，當起于兩戴，鄭氏因之，然向説是也。此于五禮屬吉禮，當第二，第十七説非，詳《士冠禮》。○案：注以此爲祊繹，據《詩》及《爾雅》，祊是祭前求神之禮，繹是明日又祭之禮，皆别用牲。賓尸又祭之餘節爾，此篇有賓而無祭，又牲即尸食之餘，尚可謂之繹乎？又「有司徹」三字，不足概一篇大義，是當依劉氏作《少牢》下篇。今姑仍其舊，而存是説以正之，説經處則仍曰上下篇。

有司徹：埽堂。「汎埽曰埽，埽席前曰拚。」此汎埽也。爲賓尸于堂，新之。埽者，有司也。司宫攝酒，詳《士冠禮》：攝酒用司宫者，據《燕禮》司宫設奠，故攝酒亦其職與。乃爓音尋，又徐鹽反。尸俎。用甑甗温于爨也。正祭之俎而曰「尸俎」，爲賓尸言之，且有肵俎在也。諸俎皆温，以尸爲主，故獨言尸。此雍人司士爲之。卒爓乃升羊、豕、魚三鼎，無腊與膚；注：「膚從豕。」蓋祭餘減少，故併之。腊亦當併，但無考爾。○注謂：以腊爲庶羞。存參。乃設扃鼏，陳鼎于門外，如初。初，謂正祭，下並同。○以上備具。

乃議侑于賓，以異姓。議，詢謀也。擇賓之賢者以侑尸，即名曰侑，示利養之用也。用異姓，廣敬也。宗人戒侑。不用祝，賓異于祭。侑出，俟于廟門之外。尸在外次，就之。司宫筵于户西，南面。尸席。又筵于西序，東面。侑席。○以上立侑。

尸與侑北面于廟門之外，西上。尸北面，所謂全乎臣子也。侑亦北面。主人出迎尸，宗人擯，主人拜。尸答拜。主人又拜侑，侑答拜。主人揖，先入門右。道之。尸入門左，侑從亦左。揖乃讓。没霤相揖，及階又讓。主人先升自阼階。尸侑升自西階，西楹西，北面東上。尸在東。主人東楹東，北面拜至。尸答拜。拜至，賓禮之始也。主人又拜侑，侑答拜。以上迎尸。

乃舉，舉鼎。司馬舉羊鼎，司士舉豕鼎、舉魚鼎，以入。陳鼎如初。雍正執一匕以從，雍府執二匕以從，變四爲二，無膚及腊鼎也。司士合執二俎以從，司士贊者亦合執二俎以從。四俎：爲尸、侑、主人、主婦正俎也。匕皆加于鼎，東枋。二俎設于羊鼎西，西縮；二俎皆設于二鼎西，亦西縮。雍人合執二俎，陳于羊鼎西，並，皆西縮，此加俎也。並，二以並。此言並，則上四俎不並也。覆二疏匕于其上，皆縮俎，西枋。疏匕，疏：通刻爲雲氣。❶曰覆曰縮，則葉鄉下而直設于俎也。未用，故覆之。○以上設鼎俎。右第一章，先事陳設面位之儀，凡四節：一，備具；二，立侑；三，迎尸；四，設鼎俎。

主人降，受宰几。言爲受几降也。下乃受之，几自東方來，當受于阼階東。尸、侑降，主人辭，尸對。宰授几，主人受，二手横執几，揖尸。獨揖尸使升，几爲尸設也。主人升，尸、侑升，復位。主人西面，左手執几，縮之。以右袂推拂几三，外拂之。二手横執几，進，授尸于筵前。尸進，二手受于手間。主人兩手之間。主人退。尸還几，縮之，還几者，横受几，乃轉几而縮之也。右手執外廉，將北面設于筵上之東，故右手，北面以東爲右也。北面奠于筵上，左之，南縮，不坐。尚有事。主人東楹東北面拜。拜送几。尸復位，尸與侑皆北面答拜。侑亦拜，從尸也。主人降，洗。尸、侑降，主人亦辭降。尸辭洗。主人對，卒洗，揖。主人升，尸、侑升。尸西楹西北面拜洗。主人東楹東北面奠爵，答拜，降盥。尸、侑降，主人辭，尸對。卒盥，主人揖，升，尸、侑升。主人坐取爵，酌獻尸。尸北面拜，受爵，主人東楹東北面拜送爵。主婦自東房薦韭、菹、醢，

❶「通」下，據疏有「柄」字。

醓醢也。以下八豆籩，皆朝事之實。經：主人、主婦交致爵，各兩豆籩，未詳其實，當視此也。坐奠于筵前；菹在西方。婦贊者執昌、菹、醢，昌，昌本也。醢，麋臡。蓋臡與醢一也。以授主婦。主婦不興，受。陪設于南，昌在東方。興，取籩于房，麷，芳中反。蕡，扶云反。○皆熬者，麥曰麷，麻子曰蕡。坐設于豆西，當外列；麷在東方。婦贊者執白黑以授主婦。亦熬者，稻曰白，黍曰黑。主婦不興，受。設于初籩之南，白在西方；興，退。以上主人獻尸及薦。

乃升。司馬朼羊，亦司馬載。兩司馬也：一匕，一載。下司士同。載右體，肩，臂，肫，骼，臑，正祭臑在臂下，此在骼下者，折之，爲肉湆俎也，見下。正脊一，脡脊一，橫脊一，短脅一，正脅一，代脅一，正祭脊、脅六體各二骨，此各存一骨，豕俎同。腸一，少二。胃一，少二。祭肺一，少二，舉肺一入肉湆。載于一俎。此司士所設第一俎也，蓋正俎不他用。他俎之實，以次并載于此。羊肉湆：肉湆，肉在汁中者，加俎。臑折，正俎所折。正脊一，正脅一，腸一，胃一，四者皆正俎之分。嚌肺一，離肺也，即舉肺，自正俎分此。載于南俎。此雍人所設羊俎西二俎之一，進即并載于正俎，此二俎則更番迭用者也。❶正俎先載，餘臨事載之，此爲之目爾。○案：俎不可以盛湆，故疏謂在鼎有汁、在俎無汁，非也。據聶氏崇義云：「宋初俎有舟。」《禮圖》：酒尊，舟如槃，俎之舟亦然。○愚嘗從那拉監丞家見之。刳

❶「迭」，原作「送」，據四庫本、經解本改。

木爲槃，深可五寸，加于俎上，大小如俎，仍存舟名，則肉湆、匕湆皆當以舟盛之。以經無明文，古制遂失傳爾。司士匕豕，亦司士載。亦右體，肩，臂，肫，骼，臑，豕臑未聞，其折亦在下者，不與羊俎異也。正脊一，脡脊一，横脊一，短脅一，正脅一，代脅一，脊脅同。膚五，膚九，今存五。嚌肺一，祭肺三，無存。載于一俎。此亦雍人所設，更迭用之者也。侑俎：羊左肩，左肫，正脊一，脅一，腸一，胃一，切肺一，亦折。載于一俎。用左，則無右體可知。此正俎，司士所設第二俎也。侑俎：豕左肩折，正脊一，脅一，膚三，切肺一，載于一俎。此雍人所設者。阼俎：羊肺一，舉肺。祭肺一，亦羊肺。載于一俎。俎無體，下于尸，以肺代之，肺尊。此正俎，司士所設第三俎也。羊肉湆：臂一，用左，侑用肩，主人用臂，下之也。脊一，脅一，腸一，胃一，嚌肺一，載于一俎。此雍人所設者。豕脀：俎也。臂一，脊一，脅一，膚三，嚌肺一，載于一俎。此雍人所設者。主婦俎：羊左臑，脊一，脅一，皆用左。腸一，胃一，膚一，無豕體而用膚，以主人無羊體，不敢備也。嚌羊肺一，無祭肺，有嚌肺，亦下于侑。載于一俎。此正俎，司士所設第四俎也。司士杝魚，亦司士載。尸俎五魚，横載之；侑、主人皆一魚，亦横載之。上篇十五魚，此惟七魚者，餘以爲膴也。皆加膴祭于其上。割魚腹爲大臠，以祭。卒升。以上載俎，凡十二俎，前入時惟六俎，蓋四正俎不他用，故先升之。其二俎則更迭用之，時至乃升。

賓長設羊俎于豆南，昌、菹、醢之南也。賓降。尸升筵自西方，坐，左執爵，右取韭菹，㨎于三亦當作「二」。豆，祭于豆間。尸取麷、蕡，近席，故自取之。宰夫贊者取白黑以授尸。白黑遠，故須授。尸受，兼祭于豆祭。雍人授次賓疏匕與俎。匕湆，下同。受于鼎西，左手執俎左廉縮之，郤右手執匕枋，將受湆，故仰手。縮于俎上，以東面受于羊鼎之西。司馬在羊鼎之東，二手執挑《石經》作「桃」。匕枋以挹湆，注于疏匕，挑，他羔反，又讀如「或舂或抌」之「抌」，音由。○挑謂之歃，制同匕而柄長，用以挹注。挹，瀉也。若是者三。尸興，左執爵，右取肺，坐祭之，祭酒，興，左執爵。右將受匕。次賓縮執匕俎以升，此湆俎也，以匕在俎，故謂之匕俎。匕必在俎者，以須挹湆也。肉湆俎不用匕者，以肉可手取，且不挹湆也。若是以授尸。曰若是者，言如此縮執匕俎進即授尸，嫌或置俎而授匕也。尸郤手受匕枋，坐祭，嚌之；興，覆手以授賓。賓亦覆手以受，本作「授」。縮匕于俎上以降。匕俎皆降。尸席末坐啐酒，興，坐奠爵拜，告旨，執爵以興。主人北面于東楹東答拜。司馬羞羊肉湆，縮執俎。尸坐奠爵，興，取肺，坐，絕祭，嚌之，興，反加于俎。司馬縮奠俎于羊湆俎南，上羊湆俎已降矣，又安得奠于其南？敖氏曰：「『湆』字衍。」蓋據下尸酢主人司馬羞肉湆俎，奠于羊俎西乃載之，載于羊俎也。此亦載于羊俎，亦應奠于羊俎旁。敖説是也。乃載于羊俎；卒載俎，縮執俎以降。尸坐，執爵以興。次賓羞羊燔，上載俎無燔，則自内塾來也，下並同。縮執俎，縮一燔于俎上，鹽在右。尸左執爵，受燔，右受。㨎于鹽，坐振祭，嚌之，興，加于羊俎。賓縮執俎以降。尸降筵，北面于西楹西，坐卒爵，執爵以興，坐奠爵拜，執爵以興。主人北面于東楹東答拜。主人受爵。尸升筵，立于筵末。以上薦豆俎卒爵。

主人酌，獻侑。侑西楹西，北面拜，受爵。主人在其右北面答拜。主婦薦韭菹、醢，坐奠于筵前，醢在南方。婦贊者執二籩麷、蕡，以授主婦。主婦不興，受之，奠麷于醢南，蕡在麷東。主婦入于房。侑升筵自北方。司馬横執羊俎以升，設于豆東。侑坐，左執爵，右取菹，㨎于醢，祭于豆間，又取麷、蕡，同祭于豆祭，興，左執爵，右取肺，坐，祭之，祭酒，興，左執爵。次賓羞羊燔，如尸禮。侑降筵自北方，北面于西楹西，坐卒爵，執爵以興，坐奠爵，拜。主人答拜。以上主人獻侑。

尸受侑爵降洗。酢主人。侑降，立于西階西東面。主人降自阼階，辭洗。尸亦辭降。尸坐奠爵于篚，興對。卒洗，主人升，尸升自西階。主人拜洗。尸北面于西楹西，坐奠爵，答拜，降盥。主人降，尸辭，主人對。卒盥，主人升，尸升，坐，取爵，酌。司宫設席于東序西面。主人東楹東，北面拜，受爵；尸西楹西，北面答拜。主婦薦韭菹、醢，坐奠于筵前，菹在北方。婦贊者執二籩麷、蕡。主婦不興，受，設麷于菹西北，蕡在麷西。主人升筵自北方，主婦入于房。長賓設羊俎于豆西。主人坐，左執爵，祭豆籩如侑之祭，興，左執爵，右取肺，坐，祭之，祭酒，興。次賓羞匕湆，如尸禮。席末坐，啐酒，執爵以興。司馬羞羊肉湆，縮執俎。主人坐奠爵于左，興，受肺，言受，則有授，授其設俎者與。坐絶祭，嚌之，興，反加于湆俎。

司馬縮奠湆俎于羊俎西，乃載之，卒載縮執虛俎以降。主人坐，取爵以興。次賓羞燔，主人受如尸禮。主人降筵自北方，北面于阼階上坐卒爵，執爵以興，坐奠爵，拜，執爵以興。尸西楹西答拜。主人坐奠爵于東序南。侑升。尸、侑皆北面于西楹西。主人北面于東楹東，再拜崇酒。尸、侑皆答再拜。侑亦從尸拜也。主人及尸、侑皆升，就敖氏曰：「『升』、『就』二字，宜衍其一。」筵。不降而曰升者，升席也。〇以上尸酢主人。右第二章，一獻，凡五節：一，主人獻尸，薦豆籩；二，載俎；三，薦豆俎、卒爵；四，主人獻侑；五，尸酢主人而一獻畢。

司宮取爵于篚，以授婦贊者于房東，房外之東。以授主婦。主婦洗爵于房中，出實爵，尊南西面拜，獻尸。尸拜于筵上，受；主婦西面于主人之席北拜送爵。入于房，取一羊鉶，坐奠于韭菹西；主婦贊者執豕鉶以從。主人不興，受，設于羊鉶之西。興，入于房，取糗與腶脩，《籩人》注云：用粉稻米黍米合蒸曰餌，糗者擣粉爲餌也。《腊人》注云：乾肉薄折曰脯，捶之而施薑桂曰腶脩。執以出。坐設之，糗在蕡西，脩在白西。興，立于主人席北，西面。尸坐，左執爵，祭糗、脩，同祭于豆祭，以羊鉶之柶挹羊鉶，遂以挹豕鉶，祭于豆祭，祭酒。次賓羞豕匕湆，如羊匕湆之禮。尸坐，此言坐，則受匕湆興也。啐酒，左執爵，嘗上鉶，羊鉶也。右嘗之。執爵以興，坐奠爵，拜。主婦答拜。執爵以興。司士羞豕脀。上尸俎無豕脀，經又不言豕俎，則司士所載豕俎即此脀明矣。尸坐，奠爵，興，受如羊肉湆之禮，亦奠之，以俎降。坐，取爵，興。次賓羞豕燔。

尸左執爵，受燔如羊燔之禮，坐，卒爵，拜。主婦答拜。以上主婦獻尸。

受爵，酌，獻侑。侑拜，受爵。主婦主人之北西面今文無「西面」。答拜。主婦羞糗、脩，坐奠糗于麷南，脩在蕡南。侑坐，左執爵，取糗、脩，兼祭于豆祭。司士縮執豕脀，以升。侑興，取肺，坐，祭之。司士縮奠豕脀于羊俎之東，載于羊俎，卒乃縮執俎以降。侑興。次賓羞豕燔。侑受如尸禮，坐卒爵，拜。主婦答拜。以上主婦獻侑。

受爵，酌，以致于主人。主人筵上拜，受爵。主婦北面于阼階上答拜。主婦設二鉶與糗、脩，如尸禮。主人共祭糗、脩，共祭，即上所謂「兼祭」也。祭鉶，祭酒，受豕匕湆，拜，啐酒，皆如尸禮。嘗鉶，不拜。其受豕脀、受豕燔亦如尸禮，坐卒爵，拜。主婦北面答拜，受爵。主人不致爵，略也。〇以上主婦致爵于主人。❶

尸降筵，受主婦爵以降。將酢主婦。主人降，侑降。皆從降。主婦入于房。婦人不從降，亦不辭洗，禮略也。主人立于洗東北，西面。侑東面于西階西南。尸易爵于篚，盥，洗爵。主人揖尸、侑。卒洗揖之升也。主人升。尸升自西階，侑從。主人北面立于東楹東，侑西楹西北面立。尸酌。主婦出于房，西面拜，受爵。尸北面于侑東拜。主婦入于房。司宮設席于房中

❶ 下「主」，原作「士」，據四庫本、經解本改。

南面。設席者，夫婦等也。房中，則男女之別也。主婦立于席西。今文曰「南面立于席西」。婦贊者薦韭菹、醓，坐奠于筵前，菹在西方。婦人贊者執麷、蕡以授婦贊者。注：婦人贊者，謂宗婦之少者。婦贊者不興，受，設麷于菹西，蕡在麷南。主婦升筵。司馬設羊俎于豆南。主婦坐，左執爵，右取菹，抨于醓，祭于豆間，又取麷、蕡，兼祭于豆祭。主婦奠爵，興，取肺，坐，絶祭，嚌之，興，加于俎，坐，挩手，祭酒，啐酒。次賓羞羊燔。主婦興受燔，如主人之禮。主婦執爵以出于房，西面于主人席北立，卒爵。不坐，非其位也。執爵拜。執爵拜，變于主人。尸西楹西，北面答拜。主婦入，立于房。入房，立于席西。〇以上尸酢主婦。右第三章，亞獻，凡四節：一，主婦獻尸；二，主婦獻侑；三，主婦致爵于主人；四，尸酢主婦。

尸、主人及侑皆就筵。上賓洗爵以升，酌，獻尸。尸拜受爵。賓西楹西北面拜送爵。尸奠爵于薦左。止爵。賓降。以上賓長獻尸止爵。

主人降，洗爵。明本作「觶」，應作「觶」。〇將酬尸也。尸方止爵即酬之者，尸事畢，乃徧獻也。尸、侑降。主人奠爵于篚，辭。尸對。卒洗，揖。主人揖升。尸升，侑不升。辟酬尸。主人實爵酬尸，東楹東北面坐奠爵，拜。尸西楹西北面答拜。坐祭，遂飲，卒爵拜。尸答拜。降洗。尸降辭。主人奠爵于篚對。卒洗，主人升，尸升。主人實爵，尸拜，受爵。主人反位，答拜。授爵席前復阼階上位，乃拜。尸北面坐奠爵于薦左。不舉，神惠不敢數專也。〇以上主人酬尸。

尸、侑、主人皆升筵。乃羞，宰夫羞房中之羞于尸、侑、主人、主婦，皆右之。房中之羞，明自房中來也。《周官》羞籩之實，糗餌粉餈；羞豆之實，酏食糝食。糗，熬也。粉，屑之也。擣稻黍，熬大豆，合蒸曰餌，餅之曰餈。酏，餰也。溲稻米，合狼臅膏爲之，謂狼臆中膏也。糝，小切牛、羊、豕肉，合稻米爲餌，煎之。○餈，昨資反。酏，以支反。食，並音嗣。糝，素感反。餰，之然反。溲，所柳反。臅，昌蜀反，一音粟。司士羞庶羞于尸、侑、主人、主婦，皆左之。庶羞，羊臐、豕膮皆有胾醢。《聘禮》詳之。右，陰；左，陽也。○以上羞。

主人降，南面拜衆賓于門東，言門東，明就拜之。三拜。衆賓門東北面皆答壹今文作「一」。拜。主人洗爵，長賓辭。不言降，未升也。主人奠爵于篚，興，對，卒洗，升，酌，獻賓于西階上。長賓升，拜，受爵。主人在其右，北面答拜。宰夫自東房薦脯、醢，醢在西。司士設俎于豆北，羊骼古文作「胳」。一，左骼也。一體，禮殺也。腸一，胃一，切肺一，祭肺。膚一。此俎及下衆賓等胥，俱不升，前亦未載，上注所謂事至乃載是也。賓坐，左執爵，右取肺，擩于醢，祭之，執爵興，取肺，坐祭之，祭酒，遂飲，卒爵，執以興，坐，奠爵，拜，執爵以興。主人答拜，受爵。賓坐取祭以降，長賓也。祭，脯及肺也。己所有事，故先取之。西面坐委于西階西南。上不言賓位所在，于此明之。宰夫執薦以從，設于祭東。司士執俎以從，設于薦東。衆賓長升，拜，受爵。主人答拜。坐，祭，立飲，卒爵，不拜既爵。宰夫贊主人酌，主人每獻畢，奠空爵于棜，宰夫酌授之。若今文作

「如」。是以辯。亦宰夫贊也。辯受爵，其薦脯醢與脀，設于其位。以長賓準之，則隨獻隨設也。○注謂「徧獻乃薦」，未然。其位繼上賓而南，皆東面。其脀體儀也。儀，度也，度尊體可用者用之。註云：「亦有切肺、膚。」乃升長賓。主人酌，酢于長賓，主人自酢，亦以辟尸。西階上北面。賓在左。主人坐奠爵，拜，執爵以興。賓答拜。坐祭遂飲，卒爵，執爵以興，坐奠爵，拜。賓答拜。賓降。宰夫洗觶以升。主人受酌，古文作「爵」。降酬長賓于西階南，北面。酬在堂下，長賓獨有酬，尊之。賓在左。主人坐奠爵，拜。賓答拜。坐祭遂飲，卒爵拜。賓答拜。主人洗，賓辭。主人坐，奠爵于篚，對，卒洗，升酌，降復位。上酬位。賓拜，受爵。主人拜送爵。賓西面坐奠爵于薦左。此將舉，與尸別。○以上主人獻賓及酬。

主人洗，升酌，獻兄弟于阼階上。兄弟之長升，拜，受爵。主人在其右答拜。坐祭立飲，不拜既爵。皆若是以辯。辯受爵，其位在洗東，西面北上。東堂下。升受爵，再言升受爵，爲設薦之節，謂每升則薦也。其薦脀設于其位。其先生之脀：折脅一，膚一。先生，長兄弟也。此有折脅，尊之，且明其餘不用脅也。其衆儀也。可用者用之，無定品也。○以上主人獻兄弟。

主人洗，易爵洗也。獻内賓于房中。注：「獻于主婦之席東。」南面拜，受爵。户在南，主人由户入，故鄉之。主人南面于其右答拜。同面拜，與上獻賓等。坐祭立飲，不拜既爵。若是以辯，亦有薦脀。以上主人獻内賓。

主人降洗，易爵。升獻私人于阼階上。家臣爲私人，獻私人而降洗，重獻禮也。拜于下，升受。主人答其長拜。謂室老及士。乃降，坐祭立飲，不拜既爵。若是以辯。宰夫贊主人酌。不親酌，卑也。主人于其群私人不答拜。嫌群如其長也，故特明之。其位繼兄弟之南，亦北上，亦有薦脀。兩曰亦，卑之。主人就筵。古文曰「升就筵」。○以上主人獻私人。

尸作三獻之爵。特牲賓作之，此尸親作之者，賓禮然也。司士羞湆魚，湆中有魚，故膴在其中，猶肉湆也。縮執俎以升。尸取膴祭，祭之，祭酒，卒爵。司士縮奠俎于羊俎南，横載于羊俎，魚亦載于羊俎，賓尸禮異也。卒乃縮執俎以降。尸奠爵拜。三獻北面答拜，受爵。三獻亦賓也，此爵賓所獻，故拜而答之。○以上尸作三獻爵。

酌，獻侑。侑拜，受。三獻北面答拜。司士本作「馬」。羞湆魚一，如尸禮。卒爵拜。三獻答拜，受爵，酌，致主人。主人拜，受爵。三獻東楹東北面答拜。司士羞一湆魚，如尸禮。卒爵拜。三獻答拜，受爵。以上賓獻侑及主人。

尸降筵，受三獻，酌以酢之。酢賓。三獻西楹西北面拜，受爵。尸在其右以授之。尸升筵南面答拜。拜于席與主人別。坐祭遂飲，卒爵拜。尸答拜。執爵以降，實于篚。以上尸酢賓。

右第四章，三獻之始終，凡十節：一，賓長三獻爵止；二，主人酬尸；三，羞；四，主人獻賓及酬；五，主人獻兄弟；六，獻内賓；七，獻私人；八，尸作止爵；九，賓獻侑及主人；十，尸酢賓。

二人洗觶，三獻禮畢，使二人舉觶爲旅酬，以廣神惠也。與《鄉飲酒》及《燕禮》略同。升實爵，西楹西北面東上坐奠爵，拜，執爵以興。尸、侑答拜。坐祭遂飲，卒爵，執爵以興，坐奠爵，拜。尸、侑答拜。皆降洗，升酌，反位。西楹西位也。酌于尊所，乃反位也。尸、侑皆拜受爵，舉觶者皆拜送。侑奠觶于右。尸遂執觶以興，北面于阼階上酬主人。主人在右。坐奠爵，拜，主人答拜。不祭立飲，卒爵，不拜既爵。尸道飲，凡不者，酬禮略也。酌，就于阼階上酬主人。言就，則主人立待之。主人拜，受爵。尸拜送。尸就筵。主人以酬侑于西楹西，侑在左。坐奠爵，拜，執爵興。侑答拜。不祭立飲，卒爵，不拜既爵，酌，復位。西楹西，言復者，以酌則違其位也。侑拜，受。主人拜送。主人復筵，乃升長賓。贊升之。侑酬之，如主人之禮。至于衆賓，遂及兄弟，亦如之。皆飲于上。遂及私人，拜受者升受，下飲，卒爵，升酌，以之其位相酬，辯。卒飲者實爵于篚。卒飲者無所酬，亦自飲奠之。内賓亦旅，文不具。乃羞庶羞于賓、兄弟、内賓及私人。以上旅酬及羞。

兄弟之後生者舉觶古文皆作「爵」，延熹中改定。于其長。後生，弟子也。長不一長，以次而徧。洗，升酌，降，北面立于阼階南。長在左。坐奠爵，拜，執爵以興。長答拜。坐祭遂飲，卒爵，執爵以興，坐奠爵，拜，執爵以興。長答拜。洗，升酌，降。長拜，受于其位。舉爵者東面答拜。爵止。猶上經賓奠爵于薦左。〇以上弟子舉觶于其長。

賓長獻于尸如初。此加爵也。初，謂三獻尸。無湆，三獻有湆魚，此無之，魚盡也。爵不止。此言其異，爵不止，即以其爵獻侑、主人也。○以上賓加爵。

賓一人舉爵于尸如初，一人，次賓長者，亦加爵也。初謂上賓獻。亦遂之于下。遂之于下，謂賓兄弟至私人皆旅也。曰亦，則賓獻已遂之于下矣。○以上次賓加爵。右第五章，旅酬之儀，凡四節：一，二人舉觶；二，弟子舉觶于其長；三，賓長加爵；四，次賓加爵。

賓及兄弟交錯其酬，始于尸，終于私人，賓主二黨，交錯相酬也。皆遂及私人，爵無筭。以上無筭爵。

尸出，侑從。主人送于廟門之外，拜。主人送賓禮也。尸不顧。拜侑與長賓亦如之。拜送。衆賓從。俱出也。司士歸尸、侑之俎。主人退。有司徹。以上尸出。右第六章，無筭爵而禮畢，凡二等：一無筭爵，一尸出。

若不賓尸，牲物同，但體不備爾。餘見上篇篇首。則祝侑亦如之。侑，祝獨侑也。上篇尸十一飯，此篇尚有四飯，故注謂七飯時也。如者，上篇七飯告飽，祝獨侑不拜，侑曰：「皇尸未實，侑。」是也。尸食，八飯。乃盛音成。俎：肵俎。臑，從下至上。臂，肫，同膞。脡脊，一骨也，下三體同。横脊，短脅，代脅，皆牢；皆羊豕者。魚匕；腊辯無髀。偏，謂右體皆升，惟去其賤者。腊十一體，五飯時已舉肩加于肵，則惟十體也。卒盛乃舉牢肩。尸受，振祭，嚌之。佐食受，加于肵。佐食取一俎于堂下以入，此爲衆俎摭之也，正祭所釋，將爲改饌，餘用之衆俎，故先釋正俎，而摭所餘于此，以載衆俎也。不言牲俎，可知。奠于羊俎東。羊俎東有魚俎，此實在魚俎東。曰羊俎者，統于尊也。敖氏曰：「羊」當作「魚」。乃摭于魚、腊俎，俎釋三个。摭，拾也，取也。十五魚，上篇舉一加于肵，又盛肵俎去七个，惟存七个，釋三个，則摭四个也。腊，右體已盛，此用其左，兼髀十二體，脊連于右爲十一體。釋三个，則摭八个也。所謂釋者，注謂三脅骨也。◯注云「腊摭五枚」，蓋去祝、主人、主婦各一个言，不知下已明言皆取于是矣。其餘皆取之，餘，謂魚四个、腊八个也。實于一俎以出。祝、主人之魚、腊取于是。不言主婦，文闕，是所摭俎也。據下主人腊臂，主婦腊臑，祝則注以爲骼也。尸不飯，告飽。主人拜侑，不言。尸又三飯。佐食受牢舉如儐。舉肺脊，言牢，則羊豕皆存矣。埽堂以下，無受舉之節，此言如儐，則上篇七飯以上，賓尸與否其禮並同。七飯以下，則爲賓尸者之禮，與此不同。同者，則以如儐明之也。下並同。◯以上尸卒食。

主人洗酌酳尸，賓羞肝，皆如儐禮。卒爵，主人拜，祝受尸爵。尸答拜。祝酌授尸，尸以醋主人，亦如儐。其綏同墮。祭其嘏，亦如儐。其獻祝與二佐食，其位，其薦脀，皆如儐。主婦其洗獻于尸亦如儐。以上酳尸一獻。

主婦反，取籩于房中，執棗、糗。坐設之，棗在稷南，糗在棗南。婦贊者執栗脯，主婦不興，受，設之，栗在糗東，脯在棗東。上篇正祭，無此四籩，據《特牲禮》亞獻薦兩籩，則禮所應有。賓尸者，賓時設之而加盛。此亞獻即薦之者，以下無薦節也。主婦興，反位。尸左執爵，取棗、糗。祝取栗脯以授尸。尸兼祭于豆祭，祭酒，啐酒。次賓羞牢燔用俎，鹽在右。尸兼取燔，擩于鹽，振祭，嚌之。祝受，加于肵。卒爵。主婦拜。祝受尸爵，尸答拜。祝易爵洗酌，受尸。尸以醋主婦，主婦主人之北拜，受爵。尸答拜。主婦反位，又拜。俠拜。上佐食綏同墮。祭如儐。卒爵拜，尸答拜。主婦獻祝，其酌如儐。拜，坐受爵。主婦主人之北答拜。宰夫薦棗、糗，坐，設棗于菹西，糗在棗南。主婦設之。祝左執爵，取棗、糗，祭于豆祭，祭酒，啐酒。次賓羞燔，如尸禮。卒爵。主婦受爵，酌獻二佐食，亦如儐。主婦受爵，以入于房。房無篚，以爵入者，將酌致主人。○以上亞獻。

賓長洗爵，獻于尸。尸拜受，賓尸西北面答拜。爵止。主婦洗于房中，酌，致于主人。主人拜，受。主婦户西北面拜送爵。司宫設席。主婦薦韭菹、醓，坐設于席前，菹在北方。婦贊者執棗、糗以從。主婦不興，受，設棗于菹北，糗在棗西。佐食設俎，臂，脊，脅，肺，皆牢；膚三，魚一，腊臂。亦用左。主人左執爵，右取菹，擩于鹽，祭于豆間，遂祭籩，奠爵，興，取牢肺，坐，絶祭，嚌之，興，加于俎，坐，挩手，祭酒，執爵以興，坐，卒爵，拜。主婦答拜，受爵，酌以醋，更爵。户内北面拜。主人答拜。卒爵拜。主人答拜。主婦以爵入于房。尸作止爵，祭酒，卒爵。賓拜。祝受爵。尸答拜。祝酌，授尸。賓拜，受爵。尸拜送。坐祭遂飲，卒爵拜。尸答拜。獻祝及二佐食。洗，致爵于主人。主人席上拜，受爵。賓北面答拜。坐祭遂飲，卒爵拜。賓答拜。受爵，酌，致爵于主婦。易爵。主婦北堂，司宮設席東面。主婦席北東面拜，受爵。賓西面答拜。婦贊者薦韭菹、醢，菹在南方。婦人贊者執棗、糗，授婦贊者。婦贊者不興，受，設棗于菹南，糗在棗東。佐食設俎于豆東：羊臑，豕折，不言所折，略之。羊脊，脅，祭肺一，膚一，魚一，腊臑。主婦升筵坐，左執爵，右取菹，換于醢，祭之，祭籩，奠爵，興，取肺，坐，絶祭，嚌之，興，加于俎，坐，挩手，祭酒，執爵興，筵北東面立，卒爵，拜。賓答拜。賓受爵，易爵于篚，洗，酌，醋于主人，户西北面拜。主人答拜。卒爵拜，主人答拜。賓以爵降，奠于篚。以上三獻之終始。

乃羞。宰夫羞房中之羞，司士羞庶羞于尸、祝、主人、主婦，内羞在右，庶羞在左。以上羞。

主人降，拜衆賓，洗，獻衆賓。其薦脀，其位，其酬醋，皆如儐禮。主人洗，獻兄弟與内賓與私人，皆如儐禮。其位，其薦脀，皆如儐禮。卒，乃羞于賓、兄弟、内賓及私人辯。賓長獻于尸，加爵。尸醋。獻祝致醋。賓以爵降，實于篚。以下當有賓及長兄弟兩階相酬，及賓弟子、兄弟弟子舉觶徧旅諸節，文不具爾。賓兄弟交錯其酬，無筭爵。以上獻酬及無筭爵。案旅酬禮雖簡于賓尸，然經文太略，當合特牲及賓尸二禮相參而得之。

利洗爵，獻于尸。尸醋。獻祝。祝受，祭酒，啐酒，奠之。主人出，立于阼階上西面。祝出，立于西階上東面。祝告于主人曰「利成」。祝入，主人降，立于阼階東西面。尸謖。祝前，尸從，遂出于廟門。祝反，復位于室中。主人亦入室矣。祝命佐食徹尸俎。佐食乃徹尸俎于廟門外；有司受，歸之。徹阼薦俎。乃養，如儐。卒養，有司官徹饋，饌于室中西北隅南面，如饋之設，右几，厞用席。納一尊於室中。説詳《士虞禮》。司宫埽祭。豆間之祭，埽而埋之。主人出，立于阼階上西面。祝執其俎以出，立于西階上東面。司宫闔牖户。祝告「利成」，兩告利成者，先爲事尸禮畢告之，以終立尸之意；後則改饌室中告之，以終尸末入祝饗之意也。又先告以爲主人降立之節，再告以爲主人送賓之節。制禮之義，其周密如此。乃執俎以出于庿門外；有司受，歸之。衆賓出。主人拜送于廟門外，乃反。婦人乃徹，婦贊者也。凡不歸者皆徹之。或當與族人燕也，有司本可徹，因下徹室中之饌，故并徹之。徹室中之饌。室中事，本婦人所掌，祭時助祭人衆，惟贊主婦而已。此助祭者俱出，故仍以婦人徹之。○以上禮終諸雜儀。右第七章，不賓尸之禮，凡七節：一，尸卒食；二，酳尸，一獻；三，亞獻；四，三獻之終始；五，羞；六，獻酬及無算爵；七，禮終諸雜儀。

《儒藏》精華編選刊即出書目（二〇二三）

白虎通德論
誠齋集
春秋本義
春秋集傳大全
春秋左氏傳賈服注輯述
春秋左氏傳舊注疏證
春秋左傳讀
道南源委
桴亭先生文集
復初齋文集
廣雅疏證
龜山先生語録
郭店楚墓竹簡十二種校釋
國語正義
涇野先生文集
康齋先生文集
孔子家語　曾子注釋
禮書通故
論語全解
毛詩後箋
毛詩稽古編
孟子正義
孟子注疏
閩中理學淵源考
木鐘集
群經平議

三魚堂文集　外集
上海博物館藏楚竹書十九種校釋
尚書集注音疏
詩本義
詩經世本古義
詩毛氏傳疏
詩三家義集疏
書疑　東坡書傳　尚書表注
書傳大全
四書集編
四書蒙引
四書纂疏
宋名臣言行録
孫明復先生小集　春秋尊王發微
文定集

五峰集　胡子知言
小學集註
孝經注解　温公易説　司馬氏書儀　家範
孖經室集
伊川擊壤集
儀禮圖
儀禮章句
易漢學
游定夫先生集
御選明臣奏議
周易口義　洪範口義
周易姚氏學